세계시민교육과 교양인을 위한

심리학 디자인

Introduce of Psychological Design for Global Citizenship Culture and Education

세계시민교육과 교양인을 위한

심리학 디자인

허성호·이려화·김양하

솔과학

머리말

심리학은 인간을 연구대상으로 한다는 점에서 많은 관심을 가지고 있다. 하지만 우리는 이 학문을 통해 얻은 지식을 제대로 사용하고 있는지에 대한 의문을 가지는 경우가 있다. 왜냐하면, 심리학을 배우면서 인간 행동의 양상을 알게 되면, 자칫 통제하고 싶은 욕망이 뒤따르기도 하기 때문이다. 이런 관점에서 우리가 심리학을 배우면서 먼저 지녀야할 마음가짐이 무엇인가 생각해 보아야 할 것이다. 이에 본 저자는 이간(易簡)의 의미를 되새기고자 한다. 스스로 판단하여서 마음에서 그르침이 없이 간단한 원리를 따른다면 아마 이 세상은 천국이 될 것이다.

나도 가끔 복잡한 수를 두는 게임에 빠지곤 한다. 하지만 그 때마다 그 게임은 다른 수의 원형을 비틀어야 하는 심리적 불편감을 야기한다. 즉, 우리가 세상의 순리를 거슬러 자기중심적인 게임을 주도하기 위해서는 내가 스스로 인정하는 원칙을 깨는 모순을 경험하기도 한다. 그렇다면 내가 존중하는 원칙을 깨고, 내가 주도하는 게임에서 이기면 나에게 어떤 변화가 생길까? 이간하지 않는 선택은 나에게 어떠한 의미로 새겨질까? 가장 일반적인 결과는 인과응보의 사필귀정 증례가 밀려온다. 그래서 우리는 점점 사람들을 잃게 되고 자신의 업적은 하루아침에 파산되며 사랑하는 주변 사람들을 볼 마음이 어그러지거나 그들이 이 모든 아픔을 짊어지게 된다. 따라서 우리는 이간한 삶의 매일같이 지속하는 지혜를 안고 삶에 마주해야 한다. 심리학은 바로 그런 면에서 자신의 마음가짐을 바로잡아 줄 수 있는 지식을 제공해 주어야 한다.

그래서 이 책은 우리에게 큰 앎이 될 수도 있고, 교만이 될 수도 있다. 그리고 이 글을 읽은 여러분들은 나의 의미를 그대로 수용하기보다 내가 모아 놓은 많은 정보의 조각을 활용하기를 기대한다. 절대적으로 책을 따르려 하지 않고, 내가 따르던 책을 이끌 수 있는 상황에 마주하면 그것이 우리에게 한 간 도움으로 작용하지 않을까 한다. 그래서 나는 이 책을 통해 단지 지식을 모았을 뿐인 것처럼 이 책을 읽는 여러분들은 이 책을 넘어서기를 당연히 기대하고 그렇게 당부하고 싶다.

타란(他丹) 허성호

차례

차례

단원개관

심리학(Psychology)은 Psyche(정신)와 Ology(학문)의 결합어로 설명할 수 있으며, 인간의 의식과 행동을 과학적(scientifically)인 분석과정을 통해 연구하는 학문이라는 관점이 매우 중요하다. 이에 심리학을 정의 할 때, 심리학이란 인간의 행동이나 사회적 현상을 과학적인 방법을 통해 기술, 설명, 통제, 해석, 예측하는 학문이라고 말할 수 있다. 또한 여기서 아무리 결과적인 측면이 타당하더라도 방법적인 측면에서 정당성을 충족하지 않으면 심리학적 지식으로 수용하지 않는다는 점을 강조한다. 따라서 심리학의 목적 또한, 인간의 행동이나 사회적 현상을 기술하고 설명하고 통제하고, 해석하고, 예측하는 전반적인 연구를 수행하는 학문이며, 궁극적으로 인간에 대한 이해가 심리학의 목표라고 할 수 있다. 심리학은 초기심리학과 현대심리학의 크게 두 가지 시대적 양상으로 구분할 수 있는데, 초기심리학의 영역으로는 구조주의, 기능주의, 행동주의, 행태주의, 그리고 정신분석의 다섯 가지로 구분할 수 있다. 그리고 현대심리학은 행동주의 심리학, 정신분석학, 인본주의 심리학, 인지주의 심리학, 생리심리학의 크게 다섯 가지 영역으로 구분하여 설명할 수 있다.

PATA 1

심리학의 소개

1 심리학이란 무엇인가?

인류는 지금까지 인간의 마음을 이해하고, 설명 및 예측하고자 하는 노력들이 다양하게 이루어져 왔다. 예를 들면 관상이나 손금을 보고 인간의 운명을 예측하려고 했으며, 암시를 통해서 무의식속에 있는 옛 기억들을 되살리는 최면기법도 있고, 점술이나 추측과 같은 방법도 다양하게 개발되어 있다. 하지만 대부분은 현실적인 설명에 있어서 한계점이 보이고, 주관적인 해석이라는 점에서 많은 오점을 남기고 있다. 그래서 좀 더 객관적이고 타당성이 높은 접근법을 고려한 나머지 방법적인 측면에서의 변화가 시도되어 왔다. 대표적인 분야가 바로 심리학이며 그래서 그 용어에 있어서도 이성적이고 논리적이며 합리적인 부분을 내포하고 있다. 즉, 심리학(Psychology)은 Psyche(정신)와 Ology(학문)의 결합어로 설명할 수 있으며, 학계 내에서 심리학의 정의는 시대와 연구주제 및 대상에 따라 강조하는 부분에서 약간의 차이는 있지만, 인간의 의식과 행동을 과학적(scientifically)인 분석과정을 통해 연구하는 학문이라는 점과 결과적으로 인간의 행동이나 사회적 현상을 설명하고자 하는데 그 목적이 있다는 점을 강조하고 있다.

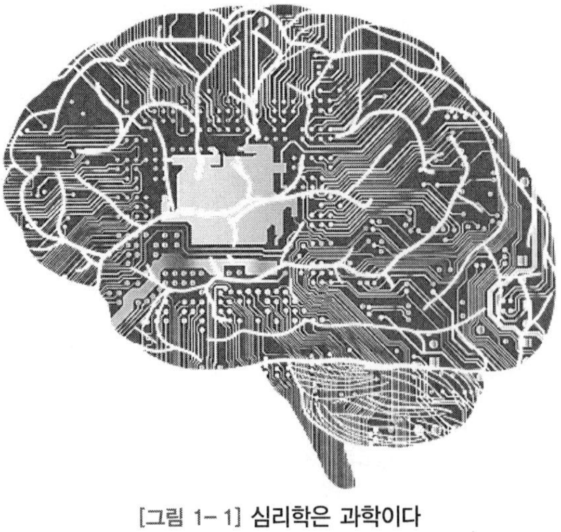

[그림 1-1] 심리학은 과학이다

특히, 현대에 이르러 심리학에서는 과학적인 방법을 통해 검증된 사실만을 심리학의 지식에 포함시킨다. 이러한 점에서 심리학은 과학적인 연구를 전제로 하여 실증적, 객관적, 합리적, 체계적, 가설검증적, 보편적, 특수적, 잠정적, 기술적인 태도와 간주관적인 관점을 고수한다고 볼 수 있다. 즉, 과학으로서 심리학은 방법적인 특성과 이론적인 타당성을 추구하고 있는 것이다. 이에, 심리학을 간략하게 정의 내린다면 인간의 행동이나 사회적 현상을 과학적인 방법을 통해 기술, 설명, 통제, 해석, 예측하는 학문이라고 말할 수 있다. 또한 여기서 아무리 결과적인 측면이 타당하더라도 방법적인 측면에서 정당성을 충족하지 않으면 심리학적 지식으로 수용하지 않는다는 점을 강조한다. 따라서 심리학의 목적 또한, 인간의 행동이나 사회적 현상을 기술하고 설명하고 통제하고, 해석하고, 예측하는 전반적인 연구를 수행하는 학문이며, 궁극적으로 인간에 대한 이해가 심리학의 목표라고 할 수 있다.

2 과학으로서의 심리학

과학으로서의 심리학은 아직 미흡한 점들이 많다. 많은 질문들이 미해결인 채로 남겨져 있을 뿐만 아니라 구체적인 질문과 연구 문제조차도 어떤 합리적인 과학적 절차에 의해 선택되기 보다는 개인이 속해있는 지적 맥락에 따라 채택될 소지가 크다. 여기서 과학적 연구란 완전히 합리적이고 진보적인 활동이며, 그 과정에서는 지식에서의 간격이나 설명되지 않은 사실에 의해 새로운 질문이 제기된다. 그리고 과학적 연구의 개념의 태두리 내에서는 하나의 이론이 그것이 실험결과에 의해 확증되지 못했을 때 폐기된다는 식의 통념적 과학관을 갖고 있는 초보자들에게는 이해되기 어려운 점이 많다. 그래서 실제 수행되고 있는 과학과 이상적으로 수행되어져야 한다고 믿는 과학과는 다르며, 그러한 사실을 심리학자들은 다음과 같은 측면에 염두하여 이해해야 할 것이다.

첫째, 과학은 고정적인 틀로 진행되는 분석과정이 아니라 합리적인 규칙과 관습적인 규칙에 의해 지배된다는 점이다. 과학의 합리적인 요소에는 어떻게 관찰해야 하는가에 대해 제한한다면 실제 무엇을 관찰할 것인가를 선택하면서 여러 종류의 자원에 의존하게 된다. 이러한 집단적 지혜의 부분적으로는 이전의 관찰과 실험에 기인하기는 하지만 대부분 당시 과학자 집단에 의해 암묵적으로 결정된 잠정적 가정들의 산물로 이루어진다. 실제로 과학자들은 자료만 따르기 보다는 선험적 아이디어에 의해 진행해 나아가야 할 바를 결정한다. 즉, 합리적인 규칙이 실패할 때는 관습적 지혜로 물러서고, 자신들의 전문적 훈련에 의해 획득된 심리학적 지식을 과학에서 제거해내야 하는 비합리적 특성으로 간주해서는 안 된다. 오히려 과학의 절차의 의미를 이해하고, 해석 가능하게 하려면 패러다임이 그 배경을 이루어 주어야 하며, 이런 의미에서 과학의 사회적 이념이란 일종의 완충의 역할을 하게 된다. 특히 심리학은 그 짧은 학문의 시간 속에서도 패러다임의 급격한 변화를 많이 형성해 왔다. 심리학도라면 과학의 특성이 방법적일뿐 아니라 패러다임적 판단에 의해서도 형성된다는 점을 수용해야만 된다.

둘째, 과학적 대상이 가능하면, 객관적으로 인식주체자의 주관과 관계없이 파악되어져야 한다는 시각은 수정되어야 한다는 점이다. 인간을 다루는 과학이란, 인간이 가진 의미의 세계를 다루며, 이는 상징의 문제이다. 여기에 필연적으로 주관과 관계없이 순수한 절대적인 객관성의 한계가 여지없이 드러나게 된다. 현상은 새로운 국면 하에서 새로운 연관성 속에서 관찰되고, 의문을 가지고, 탐색하고, 이해하게 된다. 주관은 객관을 관찰하며 바라보는 태도와 방식을 통하여 객관을 제어한다. 주관성이 객관을 관찰하고 단적으로 주관과 관계없는 순수한 객관이란 없기 때문에, 그 결과 과학의 범위를 구성하는 경험적 문제를 사실상 그 자체만으로는 충분치 못하여 흥미 있고 중요한 것으로 문제시되는 설명이 필요하게 되고, 그 때 비로소 '사실'을 넘어서서 '쟁점'이 되는 것이다. 즉, 하나의 사실이 과학적, 경험적 문제로 연구되기 위해서는 인식주체의 관심과 흥미가 선행되어져야 하며, 이것은 심리학도는 기억해야 한다. 이 점에서 경험적 쟁점이란 단순히 발견되는 것이 아니라 적극적으로 창조되는 것임이 알 수 있다.

셋째, 과학에서의 미해결의 문제는 언제라도 해결된 문제로 바뀔 수 있는 가능성에 열려져있으며, 그런 과정에서 경험적 진보가 이루어진다. 역설적으로 말하자면 해결되지 못하고 있는 문제가 많으면, 심리학이란 학문이 보다 흥미롭고 도전적일 수 있다. 미해결의 문제가 과학자들의 도전을 기다리고 있는 잠정적 도전들이다. 어떤 문제가 한 이론에 의해 아직 적절하게 설명되지 못하고 있다고 할지라도, 그것이 미래 탐구에 문을 열어놓고 있는 이상 영원히 미해결의 문제로 남는 것은 아니다. 실험으로 획득한 데이터와의 양립불가능 때문에 자신이 설정하였던 가설을 포기한다는 것은 자료에 대한 지식의 객관성을 전제로 하는 것인데, 그것 역시 개연적인(probable)것에 불과한 것일 수도 있기에 변칙사례를 확증사례로 바꾸어 나가려는 노력을 통해 가설의 문제해결 능력을 보여주고, 그를 통해 과학적 진보를 가져올 수 있다. 이론의 가치란 그것이 제공하는 대답에만 있는 것이 아니라 다양한 과정에서 제기되는 질문에도 있게 된다. 해결된 문제라고 해서 불변의 진리를 갖고 영원히 해결된 문제로 남아 있을 수는 없다. 진리란 완성된 상태로 주어지는 것이 아니라 더 가까이 갈 수 있을 뿐이다. 과학적 문제해결을 위해서는 이론적 결과와 실험적 결과 사이의 일치가 요구되는 것이라기보다 근접한 유사성(resemblance)이 요구되는 것이다. 진리란 어떤 의미에서 참의 조건에는 동의하기 어려워 할 지라도 거짓에 대해서는 밝혀낼 수가 있다. 따라서 과학자란 그 거짓됨을 바꾸어 나아감으로써 참에 가까이 갈 수 있을 뿐이다(Kaplan, 1964). 또한, 미해결된 문제가 많다는 것은 이제 한 과학도의 고민거리일 수는 없으며, 도전적 미래에 보상을 약속하는 의미로 받아들여야 할 것이다.

심리학을 하면서 방법론을 문제 삼는 것은 우리가 연구를 통하여 도출한 지식이 논리적으로 정당하고, 현상에 대한 적절한 설명과 기술을 할 수 있는 지를 확증하기 위함이다. 즉, 방법론의 타당성을 확보하여 우리의 학문적 지식의 적합성을 확보 하자는 것이다. 그러면 이러한 과학적 지식의 타당성을 보장해주는 과학적 방법론은 무엇인가? 방법론(methodology)이란 methods 라는 어원에 logos 가 첨가되어, 지식을 추구하는 방법들의 논리적 원리라는 의미를 지닌다. 풀어서 이야기하자면, 지식을 획득하는데 사용되는 절차들이나 계획들에 대한 탐구라고 할 수 있다. 즉, 특정 학문에서 묻고 있는 현상들에 대한 이해를 얻기 위해 적용 가능한 절차와 계획들의 논리적 기초에 대한 탐색이나 고찰이라고 할 수 있다(Polkin ghorne, 1983). 정병련(1993)에 의하면, 방법론이란 학문에 대한 철학적 내지 인식론적 입장을 가지고, 어떤 근거에 의해서 지식을 얻게 되는가, 또 그러한 지식에 대해 주장과 주의가 타당한가에 대한 절차를 밝히는 논리적, 이론적 접근을 말한다. 따라서 방법론의 초점은 어떤 연구를 진행하는 방법의 수행이 내적 타당성과 의미를 지니고 있는가를 확보해주는 논리적 분석에 있다. 구체적인 특정 방법이나 기법의 세부 절차의 기술이나 비교를 하는데 있지 않다. 물론 방법론을 협의로 정의하여 4개의 측면, 즉 도출되는 자료 유형, 자료 도출 기법, 변화를 점검하는 방안 유형, 자료를 질적 아니면 양적으로 다루는가 여부의 4개의 차원을 지닌(Breakwell, 1995) 과학의 절차적 활동이라고 할 수 있다.

하지만 방법론의 개념을 논하는 경우에는 이러한 협의의 정의보다는 의미의 정의가 더 적절할 것이다. 이에 방법론의 개념을 다음과 같이 다시 확장하여 기술할 수 있을 것이다. 방법론의 상위 개념인 과학의 본질은 지식의 체계화에 있고, 인간이 지식을 체계화하는 활동은 일반적으로 경험적 요소의 측면, 이론적 요소의 측면, 그리고 메타이론적 또는 철학적 요소의 측면으로 나누어 볼 수 있다(Madsen, 1987). 그리고 심리학에서 일반적으로 통용되는 과학적 방법론이라는 개념은 전자를 지칭한다. 그러나 Madsen(1988)이 지적한 대로, 포괄적 의미에서 과학이론과 방법론을 논하자면 이 세 측면을 다 포함하여 논하여야 할 것이다. 이러한 관점에서 본다면, 전통적으로 심리학에서 다루어 온 협의의 방법론의 개념은 과학의 패러다임적 특성에 대한 논의와는 다소 거리가 있는 개념이라고 할 수 있다. 과학적 방법론을 논할 때 우리는 과학과 과학적 연구에 대한 개념(concepts)과 방법(methods)을 함께 논하는 것이다. 단순한 자료 수집의 기법만을 논하는 것은 아니다.

방법은 그 자체가 타당성과 신뢰성을 지니는 것이 아니라, 그 학문의 전체적 탐구의 틀 체계와 탐구 틀의 적절성에 의해서 주어지는 것이다. 그리고 이 틀은 포괄적 의미의 방법론에 의해 대체로 주어지는 것이다. 가능한 수많은 방법 중에 특정 과업을 잘 수행하게 하는 특정 유형에 지나지 않는다. 대상 자체, 즉 연구에서 탐구하는 문제와 그 문제를 어떻게 개념화하여 어떤 방식의 접근이 타당하다고 보는가 하는 틀에서 그 방법의 타당성이나 효용성이 결정되는 것이다. 따라서 구체적 방법의 개발과 분석이 중요한 것이 아니라, 방법의 타당성과 효용성에 대한 이론적 준거를 제공할 수 있는 개념적 틀의 탐색과 체계화가 방법론의 선결 문제이다. 이러한 이유 때문에 우리가 과학적 방법론을 논의하면서 과학과 방법의 개념적 틀을 제공해주는 과학이론의 문제를 논하지 않으면 안 되는 것이다. 과학적 이론의 논의가 바로 넓은 의미의 방법론의 논의가 되는 것이다.

3 심리학의 역사

심리학의 역사는 심리학이라는 학문이 생겨나온 역사이다. 심리학의 기원은 고대 그리스로 거슬러 올라간다. 고대 그리스에서 소크라테스, 플라톤, 아리스토텔레스의 입장에서 심리학적인 사색활동의 증거가 남아있다. 그리고 근대철학에 있어서 데카르트의 집대성 관점이 합리성이라는 논리성을 강조하면서 심리학의 과학적 접근법의 근원이 되었다. 특히, 최초의 현대적 이성주의자, 수학자, 철학자, 과학자이던 대학자 데카르트는 존재를 증명하기 위해 극도의 단계적 추론을 사용하였는데, 이러한 방식이 그 당시의 방법과는 너무 상이한 점들이 많아서, 여러 종교지도자의 설득이 필요한 시기였다. 결국, 데카르트는 방법서설에서는 신의 존재를 증명하기 위해 인간의 존재를 귀류법의 전제로 정의하기로 하였다. 그래서 나온 명제가 그 유명한 "나는 생각한다, 고로 나는 존재한다."이다.

근대의 심리학이 철학에서 독립해 나온 것은 1879년 독일의 심리학자 빌헬름 분트가 라이프찌히 대학에 심리학 실험실을 열고, 미국에서도 심리학 연구를 시작한 1870년대라는 견해가 일반적이다. 그 당시 심리학에 접한 다양한 영역으로 생리학, 신경과학, 인공지능, 사회학, 인류학, 철학 및 기타 인간 활동이 있다. 특히 분트는 물성학이라는 학문으로 물리학에서 물질이 아닌 인체의 기능과 관련되는 물질과 정성적 특성에 대해 연구하기 시작하였는데, 이것이 심리학의 시초라는 근거가 가장 유력하다. 즉, 심리학은 19세기 후반에 이르러서야 비로소 독립적 학문으로 위상을 가지게 되었으며, 현대심리학으로의 성장하는 계기가 되었다.

4 초기심리학

초기심리학의 영역으로는 크게 다섯 가지로 구분할 수 있다. 구조주의, 기능주의, 행동주의, 행태주의, 그리고 정신분석이다.

구조주의는 물리학적 구조에 기반한 관점을 고스란히 안고 있는 영역이다. 그래서 인간의 행동을 여러 가지 요소로 나누고, 각 요소들의 역학적 할당치를 합산하여 전체적인 구조체의 움직임을 이해한다는 관점이라고 할 수 있다. 사실, 자연과학적인 측면에서 이러한 관점을 크게 주목하지 않더라고 기본적인 연구의 틀에서 이미 관련될 수밖에 없을 것이다. 하지만, 인문학과 사회과학 등에서는 중요한 철학적 사상으로 재구성하여 다루게 되었다. 즉, 어떤 현상의 근원 요소들 사이에 존재하는 상호관계의 정신적, 언어적, 사회적, 문화적 구조를 찾고 구분해 놓으면, 가역적으로 근원 요소들로 그 현상을 만들어 낼 수 있다는 환원주의적 가설에서 출발하게 된다. 연구 방법으로는 분석적 내성법이 있는데, 정신을 구조를 이루는 심상, 느낌, 감각을 분석하는 방법을 통해 내성적 활동을 규명하고, 이러한 결과를 토대로 실제 의식적 경험에 영향을 미쳐 의식을 변화시킬 수 있다는 관점이다. 하지만, 수많은 현상을 모두 구조화하는 작업이 너무 많은 현실적 한계에 부딪히게 되었다. 그리고 특히, 인간의 행동과 관련된 현상은 이러한 법칙이 제대로 적용되는 경우가 드물었다. 그래서 여러 가지 근원 요소들 중에 현실적으로 기능하는 것들에만 주목하여 연구주제로 삼고자 한 기능주의의 움직임이 일어났고, 전체적으로 어느 것이 더 중요하고 덜 중요한지 결정적 관점의 차이가 있기 때문에 전체적인 현상에 있어서 그 합의 개념이 분산된 개념들의 근원요소의 개념들로 쪼개지면서 여러 가지 변화가 수반되고, 결과적으로 요소와 그 요소들로 이루어진 현상은 일치하지 않는다는 환원주의의 불가능한 사실을 알게 되면서 형태주의가 발생하게 된다.

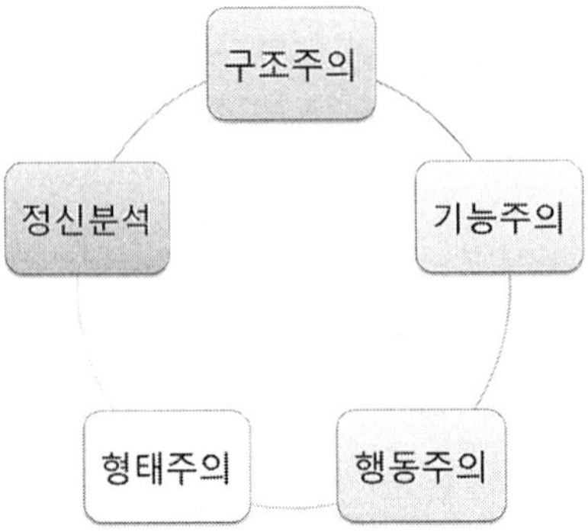

[그림 1-2] **초기심리학**

기능주의는 심리학에서 철학적인측면이 간소화되고, 결국 현실적인 표상에 더 주목하게 되는 현상학적인 입장이라고 할 수 있다. 인간의 정신적인 근원 요소를 발원하여 인간의 행동을 설명하는 과정에서 결과적으로 기능하는 것만을 연구영역으로 다루고자 하였다. 즉, 논리적으로는 매우 유의하지만, 실제로는 나타나지 않는다면 연구대상이 될 수 없다. 즉, 알파벳의 조합된 구조적인 측면에서 'mato' 라는 단어가 명확하게 존재할 수 있지만, 우리 현실에서 기능은 매우 제한되기 때문에 기능주의적 관점에서는 연구대상이 될 수 없다. 이러한 관점은 기능주의의 하위 영역에서도 다소 차이가 있다. 기능주의에는 인과론적 기능주의와 기계 기능주의가 있다. 인과론적 기능주의는 심적 사건을 자극과 반응을 인과적으로 매개하는 것으로 정의한다. 예를 들어 어떤 사람이 발가락을 찧었을 때(자극), 그는 고통을 느끼고(심적 사건), 비명을 지른다(반응)면 객관적으로 관찰할 수 있는 자극과 반응에 의해 심적 사건을 정의할 수 있다. 이러한 인과론적 기능주의는 심적 사건을 정의하기 위해 그 사건을 포함하여 자극과 반응을 설명하는 심리 이론을 필요로 한다. 만약 서로 다른 동물에 같은 이론이 적용될 수 있다면 두 동물은 같은 심적 속성을 갖는다고 할 수 있다. 즉, 고통 이론이 적용되는 모든 동물은 고통을 느낀다. 반면, 기계 기능주의는 마음을 일종의 튜링 기계로 보는 것이다. 즉 하나의 생물이나 시스템이 마음을 갖는다는 것은 적절한 하나의 튜링 기계를 실현한다는 것이다. 기계 기능주의는 인과론적 기능주의에서 심리 이론을 튜링 기계로 보는 것이다. 따라서 기능주의는 인간이 갖고 있는 의식의 내용보다 심리적 기능에 주목하였으며, 결과적으로 현재 상황을 평가하여 인류의 생존을 증진시키므로 의식적은 정신은 진화할 수 있고, 따라서 일반적인 상황에 적합한 최적의 행동을 선택할 수 있는 기준을 만들 수 있다는 관점이다. 특히, 윌리엄 제임스는 실험실 밖의 인간에 대한 연구를 촉구하는 관점을 강조하였다.

행동주의는 심리적 표현을 공식적으로 관찰가능하고 간주관적으로 검증가능한 조건과 사실들을 가리키는 것에 한정적으로 연구하는 영역을 일컫는다. 특히, 방법적인 측면에서 실증주의적 관점을 추구하고 있으며, 이는 후기실증주의적 입장에 의해 논리적 실증주의라는 입장을 가지게 된다. 즉, 논리적 행동주의는 마음을 나타내는 표현들이 행동적 현상과 물리적 현상만으로 정의되거나 적어도 그렇게 재구성될 수 있다고 본다. 예를 들면 '아픔'은 눈물을 흘리거나 아픈 곳을 만지는 행동으로 재구성될 수 있다는 것이다. 그러나 아프더라도 눈물을 흘리거나 아픈 곳을 만지지 않을 수 있고 이러한 관계는 매우 복잡하기 때문에 마음을 행동으로 재구성하는 것은 쉽지 않다. 존재론적 행동주의는 심리적인 것 중에서 행동으로 나타난 것만 존재하는 것으로 가정해야 한다는 입장이다. 이러한 관점에서 가장 두각을 보인 것이 방법론적 행동주의이다. 방법론적 행동주의는 조금 다르게 심리학이 과학이기 위해서는 행동으로 나타난 자료에만 기반해야 한다는 입장이다. 이것은 내러한 입장에 따르면 의식 상태와 같은 것은 객관적 관찰이 불가능하므로 과학적으로 다룰 수 없다. 좀 더 강한 방법론적 행동주의는 심리학의 이론이 생물의 행동을 설명할 때 충동이나 기억 같은 관찰할 수 없는 심적 상태에 의존하면 안 된다는 것이다. 결과적으로 방법론적 행동주의는 20세기 초 심리학에 큰 영향을 끼쳤다. 예를 들어, 바블로프는 원인과 결과의 개념을 내포하고 있는 연합이라는 용어를 활용하여 기존의 현실에서 이미 많이 활용되고 있는 학습의 원리를 고전적 조건화라고 명명하고 행동주의의 유용성을 검증하였다. 또한, 왓슨은 정신과정보다 자극과 반응의 논리를 강조하였으며, 이러한 관점에서 인간의 정신유전적 과정은 매우 무시되는 입장을 가지게 된다.

행태주의에서 게슈탈트(gestalt)는 형태, 전체라는 뜻을 지닌 용어이며, 이러한 관점을 가지는 심리학을 형태주의 심리학 또는 게슈탈트 심리학이라고 한다. 게슈탈트란 개체에 의해 지각된 자신의 행동동기를 뜻한다. 즉, 개체가 구조적인 특성을 가지는 기본 요소이지만, 인간의 행동은 자신의 유기체 욕구와 감정을 하나의 의미있는 행동동기로 조직화하여 지각하는 것이다. 예를 들어 어머니가 아이를 안아보는 것, 음악을 들으며 커피 한잔 마시고 싶은 것, 사람들과 친하게 지내고 싶은 것 등 크고 작은 모든 행동은 우리의 게슈탈트(형태)이다. 형태주의는 논리적 이론을 정립하는 것보다 인간적인 행위 자체를 너무 원자론적 관점이나 기계적 기능설 관점에 대한 저항과과 관련이 된다. 특히, 인간의 행동 중에 이상행동을 해석할 때 너무 구체적으로 쪼개진 행동들에 주목하고자 하는 기존의 관점에 대해 인간행동의 본질에 대해 재규명하고자 하는 움직임이 가장 큰 특징이라고 할 수 있다. 이러한 관점에서 게슈탈트 심리치료는 게슈탈트의 개념을 치료의 영역까지 확장시킨 것으로서, 신체와 정신, 환경을 상호 불가분의 통합적이고 유기적인 존재로 이해하고, 또한, 무의식의 세계를 파헤치는 것을 목표로 하지 않는다. 오히려 우리 가까이에 있는 것들을 좀더 선명하게 알아차림으로써 우리의 시야를 확장하여 새롭고 창의적인 삶을 살도록 도와주는 원리를 깨우친다는 관점이 강하다. 따라서 형태주의는 인간의 인지적 측면과 정서가가 다소 조율된 관점을 추구하고 있다.

정신분석은 한 개인에 의해 세워진 몇 안 되는 학문영역이다. 즉 정신분석은 지그문트 프로이트에 의해 시작된 심리학의 한 갈래로, 인간의 행동양식을 심리 내적인 욕구의 충돌 및 조화의 요구를 위한 표출로 판단한 것으로, 이러한 심리 내적 욕구와 외부의 사회적 요구가 조화될 때에는 문제가 없지만 조화되지 않을 때에는 정신적 질환으로 나타난다고 간주한다. 이러한 욕구는 프로이트가 성적인 것으로 주로 이해하였지만 모든 정신분석학자들이 이에 동의하지는 않으며, 학자에 따라서 다양한 방식으로 분석한다. 정신분석학에서는 일반적인 심리학과 구별되는 가정을 한다. 그것은 '무의식(Unconsciousness)'이라 불리는 것인데, 심리학은 일반적으로 의식 영역의 구조와 행동 방식에 대해 연구하지만, 정신분석학은 의식에 들어와 있지 않은 혹은 억압된 감정과 욕망, 생각 등이 모이며 그것이 인간 행동과 사고에 큰 영향을 끼친다고 간주한다. 프로이트는 의식의 세계에서 인지할 수 없지만 분명히 존재하여 인간의 행동에 영향을 미치는 무의식에 대해 발견하고 그 무의식의 내원과 구조에 대하여 연구했다. 처음에 프로이트는 지형학적 모델로 무의식의 구조를 설명했다. 우리가 인식하는 정신의 바깥-땅 위의 표면과도 같은-

에 의식이 존재하고, 그 밑에는 지금 당장 인식하고 있지는 않지만 언제든 다시 생각을 꺼내올 수 있는 전의식-땅 밑의 지표-이 존재한다. 전의식에서 한층 더 깊이 경계를 넘어 들어가면 의식에서 억압된 무의식이 존재한다는 것이 지형학적 모델의 요지라 할 수 있다. 전의식은 넓게는 무의식에 포함되는 개념의 하나이다. 차후에 프로이트는 이러한 지형학적 모델을 만들어 내 역동적 정신 구조론으로 보다 구체화시키는데, 이것이 익히 알려진 자아(ego)-초자아(super ego)-이드(id)의 3원적 기능이다. 하지만, 프로이트의 근거는 무의식의 명확한 근거가 아니며, 너무 쉽게 사용되었고, 실험을 통한 측정 과정이 없기 때문에 확인할 수도 없다. 그리고 환자들의 면담과정 기록 자료를 가지고, 개인적인 자신의 이론을 폈기 때문에 연구윤리적인 측면에서 문제시될 수 있었고, 심리적 장애상태의 소수 사례를 일반화시켰기 때문에 그 타당성이 낮은 것으로 판단되었다.

5 현대심리학

현대심리학은 행동주의 심리학, 정신분석학, 인본주의 심리학, 인지주의 심리학, 생리심리학의 크게 다섯 가지 영역으로 구분하여 설명할 수 있다.

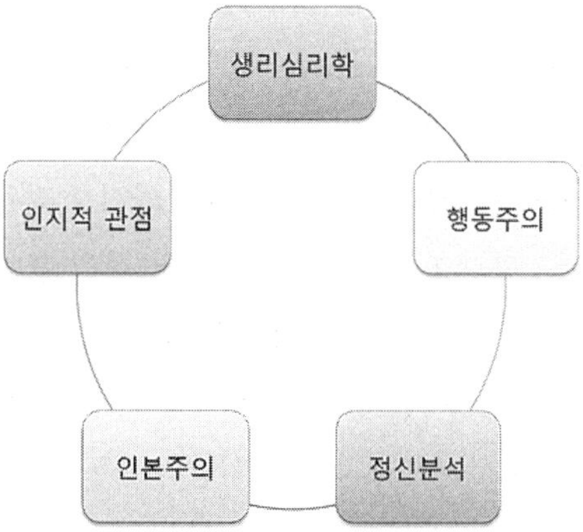

[그림 1-3] **현대심리학**

행동주의 심리학은 20세기 초 왓슨, 손다이크, 헐(Hull), 톨먼(Tolman), 스키너(Skinner) 등에 의해 행동주의 심리학이 주창되었다. 행동주의 심리학자들은 쥐, 고양이, 개, 비둘기 등의 동물을 연구대상으로 학습 과정을 연구하는 것이 대다수였고, 인간을 포함한 동물의 학습이 환경의 자극에 대한 반응이라 주장하였다. 이 자극 반응 이론(S-R 이론)으로 미국을 중심으로한 전세계 여러 연구영역에 커다란 영향을 미쳤으며 특히 교육학에 큰 영향을 주었다. 행동주의 심리학자들은 특히 심리학의 방법론적 과학화에 큰 공헌을 하였다. 그들은 '검증 가능한 것'을 강조하던 당시의 시대적 분위기에 발맞춰 심리학 연구에 있어서도 '검증 가능한 것'들만을 연구대상으로 삼아야 한다고 주장하였는데, 이는 그 이전의 큰 심리학적 흐름이었던 정신분석과 사뭇 다른 것이었다. 행동주의 심리학자들 중 스키너는 인간의 행동결과를 평가하는 기준이 너무 차별적이라는 사회적 행태에 불만이 많았고, 신분이나 빈부에 상관없이 똑같은 과정을 거치면 똑같은 결과를 가져온다는 스키너식 유토피아를 추구하고자 하였다. 훗날 그는 'Walden Two' 라는 소설을 통해 그의 이상적인 사회에 대해 언급하였는데, 자칫 스키너의 실험과 그 결과를 해석하면서 너무 비인간적인고 기계적이고, 획일적인 인간관을 가졌다고 비판하는 입장이 있지만, 사실은 스스로 사회적 평등을 이루고 싶었던 혁명가적 의식을 가지고 있었기 때문이라고 할 수 있다. 행동주의자들은 그러나 '검증가능한 것'에 대한 지나친 집착 때문에 정작 심리학의 진정한 연구 대상이라 할 수 있는 심적, 내적 과정에 대한 탐구를 소홀히 한 결과 여러 가지 어려움에 부딪히게 되었고, 결국 인지혁명 이후 주된 패러다임의 자리를 인본주의 심리학과 인지심리학 등 다른 분야에 내주게 되었다.

정신분석학에서 프로이트의 쇠퇴는 두 명에 의해 주도적으로 이루어 졌다. 한 명은 융(Carl Jung)이고, 또 다른 한명은 프로이트의 제자인 아들러(Alfred Adler)였다. 그들은 프로이트가 주창한 이론의 중요한 측면과 반대되는 정신분석적 이론을 발전시키게 된다. 융과 아들러 같은 소위 신프로이트 학파는 성과 공격성 같은 생리적 측면을 프로이트보다 상대적으로 덜 강조하였고, 사회적 관계의 중요성을 강조하게 된다. 융은 내향성과 외향성 개념을 포함한 그 나름의 성격 이론을 발전시켰다. 한편 아들러는 우월감에 대한 투쟁에 의해서 본능적으로 아동기의 열등의식을 과잉보호하려는 경향이 그의 신념과 성격 이론의 근간을 이룬다. 하지만, 여전히 인간의 행동을 본능과 무의식으로 설명하고, 무의식적 과정은 존재론적으로 인간행동에 영향을 미친다고 설명하고 있다.

다른 신프로이트주의 또한 정선분석적 접근에 기여하게 된다. 프로이트의 딸인 프로이트(Anna Freud)는 아동 정신분석의 분야를 주도하였고, 그녀의 경쟁자였던 클라인(Melanie Klein)은 역할치료 기법을 발전시켰다. 호나이(Erich Horney)는 우리의 나약하고 의존적인 유아기 경험의 불안정감에서 오는 불안을 감소시키는 방법을 선택하는 것이 성격 발달에 중요한 요소가 된다고 주장하였다. Horney는 인간의 안전에 대한 욕구가 사회적 순종에 대한 경향성으로 얼마나 잘 설명되고 있는지를 나타내는 유사한 이론을 제안하였죠. 설리반(Sullivan)은 정신분열증의 이해와 치료에 대한 정신분석적 기법의 적용을 이끌었다. 그리고 에릭슨(Erik Erikson)은 인생을 통한 발달 이론에 기여하였고, 특히 전체 인생에 있어서 해결해야 하는 위기를 강조했다. 정신분석적 관점은 생리적 추동의 중요성은 무시하였으나 초기 아동기의 경험이나 무의식의 중요성은 강조했다. 지난 20년 동안의 연구자들은 무의식에 대한 정신 과정의 과학적 연구를 가능케하는 기술을 개발해 왔다. 이러한 기술의 성공은 '무의식적인 심리 과정의 개념을 무시한다면 어떻게 인간이 알고, 배우고, 행동하는지를 설명하는 심리학적인 모델은 없다.'는 주장을 지지하고 있다. 이에 연구 분야도 성격연구, 상담, 그리고 임상 장면에 폭넓게 적용되기 시작했다.

인본주의 심리학은 정신분석적 접근과 행동주의적 접근에 대한 최초의 대안을 제시해 주었기 때문에 심리학에 있어 '제 3의 세력'이라고 한다. 인본주의적 접근은 1950년 미국의 심리학자인 매슬로우(Abraham Maslow)와 로저스(Carl Rogers)가 인간에게는 자유의지가 있으며 무의식적인 동기와 환경적 자극에 의해 움직여지는 존재가 아니라는 생각을 발전시키면서 태동하게 되었다. 1967년 미국 심리학회 회장을 맡았던 매슬로우는 처음에는 행동주의 심리학자였으나, 후에 관찰가능한 행동과 환경의 영향에 대해서만 초점을 두는 것에 반대했다. 그는 인간의 자연적인 본성인 자아실현에 대한 욕구를 강조하였는데, 이는 모든 사람의 잠재력의 실현에 대해 적용되는 용어이다. 매슬로우의 견해는 로저스에 의해 계승된다. 두 사람은 심리학의 주제는 개인의 고유한 정신적 경험에 관한 것이어야 한다고 가정하였다. 이러한 관점에 있어서 그들은 기능주의 심리학자인 윌리엄 제임스 (William James)와 학문적 유사성을 보여준다. 개인은 자유 의지를 가졌으며, 개인의 고유한 경험을 강조하는 인본주의 심리학의 가정은 실존주의 심리학과도 매우 유사한 특성을 또한 보이고 있다. 즉, 인간의 자유의지(free will)와 자아실현(self-actualization)에 대한 욕구를 추구하는 것을 매우 강조하였는데, 이 과정에서 '모든 사람의 잠재력 실현성' , '지금-여기서(now & here)', '현재의 느낌과 사고'와 같은 주관적 체험을 강조하였고, 행동보다 내적 정신과정 중시하였으며, 인간은 스스로 자신을 통제할 능력을 가지고 있는 자유로운 행위자로 보는 관점을 가졌다.

실존주의 심리학자들의 접근은 우리의 정신적 발전은 우리의 궁극적인 유한성과 자신의 삶에 대한 책임감의 자각에 달려있다는 믿음에서 나온다. 따라서 어떤 사람은 유한성을 무시하기도 하고, 종교에 귀의하기도 하고, 하루하루 순간을 위해 살고 나머지 시간을 즐거움을 찾는데 보내기도 한다는 것이다. 가장 큰 차이는 인본주의적 관점은 사회적 승인 과정을 거치면서 정상신화가 나타난다. 하지만, 실존주의 관점은 개인의 의미화가 가장 핵심적은 추구방향이기 때문에 이러한 특징에서 벗어난다.

인본주의 심리학은 로저스에 의해 심리치료의 분야의 변화에 주요한 원동력이 되었다. 비록 개인 중심적 치료는 광범위한 과학적 연구의 주제가 되어 왔지만 개인적 성장경험과 의식의 성장과 같은 인본주의 심리학의 다른 측면은 과학적 기반을 지니지 못했기 때문에 비판받아 왔다. 이러한 과학적 정확성의 부족은 인본주의 심리학이 심리학에 있어서 학문적인 영향을 비교적 적게 미친 원인이 되었으며, 로저스는 생의 말기에서 이를 해석학적으로 설명하기도 하였다. 이러한 과학적인 측면에서의 약점에도 물구하고 인본주의 심리학은 사랑, 이타성, 건강한 인격의 발전과 인간 경험의 긍정적인 면에 대한 연구를 진작시키는데 가치있는 공헌을 하게 된다. 그리고 노련한 인본주의 심리학자들은 그들의 이론을 실험으로 입증하기 위해 적극적으로 노력해 왔다

70년대 심리학에 있어 인지적 관점에 의해 주도되는 소위 '인지 혁명'이라 불리는 변화를 찾아 볼 수 있다. 인지적 접근은 게슈탈트 심리학과 행동주의 심리학의 결합이라고 보면 된다. 게슈탈트 심리학처럼 인지 심리학은 유기체의 지각과 정보 처리, 경험의 해석 등 활동적인 정신의 작용을 강조한다. 그리고 행동주의 심리학과 같이 인지 심리학은 객관적이고 잘 통제된 실험실에서의 연구를 강조한다. 따라서 인지심리학은 언어적 보고에만 의존하지 않고 관찰 가능한 반응을 통해 정신적 과정을 추론하게 된다. 그러나 생각과 같은 정신적 작용은 행동에 영향을 미치지 못한다는 엄격한 행동주의 심리학자들과는 달리 많은 인지 심리학자들은 정신 작용이 행동에 영향을 미친다고 믿고 있다. 인지심리학은 유기체의 지각과 정보처리, 경험의 해석에 관심을 가지고 있으며, 활동적인 정신의 작용과 객관적이고 잘 통제된 실험실의 연구 강조하고 있다. 인지심리학은 언어적 보고에만 의존하지 않고 관찰 가능한 반응을 통해 정신적 과정을 추론하는 연구를 병행하였으며, 결과적으로 인간은 수동적으로 자극을 지각하는 것이 아니라, 능동적으로 지각하는 존재라는 것을 전제로 인간의 행동을 설명하고자 한다.

인지 심리학은 아동들이 문제를 해결하는 과정에서의 면담에 기반을 두고 아동의 정

신적 발달에 대해 인지 발달 이론을 제시한 스위스의 생물학자이자 심리학자인 삐아제(Jean Piaget)의 연구에서도 나타난다. 인지적 관점은 또한 뇌를 정보처리기로 시뮬레이션한 지난 30년 간의 컴퓨터 혁명에 의해서도 영향을 받았다. 이 분야에서 선구적인 연구자는 노벨상을 받은 심리학자 사이몬(Herbert Simon)이다. 인지적 관점은 심리학의 다양한 영역에 영향을 미치고 있다. 예를 들어, 켈리(George Kelly)는 성격과 심리치료, 정신 이상에 대한 연구에 적용되는 이론을 제시하였다. 켈리는 우리가 개인적 구성 개념이라고 부르는 인지 구조에 의해 행동한다고 믿었다. 이는 다른 사람의 행동에 대해 우리가 기대하는 것들을 뜻한다.

생리 심리학은 생물학적 견지에서 인간을 이해하고자 노력했다. 즉, 감각기관이나 신경계통의 생리적 작용으로 인간의 심리적 행동과 사실들을 설명하고자했다. 특히, 뇌를 연구하며 호르몬 체계, 심리학적인 기능의 유전에 관심을 두었다. 비록 생리 심리학의 연구자들이 동물을 실험 대상으로 하고 있지만 그들의 중요한 연구들은 인간을 대상으로 하여 이루어지기도 한다. 예를 들어 캐나다의 신경외과 의사인 펜필드(Penfield)는 간질 환자의 발작을 줄이기 위한 외과적 수술 도중에 약한 전류로 뇌의 표면에 자극을 주어 뇌의 지도를 완성했다. 그는 뇌의 한쪽의 특정 부위에 대한 자극은 반대편의 신체 일부의 움직임을 유발한다는 것을 발견하게 되었다. 그래서 이러한 발견의 결과를 정리하여 뇌의 부위가 담당하고 있는 신체 부위를 표시한 뇌지도를 만들 수가 있었다. 한편, 20세기 초반의 생리심리학은 거의 존재감이 없다고 해도 과언이 아니다. 실제로 생리적 측정이 가능해진 1980년대 전후로 생리심리학은 큰 성장을 이루게 되었다. 예를 들어, 1981년에 미국의 신경과학자인 스페리(Roger Sperry)와 그의 동료는 각 대뇌 반구는 특정 심리적 기능에 대해 다른 한쪽 보다 우수하다는 것을 발견하였다. 생리 심리학적 관점의 영향이 증가함으로 인해 심리학은 다음과 같이 확장되어 정의될 수 있다. 즉, 최근의 생리심리학적 연구들은 뇌의 활동과 인간의 행동 또는 경험 간에 밀접한 관계가 있다고 보고하는 경향이 강하다.

마지막으로 현대심리학의 관점에서 다양한 세부영역이 파생되었으며, 크게 기초영역과 응용영역으로 구분하고 있다. 기초영역은 생리, 감각 및 지각, 사고와 인지, 학습, 동기와 정서 등의 영역을 포함하고 있으며, 응용영역은 발달, 성경, 사회, 상담, 임상, 등의 영역을 포함하고 있다. 아울러, 근래에 들어, 산업, 교육, 집단, 범죄, 긍정, 문화, 법, 도덕, 등등의 다양한 영역들이 나타나는 추세이다.

단 원 개 관

심리학에서 활용되는 분석방법들은 크게 세 가지 차원으로 이야기 할 수 있다. 첫째, 대상간 분석(between analysis)와 대상내 분석(within analysis)이다. 둘째, 정량적 분석과 정성적분석이다. 셋째, 모수적 분석과 비모수적 분석이다. 일반적으로 거의 대부분 심리학에서는 간주관적(between subjectivity)인 자료를 바탕으로 분석하고자 그 객관성을 확보하기 위해 정량적 분석 방법을 추구하는 양상이 두드러진다. 하지만, 유목화, 레이블링, 플래깅, 플립플롭, 주제화, 근거화, 등의 양적분석방법이 개발되면서 최근에는 맥락을 분석하는데 있어서 더욱 풍부한 설명을 할 수 있는 정성적 분석방법도 각광받고 있다. 심리학 연구 방법은 크게 연구 설계를 하고 가설을 설정하여 그에 적절한 연구방법을 선택하고, 자료수집을 거쳐 분석하고 결과와 논의를 도출하는 과정을 거친다. 특히, 분석 방향은 상관연구와 실험연구로 구분하는 경향이 강한데, 상관연구는 둘 이상의 변인들이 서로 관계되어 있는지를 파악하고자 한다. 전형적으로 상관관계연구는 실험에서처럼 변인들의 조작을 포함하지 않는다. 반면에 실험법은 인과 관계를 증명하기 위해 설계된 검사이다. 실험법은 다른 조건을 일정하게 하고 독립변인(원인)을 처치해서 그 종속변인(결과)을 알아봄으로, 독립변인이 종속변인에 어떻게 영향을 미치고 있는지를 알아내는 연구방법이다. 이 과정에서 신뢰도와 타당도가 언급된다.

PATA **2**

심리학적 연구방법

1 연구방법의 틀

심리학에서 활용되는 분석방법들은 크게 세 가지 차원으로 이야기 할 수 있다. 먼저, 대상간 분석(between analysis)와 대상내 분석(within analysis)이다. 대상간 분석은 집단간의 차이를 보는 ANOVA가 대표적인 분석방법이며, 집단의 차이를 규명하는 연구, 그리고 현상학에서 이야기 하는 평가자간 신뢰도를 고려하는 연구들이 대다수 포함된다. 대상내 분석은 회귀분석이나 근거이론, 등의 연구들이 포함되며, 연구를 할 때, 다중반응과 상관성 등에 주목하여 분석하게 된다. 둘째, 정량적 분석과 정성적분석이다. 정량적 설계에서의 사건들은 수량화 될 수 있어서 그 데이터가 숫자로 나타나게 된다. 즉, 정량적 설계에는 자료의 형태가 모두 수치화 되어 있기 때문에 그 값의 차이로 인해 비교가 쉽게 이루어 질 수 있다.

반면 정성적 설계에서는 숫자 혹은 언어, 이미지의 형태로 되어 있기 때문에 그 값의 차이를 도출하는 것이 어려우며, 의미적 형태의 결과로 전체적인 유목화나 유형화가 가장 설명하기 쉬운 방법이라고 할 수 있다. 셋째, 모수적 분석과 비모수적 분석이다. 모수적 분석은 분석의 최종 자료가 수정된 추정값이 되기 때문에 표본보다 모집단의 일반화된 설명을 하는 것이 목표가 된다. 반면, 비모수적 분석의 최종 자료는 관찰값이 되기 때문에 표본에 제한된 설명만을 할 수 있다.

[표 2-1] 심리학의 연구방법

		정량적 분석	정성적 분석
대상간 분석	모수적 분석	t-test, ANOVA	현상학적 분석
	비모수적 분석	chi-square 검증	문화기술지 분석
대상내 분석	모수적 분석	회귀분석	근거이론 분석
	비모수적 분석	이항분포검증	전기 분석, 사례 분석

연구 방법은 위의 세 가지 차원의 분석법을 이용하여 크게 두 가지의 유형으로 설명할 수 있다. 대상자 중심의 방법에는 실험법, 사회조사법 등이 포함된다. 반면 맥락 중심의 방법에는 자연관찰법, 사례연구법 등이 포함될 수도 있다. 아울러, 인간행동을 연

구하는 과학자로서 심리학자에게는 사용가능한 많은 연구방법들이 존재하며, 이러한 연구방법들을 사용하여 사건들 간의 관계를 정립하고 이들 관계를 정돈된 지식체계와 조화롭게 맞추어 나갈 수 있다. "과학자로서 우리가 취해야 할 합리적이면서 적당한 하나의 입장은 우리의 연구문제를 해결하는 데 필요하다면 어떤 연구 설계라도 사용할 수 있어야 한다는 것이다"라는 것이 심리학자들의 연구방법에 대한 입장이다. 그럼에도 불구하고 거의 대부분 심리학에서는 간주관적(between subjectivity)인 자료를 바탕으로 분석하고자 그 객관성을 확보하기 위해 정량적 분석 방법을 추구하는 양상이 두드러진다. 하지만, 유목화, 레이블링, 플래깅, 플립플롭, 주제화, 근거화, 등의 양적분석방법이 개발되면서 최근에는 맥락을 분석하는데 있어서 더욱 풍부한 설명을 할 수 있는 정성적 분석방법도 각광받고 있다. 따라서 이 중 반드시 어느 한 가지 연구방법을 연구에 사용해야 하는 것은 아니며, 다각적으로 함께 사용함으로써 보다 더 좋은 연구가 가능할 수 있다.

2 연구 설계를 시작하며

심리학에서 연구자들은 연구를 실행하기 전에 적절한 연구 대상자를 선정한다. 이때 가장 중요한 것은 일반화하고자 하는 사람들을 연구의 대상으로 삼아야 한다는 것이다. 예를 들어 향후 이민자들에게 일반적으로 적용할 수 있는 적응 과정에 대한 지식을 얻기 위해서는, 반드시 이민자들을 연구대상에 포함시켜야 한다. 그러나 모든 이민자들을 포함할 수는 없기 때문에 그중에서 소수를 선택해야 하는데, 이때 선택하는 대상이 전체 이민자 집단을 대표할 수 있어야 한다. 이것을 대표성 표본이라고 부른다. 특히, 실험심리학에서는 한 번 자극에 노출되었던 경험이 있는 대상자들은 이미 편향된 태도를 가지고 있다는 특성 때문에 대부분 실험자극과 무관한 대상자들을 선정하는 것이 필요하다.

예를 들어, 이민자들에게 특별한 보상을 주어 태도의 변화를 꾀한다면, 이미 경험이 있는 대상자들은 면역효과로 인해 오염된 데이터를 모으게 될 수 있다. 따라서 원인에 해당하는 처치가 순수한 동인으로 작동하는지를 확인하기 위해서는 사전 경험이 없는 이민자들이 연구대상자들이어야 할 것이다. 이러한 맥락에서 성인연구에서 가장 많이 실험대상자로 선정되는 집단이 일반대학생들이다. 또한, 이 과정에서 대표성을 확보하기 위한 가장 좋은 방법은 모집단에서 무작위로 표본을 추출하는 것이다. 무작위 표본이란 모집단에 포함된 모든 사람이 연구 표본으로 표집 될 가능성이 동일하다는 것이다. 그러나 일반적인 모집단에서 무작위 표본을 추출하는 것은 많은 비용과 시간이 들기 때문에, 많은 심리학자들은 실용적이면서도 적은 수의 참가자로부터 얻은 자료를 일반화할 수 있는 방법을 고안하고자 노력하고 있다.

어느 정도 연구의 틀이 완성되면서 가설을 설정해야 한다. 가설의 형태는 둘 이상의 변인간의 관계성에 대한 기술이어야 한다. 또한, 가설을 설정할 때는 변인이 될 가능성이 높은 개념을 조작적으로 정의하는 과정이 필요하다. 즉, 그 개념을 측정가능하게 정의하는 작업을 통해 어떻게 측정이 가능한지를 증명할 수 있게 된다. 그리고 조작적 정의를 통해 객관적인 표집이 가능하게 된다. 예를 들어, "공부시간이 많을수록 시험불안이 감소할 것이다"라는 가설을 설정했다고 가정해 보자. '공부시간'이라는 변수에 대해 조작적 정의를 내릴 때, '지난 한달 동안 하루 24시간 중에 실제 공부하는 평균 시간'으로 조작한다면 어떤 연구자들이 연구를 하든지 동질적인 자료를 구할 수 있다. 하지만, '중간고사를 치르기 위해 공부했던 시간' 이라고 한다면, 연구대상자마다 범위가 매우 다양해 질 것이다. 시험불안도 마찬가지다.

과학의 영역에 포함되는 심리학의 연구 목적은 크게 두 가지로 나눌 수 있다. 반복연구(Replication)와 응용연구(Application)이다. 반복연구는 추후 다른 연구자가 다른 시기에 다른 대상자를 표집하여 분석하더라도 똑같은 결과가 나와야 한다. 이 과정에서 타당성이라는 개념이 등장할 수 있고, 일반화되는 가장 정형적인 방법이다. 그러기 위해서는 변인의 조작적 정의가 명료해야하고, 연구절차가 제대로 기술되어야 한다. 특히, 똑같은 개념으로 구성된 연구설계를 반복하는 것은 과학의 발달에 있어서 매우 중요한 과정이 된다. 즉, 이 과정을 거쳐야지 가설이 보편적인 특성으로 인정받을 수 있기 때문이다.

응용연구는 연구 설계의 면에서 몇 가지 요소가 조금 변화되었을 때의 적용관점이다. 연구는 미국대학생들에게 실시했는데, 한국대학생들에게도 똑같은 결과를 적용할 수 있을까? 혹은 실험실에서 한 연구 결과를 현실 속의 대상자에게 똑같이 적용할 수 있을까?

이러한 숙제를 해결하기 위해 우리는 유사연구를 실시하게 된다. 이것을 응용연구라고 하며 이 또한 일반화 및 타당화의 과정에서 반드시 필요한 연구적 특성이다.

3 연구방법의 선택

연구방법을 설정하는 단계에서는 일반적으로 기술연구, 상관연구, 실험연구의 세 가지 양상으로 구분할 수 있다. 먼저, 기술연구(descriptive study)은 어떤 행동이 발생하고 있으며 어느 정도의 양과 빈도로 나타나는지를 수량화하는 것이다. 이러한 기술연구는 심리학에서 중요한 역할을 한다. 즉, 기술연구의 절차들은 차후의 좀 더 고도로 통제된 연구로 이끌어주는 데이터베이스의 중요한 부분을 제공한다.(Miller, 1977). 행동의 기술(description)은 설명(explanation)을 위해 필요한 첫 단계이며, 일반적으로 실험법에 선행하기도 한다. 또한, 자연적 관찰이나 사례연구에서는 정성적 분석이 우세하지만, 때에 따라서 정량화 시켜 분석하기도 한다는 점에서 포함시켜 놓았다. 기술연구에는 크게 세 가지로 다시 구분할 수 있다.

첫째, 사례연구(case study)는 회고형으로 이루어지는 경우이다. 사례연구법의 한 유형인 이상사례연구는 특정한 방식에서 차이가 있는 비슷한 사례들을 비교하는 것인데, 추론 과정을 통해 비교분석한다. 사례연구법은 개인이 성장해 온 사례사를 바탕으로 연구가 이루어진다. 사례사는 개인을 집중적으로 연구하는 데 중요한 자료가 된다. 개인이 기억해내는 사건이나 과거에 대한 필사록을 추상적인 방법으로 재구성하여 과학적인 내용분석을 실시한다. 개인이 지닌 문제의 원인을 회고적으로 파악하고자 하는 방법으로 실험이나 체계적 관찰을 위한 정보를 제공해 줄 수 있다는 장점이 있으나, 개인의 기억을 바탕으로 재구성하기 때문에 주관적인 편견이 개입될 가능성이 높다는 것이 단점이다.

둘째, 자연적 관찰은 실험법의 맹점을 보완하고 현실성 있는 연구를 하는 방법이다. 관찰법은 실험법과 같이 독립변인을 인위적으로 조작할 수는 없지만, 관찰변인을 정하고 그 변인들을 체계적으로 측정할 수 있는 연구방법이다. 개인이나 집단들의 특징들을 체계적으로 기록하고 비교 · 분석하면서 차이점이 나타나면 특이점을 인정한다.

자연관찰법은 심리학자가 연구하려는 행동이 실험적 상황이라는 인위성에 의해서 변질될 가능성이 있을 시에도 사용되는 연구방법이다. 방법으로는 관찰자(연구자)가 객관적으로 제3자가 되어 현상과 관찰변인을 체계적으로 관찰하는 방법으로, 관찰자가 집단에 직접 참여하여 집단 구성원과 생활하면서 관찰하는 참여관찰 등이 있다.

관찰자간 신뢰도는 둘 이상의 관찰자가 같은 행동을 동시에 관찰 했을 때 비슷한 결과를 내는지를 측정한다(Martin & Bateson, 1993). 관찰자가 신뢰도는 여러 가지 방식으로 측정될 수 있으나, 전형적으로 상관계수로 측정된다. 두 관찰자 간 일치가 높으면 높은 정적 상관계수를 보인다. 상관계수는 보통 최댓값 +1.00을 가지고, 상관계수가 +0.70보다 클 때 높은 관찰자간 신뢰도가 있다고 한다(Martin & Bateson, 1993).

관찰법의 장점은 인위적이지 않은 현상 자체의 관찰이 가능하다는 장점이 있지만 자연적 상황에 대한 관찰의 경우는 1회적인 사건이므로 이를 기초로 일반적인 진술을 하기는 어렵다는 단점이 동시에 존재한다. 또한 가외변인의 통제가 어렵고, 관찰자 편향이 생길 가능성이 있다. 또한 관찰자의 주관이 개입될 가능성이 많고, 관찰자의 의견이나 기대 등이 투사되어 객관적인 결과를 얻지 못할 수도 있다. 따라서 관찰자는 이러한 오류를 피하기 위하여 객관적으로 관찰하고 기록하는 훈련을 받아야 한다.

셋째, 조사법은 선거나 그와 비슷한 상관성을 가지고 결과를 예측하는데 사용되므로 실험심리학의 많은 분야에서는 거의 사용되지 않는다. 그럼에도 불구하고 이 방법이 명료하게 사용할 수 있다는 점으로 인해 심리학의 다양한 분야에서 사용하고 있다. 설문조사연구에서 핵심적인 논쟁은 조사되는 표본과 관련되어 있다.

연구자는 표본이 질문들의 설계목표가 되는 한 모집단을 대표하기 위해 무선 표집을 실시한다. 무선 표집은 모집단에서 각 개인이 설문 조사받는 표본이 될 동등할 기회를 가지고 있음을 의미한다. 물론 무선 표집이라는 방법이 한 특정한 표본이 모집단을 완벽하게 대표하고 모집단에 대한 완벽하게 타당한 표본이라는 것을 의미하지는 않는다. 즉, 무선 표집이 의미하는 바는 표본이 모집단을 대표함을 통계적으로 또는 확률적으로 추측할 수 있게 해줌을 의미하는 것이다. 면접자의 능력이 중요시되는 조사법으로 가장 일반적으로 쓰이는 설문지법은 피검사자의 태도 등을 익명으로 수집하는 게 가능하다.

조사법이 타당하기 위해서는 조사에 응한 표본이 전체 모집단의 특성을 잘 나타낼 수 있도록 대표성을 가져야 하며, 통계적으로 잘 분석되고 해석에 오류가 없어야 한다. 설문

조사법은 익명을 보장하는 연구, 선호도 등의 조사에 유리하지만, 타당도를 위한 표본의 대표성 확보, 자료 분석 및 해석 시 오류가 생길 수 있다는 단점이 있다.

상관연구는 둘 이상의 변인들이 서로 관계되어 있는지를 파악하고자 한다. 전형적으로 관계연구는 실험에서처럼 변인들의 조작을 포함하지 않는다. 즉 서로 관련을 짓는 결과들은 어떤 자연적으로 발생한 사건들이기 때문에 보통 이미 발생된 것이며, 그리고 실험자가 직접 조작한 결과가 아니다.

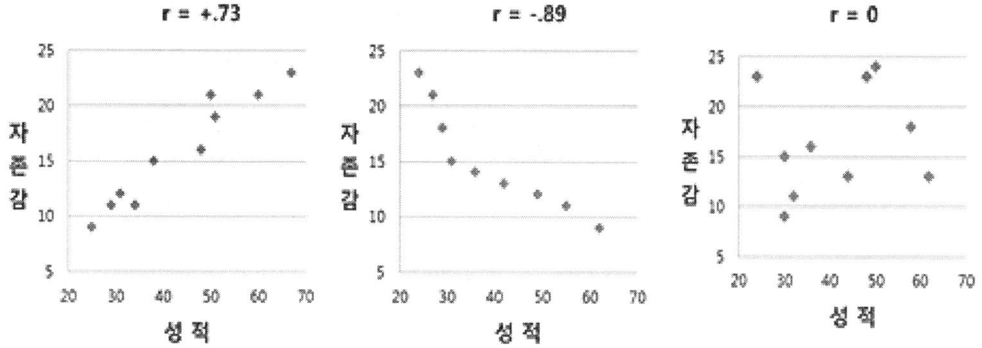

[그림 2-1] 상관연구

연구자는 자료를 범주화하거나 평가하며, 그러고 나서는 그 관련성을 엄밀히 조사한다. 그리고 상관된 사건이 발생할 때 사건에 대한 정확한 예측을 가능하게 해준다. 다시 말해서, 상관연구는 심리와 행동에 어떤 원인이 작용했는지 분간하기는 어렵지만 그와 분명히 관련된 변인과 결과와의 관계를 살펴보는 연구방법이다. 즉 상관관계 연구를 통해 연구자는 단일 통계치를 가지고 관계의 정도와 방향을 동시에 알아볼 수 있다.

여러 기술연구들에게서 얻은 자료들을 통해 요인들의 상호작용을 연구하며, 흔히 연구자의 통제력 밖의 변인을 다룬다. 대체로 통계적 절차를 통해 관계를 파악한다. 즉, 상관계수(r, 두 변인 간의 관계정도를 통계적으로 계산한 것으로 -1에서 1사이의 값을 갖는다)값을 보고 상관관계를 판단한다. 0에 가까울수록 두 변인 간에는 상관관계가 전혀 없고 값이 1에 가까울수록 상관관계가 높다고 해석한다.

상관관계 연구방법은 비교적 효과적인 방법이며, 인과 행동이나 사회적 현상을 규명하는 가장 대표적인 연구방법이다. 과학을 밝히고자 하는 목적이 있으나 윤리적인 이유로 사람들에게 실험적 처치를 할 수 없는 변인에 대한 연구에 유용하다. 그러나 상관관계가 곧 인과관계를 의미하는 것은 아니므로 관계 유·무정도의 가치 밖에 알 수 없다. 또한 인과관계를 규명하는 것이 항상 가능한 것도 아니며, 가능하더라도 바람직하지 않을 수 있다는 단점이 있다.

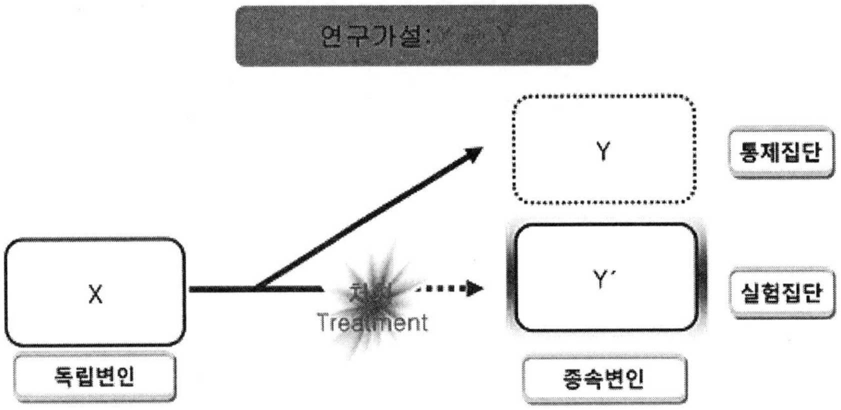

[그림 2-2] **실험연구**

실험법은 인과 관계를 증명하기 위해 설계된 검사이다(Cook & Campbell, 1979). 실험법은 다른 조건을 일정하게 하고 독립변인(원인)을 처치해서 그 종속변인(결과)을 알아봄으로써, 독립변인이 종속변인에 어떻게 영향을 미치고 있는지를 알아내는 연구방법이다. 즉 실험법은 인간행위의 어떤 원인에 의해 어떤 결과가 나오는지를 규명하기 위해, 원인을 제외한 다른 조건들은 일정하게 통제시킨 뒤 "어떤 자극을 조작했을 때, 어떤 반응이 나타났는지"를 살펴본다.

이러한 실험법은 심리학의 연구방법 중 가장 대표적인 방법으로 심리학의 과학화에 가장 큰 기여를 하였다. 통상 실험설계를 할 때 무선할당과 이중맹목법을 주로 사용한다. 무선할당은 참가자들을 확률에 따라서 실험조건과 통제조건에 배정함으로써 집단 간에 이미 존재하는 차이를 최소화하는 것이며, 이중맹목법은 참여자는 물론 실험자도 어느 집단이 실험집단이고 어느 집단이 통제집단인지 모르게 하는 방식을 말한다.

실험법을 적용하기 위해서는 먼저 가외변인(extraneous variable)을 제거하는 과정이 필요하다. 그리고 반드시 무선할당(random assignment)을 추구해야 하며, 이것은 각 피험 집단에 배정될 확률을 동일하게 하기 위함이다. 그리고 매칭(matching)을 통해 동일한 특성 및 조건의 피험자를 미리 뽑아서 각각의 집단으로 할당하는 경우도 있다. 이러한 과정을 거쳐 연구결과에 도달하면, 우연에 의한 두 집단의 차이 5%이하일 때, 효과가 있다고 판단할 수 있는 것이다.

실험법의 장점은 인과관계를 파악할 수 있으며, 가외변인 통제가 용이하다는 점이다. 또 정확한 측정이 가능하여 이론 검증이 가능하다는 것도 실험법의 장점이다. 반면, 실험법의 단점은 실험장면에서 나온 결과를 다른 현실적인 장면으로 일반화시키기 어렵다는 것이다. 즉, 실험법이 심리학의 대표적인 연구방법이라는 것은 틀림없지만, 실험법은 인위적인 장면에서 연구하기 때문에 현실과는 다소 거리가 먼 연구결과를 낼 수 있다. 또한 실험법은 항상 언제 어디서나 가능한 방법은 아니며, 복잡한 행동은 측정이 불가능할 수도 있으며, 비구조화된 탐색적 연구가 어렵다는 점이 단점이 있다.

4 횡단연구와 종단연구

횡단연구(cross-sectional study)란 같은 시기 서로 다른 연령 집단을 조사하여 각 연령대별 특성을 비교, 분석하는 연구방법으로 다양한 집단을 연구, 특성의 안정성 정보, 짧은 시간 내 자료 수집의 특성을 가진다. 반면, 종단 연구(longitudinal study)는 일정 기간 동안 동일한 연구 대상에 대한 자료를 수집하는 연구 방법으로, 한 집단을 여러 시점에 걸쳐 조사한다는 점, 연구 대상이 성장하면서 보여주는 변화를 알 수 있다는 점, 시간 소모가 많고 피험자가 중간에 탈락하는 상황이 발생할 수도 있다는 점이 특징이다. 대표적인 예로 패널연구에서 코호트 집단을 선정하여 자료를 주기적으로 수집하는 방법이 여기에 해당한다.

횡단 연구의 단점으로는 동시대 집단 효과가 대표적이다. 이것은 동일한 시간, 한정된 범위의 시기에 함께 태어난 사람들에게서 일정한 특성이 나타나는 효과를 말한다. 이로 인해 일정한 시점에 여러 연구 대상을 연구하는 횡단 연구에서 여러 연령 층 간 동시대 집단 효과 발생으로 제대로 된 발달연구 결과를 도출할 수 없게 될 수도 있다는 것을 의미한다.

이러한 단점을 보완한 것이 단기적 종단연구인데, 횡단연구와 종단연구의 장점을 절충한 단기 종단적 연구는 비교적 짧은 시간 내에 한개 이상의 출생동시집단을 포함하여 시간 경과에 따른 발달 양상을 연구하는 방법으로 동시대집단효과를 최소화 시키고 연구 기간을 줄일 수 있다는 점에서 특징이다.

5 메타분석

메타분석은 동일하거나 유사한 연구 주제로 실시된 많은 통계적 연구를 다시 통계적으로 통합하고 종합하는 문헌 연구의 한 방법이다. 기존의 연구 방법이 갖는 제한적인 여러 가지 한계를 넘어서 개별적 연구나 결과들을 통계적 기법을 사용하여 포괄적이고 거시적이며 객관성을 지닌 결론을 이끌어 내고자 한다. 메타 분석은 선행 결과를 통합하는 과정에서 각 연구의 원자료를 사용하는 것이 아니라 요약된 통계치를 효과의 크기라는 단일의 수치로 환산하여 사용하게 된다. 그래서 메타 분석은 무엇보다 서로 다른 특징과 조건들을 가진 개별 연구들을 종합하여 보다 타당하고 일반화된 결론을 이끌어 낼 수 있다는 데 의의가 있지만, 지나치게 결과에 초점을 두고 매개변수의 개입이나 상호작용 효과 등을 무시함으로써 연구 결과를 단순화시킬 우려가 있다는 제한점도 있다.

6 측정: 척도의 종류

측정이란 측정하고자 하는 대상에 숫자와 척도를 부여하는 것으로 비교가 가능하며, 정밀한 기술에 용이하다. 척도의 성질에 따라 측정치의 특성이 다를 수밖에 없는데, 척도의 종류는 다음과 같이 4가지가 있다.

첫 번째, 명명척도는 양적인 차이가 아니라 질적인 차이에 의하여 유목으로 나누어 숫자를 배정하는 척도다. 예컨대, 자료를 컴퓨터에서 입력할 때 남자를 '1' 여자를 '2'라고 하는데 이것은 명명척도로서 분류에 대한 정보를 제공한다.

두 번째, 서열척도는 단순히 유목으로 구별하는 것이 아니라 유목 사이의 양적인 순서를 고려하여 숫자를 적용하는 척도다. 성적이 제일 좋은 학생은 1등, 그 다음 학생은 2등과 같이 서열을 나타내는 수치를 서열척도라고 하는데, 1등과 2등 사이의 차이가 2등과 3등 사이의 차이와 같지는 않다(우연히 같은 경우도 있다). 서열척도는 분류와 서열에 대한 정보를 제공해 준다.

세 번째, 등간척도는 양적인 서열뿐만 아니라 그 크기가 비교될 수 있도록 등간격으로 숫자를 배정하여 구분한 척도다. 등간척도의 대표적인 예는 섭씨온도계의 눈금이라고 할 수 있는데, 10℃와 20℃ 사이의 차이와 20℃와 30℃의 차이는 등간이므로 같다. 심리학에서 많이 사용하는 척도가 등간척도로서 IQ(편차IQ) 점수도 등간척도의 하나다. 등간척도에 의해서 얻어진 측정치를 통해 분류, 서열 및 동간성의 정보를 얻을 수 있다.

네 번째, 비율척도는 물리학에서 사용되는 cm(길이), g(무게), s(시간)의 척도가 비율척도에 해당되는데, 이런 척도들은 절대 영점에서 출발한 척도여서 비례적인 비교가 가능한 척도다. 따라서 절대영점을 갖고 있기 때문에 척도점수의 가감은 물론, 승제도 가능하여 등간척도보다 비례성의 정보를 더 얻을 수 있다. 여기서 절대영점이란 무게가 없는 것을 0g, 길이가 없는 것을 0cm라는 것을 의미하며 등간척도인 섭씨온도계에서 0℃라는 것은 온도가 없다는 의미가 아니라 우리가 임의적으로 '1기압의 공기에서 물이 어는 온도를 0℃라고 한다.'고 결정한 임의영점 또는 상대영점인 것이다. 따라서 20℃는 10℃의 2배의 온도라고 말할 수는 없다. 최근 우리가 흔히 사용하는 편차 IQ 점수는 같은 연령을 표집한 집단의 평균 지능점수를 임의영점(보통 100으로 표현하고 있지만)으로 하여 만들어진 척도이므로 등간척도이다.

7 통계적 방법

통계적 방법에는 크게 두 가지로 구분하여 설명할 수 있다. 먼저, 기술통계는 자료를 수집하고 정리하여 도표나 표를 만들거나 자료를 요약하여 대푯값이나 변량의 크기를 구하는 방법을 다루는 분야이다. 기술통계는 빈도, 집중경향치 등으로 구성된다. 먼저 빈도분포와 그래프는 점수의 재배열, 자료를 한눈에 볼 수 있게 해주며, 집중경향치는 개개 점수들 간의 관계에 관한 정보를 담고 있지 않고 집중의 정도를 의미한다. 그리고 분산의 정도를 알 수 있는 분산도, 상관계수 등이 있다. 집중경향치는 집중의 정도를 의미하고 변산도는 분산의 정도를 나타내므로 반대의 의미를 갖고 있기 때문에, 보통 집단의 특성을 기술할 때 집중경향치와 분산도의 두 통계치에 의해 기술하는 경향이 있다. 왜냐하면 두 집단이 같은 평균치를 갖고 있더라도 표준편차는 다를 수도 있기 때문이다. 평균치(Mean, M)는 전체를 더한 다음 그 전체를 사례수로 나누는 방법으로 평균은 오른쪽과 왼쪽의 중심이 된다.

평균을 알게 됨으로써 각 개인이 집단의 어느 위치에 있는지 알 수 있다. 평균으로 사용 될 수 있는 척도는 적어도 등간척도 이상이어야 한다. 중앙값(Median, Med)은 전체 사례 수에서 정확히 가운데에 해당하는 값으로, 맨 위와 맨 아래의 가운데에 위치하는 값이다. 예를 들면 101명의 학생의 TOEIC 점수를 나열할 경우, 51등에 해당하는 학생의 점수가 중앙치이다. 마지막으로, 최빈치(Mode, Mo)는 집단에서 가장 빈번히 나타나는 값으로, 수집된 사례를 간단히 훑어보는 것으로도 쉽게 찾을 수 있다는 장점이 있으나, 정확도에서 가장 뒤떨어지므로 평균이나 중앙치만큼 널리 사용되지 못하는 단점이 있다.

반면에, 추리통계는 관찰된 자료에 내포되어 있는 정보를 분석하여, 관찰되지 않은 불확실한 명제에 대해 추론하는 과정으로, 표집에 의해 전집을 추론하는 통계를 말한다. 추리통계에서 '모집단'은 연구자가 관심을 갖는 연구의 전체 대상을 말하며, '표본'은 모집단의 특성을 그대로 살리면서, 모집단보다 더 적은 수의 요소를 뽑는 것이다. 그리고 가상적 모집단 평균을 중심으로 하는 분포에서, "두 값이 우연에 의한 차이를 가질 확률이 얼마인가"를 살펴보는 것을 '유의도 검증'이라고 한다.

8 신뢰도

신뢰도는 행동 측정의 일관성을 가리킨다. 측정이 신뢰성이 없다면, 또한 타당하지 않으며, 어떤 것이 진짜로 측정되었는지 파악하기란 불가능하다. 연구에 있어서 같은 것을 반복측정하면 동일한 수치가 얻어져야 한다고 가정한다. 하지만, 실제로는 항상 여러 대상에 대한 측정에서조차 어떤 변동성이 존재하게 된다. 이러한 변동성 정도에 따라 측정도구와 절차의 신뢰도가 결정된다. 어떤 측정의 높은 변동성은 신뢰도가 낮다는 것을 의미하며, 그 반대도 성립한다. 심리학자나 통계학자가 자주 지칭하는 측정 '오류'는 어떤 사람이 실수를 저질렀다는 것이라기보다 어떤 피할 수 없는 요인들이 자료에서 예측 못한 변동을 발생시켰음을 의미한다. 연구자들은 동일한 조건하에서 측정을 함으로써 이 변동성을 줄이려고 노력하고 자신들의 측정의 신뢰도를 높인다.

검사결과와 행동의 기술적 측정치의 신뢰도는 흔히 같은 조건하에서 연속적으로 측정을 함으로써 검토된다. 신뢰도를 파악하기 위한 검사는 세 가지가 있다. 먼저, 검사-재검사 신뢰도(test-retest reliability)는 동일한 검사를 동일한 피험자 집단에게 일정한 시간 간격을 두고 두 번 실시하여 얻은 두 검사 점수 간의 상관계수를 사용하여 검사 도구의 신뢰성을 추정하는 방법이다. 칼 피어슨(K. Pearson)의 단순적률 상관계수 추정 공식으로 산출되며, 이는 검사 도구의 안정성에 대한 지표가 된다. 검사-재검사 신뢰도는 동일한 검사 문항을 사용하기 때문에 문항 구성에 따른 측정 오차는 통제되나, 검사 시행 간에 나타날 수 있는 연습 효과의 가능성이 있다. 즉, 첫 번째 검사 시행이 두 번째 검사에 영향을 미칠 수 있으며, 두 검사 시행 사이의 시간 간격도 문제가 될 수 있다.

검사의 실시 간격은 일반적으로 피험자의 기억이 소멸된다고 여겨지는 2주에서 4주로 설정한다. 그 다음으로는 동형검사법이 있는데 이것은 특정한 연습효과 같은 문제를 피하기 위하여 검사-재검사 신뢰도와 약간 다른 절차를 사용할 수 있다. 이 기법은 두 번째의 검사 시에 첫 번째 검사와 호환되는 또는 동형 형태(parallel form)의 검사를 제공하는 것이다. 첫 번째와 두 번째 점수 사이의 상관이 높다라면, 그것은 검사의 신뢰성이 높음을 의미한다. 이 같은 방식으로 검사의 두 가지 형태가 동등한지를 결정할 수 있다.

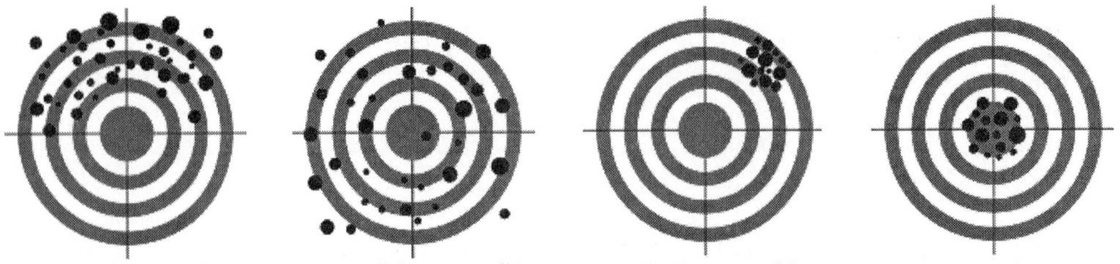

[그림 2-3] 둘 다 낮음, 신뢰도 낮음, 타당도 낮음, 둘 다 좋음(외쪽부터)

마지막으로 반분측정법은 검사를 한번 제시하여 신뢰도를 평가할 수 있는 기법이 반분법이다. 이 기법은 반분 신뢰도(split-half reliability)를 제공한다. 즉 이것은 검사항목들을 임의의 두 집단으로 나누어 검사의 절반씩에서 얻은 점수들을 상관시키는 것이다. 만일 상관이 높다라면, 검사는 신뢰성이 있다. 덧붙여, 검사항목들의 동질성이 확립된다.

9 타당도

타당도란 관찰의 진정성을 의미한다. 혹은 연구자가 자신이 측정하고나 원하는 것을 제대로 측정하거나 연구하고 있는지를 의미하는 것이다. 과학적 진리는 새로운 관찰이 얻어지면 변하기 때문에, 타당도와 그 반대인 비타당도가 "명제의 참 또는 거짓에 대해 가장 가용한 어림값을 가리킨다"고 주장하는 것이 가장 안전할 것이다(Cook & Campbell, 1979). 기술, 관계성, 그리고 설명의 타당도는 보통 여러 가지 방식으로 고려될 수 있다.

첫째, 예언타당도(predictive validity)는 어떤 관찰이나 측정의 타당성을 알아보는 공통적인 방식은 한 기준과 비교하여 확인하는 것이다. 기준(criterion)이란 당해의 측정에 대하여 표준으로서 역할을 하는, 행동에 대한 또 다른 측정이다. 즉, 예언타당도는 행동의 한 측정을 다른, 준거 측정과 연계시키며, 검사가 특정한 기준을 성공적으로 예측할 수 있는가 하는 것이다. 예언타당도는 상관계수에 의해 정도가 결정된다. 하지만 예언타당도는 예언타당도를 제한하는 것 이외에는 측정을 정의하는 데 별로 하는 일은 없다.

둘째, 구성타당도(construct validity)는 어떤 특정한 연구 프로젝트에서 독립변인과 종속변인이 그것들이 측정하고자 하는 것을 정확하게 반영하거나 측정하고 있는 정도를 구성타당도라고 부른다(Cook & Campbell, 1979). 즉, 구성타당도는 관심 있는 행동을 어떤 변인이 정확하게 반영 또는 측정하는 정도를 가리킨다. 적합한 조작적 정의를 제공하고 규약을 따르는 것이 구성타당도가 보장되지는 않지만, 오류로부터 발생하는 구성비타당도를 최소화하는 데 도움이 된다.

셋째, 외적타당도(external validity)는 어떤 연구 상황과 참가자 집단을 다른 상황들이나 집단들에 일반화시킬 수 있는 정도를 의미한다(Cook & Campbell, 1979). 실질적인 외부 타당도를 지닌 관찰은 다른 상황과 다른 참가자집단에 일반화할 수 있게 한다. 외적으로 타당하지 않은 관찰들은 원래의 실험 상황과 참가자 집단에만 국한된다. 연구자들은 자신의 관찰이 일반적인 심리학적 현상을 설명해주길 바란다. 그러므로 두드러진 관심사는 그 관찰이 다른 상황에서도 반복되어질 수 있는가 하는 반복검증(replication)이다. 반복검증은 관찰의 일반화 가능성을 평가하는 것에 도움이 된다.

넷째, 내적타당도(internal validity)란 변인 간의 관계에 대해서 인과관계의 진술을 할 수 있는지의 여부를 가리킨다는 것을 상기하라(Cook & Campbell, 1979). 관찰이 내적으로 타당할 때, 연구자는 한 변인이 다른 변인에 변화를 일으켰다고 확실히 믿을 수 있다. 만일 관찰이 내적으로 타당하지 않다면, 연구자가 설정한 가설에서 한 변인이 다른 변인의 변화를 일으켰는지의 여부에 대하여 주장을 할 수가 없다. 혼입은 내부타당도에 대한 주된 위협인데, 왜냐하면 인과변인들의 상호작용 나타나기도 하고 주효과가 파악되지 않기 때문이다.

10 연구윤리

물리학 분야의 과학적 연구 영역과는 다르게 심리학 연구는 인간의 삶이나 사고, 느낌 등을 다루는 학문이다. 이러한 학문 영역의 특징 때문에, 심리학자들은 종종 연구를 하는 것이 윤리적으로 정당한가의 문제에 직면하게 된다. 특히, 실험심리학자들은 연구를 통해 인간의 행동에 대한 중요한 정보를 발견할 수 있고 이러한 발견의 대부분은 연구적 공헌으로 여겨진다. 그러나 연구자들은 실험에 참여하는 개인의 건강과 복지를 우선적으로 고려해야만 한다.

실제로 실험심리학자들이 과학적으로 발전시킨 많은 연구 방법과 절차에서 참가자의 인권이나 연구자의 윤리에 대한 문제가 제기되었다. 연구자들은 실험을 설계할 때 보다 생생한 사회적 사건을 창조하려 하지만, 이러한 사건 중 일부는 참가자들을 불편하게 만들기도 한다. 예를 들어, Watson의 영아대상 공포증연합연구, Milgram의 복종실험, Zimbardo의 스탠퍼드 감옥 실험 등이 여기에 해당한다. 실제로 Zimbardo의 경우 연구자를 구속되는 사태가 발생하기도 하였다.

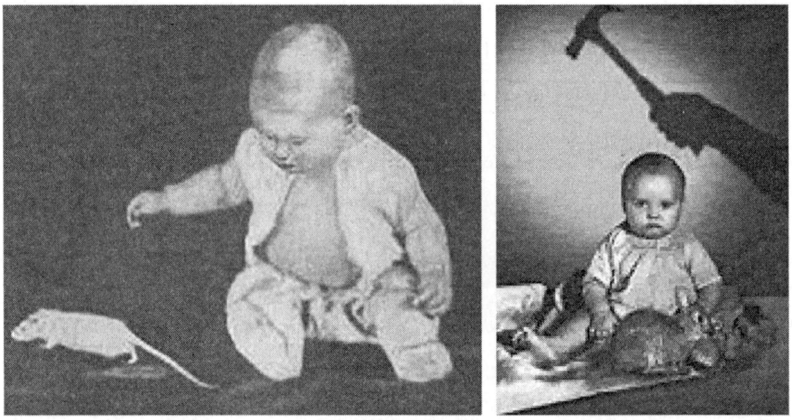

[그림 2-4] 리틀앨버트 연구에서의 연구윤리문제

이러한 문제를 해결하기 위하여 미국심리학회(APA)를 포함한 많은 학회에서 심리학 분야에서 적용한 연구 윤리의 목록을 제시하고 있고, 한국심리학회도 연구자가 연구 수행 시에 지켜야 할 윤리를 학회 정관에 포함하고 있다. 참여자의 존엄과 자기결정권 존중의 차원에서 대부분의 학회가 연구참가자에게 사전 동의(Informed consent)를 얻는 것을 권장하고 있다. 사전 동의를 얻기 위해서 연구자들은 참여자들에게 연구의 특징과 절차, 철회 가능성 등에 대해 사전에 알려 주어야 한다. 그러나 어떤 경우에는 연구 목적에 따라 속임수를 써야 하는 경우가 생기기도 하는데, 이런 경우에도 가능한 빨리 속임수에 대한 사실을 알려주어 참여자가 실험 참여를 철회할 수 있는 기회를 제공해야 한다. 글상자 3에 미국 및 한국심리학회에서 제시하고 있는 연구 윤리 가이드라인을 연구수행과정을 중심으로 발췌, 요약하여 구체적으로 제시하였다. 한편 대학과 같이 심리학적 연구 수행을 하는 모든 기관은 연구윤리위원회(Institutional Review Board, IRB)를 운영하는 것이 권장되며, 최근에는 국내에서도 이러한 제도가 점차 확산되고 있는 추세이다. 위원회는 해당 기관에서 이루어지는 모든 연구의 계획서를 검토하여 시행하려는 연구가 윤리 가이드라인에 위배되지 않는지 평가하는 역할을 한다.

실습하기 1 정보 처리 태도를 점검해 보자

정보화 시대를 지나면서 우리 사회는 정보에 대한 딜레마를 경험하게 된다. 특히, 융합이라는 새로운 패러다임에 적응하기 위해 우리는 어느 정도 갈등적 상황에서 선택을 하게 된다. 가장 대표적인 것이 정보에 대한 보안/공유 차원이다(허성호, 2016). 그렇다면 사람들은 자신의 태도를 명확하게 인지하고 있을까? 과학적인 분석을 통해 자신의 태도를 확인해 보자. 다음은 자신의 태도를 평가하는 태도 설문지다. 정보에 대한 보안적 태도와 공유적 태도를 자기보고식으로 평가하고 이를 논의해 보자.

평가방법

아래의 두 척도에 대한 평가 방법은 7점 Likert로 실시하며, 그 구체적인 방법은 다음과 같다. 각 문항에 대하여 "매우 그렇다"라고 생각하면 7점을 부여하고, 반대로 "전혀 아니다"라고 생각하면 1점을 부여한다.

전혀 아니다			보통이다			매우 그렇다
①	②	③	④	⑤	⑥	⑦

1. 정보보안태도 평가 실시

번호	정보보안 평가 문항	평가
1	정보 보안 수칙을 지키는 것은 중요하다고 생각한다.	
2	정보보안은 충분한 가치가 있다고 생각한다.	
3	정보보안 시스템을 지키는 것이 매우 중요하다고 생각한다.	
4	정보보안의 규칙을 개발하고 지키는 것이 의미 있다고 생각한다.	
5	정보보안 규정을 준수하는 것이 필요하다고 생각한다.	
6	정보보안에 적합한 행동을 하면 기분이 좋아진다.	
7	정보보안 행동을 준수 하게 되었을 때 뿌듯함을 느낀다.	
8	정보보안 수칙을 지켰을 때, 만족감이 높아진다.	
9	규정된 행동 수칙을 하였을 때, 보람을 느낀다.	
10	일반적으로 정보보안을 유지하는 행동을 할 것이다.	
11	정보보안을 위반하지 않도록 스스로 행동을 점검할 것이다.	
12	정보보안 행동에 해당하는 행동 수칙을 지킬 것이다.	
13	규정된 정보보안 행동 기준에서 적합한 행동을 실천할 것이다.	
14	정보보안에 적합한 행동이 좋은 성과를 가져올 것이라고 생각한다.	
15	보안행동을 준수하는 것이 큰 이윤으로 돌아올 수 있다고 생각한다.	
16	정보보안이 한 조직의 운영에 있어서 큰 도움이 될 수 있다고 본다.	
17	정보보안 행동에 적합한지에 대하여 점검할 수 있다.	
18	정보보안 수준을 높이기 위해 행동으로 실천할 수 있다.	
19	정보보안에 해당하는 규칙을 꼼꼼하게 체크할 수 있다.	
20	정보보안 행동 수칙이 바뀌더라도 잘 수행할 수 있다.	

2. 정보공유태도 평가 실시

번호	정보공유 평가 문항	평가
1	정보를 공유하는 것은 중요하다고 생각한다.	
2	정보공유는 충분한 가치가 있다고 생각한다.	
3	정보공유 체계를 유지하는 것이 매우 중요하다고 생각한다.	
4	정보공유 방식을 개발하는 것이 의미 있다고 생각한다.	
5	정보를 공유하는 것이 필요하다고 생각한다.	
6	정보를 공유하는 행동을 하면 기분이 좋아진다.	
7	정보를 공유하게 되었을 때, 뿌듯함을 느낀다.	
8	정보를 공유할 때, 만족감이 높아진다.	
9	정보를 공유하였을 때, 보람을 느낀다.	
10	일반적으로 정보를 공유하는 행동을 할 것이다.	
11	정보를 공유하기 위해 스스로 행동을 개방할 것이다.	
12	정보공유에 도움이 되도록 행동할 것이다.	
13	정보를 공유하는 행동을 적극적으로 실천할 것이다.	
14	정보 공유를 실천하는 행동이 좋은 성과를 가져올 것이라고 생각한다.	
15	정보를 공유하는 것이 큰 이윤으로 돌아올 수 있다고 생각한다.	
16	정보공유는 한 조직의 운영에 있어서 큰 도움이 될 수 있다고 본다.	
17	정보공유 행동에 적합한지에 대하여 점검할 수 있다.	
18	정보공유 수준을 높이기 위해 행동으로 실천할 수 있다.	
19	정보를 공유하는 행동을 꼼꼼하게 계획할 수 있다.	
20	정보공유 행동의 여러 방식을 잘 수행할 수 있다.	

이제, 두 평가 점수에 대해 각각 총점을 각각 계산한다. 총점이 100점 이상이면 지향성태도라고 판단할 수 있으며 99점 이하면 회피성태도라고 판단할 수 있다. 결과적으로 다음과 같은 네 가지유형의 정보처리 태도를 확인할 수 있다.

		정보공유	
		지향성	회피성
정보보안	지향성	몰입형	본위형
	회피성	개방형	고립형

논의 1

자기 자신이 실시한 결과를 토대로 자신의 정보처리 유형을 결정하고, 그 유형에 대한 자신의 입장을 논의하시오. 아울러, 구체적인 행동을 언급하고 유형을 적용하여 설명하시오.

단 원 개 관

심리학에서 인간행동을 설명하는 가장 작은 미시적 수준의 개념은 시냅스(synapse)다. 시냅스란 신호를 보내는 세포의 종말단추와 그 신호를 받아들이는 세포의 세포체 또는 수상돌기 막 사이의 연결부위이다. 시냅스를 통해 상호작용이 일어나는 물질이 무엇이냐에 따라 인간의 행동은 달라질 수 있으며, 이렇게 뉴런에서 뉴런으로 이어지는 시냅스에서 한 뉴런에 의해 분비되어 다른 뉴런에 영향을 주는 화학물질들이 신경전달물질(neurotransmitter)이고 하며, 그 기능에 따라 다양하게 구분하여 설명할 수 있다. 아울러 신경계는 중추신경계와 말초신경계로 구분할 수 있다. 이 중 가장 주목하는 것이 중추신경계이며, 그 중에서도 뇌, 그 중에서도 전뇌의 기능에 매우 관심을 가지고 있다. 뇌의 구조상 대뇌피질과 시상, 그리고 시상하부의 상호작용의 기능에 매우 역동적인 작용반응에 대해 많은 역구가 있어 왔다. 대뇌피질 중에는 좌반구에만 있는 언어적 기관이 존재하며, 베르니케와 브로카 영역이라고 명명하고 있다. 베르니케 영역(Wernicke's area)은 뇌의 좌반구에 위치하는 특정부위로 청각피질과 시각피질로부터 전달된 언어정보의 해석을 담당한다. 반면, 브로카 영역(Broca's area)은 좌반구 전두엽에 존재하는 뇌의 특정 부위로 말을 하는 기능을 담당하고 있다.

PATA 3

생리심리학

1 신경세포 뉴런

뉴런은 신경계의 정보 처리와 전달자이며, 전문화된 역할에 따라 다양한 형태가 있다. 세포체는 수상돌기 및 축색과 함께 뉴런을 구성하는 주요 부위 중 하나로서, 핵, 리보솜, 미토콘드리아 및 대부분의 세포들에서 볼 수 있는 기타 구조가 있다. 수상돌기는 메시지를 받아들이는데 중요한 수용기 역할을 한다. 뉴런들 간의 전달물질은 시냅스(synapse)를 통해 전달되는데, 시냅스란 신호를 보내는 세포의 종말단추와 그 신호를 받아들이는 세포의 세포체 또는 수상돌기 막 사이의 연결부위이다. 심리학에서는 이 시냅스 영역을 매우 중요시 하고 있으며 시냅스에서의 교신은 종말단추에서 다른 세포의 막 쪽으로 한 방향으로만 이루어진다. 축색(axon)은 길고 가는 관처럼 생겼으며, 가끔 수초(myelin sheath)로 덮여 있다. 축색은 세포체에서 종말단추로 정보를 전달한다. 수상돌기와 마찬가지로 축색과 그 가지들의 모양은 다양하다. 실제로 뉴런의 세 가지 기본 형태들은 수상돌기와 축색이 세포체에서 뻗어 나오는 양상에 따라 분류된다. 또한, 일반적으로 뉴런은 세포체 막에서 하나의 축색과 여러 개의 수상돌기가 뻗어 나오고 있지만, 양극성 뉴런(bipolar neuron)은 세포체의 양쪽 끝에서 하나의 축색과 하나의 수상돌기가 뻗어 나온다. 양극성 뉴런은 주로 감각뉴런으로서 그 수상돌기가 외부환경에서 발생한 사상을 탐지하여 그 정보를 중추신경계로 전달한다.

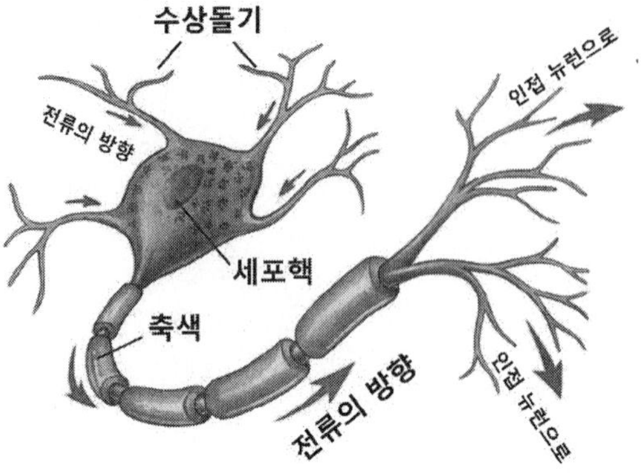

[그림 3-1] 뉴런과 전류

뉴런 내 정보전달은 뉴런의 축색 막을 사이에 두고 안쪽과 바깥쪽에 전위차로 인해 가능해 진다. 이는 세포막의 성질에 의한 것이며, 세포막은 반투과성 막으로, 전기를 띤 여러 이온을 모두 다 통과시키지는 않는다. 뉴런축색이 쉬고 있을 때, 즉 안정 상태에 있을 때 축색 내부는 외부에 비해 음전위를 지니고 있다. 이는 양전하는 띤 나트륨이온(Na+)이 세포 내부보다 외부에 더 많기 때문이다. 그리고 세포막은 특히 양전기를 띤 나트륨이온을 통과시키지 않는다. 이와 같은 축색 안팎의 전기적 상태를 안정전위(resting potential)라 한다. 예를 들어, 어떤 자극이 축색을 흥분시키면 축색막에 있는 작은 통로들이 열려서 나트륨 이온이 세포 내부로 들어가게 된다. 그리하여 나트륨 양전하가 들어옴으로써 음전위였던 축색 내부가 축색 외부에 비해 양전위로 된다. 이를 활동전위(action potential)라고 하는데, 신경충동, 신경흥분이라고도 한다. 활동전위가 축색을 따라가면서 그 다음 부위들을 자극하게 된다. 그리하여 그 다음 지점에서 나트륨이온이 축색 내부로 들어가게 된다. 이러한 과정이 축색의 끝까지 반복된다. 나트륨 이온이 뉴런의 세포막 내부로 들어간 직후 칼륨 이온(K+)이 세포 밖으로 나와서 막을 사이에 둔 전위차는 이전 상태로 되돌아간다. 활동전위는 뉴런에 따라 차이가 있지만 1초에 약 1~100m의 속도로 전달된다. 축색을 따라 내려가는 정보전달에는 나트륨 이온의 흐름이 있어야 하기 때문에 이 흐름을 차단하면 뉴런은 정보를 전달할 수 없게 된다. 예를 들면, 마취제인 노보케인(Novocain) 같은 약물은 나트륨 이온이 흐르는 통로를 막아서 통증에 대한 정보가 뇌까지 전달되지 못하게 하여 통증을 느끼지 못하게 하는 것이다.

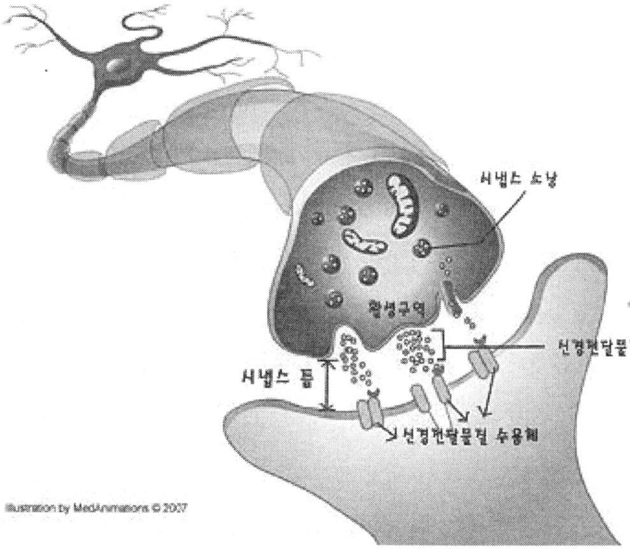

[그림 3-2] 시냅스의 원리

뉴런 간 정보전달의 활동이 나타나는 구간을 시냅스라고 한다. 포유동물의 뇌에 있는 대부분의 시냅스에는 신경전달물질(neurotransmitter substance)이라고 하는 특수한 화학적 물질의 분비에 의한 화학적 전달이 기본방식을 이룬다. 이런 시냅스에서 시냅스전 종말단추에는 소낭이 많이 있다. 시냅스 전막과 후막 사이에는 약 20nm(1nm는 1/10억m)의 극히 좁기는 하지만 분명히 떨어져 있는 시냅스 틈이 있다. 활동전위가 축색을 따라 내려와 이 종말단추에 이르면 종말단추 안에서는 신경전달물질이 들어 있는 소낭이 시냅스 틈으로 터져 그 속에 들어 있는 전달물질이 시냅스 틈을 건너 시냅스 후막에 있는 수용기에 결합하여 그 뉴런을 흥분시키거나 억제시킨다. 신경전달물질로 사용되는 화학물질에 따라서, 또 수용기의 유형에 따라서 그 결과는 뉴런의 흥분이나 억제일 수 있다. 시냅스 후 뉴런은 거의 동시에 다른 많은 뉴런으로부터 흥분과 억제를 받고 있다. 흥분의 전체량이 억제의 전체량보다 크면 활동전위를 일으키게 된다. 만약 억제작용의 합이 흥분작용의 합보다 크면 그 뉴런은 일시적으로 잠잠해진다. 대부분의 뉴런들은 자발적으로 보통 속도로 활동전위를 일으키고 있다. 흥분적인 작용은 활동전위를 더 자주 일으키고, 억제적인 영향은 평상시보다 덜 빈번히 활동전위를 일으키게 된다.

2 신경전달물질

뉴런에서 뉴런으로 이어지는 시냅스에서 한 뉴런에 의해 분비되어 다른 뉴런에 영향을 주는 화학물질들이 신경전달물질(neurotransmitter)이다. 각각의 뉴런은 혈액 속에 있는 재료를 이용하여 자신의 신경전달물질을 합성해낸다. 신경과학자들은 뇌에서 신경전달물질로 기능하고 있는 화학물질이 수십 가지일 것으로 생각하고 있으며, 신경전달물질로 확인되거나 그럴 가능성이 있는 것들의 목록은 연구를 계속함에 따라 점점 더 길어지고 있다. 먼저, 아세틸콜린(Acetylcholine: ACH)은 신경계에서 가장 일반적인 신경전달물질이다. ACH는 중추신경계의 운동신호를 근육에 전달하는 신경-근 시냅스와 자율신경계의 신경절, 그리고 부교감신경계의 표적기작에서 발견된다. 아세틸콜린은 심장에서는 심근세포를 억제하여 심박률을 떨어뜨리지만, 골격근 세포의 활동은 흥분시킨다.

또한 아세틸콜린은 뇌와 척수에서는 흥분성 효과를 야기한다. 뇌에서의 ACH의 작용은 학습과 기억에 중요한 역할을 하며, 알츠하이머병(Alzheimer's disease) 환자에게서 관찰되는 기억상실의 원인과 관련된다. 알츠하이머병은 ACH를 분비하는 뉴런들이 변성했을 때 발생하며, 이 병으로 사망한 환자는 뇌 안의 ACH 수준이 정상인에 비해 절반 수준이다. 아세틸콜린 수용기에는 두 가지 유형이 있어서 약물에 따라 한 수용기는 활성화되지만 다른 수용기는 활성화되지 않는다. 하나는 담배에 함유된 니코틴(nicotine)에 의해 활성화되는 니코틴성 수용기이고, 다른 하나는 파리 끈끈이에 들어있는 환각제인 무스카린(muscarine)이라는 약물이 활성화시키는 무스카린성 수용기이다. 두 번째로, 노르에피네프린(norepinephrine: NE)은 자율신경계의 교감신경계에서 주로 사용되며, 각성과 정서행동을 조절하는 기능을 한다. 우울증과 같은 정서적 장애는 노르에피네프린과 도파민의 부족과 관련된다(MaNeal & Cimnolie, 1986). 우울증 환자를 치료하는 데 사용되는 일부 항우울제는 주로 NE계에 작용한다. 조울증 환자라 조증상태에 있을 때는 리튬(lithium)을 투여하는데, 이는 시냅스 간격에 방출된 NE의 재흡수를 촉진하는 것이다. 여기서 조증은 자기도취감에 빠져 지나치게 말을 많이 하고 판단력이 상실되는 등의 증상을 보이는 정서적 장애이다. 세 번째로, 도파민(dopamine: DA)은 운동, 주의, 학습, 약물중독 및 정서행동 등에 관련되어 있다. 또한 도파민은 정신분열증(schizophrenia)과도 밀접한 관련이 있는 것으로 보인다. 예를 들어 DA 수용기의 활동이 증대되면 환각, 비 조직화된 사고, 부적절한 감정표현 등이 특징인 정신분열 증세를 보인다. 반대로 도파민 뉴런의 활동을 억제하는 약물을 투여하면 정신분열증의 증상들이 완화된다. 한편 뇌 내에 도파민 수준이 너무 낮으면 몸이 떨리는 운동장애를 유발하는데, 지나치게 낮을 경우 근육이 경직되고 전체 운동이 원활하지 못하게 되는 파킨슨병(Parkinson's disease)을 유발한다. 네 번째로, GABA(Gamma-Amino Butyric Acid)는 대표적인 억제성 신경전달물질이다. GABA 수용기 분자가 활성화되면 염소이온 통로만을 열게 하여 억제성 시냅스 후 전위를 유발하여 정보 전달을 억제한다. GABA가 없다면 뇌는 흥분성 신경충동이 과도하게 많아서 경련과 발작이 유발될 것이다. 그래서 뇌 안의 GABA 수준이 너무 낮을 경우 간질발작이 발생하는 것이다. 불안은 뇌 내에 과도한 흥분성 시냅스 전도가 있을 때 유발되는데, 발륨(Valium)이나 리브륨(Librium) 같은 항 불안 약물은 시냅스 간격에 대한 GABA의 분비를 증가시켜 흥분성 뉴런을 억제하여 긴장을 감소시킨다. 마지막으로, 세로토닌(serotonin)이 있는데, 이 역시 뇌와 척수에서 발견되는 억제성 신경전달물질이다. 이는 수면과 각성 통제, 체온조절, 그리고 감각 및 지각기능에 중요한 역할을 한다. 뇌에서 세로토닌의 생산을 방해하는 약물은 불면증을 유발하거나 잠을 많이 자지 못하게 한다. 반대로 세로토닌의 생산을 촉진하는 약물은 수면을 유발한다. 강력한 환각을 일으키는 향정신성 약물인 LSD는 세로토닌계에 작용한다.

3 신경계

신경계(nervous system)는 동물이 자신을 둘러싼 환경으로부터 자극을 받아들이고 반응을 일으키는 것과 관련된 계통이다. 해파리나 말미잘과 같은 자포동물은 단순한 신경망으로 촉수와 위수강을 움직인다. 척추동물과 같은 보다 복잡한 동물들은 신경원이라 불리는 중추신경계, 말초신경계, 자율신경계와 같은 신경망으로 감각을 수용하고 몸을 조절한다.

중추신경계는 두개골에 싸여있는 뇌와 척추를 포함하는 신경계로 말초신경계통(Peripheral Nervous System; PNS)과 함께 동물의 행동이나 신체 기작을 제어한다. 척추동물의 중추신경계통은 배아시기 관찰되는 속이 빈 등쪽 신경으로부터 유래하며 이와 같은 특징은 척추동물의 계통적 특징이다.

뇌는 발생학적으로는 신경관의 앞쪽이 부풀어서 발달한 것으로, 대뇌 · 간뇌 · 중뇌 · 소뇌 · 연수의 5부분으로 되어 있으며, 연수의 끝은 척수와 연결되어 있다. 호흡, 순환, 심장박동, 소화 등의 생명활동과 직결된 작용을 조절하는 부위인 중뇌, 뇌교, 연수를 묶어서 뇌간(brain stem)이라고 한다. 뇌의 각 부분의 발달 정도는 동물의 진화 정도에 따라 다를 뿐만 아니라, 여러 가지 행동을 하는 동물의 종에 따라서도 차이를 볼 수 있다. 대뇌는 기억과 판단 등을 관장하는 정신활동의 중추이며 또한 감각과 수의운동의 중추로서, 대부분의 행동을 통합하고 조절하는 기능을 하는 고등 정신 작용의 중추이다. 그 작용은 신경세포체가 모인 회백질에서 일어나는데, 대뇌의 단면을 보면 바깥쪽 부분(피질)은 회백색, 속부분(수질)은 백색을 띠고 있어서 회백색 부분은 '회백질', 백색 부분은 '백질'이라고 한다. 회백질부는 신경 세포체가 많이 모여 있고, 백질부는 축색 돌기가 많은 부분이다.

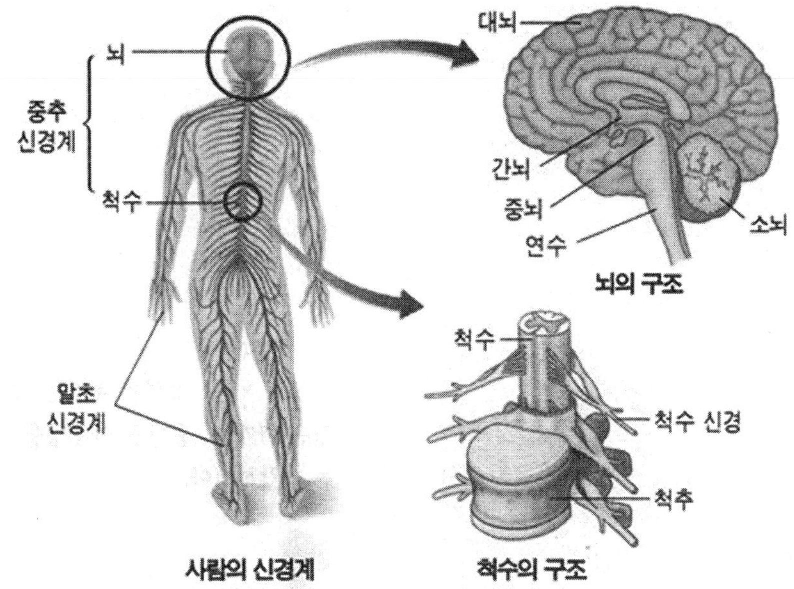

[그림 3-3] 인간의 신경계

대뇌피질은 감각영역과 연합영역, 운동영역으로 나뉘며 감각영역은 구심성뉴런을 통한 일반감각과 특수감각을 인지한다. 운동영역의 경우 크게 두가지 경로로 나뉘며 추체로와 뇌간로가 이에 속한다. 전자의 경우 다듬어지지 않은 운동형태로 나타나며 아주 기본적으로 설계된 운동을 수행한다. 뇌간로에서는 이와 같은 운동을 정교하고 세심하게 교정하는데 주변 환경과 감정적 요소들을 고려한다. 연합영역은 위의 두 영역을 제외한 나머지를 말하며 보통은 감각과 운동영역을 통합하는 역할을 수행한다. 소뇌는 뇌교와 연수의 뒤쪽에 위치하고 있으며 대뇌 반구로 덮여있다. 소뇌는 신체와 대뇌 운동영역의 중계자 역할을 하며 몸의 균형을 유지시키는 중추이며, 약 120g의 무게를 가지고 있다. 소뇌의 주요 기능은 신체 각부의 수의근의 수축과 이완을 조절하는 역할과 자세와 평형감각 정보를 받아들여 신체의 평형을 조정한다. 한편, 운동학습 기능이 있어 연습이나 훈련에 의한 운동패턴을 기억하여 숙련된 운동에 대하여는 대뇌피질의 명령이 아닌 소뇌가 직접 주관하여 말초조직에 명령을 전달한다. 간뇌는 중뇌의 앞쪽으로 이어져 좌우 대뇌 반구 사이에 위치하며, 항상성을 유지하는 작용을 하는 자율신경계와 내분비계의 중추이다. 시상, 시상상부 및 시상하부로 이루어져 있다. 특히 시상하부는 자율신경계의 최고 중추이다. 시상상부는 성과 생식계의 기능을 조절하는 역할을 한다. 대표적으로 송과체를 예로 들 수 있는데 송과체는 성선의 조기발육을 억제하는 호르몬을 분비한다. 뇌간에는 중뇌, 뇌교, 연수가 포함된다. 중뇌는 뇌교와 소뇌 위쪽에 위치하고 있으며 안구의 운동을 조절하며, 소뇌와 함께 자세 유지에 관여한다. 뇌교는 중뇌와 연수 사이에 위치해 연결한다. 연수에는 침분비 · 기침 · 재채기의 반사 · 호흡 · 순환 운동 등의 조절 중추가 있다. 또, 연수에는 대뇌의 좌우 반구에서 나가는 신경 섬유(수의 운동에 관한 신경)의 80% 정도가 교차된다. 나머지 20%는 척수 내에서 교차하므로, 대뇌의 우반구는 몸의 좌반신을, 좌반구는 우반신을 지배하게 된다.

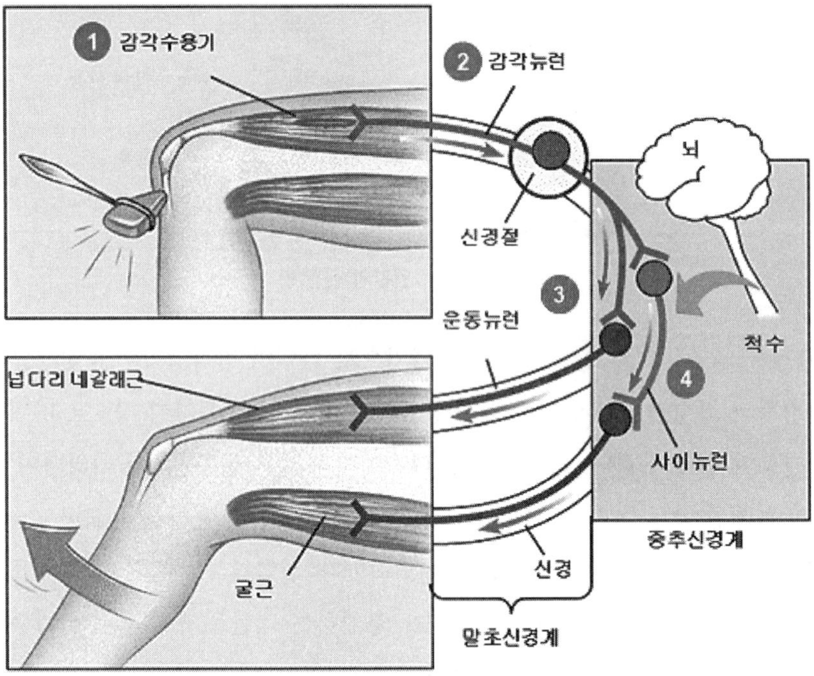

[그림 3-4] 척수반사의 원리

척수는 연수에 이어진 신경 중추로서 척추 속에 들어 있다. 척수는 대뇌와는 반대로, 바깥쪽(피질)이 백질, 안쪽(수질)은 H자 모양의 회백질로 되어 있다. 백질은 주로 축색돌기(신경 섬유)로 이루어지며, 회백질은 신경 세포체가 모여 있어서 시냅스는 이 부분에 집중되어 있다. 척수의 백질에서는 배쪽과 등쪽에서 좌우 1쌍의 척수 신경이 갈라져 나오는데, 배쪽으로 나온 신경은 전근(복근)으로서 운동 신경으로 되어 있고, 등쪽으로 나온 신경은 후근(배근)으로서 감각 신경으로 되어 있다. 전근과 후근은 척추 안에서 하나가 되고, 척추를 나와 각각 근육이나 감각기에 분포한다. 척수는 뇌와 감각 기관이나 근육 등에 분포하는 말초 신경 사이를 연락하는 작용 외에, 무조건 반사의 중추로서 연수 · 간뇌 등의 지배를 받아 땀 · 젖분비 및 배변 · 배뇨 등의 작용을 하고 무릎 반사에도 관계한다.

말초신경계는 뇌나 척수의 중추 신경계에서 나와 온몸에 나뭇가지 모양으로 분포하는 신경계를 말한다. 말초신경계는 동물의 신경계 일부로서 중추신경계통과 함께 동물의 행동을 제어한다. 말초신경계의 주된 역할은 외부 기관과 중추신경계를 연결하여 외부의 자극을 감지해 중추신경계로 전달하거나, 중추신경계에서 오는 반응을 기관에 전달하는 것이다. 중추신경계와는 다르게 뼈나 뇌혈관장벽으로 보호되지 않아 기계적 충격이나 병원체로부터의 감염 위험에 노출되어 있다. 체성신경계와 자율신경계로 분류할 수 있다.

체성 신경계는 우리의 의식과 관계하는 신경으로, 뇌신경과 척수 신경이 여기에 속한다. 뇌신경이 원구류는 8쌍, 어류 · 양서류는 10쌍, 파충류 이상의 동물은 12쌍으로, 안면의 감각 기관과 내장, 근육 등에 분포한다. 척수 신경은 척수에서 나와 몸의 각 부분에 분포하는 신경으로 사람은 모두 31쌍의 척수 신경이 있다. 척수 신경은 감각 기관에서 들어오는 감각 신경과 운동기로 나가는 운동 신경으로 되어 있다.

자율신경계는 주로 평활근의 운동과 분비샘의 활동을 지배하여 동물 내부의 환경을 일정하게 유지하는 역할을 하는 신경계통으로 교감신경과 부교감신경으로 이루어진다. 두 신경은 대부분 쌍으로 신체 기관과 연결되어 있어 서로 길항적인 작용을 한다. 자율신경계는 중추신경계 밖에서 뉴런을 한번 교체한 후 말초에 이르며 중추신경으로부터 자극을 전달받으면 교감신경은 노르에피네프린을 분비하고 부교감신경의 경우 아세틸콜린이 분비된다. 자율신경이란 이름은 대뇌의 직접적인 지배를 받지 않는다는 의미로 붙여진 것이나 실제는 시상하부와 그 밖 의 여러 중추신경의 지배를 받아 어느 정도 의식적인 조절이 가능하다.

4 뇌의 구조

후뇌(cerebellum)은 소뇌라고도 하며 연수의 후위에 위치하는데, 근육긴장의 조절과 운동 활동을 이끌어 내는 뇌의 중요한 부위이다. 피아니스트가 실수 없이 음악을 연주하거나, 투수가 공을 부드럽게 던질 수 있게 하는 뇌의 영역이다. 후뇌의 손상은 마비를 유발하지는 않지만, 대신에 운동의 정확성을 방해하거나 균형과 평정을 혼란시킨다. 후뇌의 손상을 탐지하기 위해 신경학자들이 주로 사용하는 전통적인 검사가 피험자의 코와 검사자의 코를 번갈아 만지도록 하는 것이다. 후뇌가 손상된 사람이 이것을 할 수 있다고 할지라도, 자신의 코에서 다른 이의 코로 손을 옮겨 가는 경로는 부정확하고 일정하지 않을 것이다. 후뇌가 손상되면 균형과 운동조절의 결핍도 생기게 된다. 머리에 큰 타격을 받았을 때 일시적으로 균형과 근육운동협조를 상실하는 펀치 드링크 증후군(punch-drink syndrome)에서 후뇌의 일시적 혼란을 흔히 볼 수 있다. 일반적으로 후뇌의 특정 영역인 소뇌 측부(lateral verebellum)는 운동조절과 운동기술을 학습하는 뇌의 구조를 포함하고 있을 것으로 여겨진다. 최근 연구들에 의하면 이 영역이 정신기능의 유연함과 정확함을 주는 인지과정의 특정 부분과 연관되어 있다고 한다(Akshoomoff & Courchesne, 1992). 또한 이 부위는 뇌의 내부 시계로서 시간적인 정보를 주는 데도 중요한 것으로 여겨지고 있다(Ivry, 1997).

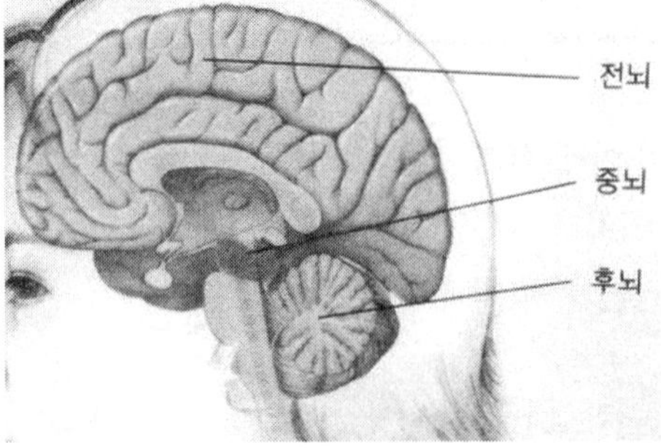

[그림 3-5] **뇌의 구조**

중뇌(midbrain)는 뇌교의 위쪽에 위치한다. 중뇌는 뇌교, 연수와 비슷하게 몇몇 뇌신경들의 핵이 있는 뇌의 영역이다. 중뇌는 또한 두 가지 중요한 구조를 배측에 가지고 있는데 하소구(inferior colliculus)와 상소구(superior colliculus)가 그것이다. 이것들은 각각 청각과 시각 자극을 파악하는 데 중요한 역할을 한다. 상올리브처럼 하구도 중계핵이며 청각정보를 귀에서 피질로 전달하며, 소리의 위치를 파악한다. 또한 소리에 대해서 머리와 눈의 반사적 운동을 일으키며 이것은 청각 자극에 정향(orient)하도록 하는 기본적 기능이다.

상구는 시각에 있어서 하구가 하는 역할을 한다. 상구는 주위에서 움직이는 큰 물체들을 정향하거나 지각할 수 있도록 해 준다. 그래서 만약 차가 빠르게 왼쪽에서부터 다가온다면 상구는 무언가 가까이 오고 있다는 신호를 보낸다. 상구는 또한 다른 뇌 영역들과 협동하여 물체로 눈을 돌리게 해서 그 물체의 상이 망막의 중심와(fovea)에 맺히게 하는데, 이런 과정을 '포비에이션(foveation)'이라고 한다. 그러나 중뇌의 시각계는 대상을 명확하게 구별하지는 못한다(정확하게는 그 물체가 차인지는 잘 모른다). 따라서 시야의 중심에 대상이 위치한 후에야 대상 인지에 특별히 관여를 하는 다른 뇌 영역에 의해서 그 대상을 명확하게 파악할 수 있다.

시상(thalamus)은 시상하부와 함께 간뇌(diencephalon)의 한 부분이다. 시상은 피질로 들어오는 대부분의 감각정보와, 피질로부터 나가는 대부분의 운동정보들을 연결하는 중추이다. 중계센터(relay center)는 뇌의 어떤 영역으로부터 들어온 뉴런들이 시냅스를 맺고 뇌의 다른 영역으로 나아가는 뇌 영역이다. 중계센터 뉴런들 사이의 연결양식은 종종 정보를 다른 신경계로 보내기 전에 재 조직화된다. 예를 들어, 시각계에서는 망막으로부터 들어온 정보가 시삭(optic tract)을 경유하여 시상의 외측슬상핵(lateral geniculate cucleus)에서 시냅스를 맺는다. 외측슬상핵의 한 층인 거대세포층(magnocellular layer)은 희미한 빛에 대해서는 극도로 민감하지만 색깔에는 민감하지 않은 세포로부터 입력을 받는다. 반면에 소세포층(parvocellular layer)은 색깔에는 민감하지만 높은 수준의 밝기가 필요한 세포로부터 입력을 받는다. 따라서 이 연결 지점에서 정보들은 뇌로 전달되는 동안 재 조직화되고, 색깔이나 밝기에 대한 정보들이 분리된다(Zeki & Shipp, 1988).

정보들이 망막으로부터 나갈 때 한 망막 세포의 망막상의 위치 정보는 반영되지만, 색깔이나 밝기에 대한 세포의 민감도 등을 그 위치에 반영하지는 않는다. 그러나 거대세포와 소세포층에서 정보들의 구분이 이루어지고 시각정보가 시상을 떠날 때는 밝기, 색깔, 망막상의 위치 등의 정보가 처리되어 있다.

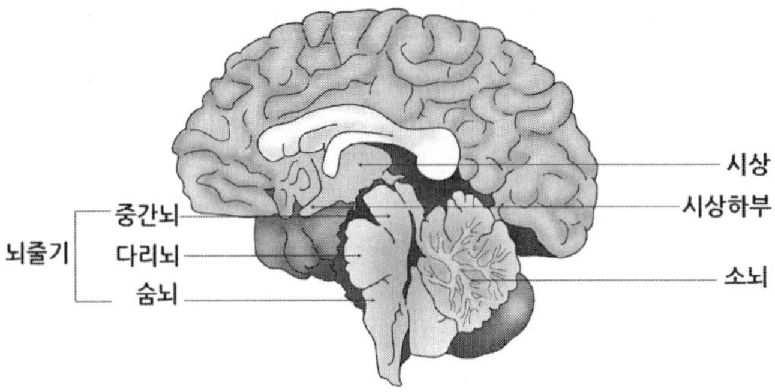

[그림 3-6] 간뇌의 구조

시상하부(hypothalamus)의 일반적인 역할은 신체욕구를 만족시켜 행동을 조절하고 균형을 유지할 수 있도록 하는 것이다. 생명체에 특정 욕구가 발생하면, 일반적으로 시상하부는 신체를 안정된 상태로 되돌릴 수 있도록 고안된 행동을 방출한다. 예를 들어 배가 고프거나 목이 마를 때 사람은 음식이나 음료수를 섭취하는 행동을 하게 된다. 시상하부는 필요한 일련의 행동들을 뇌에 전달하는 신호를 발생시킨다.

시상하부의 주요한 기능 중 하나는 섭식과 마시는 행동에 도움을 주는 것이다. 예를 들어 동물연구에서 시상하부의 복내측 영역의 손상은 동물로 하여금 정상체중을 유지하는 데 필요한 양 이상으로 먹게 하고, 이런 행동들은 결과적으로 비만을 일으킨다. 비슷하게 시상하부의 배측과 외측부를 손상시키면 물을 마시는 데 문제가 생긴다. 시상하부의 또 다른 중요한 기능은 체온조절을 돕는 일이다. 전측부와 후측부에 있는 뉴런들은 피부나 혈액의 온도가 변화하는 것을 감지하고 이를 통해서 자동온도 조절장치와 비슷한 기능을 한다.

시상하부는 혈류를 통해 신체로 전달되는 화학적 전달자들을 제어하는 체계인 호르몬계(hormonal system)와 밀접한 관련이 있다. 그래서 호르몬이 생성되는 지점으로부터 멀리 떨어진 목표기관에 호르몬에 영향을 줄 수 있도록 한다. 시상하부는 또한 직접 호르몬을 분비하거나 호르몬을 분비하는 뇌 영역의 활동을 조절하는 요소들을 생산한다. 시상하부와 호르몬계의 관련성은 생식행동, 주간리듬(daily rhythms) 그리고 공격 또는 도주반응(fight-or-flight response)에 있어서의 역할을 설명하는 데 도움이 된다.

전뇌의 대뇌피질은 우리가 뇌에 대해 생각할 때 쉽게 떠오르는 부분이다. 피질은 대상 인식, 공간처리, 주의 같은 우리가 앞으로 논의할 부분과 관련하여 주요한 역할을 하는 곳이다. 피질은 두 부분으로 나눌 수 있는데, 각각 대뇌 반구(cerebral hemisphere)라고 불린다. 각 뇌의 회선(convolution), 즉 융기(bump)는 회(이랑, gyrus)이라 불리고, 이는 거대한 뉴런 덮개로서, 앞에 말한 뇌의 다른 구조들을 덮고 있다. 이 회들로 말미암아 뇌 조직들은 작은 공간에 빽빽하게 들어갈 수 있다. 이는 옷을 돌돌 말아 넣음으로써 옷가방 속에 더 많은 옷을 넣을 수 있는 것과 같다.

융기 사이의 각 골짜기들은 구(고랑, sulcus)이라고 불린다. 만약 골짜기가 매우 깊다면 열(fissure)이라고 부른다. 모든 뇌에는 동일한 기본적인 회의 패턴(gyral pattern)이 있는데, 모든 얼굴이 동일한 기본 형식으로 되어 있는 것과 같다. 그러나 개인의 얼굴 간에 미묘한 차이가 있듯이 그런 차이가 회의 패턴에도 있다. 이는 마치 얼굴상에 이목구비의 배치가 다양한 것과 같다(어떤 사람은 두 눈 사이의 거리가 넓고, 반면에 어떤 이들은 그 거리가 좁을 수 있다).

세 가지 주요 열은 뇌에 있어서 중요한 이정표 역할을 하는데, 이는 이들이 주요 뇌 영역들 간의 기능적 차이들을 나타내기 때문이다. 먼저, 중심열(central fissure)은 각 대뇌반구를 전후 차원으로 분리해 준다. 일반적으로 중심열 앞부분은 운동처리와 관련되고, 뒷부분은 감각처리와 관련된다. 두 번째 주요 열은 외측열(lateral fissure)인데, 이 열은 각각의 대뇌반구를 복측과 배측 차원으로 분리해 준다. 이 구분은 중요한데, 외측열 아래쪽의 뇌 영역인 측두엽은 기억, 정서, 청각처리에서 중요한 역할을 하기 때문이다. 세 번째 주요 열은 세로열(longitudinal fissure)이다. 이 열은 오른쪽과 왼쪽의 대뇌 반구를 구분해 준다. 이 구분이 중요한 것은 각각의 대뇌 반구가 인지와 정서기능으로 간주되는 독특한 전문성을 가지고 있기 때문이다.

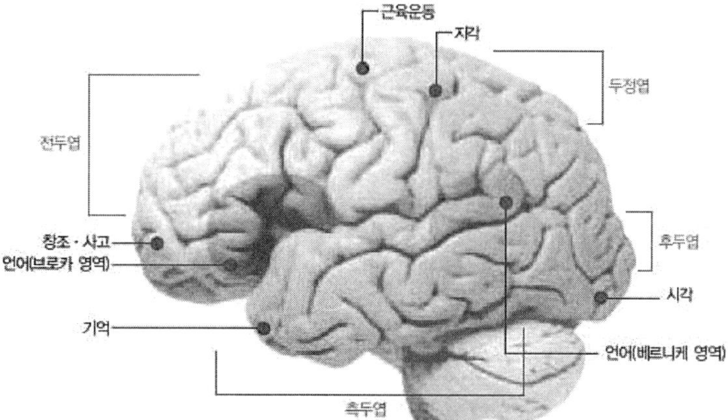

[그림 3-7] **대뇌피질의 구조**

이 세 열은 또한 각각의 대뇌 반구를 네 개의 주요 영역 또는 엽으로 구분해 준다. 중심열 앞의 영역은 전두엽(frontal lobe)이며, 외측열 아래의 영역은 측두엽(temporal lobe)이다. 중심열 바로 뒷부분, 외측열의 윗부분에 해당하는 영역은 두정엽(parietal lobe)이며, 나머지 두정, 후두고랑의 뒷부분은 후두엽(occipital lobe)이다.

대뇌피질 중에는 좌반구에만 있는 언어적 기관이 존재하면, 베르니케와 브로카 영역이라고 명명하고 있다. 베르니케 영역(Wernicke's area)은 뇌의 좌반구에 위치하는 특정부위로 청각피질과 시각피질로부터 전달된 언어정보의 해석을 담당한다. 이는 독일의 신경정신과의사인 카를 베르니케(Carl Wernicke)가 발견하였다. 일반적으로 소음을 들을 때는 일차청각영역이 활성화되지만, 단어와 같은 의미를 가진 소리를 들으면 뇌 좌측에 위치한 베르니케 영역에서 더 많은 활성화를 나타낸다(Zatorre et., 1992, 1995). 반면, 브로카 영역(Broca's area)은 좌반구 전두엽에 존재하는 뇌의 특정 부위로 말을 하는 기능을 담당하고 있다. 브로카 영역은 인류가 호모 하빌리스였을 때부터 발달해온 것으로 추측된다. 이는 프랑스의 인류학자, 외과의사이자 신경해부학자인 폴 피에르 브로카(Paul Pierre Broca)에 의해 밝혀져 브로카영역이라 명명되었다.

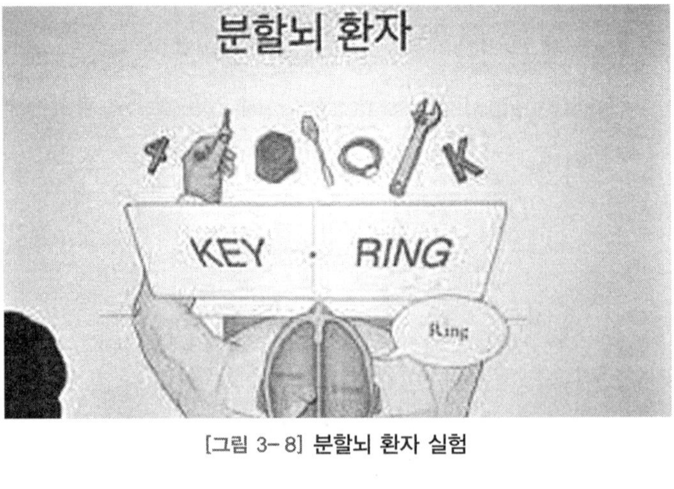

[그림 3-8] **분할뇌 환자 실험**

뇌량은 좌뇌와 우뇌를 연결하는 정보적 통로가 되는 신경다발이다. 1961년에 미국 로스엔젤레스의 두 신경외과의사인 필립 보겔과 조셉프 보겐은 간질 대발작이 두 대뇌 반구 사이에서 공명하는 증폭된 비정상적인 두뇌 활동 때문에 일어나는 것이 아닐까 생각하였다. 이 두 반구 간의 의사소통을 차단하며 통제할 수 없는 간질 증상을 보이는 환자들의 발작을 감소시킬 수 있을까 궁리하였다. 이들은 의사소통을 차단하기 위해서는 두 반구를 연결하는 축색들의 커다란 다발인 뇌량(corpus callosum)을 절단해야 한다는 사실을 알고 심각한 부작용 없이 고양이와 원숭이의 두뇌를 분할 한 바 있었다. 따라서 보겔과 보겐은 간질 환자의 머리에 칼을 들이 댄 결과는 발작은 거의 제거 되었으며 이렇게 분할뇌를 가게 된 환자들은 놀랍게도 정상이었다. 이를 통해 분할뇌 환자는 성격과 지능도 거의 영향을 받지 않았다는 사실을 알 수 있다. 이 말고도 많은 실험에서 의사결정을 숙고 할 때 혹은 언어적 과정을 거칠 때 좌반구가 더 활동적이라는 사실을 증명하고 있다. 우반구는 단순한 요청을 이해하고, 사물을 쉽게 지각하며 신속하고 직관적인 총괄 반응이 요구될 때 더 많이 관여한다. 또한 그림을 그리거나 얼굴을 알아보며 차이를 지각하고 정서를 지각하며 보다 표현력이 풍부한 왼쪽 얼굴을 통해서 정서를 표현하는 데 있어서 좌반구를 압도 한다. 따라서 우반구 손상은 극적효과가 없는 것이 아니라 정서처리 사회적 행동을 크게 와해시킨다. 따라서 좌반구를 언어뇌라 불렀고, 우반구를 이미지 뇌라고 불렀다.

단원개관

감각이란 신체로 들어오는 자극정보를 수용하고 전환하거나 전달하는 과정을 말한다. 즉, 감각은 수용세포들을 통해서 외부에서 오는 감각 정보를 수용하고 처리하여 일정한 범위 내에서 감각정보에 반응하게 되는 것이다. 감각역들은 시각, 미각, 후각, 그리고 피부감각에도 존재한다. 이러한 감각을 객관적으로 측정하는 영역을 정신물리학이라고 하는데 정신물리학에서는 실험 대상이 자극을 감지, 식별, 그 자극을 또 다른 자극과 구별하고 이러한 차이의 크기나 특성을 설명하는 것을 중요시 하고 있다. 한편, 지각(perception)이란 환경에 의미를 부여하기 위하여 감각상의 자극을 조직화하고 해석하는 과정이라고 정의할 수 있다. 여기에는 정보를 분류하고 해석하는 방법에 대한 것뿐만 아니라 어떤 정보에 관심을 가질 것인지를 결정하는 것도 포함된다. 즉, 지각이란 개인이 환경을 이해하고 해석하는 과정을 말한다. 대표적인 것이 형태지각인데, 형태 지각의 가장 근본적인 원리에 요소인 전경과 배경은 지각에서의 첫 단계로 주변에서부터 전경(대상)을 조직화하는 것이다. 그리고 조직화는 유사성의 법칙(law of similarity), 연속성의 법칙(law of good continuation), 근접성의 법칙(law of proximity), 공통 운명의 법칙(law of common fate) 등이 있다.

PATA 4

감각과 지각

1 감각의 개념

감각이란 몸으로 들어오는 정보를 수용하고 전환하거나 전달하는 과정을 말한다. 우리 몸은 여러 가지 기관들을 가지고 있다. 몸 전체에서 각각의 부분이 여러 가지 반응을 감지하고 전화하게 된다. 감각은 수용 세포들을 통해서 외부에서 오는 감각 정보를 수용하고 처리하여 일정한 범위 내에서 감각정보에 반응하게 되는 것이다.

우리는 입력되는 감각을 통과시키고 신경을 뇌 피질로 전달하기 전, 감각을 분석할 수 있다. 즉, 활발한 감각정보를 탐지하여 전환하는 과정을 우리는 감각이라고 정의한다. 우리 몸이 감각을 받아들이려면 자극을 받아들이는 수단과 뇌가 이해할 수 있는 '언어'로 전환하는 수단이 필요하다.

뇌는 여러 가지 부호화 과정을 거쳐 활성화 된 감각세포들의 수와 유형 등 신경의 종류와 신경이 자극되는 뇌 부위를 통해 감각을 식별한다. 우리는 감각 적응을 통해 계속해서 받아들이는 감각을 약하게 받아들이므로 외부의 자극에 보호받기도 한다. 또한 매체를 통한 여러 가지 자극들이 수용자의 반응을 일으킬 수 있는 자극의 강도를 감각역이라고 한다. 청력검사의 경우, 우리가 탐지할 수 있는 가장 작은 크기의 음이 음의 절대역이며, 우리가 한 음크기와 다른 음크기를 구분할 수 있게 하는 가장 작은 음량의 차이를 차이역이라 한다. 감각역들은 시각, 미각, 후각, 그리고 피부감각에도 존재한다.

2 정신물리학과 역치 측정

정신 물리학은 물리적 세계로부터 오는 외부 자극(감각)과 이들이 만들어 내는 주관적 감각(지각) 사이의 관계를 연구하는 학문이다. 1860년 페히너가 심신관계 또는 마음과 물체의 관계를 규명하고자 제창하였으나 당시의 그의 제창은 큰 반응을 얻지 못하였다. 하지만 그의 사상을 실증하려는 방법과 정신물리적 측정법 및 법칙은 후세에 큰 업적으로 보고 있다. 현재까지도 정신물리적 측정법의 대상으로 생각되는 것으로는 절대역, 판별역, 등가자극이다. 그 전에도 이 세 가지는 개별적으로는 생각해 왔지만 그는 총괄적으로 다루어 결정법과 그 의의를 명확히 하였다. 그의 학설에 대하여는 의론이 많아 현재 심리학에서 극히 소수학자 이외에는 문제 삼지 않는다. 그러나 그는 심리학의 측정법을 창안하여 실험심리학에 최초의 초석을 놓은 학자로서 중요하다. 정신 물리학에서는 실험 대상이 자극을 감지, 식별, 그 자극을 또 다른 자극과 구별하고 이러한 차이의 크기나 특성을 설명하는 것을 중요시 하고 있다.

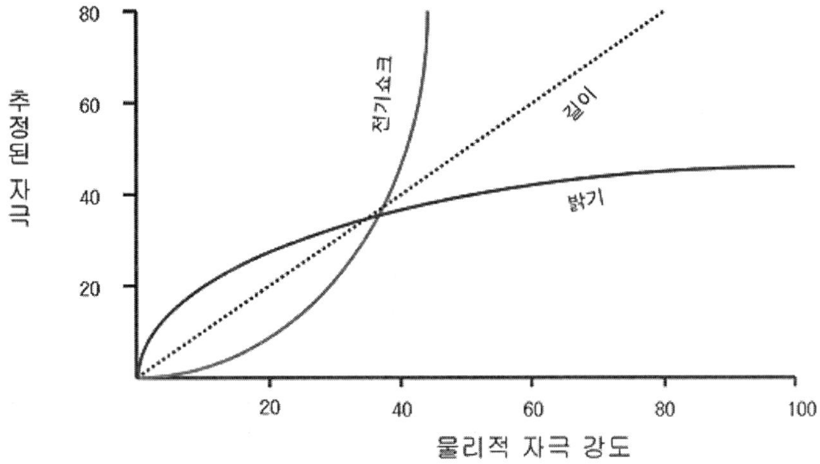

[그림 4-1] **정신물리학**

역치란 감각세포에 흥분을 일으킬 수 있는 최소의 자극의 크기를 말하며, 문턱값 이라고도 한다. 역치는 세포의 종류에 따라 다르고 같은 세포일지라도 그 세포가 자극을 받는 상태에 따라서도 달라진다. 이와 같은 역치의 변화는 그 세포가 흥분하기 쉬운가 어려운가를 뜻하므로, 흥분성은 일반적으로 역치값의 역수로 표시한다. 즉 약한 자극에도 흥분하면 역치가 낮고, 강한 자극을 주어야만 흥분하면 역치가 높은 것이다. 역치는 그 감각기의 수용기에 적합자극(adequate stimulus)을 주었을 때 가장 낮게 나타난다. 예를 들면, 사람의 눈에 맞는 적합자극은 400~700nm의 가시광선이고 귀는 20~20,000Hz의 음파로 이때 가장 쉽게 흥분하게 된다. 그러나 귀에 음파 이외의 다른 자극을 주면 흥분하기 어렵고 이를 부적합자극이라고 한다. 역치의 법칙은 운동에도 적용된다. 덤벨을 들 때도 역치 이상의 무게를 들어줘야 근력이 늘어난다. 가벼운 덤벨을 10회 드는 것이 무거운 덤벨 1회 드는 것보다 못하다는 뜻이다. 횟수나 시간도 마찬가지

인데 이때 역치가 운동의 규칙 중 하나인 '한번에 30분 이상, 일주일에 3차례 이상'이다. 평일 내내 가만히 있다가 주말에 등산이나 골프를 한차례 했다고 온종일 운동했다고 자랑해선 곤란하다. 이 경우 오히려 부상 등 역효과를 불러올 수 있다. 운동 효과를 얻으려면 띄엄띄엄 해선 안 되며 평일에도 꾸준히, 규칙적으로 해줘야한다. 같은 크기의 자극을 지속적으로 받으면 역치가 올라가 더 큰 자극을 주기 전에는 자극을 느끼지 못하는 경우가 생기는데 이를 감각의 순응이라고 한다. 예를 들면 우리가 일상생활을 할 때 속옷을 다른 것으로 갈아입으면 그 즉시는 촉각을 느끼지만 어느 정도의 시간이 지나면 옷이 피부에 닿고 있다는 느낌이 없어지는 경험과 같은 것이다. 역치를 결정하는 방법에는 조정법, 한계법, 항상자극법이 있다(Fechner, 1860).

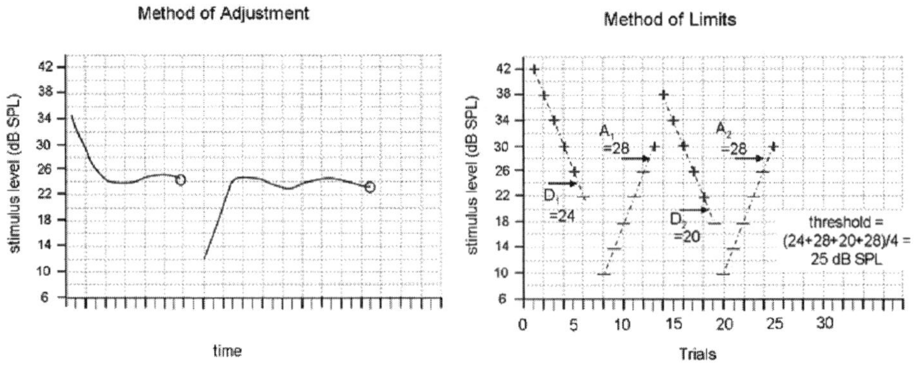

[그림 4-2] 조정법과 한계법

먼저, 조정법은 자극을 탐지할 수 있다고 말할때까지 자극을 점진적으로 변화시키는 방법이다. 평균 오차의 방법(method of average error)이라고도 부르는데(Gescheider. G, 1997) 이 방법은 피험자의 주관에 의존하기 때문에 역치가 수시로 변경되는 등 불안정하여 정확한 자료를 얻을 수 없지만 시간이 가장 적게 소모되는 연구 방법이다. 둘째, 한계법은 제시된 자극을 피험자가 감지하는 가의 여부를 측정하는 방법으로 예를 들어 피험자가 감지하지 못할 정도의 소리를 들려주며 점차 소리를 키우거나 반대로 큰 소리에서 소리를 점진적으로 낮추어 그 정도를 피험자가 인식하였는지 알아보는 방법이다. 실험에서, 승강 방법은 교대로 사용되며, 임계 값은 평균화 된다. 이러한 방법의 단점은 피험자가 자극에 익숙해질 수 있으며, 자극이 감지될 예정임을 예상하여(작아지거나 커지는 등) 자극을 느끼지 못하였는데도 느꼈다고 판단할 수가 있다. 이러한 문제를 해결하기 위해 아래의 그래프 같이 내림차순과 오름차순의 방식을 모두 실시한다. 셋째, 항상 자극법은 실험자가 피험자에게 자극을 제시한다는 점에서는 유사하지만 강도가 다른 자극들을 오름차순이나 내림차순이 아닌 임의로 제공하는 방법이다. 자극을 피험자에게 줄 때 규칙이 없기 때문에 피험자가 다음 자극을 예측을 방지할 수 있고 습관화를 감소시킨다. 다른 방법들에 비해 비교적으로 정확한 결과를 얻을 수 있지만 시간이 가장 많이 소모되는 연구 방법이다.

3 절대역과 차이역

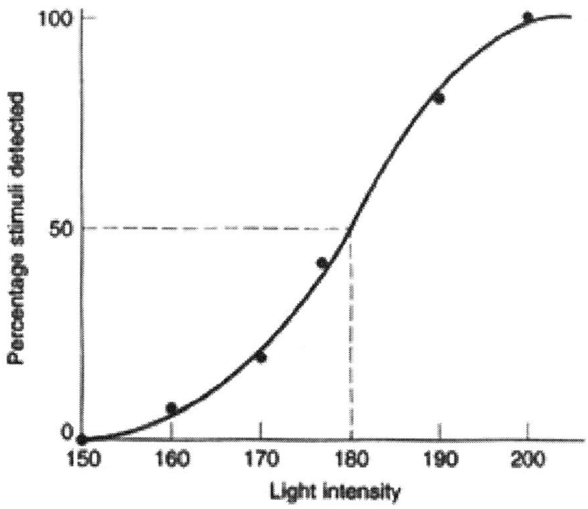

[그림 4-3] 절대역

앞에서 언급한 것처럼 사람은 모든 자극을 탐지할 수 없다. 위에 적혀 있듯이 인간의 시각이나 청각의 흥분은 한정된 범위에서만 이루어지는데 이러한 사람이 감지할 수 있는 최소 수준의 자극을 강도를 절대역(absolute thresholds)이라 부르며, 사실상 역치와 동일한 개념이다. 예를 들어, 피험자에게 작은 소리를 들려준 다음, 소리를 감지했는지 여부를 물어본다. 소리 크기를 높여 "예"라는 대답이 나오는 자극 강도가 바로 청각역(auditory threshold)이 된다. 그러나 청각역에 해당하는 소리를 다시 실험했을 때는 피험자가 감지하지 못할 수도 있다. 즉, 절대청각역으로 볼 수 없는 것이다. 절대역은 하나의 자극 강도를 100번 시행했을 때 감지 가능성이 반반인(50% 수준) 자극 강도를 의미한다. 반드시 자극을 감지해야 하는 상황이라면 적어도 절대역 이상의 자극 강도를 유지해야 한다. 그런데 절대역은 사람이나 환경 요인에 의해 그 수치가 달라질 수 있다는 것이 문제이다. 휴대폰 진동의 경우 실내 상황에서는 거의 100% 감지할 수 있지만, 지하철이나 도보 등 실외 상황에서는 감지되지 않은 경우가 더 많다. 또한 감지 여부는 사람마다 다르게 나타난다. 아마 사람마다 심리적 상태나 신체적 능력이 다르기 때문일 것이다. 따라서 제품 개발에 응용하기 위한 절대역 및 역치의 측정은 여러 사람을 대상으로 다양한 조건 하에서 진행하여, 실제 평균적 수준을 파악하는 것이 중요하다.

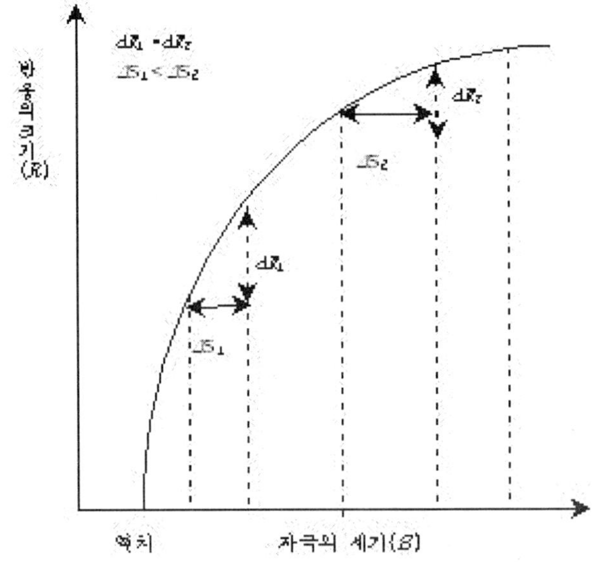

[그림 4-4] **차이역: 베버의 법칙**

베버의 법칙이란 자극을 받고 있는 감각기에서 자극의 크기가 변화된 것을 느끼려면 처음에 약한 자극을 주면 자극의 변화가 적어도 그 변화를 쉽게 감지할 수 있으나 처음에 강한 자극을 주면 자극의 변화를 감지하는 능력이 약해져서 작은 자극에는 느낄 수 없으며 더 큰 자극에서만 변화를 느낄 수 있다는 법칙이다. 이것을 수식으로 나타내면 "I"를 자극의 강도, 상수"K"를 베버 소수(Weber's fraction) 라고 했을 때 K=ΔI/I 로 나타낸다. 즉 자극 강도상의 변화 값을 최초의 강도와 비교한 값이 바로 베버 소수이며, 이 수가 작을수록 최소식별차이를 일으키기 위해서는 더 작은 변화만이 요구되기 때문에 더 나은 식별 능력을 가질 수 있음을 의미한다. 최소 식별 차이란 자극 강도의 탐지가 절대적이지 않으며 기준 자극의 변화량에 맞춰 일어난다는 것을 뜻한다. 우리의 실생활에서도 베버의 법칙을 찾아볼 수 있다. 마케팅 분야에서는 스마트폰을 출시할 때에 성능이 획기적으로 개선된 새로운 인터페이스를 개발하더라도 이전의 스마트폰들과 사용방법이 크게 다르면 출시하지 않는데 그 이유는 변화가 아무리 긍정적이어도 이용자가 기존의 것과의 차이에서 불편을 느끼기 때문이다. 그렇기에 사전에 여러 번의 테스트를 거치며 최소 식별 차이를 분석함으로 소비자가 큰 변화를 느끼지 않으면서도 사용감이 훨씬 좋아졌다는 인상을 받도록 제품을 개발한다.

4 지각의 원리와 형태지각

지각(perception)이란 환경에 의미를 부여하기 위하여 감각상의 자극을 조직화하고 해석하는 과정이라고 정의할 수 있다. 또는 환경에 대한 정보를 받아들이고 의미를 부여하는 과정이라고도 정의한다. 여기에는 정보를 분류하고 해석하는 방법에 대한 것뿐만 아니라 어떤 정보에 관심을 가질 것인지를 결정하는 것도 포함된다. 즉, 지각이란 개인이 환경을 이해하고 해석하는 과정을 말한다. 같은 환경이라 할지라도 사람에 따라 서로 다른 의미를 부여하게 되며, 같은 현상과 사물에 대하여 사람들은 지각하는 바에 따라 다르게 해석할 수 있다. 지각은 조직행동(Organizational Behavior) 연구에서 중요하게 인식되고 있는데, 그 이유는 사람들의 행동은 현실 그 자체에 기반을 두는 것이 아니라 현실에 대한 자신들의 지각에 기초하고 있기 때문이다. 즉, 지각된 세상이야말로 행태적으로 중요한 의미가 있는 세상인 것이다.

지각은 심리학사 초기부터 활발히 논의되며 연구하던 분야이다. 인간의 정신, 특히 의식을 구성하는 요소와 그 구조를 분석하고자 했던 초기의 심리학파로 구성주의를 들 수 있다. 구성주의는 현대 심리학의 시조로 일컬어지는 분트(Wundt)의 제자인 티치너(Titchener)에 의해 창시되었다. 요소주의로도 불리는 구성주의는 주로 시각, 청각, 촉각에 초점을 두고 연구를 하였는데 이는 관념이 감각 요소들로 이루어진다는 개념에서 출발한다는 전제로 볼 수 있다. 또한, 지각은 환경 내의 사물을 인지하는 일이며, 대뇌피질에 그 사물에 관한 전체상이 형성되었음을 의미한다. 성인은 과거의 학습이나 경험을 통해서, 자기를 포함하는 세계에 관해 상당히 객관적인 견해를 가질 수 있으며, 자기 나름대로의 인지도를 가지고 있기 때문에, 환경에서 얻어지는 개개의 감각적 인식을 인지도에 따라서 이해하고, 체제화하며, 또한 수정할 수 있다. 신생아는 미분화이기 때문에 모호하고 정리되지 않는 지각밖에 할 수 없으나, 신경계의 성숙과 경험 · 학습의 상호작용에 의해 발달해 나간다. 감각(Sensation)이 대상의 속성에 대한 판단, 유기체와 환경과의 첫 만남, 비교적 지엽적 말초적인 특성인데 반하여 지각(Perception)은 대상의 속성에 대한 통합적 파악이라 볼 수 있다. 감각과 지각은 매우 모호한 경계에 있으며 일반적으로 지각의 의미 내에 감각의 의미 포함한다.

[그림 4-5] 지각의 차이

물론, 대상의 정보적 특성에 의한 형태지각의 차이가 존재할 수 있다. 예를 들어, 특출한 정보 속에서 특출하지 않은 정보를 찾는 것보다 특출하지 않은 정보들 속에서 특출한 정보를 찾는 것이 더 쉽다. 즉, 수많은 'Q'속에서 한 개의 'O'를 찾는 작업보다 수많은 'O'속에서 한 개의 'Q'를 찾는 작업이 더 수월할 수 있다. 그리고 감각적인 정보의 가치가 더 높을수록 지각은 더 용이할 수 있다. 예를 들어, '연필'이라는 단서를 지각한 후에 회상검사를 실시하는 과정이라고 가정해 보자. 회상의 조건 단서로 '쌀등'을 제시하는 경우 보다 '쓰기'를 제시하는 경우가 훨씬 더 지각이 빠르다. 왜냐하면, 연필을 연상하는데 있어서 쓰기라는 단서가 더 촉발적인 기능을 하기 때문이다. 이러한 효과를 점화 효과(priming effect)라고 한다.

하지만, 모든 지각 과정에 있어서 감각자극이 미약하다고 지각이 어려운 것은 아니다. 예를 들어, 역하지각이란 자극의 강도가 절대역에 미치지 못한다고 인간에게 아무 영향을 미치지 않는 게 아니라 그 자극이 인간에게 일정 수준의 지각적 처리를 일으키는 것을 뜻한다. 이를 알아보기 위한 실험이 있는데 1950년대 어떤 연구자가 영화필름 사이에 '팝콘을 드세요' 라는 자막을 간간히 넣었다. 이 자막은 가끔 한 커트씩 지나가기 때문에, 1초당 열 몇 장면이 연결되어야 움직이는 화면을 느낄 수 있는 사람의 눈에는 보이지 않는다. 그러나 잠재의식은 그저 스치듯이 망막을 지나가는 이 자막을 읽는데 실제 영화가 끝난 뒤 극장안의 대부분 사람들이 팝콘을 사러 몰려들었다. 이를 통해 자극의 강도가 낮다 하여서 사람에게 영향을 주지 않을 것이라 단언할 수 없다는 것을 알 수 있다.

5 인간의 지각 발달

인간의 발달과정에서 형상에 대한 흥미는 비교적 빨리 발달한다. 신변에 있는 구체물의 분별은 1세경부터, 원 · 사각형 · 삼각형 등의 간단한 형의 판별은 2세경부터, 숫자 · 한글 · 알파벳 등 상당히 복잡한 형의 판별은 5세경부터 시작된다. 색이 먼저냐 형이 먼저냐가 자주 문제가 되는데, 실험재료에 의해서 결과가 다르며, 일반적으로는 추상적인 모호 도형에서는 색이 우선하며, 구체물이나 구체도형에서는 형이 우선한다. 즉 최초는 어린이의 흥미를 끄는 것, 어린이에게 있어서 본질적인 것에 반응하나, 발달과 함께 대상의 본질을 이해하고, 객관적인 본질로 반응하게 된다. 처음은 미분화된 전체적 지각밖에 없고, 사물의 결정적인 특징을 전체에서 종합할 수 없다. 이것은 사물을 사물로서 객관적으로 파악하지 않고, 직관이나 정서를 엉기게 하여 정신화해서 파악하는 소위 상모적 지각이라든지, 소리가 들리면 동시에 색이 보이는 따위의 2가지 지각이 결부된 소위 공감각 등과 직접적으로 연관된다. 그러나 보고 만지고 하는 따위의 경험이 증가함에 따라서 부분에 관심을 나타내며, 의식적 탐색을 비롯하여 드디어 부분이 고정성을 획득한다. 아동기가 되면 갑자기 개별적·분석적 지각이 왕성해진다. 이것은 사물의 부분이나 측면을 주목하여 전체를 정확하게 파악하고, 다시 분석하는 태도가 개발되기 때문이다.

그렇다면 왜 지각이 발달하는 것일까? 유기체가 생존하기 위해서는 환경의 상태나 변화를 지각하여야 한다. 지각과정은 저절로 일어나기 때문에 별다른 복잡한 과정이 포함되어 있지 않을 것이라고 생각하지만 실제로 환경을 지각하는 것은 그리 단순하지 않다. 외부의 환경대상에서 반사되거나 발산되는 물리화학적인 에너지가 유기체의 감각기관을 통해 들어온 후 그 대상을 지각하게 된다. 이 과정에서 관찰자의 상태(예컨대, 고개의 각도, 운동, 자세)와 환경속성(예컨대, 실내와 실외의 채광 조건, 대상의 움직임)은 끊임없이 변화한다. 이처럼 변화하는 환경 속에서 어떻게 불변하는 대상의 속성을 알아내는가 하는 것이 문제가 되는 것이다. 결국 대상의 불변성(invariant)을 지각하기 위해 우리는 불필요한 환경의 일시적인 변화를 제거해야 하는데 여기에는 복잡한 뇌 과정과 인지과정이 개입되어 있다.

6 깊이와 크기지각

지각심리학자 깁슨은 대상이 멀어지면 배경의 짜임새 기울기(Texture Gradient)는 변하지만 망막자극의 크기는 항상 일정함을 강조하였다. 그는 대상의 크기와 배경의 짜임새의 관계를 고차자극관계(Higher Order Stimulus Relationship)라고 하고 이것이 거리지각을 가능하게 해준다. 삼차원지각을 가능하게 해주는 단서에는 단안단서와 양안단서가 있다. 단안단서는 한 눈만을 써서도 거리지각을 가능하게 해주는 단서로 중첩, 상대적 크기, 직선 조망, 대기 조망, 수평선에서의 높이 등을 예로 들 수 있다. 양안단서는 양안부등(Binocular Disparity)단서로서 두 눈의 망막상이 65mm 떨어져있기 때문에 각각의 눈이 형성하는 상의 불일치에 의해 초래된다. 생리수준에서는 물체가 멀리 떨어져있으면 두 눈의 수렴 정도가 작고 물체가 가까우면 두 눈의 수렴 정도가 커진다. 대상의 크기를 지각하는 것은 대상의 거리를 지각하는 능력에 큰 영향을 받는다.

[그림 4-6] 단안단서와 양안단서(사슴) 적용

이는 Holway와 Boring은 시각도(visual angle)라는 개념을 도입하여 시행한 실험에서 알 수 있다. 관찰자를 두 복도의 교차로에 앉히고 오른쪽 복도 아래의 밝은 검사원을 보고 왼쪽 복도 아래의 밝은 비교원을 보게 한 뒤 검사원과 대응되도록 비교원의 지름을 조절하게 하였는데, 이 때 비교원은 항상 관찰자로부터 10피트 떨어져 있었고, 검사원은 10~120피트의 범위에서 제시되었다. 관찰자에게 멀리 떨어진 커다란 검사원을 보여주었을 때 그들은 비교원을 크게 만들었다. 그런데 그들에게 가까운 검사원들을 보여주었더니 그들은 비교원들을 작게 만들었다. 이와 같이 관찰자들이 검사원의 물리적 크기에 대응되도록 비교원을 조정했다는 것은 관찰자가 그것들의 물리적 크기를 정확히 판단했다는 것을 의미했다. 여기서 한걸음 나아가 더 적은 깊이정보를 주었을 때 관찰자의 판단이 얼마나 정확한지 알아보기 위해 관찰자로 하여금 한 눈으로만 검사원을 보게 하거나, 바늘구멍을 통해서 검사원을 보게하는 등의 변화를 주자 관찰자의 크기에 대한 지각이 부정확해지는 것을 볼 수 있었다.

7 지각적 조직화

형태 지각의 가장 근본적인 원리에 요소인 전경과 배경은 지각에서의 첫 단계로 주변에서부터 전경(대상)을 조직화하는 것이다. 사람들은 대상을 재인하기 위하여 전경-배경 원리(Figure-Ground Principle)를 사용한다. 자극을 함께 묶어 전경을 배경이라는 다른 자극들과 구분한다. 배경에 대하여 전경을 체제화한다고도 할 수 있다. 이 과정을 지각 집단화로 설명할 수 있는데, 지각 집단화란 전경을 의미 있는 형태로 조직화하는 것을 말한다. 집단화 원리는 유사성, 근접성, 연속성, 폐쇄성, 대칭성이 있다. 심리학자들은 어떻게 체제화하여 일관된 형태로 보게 되는지를 형태주의 원리(Gestalt Principle)로 설명하였다(Wertheimer와 Kanizsa, 1979). 먼저, 유사성의 법칙(law of similarity)은 크기, 형태 또는 색깔이 비슷한 자극을 함께 묶으려는 경향이다. 이는 뇌가 즉시 인식할 수 있는 간단한 형태가 의미를 파악하는 데에 효과적이기 때문이다.

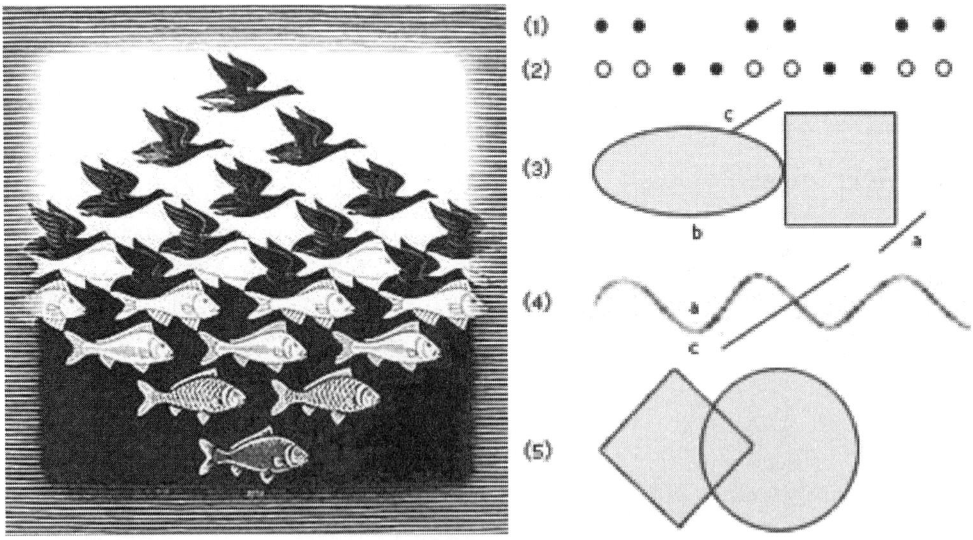

[그림 4-7] 전경과 배경(좌), 지각적 조직

청각 자극에서도 집단화가 발생한다. 예를 들어 고저가 비슷한 음들과 시간상 인접한 음들이 지각적으로 묶여 멜로디를 이루는 것이 있다. 둘째, 연속성의 법칙(law of good continuation)은 불규칙한 선이나 물체들을 매끄럽게 연결하려는 경향이다. 이는 뇌가

선의 갑작스럽고 급격한 움직임의 변화를 좋아하지 않으며 가능한 한 부드러운 연속을 추구하기 때문에 발생하는 현상이다. 셋째, 근접성의 법칙(law of proximity)은 떨어져 있는 물체보다는 근접해 있는 물체들을 밀접하게 연관시키는 것이다. 넷째, 공통 운명의 법칙(law of common fate)은 같은 방향으로 움직이는 사물들을 함께 집단화 시키는 것을 말한다.

지각적 조직화의 개념에서 자극을 의미 있는 지각체로 변환시키는 것을 정보처리의 과정도 포함한다. 게슈탈트 심리학에서는 전체는 부분의 합 이상이라 하였는데 이는 감각 정보의 조직화가 의미 있는 지각적 추론으로 이어진다고 보기 때문이다. 지각적 조직화는 시각적 특징을 완전한 형태로 구성하려는 경향을 상향처리와 하향처리로 구분한다. 상향처리(bottom-up processing)는 물리적 속성의 단서가 가장 낮은 수준에서 높은 수준으로 처리한 뒤, 수용기 세포를 통해 입력되어 뇌로 전달되고 해석 되는 것을 말하며, 자료주도적 처리라고도 한다. 수용되는 자료가 없으면 지각은 이루어질 수 없기 때문에 수용기를 통해 수용되는 자극이 지각의 출발점이라 할 수 있다. 하향처리(top-down processing)는 개인의 과거 경험, 기대, 기억, 동기, 문화적 배경, 언어 등 다양한 요소가 작용하는 것으로 지각적 추론 과정을 의미한다. 개념주도적 처리라고도 부르는 하향처리는 지식에 기반을 두는데, 지식이 항상 지각에 참여하는 것은 아니지만 지각에 자주 관여하고 있다.

8 시지각

빛은 동공(pupil) 이라 불리는 홍채 중앙의 구멍을 통해 눈으로 들어간다. 동공에는 수정체(조절이 가능)와 각막(조절 불가능)이 있어서 초점을 맞추고 빛은 망막에 투사된다. 망막(retina)은 시각 수용기들이 정렬되어 있는 눈의 뒤쪽 표면이다. 시야의 왼쪽에서 오는 빛은 망막의 오른쪽 절반에 닿고 오른쪽에서 오는 빛은 망막의 왼쪽 절반에 닿는다. 위쪽에서 오는 빛은 망막의 아래쪽 절반에 닿고 아래쪽에서 오는 빛은 망막의 위쪽 절반에 닿는다. 카메라에서와 마찬가지로 상이 거꾸로 맺힌다. 망막 내에는 광수용기

(photo- receptors)인 간상체(rods)와 추상체(cones)라는 수용기 세포가 있다. 간상체는 인간 망막의 주변부에 가장 풍부하게 분포되어 있으며 희미한 빛에 반응하지만 밝은 빛이 오면 탈색되어 햇빛이 밝을 때에는 별로 쓸모가 없다. 추상체는 중심와와 그 주변에 풍부하게 분포되어 있으며 희미한 빛에서는 활성이 더 떨어지지만 밝은 빛이 비칠 때는 더 유용하며 색채시각을 위해 꼭 필요하다. 신경계통이 어떻게 색채 지각을 만들어 내는가를 이해하는 첫 번째 단계는 우리 지각이 빛의 특정 속성과 어떻게 관련되는가를 알아내는 것이다. 그림은 가시 스펙트럼이 400nm의 단파장에서부터 700nm의 장파장에 걸쳐 있으며, 이 범위 안에 있는 파장들은 각기 다른 색으로 지각된다는 것을 보여준다. 400~450nm의 파장은 보라색, 450~490nm는 파란색, 500~575nm는 초록색, 575~590nm는 노란색, 590~620nm는 오렌지색, 620~700nm의 파장은 빨간색으로 보인다. 물체의 색은 주로 그 물체에서 반사되어 나오는 빛의 파장들에 의해 결정되며 우리가 지각하는 색은 파장과 관련이 되어있다. 주변에 있는 많은 색은 물체들이 파장을 선별적으로 반사하기 때문에 경험하게 되는 색들이다. 그러나 액체, 플라스틱, 유리와 같이 투명한 물체의 경우에는 선별적 투과(selective transmission)를 통해 색을 띠게 된다. 즉 스펙트럼의 파장 중 일부분만 투과시켜서 색깔이 있는 것으로 보인다. 예를 들어, 크랜베리 주스는 긴 파장의 빛을 투과시키므로 빨갛게 보이고, 라임 음료는 중간 파장의 빛을 투과시키기에 초록색으로 보인다.

기본적인 빛의 지각은 빛의 삼원색이론에 의하여 정상적인 색채 지각을 하는 사람이 검사장에 있는 어떤 파장의 빛이라도 색 대응을 하려면 적어도 세 개의 파장이 필요하다는 결과에 기초하고 있다. 이에, Thomas Young(1802)은 색채 지각의 삼원색 이론을 제안하였다. 이 이론은 후에 Helmholtz(1985)에 의해 지지되어서 Young-Helmholtz의 색채 시각 이론(Young-Helmholtz theory of color vision)이라고도 불리는데, 이 이론에서는 색채 시각이 각기 다른 스펙트럼 민감도를 갖는 세 개의 수용기 기제에 달려 있다고 제안하였다. 이 이론에 따르면 특정한 파장의 빛은 세 가지 수용기 기제를 각기 다른 정도로 자극하는데, 이 세 가지 기제의 활동양상이 색채 지각으로 이어진다. 따라서 각각의 파장은 신경계통에 세 가지 수용기 기제의 활동양상으로 부호화된다.

삼원색 이론이 색 대응, 색 혼합과 같은 색채 지각의 여러 현상과 색채시각 결함과 관련된 내용 중 일부를 설명할 수 있지만, 이 이론이 설명할 수 없는 색채 지각 현상들이 있다. 이 현상들은 Helmholtz와 거의 같은 시대에 활동한 또 다른 유명한 생리학자

Ewald Hering(1834~1918)에 의해 시범되었다. Hering은 관찰자들에게 자극을 보여주고 무엇을 보았는지 말하게 하는 현상학적 관찰 결과를 토대로 색채 시각에 관한 대립과정 이론(opponent-process theory of color vision)을 제안하였다. 이 이론에서는 빨간색과 초록색, 그리고 노란색과 파란색에 의해 생성되는 대립적 반응에 의해 색채 시각이 일어난다고 주장한다. 그는 각기 빛의 다른 파장이나 강도에 대해 대립적으로 반응하는 세 가지 기제를 제안하였다. 흑(-)-백(+) 기제는 흰 빛에 정적으로 반응하고 빛이 없으면 부적으로 반응한다. 적(+)-녹(-) 기제는 빨간색에는 정적으로 반응하고 초록색에는 부적으로 반응하고, 청(-)-황(+) 기제는 파란색에는 부적으로 반응하고 노란색에는 정적으로 반응한다. Hering은 이 정적 반응과 부적 반응은 망막에서의 화학물질의 조성과 붕괴에 의해 생성되는 것으로 생각했다. 즉 흰색, 노란색, 빨간색은 화학물의 조성을 야기하는 반응을 일으키고, 검정색, 초록색, 파란색은 그 화학물의 붕괴를 야기한다는 반응을 일으킨다고 믿었다. 비록 Hering이 주장한 것처럼 화학물이 조성되거나 붕괴되지는 않지만, 최근의 생리학 연구들은 이 색들이 생리적으로 대립적인 반응을 일으킨다는 것을 보여주었다.

시각이 눈에서 시작된다고 하는 것은 물체에서 반사된 빛의 초점이 형성되어 선명한 상이 맺히는 곳도 눈이고, 이 상을 형성하는 빛이 시각 수용기에 의해 전기적 신호로 변형되는 곳도 눈이기 때문이다. 동공을 통해 눈으로 들어오는 빛은 투명한 각막과 수정체를 통과한다. 초점형성 기제인 각막과 수정체의 작용에 의해 들어오는 빛의 초점은 망막 위에 맺히게 되고, 그 결과 망막 위에는 선명한 상이 만들어진다. 상을 구성하는 빛은 수용기를 자극한다. 시각 수용기는 간상체와 추상체로 나뉜다. 물론 이 두 가지 수용기는 서로 다른 속성을 가진다. 이들 수용기에는 시각색소라는 화학물질이 들어있고, 빛에 민감한 이 화학물질은 빛에 대한 반응으로 전기적 신호를 내놓는다. 이 신호는 신경망을 거친 후, 눈 뒤로 뻗어나가는 시신경을 따라 뇌로 전도된다. 눈의 구성요소인 각막과 렌즈와 수용기 및 여타 신경세포는 무도 우리의 시각에 중요한 역할을 수행한다. 이들은 모두 지각의 초기 단계에서 벌어지는 변형에 관여한다. 이러한 시지각 적응들은 암순응과 명순응, 그리고 색채순응 등이 있다.

암순응이란 어둠 속에서 머무는 시간이 길어지면 자연스럽게 시지각 기능기 적응하게 되는 과정을 일컫는다. 우리로 하여금 어두운 곳에서도 활동할 수 있게 하는 이 암순응은 추상체와 간상체의 중요한 차이점을 예정한다고 하겠다. 반면 명순응은 어두운 곳에 있다가 밝은 곳에 나왔을 때, 나타나는 현상이다. 아울러 색채적응은 다른 색체가 가지는 맥락의 영향을 제거한 형태를 지각하는 것을 의미한다.

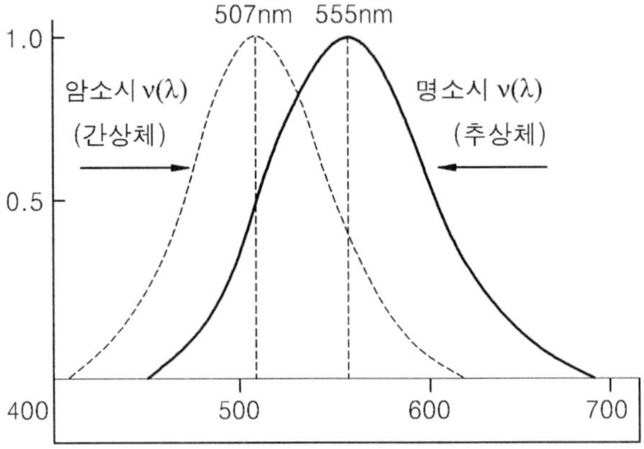

[그림 4-8] 명순응(암소시)와 암순응(명소시)의 비교

시지각의 기능이 일부 어려운 것을 색맹이라고 한다. 완전색맹(Achromatopsia)은 성염색체 열성 유전양상을 보이는 망막 장애로, 시력 감퇴, 진자양안진(시계추 눈떨림, pendular nystagmus), 광선 공포증(빛에 대한 과민, photophobia), 작은 중심 암점(small central scotoma), 중심외주시(eccentric fixation)을 동반한 색 식별력의 저하 혹은 완전한 상실을 특징으로 하는 질환이다. 부분색맹은 색맹 중 가장 많은 비율을 차지한다. 망막내의 원추세포의 이상으로 적, 녹, 황색 중 어느 색을 구별하지 못하는가에 따라 적록색맹과 청황색맹으로 나뉘며 그 중 적록색맹이 가장 많다. 적록색맹은 적색과 녹색 · 회색, 청황색맹은 청색과 황색 · 회색의 구별이 곤란하다. 적록색맹은 주로 유전에 의하여 발생하며 적색맹과 녹색맹으로 나뉜다. 적색맹은 적색과 그 보색(補色)인 청록색이 무색으로 보이며, 녹색맹은 녹색과 그 보색인 적자색이 무색으로 보인다. 그러므로 적록색맹을 가지고 있는 사람은 신호등의 교통신호를 못 알아보는 경우가 발생하기도 한다. 일반적으로 이치하라 검증으로 검증할 수 있다.

9 착시

착시란 시각에 관해서 생기는 착각으로 외계 사물의 크기, 형태, 빛깔 등의 객관적인 성질과 눈으로 본 성질 사이에 차이가 있는 경우의 시각을 가리키는데 이와 같은 차이는 항상 존재하므로 보통은 양자의 차이가 특히 큰 경우를 말한다. 착시에는 기하학적 착시, 원근의 착시 외에 가현운동, 밝기나 빛깔의 대비 등이 있다.

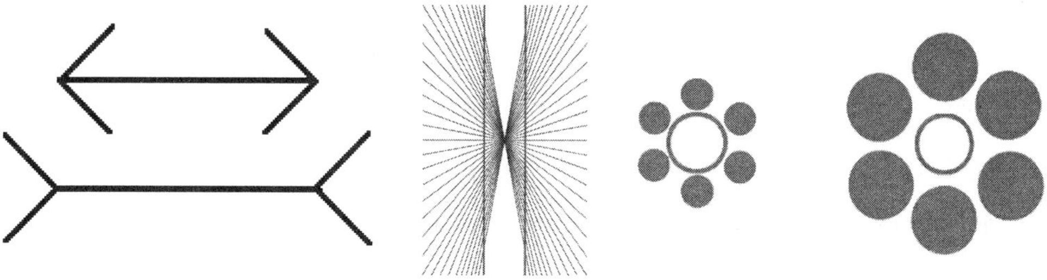

[그림 4-9] **뮐러라이어(왼쪽), 헤링(가운데), 티치너 & 에빙하우스(오른쪽)**

영화처럼 조금씩 다른 정지한 영상을 잇달아 제시하면 연속적인 운동으로 보이는 가현 운동, 주위의 밝기나 빛깔에 따라 중앙 부분의 밝기나 빛깔이 반대 방향으로 치우쳐서 느껴지는 밝기와 빛깔의 대비, 공복 시에 다른 대상의 그림을 음식물의 그림으로 잘못 보는 시각의 변화 등도 일종의 착시라고 할 수 있다. 외향의 사선 안에 있는 선분은 길게 보이고, 내향의 사선 안에 있는 선분은 짧게 보이는 뮐러 리어의 착시도형과, 방향의 착시를 보여주는 체르너, 분트, 헤링, 포겐도르프의 각 착시 도형이 있다.

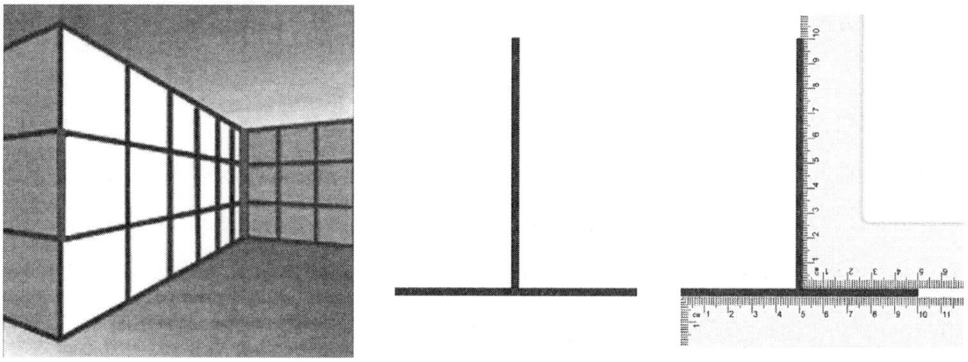

[그림 4-10] **폰조(왼쪽), 분트(오른쪽)**

10 선택적 주의

인간은 지각에 필요한 모든 감각 정보를 활용할 수 없다. 그래서 선택적 주의를 통한 지각을 하게 된다. 대표적인 예가 칵테일파티 현상이다. 칵테일파티나 잔치에서처럼 여러 사람들이 모여 한꺼번에 이야기하고 있음에도 자신이 관심을 갖는 이야기를 골라 들을 수 있는 현상을 의미한다. 주의가 특정 채널(목소리, 한쪽 귀, 언어 등)에 선택적인지 혹은 이야기 내용에도 선택적일 수 있는지와 관련하여 다양한 칵테일파티현상이 가능하다. 즉, 시끄러운 잔칫집에서 한 화자에게만 주의하고 유사한 공간 위치에서 들려오는 다른 대화를 선택적으로 걸러내는 능력을 일컫는 것이라 할 수 있다.

선택적 주의에 의해 설명되는 이론 중에 세부특징 통합론이 있다. 이 이론은 Triesman이 제안한 이론으로, 그 이론은 시각 자극이 시각 체계에 입력되면 우선 그것의 여러 속성인 모양, 크기, 방향, 색상, 명도 등의 정보가 병행 독립적으로 처리된 다음 각 속성의 위치를 저장하는 특징 지도에 저장된다. 그다음 순차적으로 주사하는 초점 주의에 의해 여러 속성이 통합되어 대상 파일(object file)에 저장된 다음, 이 파일이 재인되어 우리가 대상을 알아볼 수 있다는 것이다(Treisman & Gelade, 1980).

[그림 4-11] **영상물에 고릴라 등장(오른쪽)**

선택적 주의가 반드시 좋은 지각능력과 관련된 것은 아니다. 즉, 오히려 선택적 부주의 현상에 대한 관심이 많은 실험들이 있다. 가장 유명한 실험으로는 부주의맹과 변화맹 실험이다. 먼저, 부주의맹 현상은 "사람들이 어려운 과제를 수행할 경우 주의가 일종의 블라인더 같은 역할을 하기 때문에 눈앞에 출현한 자극을 알아차리지 못할 수 도 있다." (Trafton Drew) 완벽하게 잘 보이는 물체인데도 우리의 시선이나 주의가 딴 곳에 쏠려서 정작 보아야 할 것을 보지 못하게 만드는 현상으로 시각적 맹목성이라고도 한다. 주변의 대상에 과도하게 집중하여 실제 대상을 보지 못하는 것으로 사람의 두뇌는 전경에 몰입하면 배경을 놓치고 배경에 몰입하면 전경을 놓치기 마련이다. 고릴라 실험이 대표적인 예가 된다. '보이지 않는 고릴라 실험'이라고도 하는데 이 실험은 흰색 셔츠를 입은 팀 3명과 검은 색 셔츠를 입은 팀 3명 등 총 6명이 동그랗게 모여 서로 농구공을 패스한다. 실험 참가자는 흰 색 셔츠 팀의 패스 횟수만 세면 된다. 1분이 조금 넘는 실험에서 고릴라 옷을 입은 학생이 천천히 등장해 카메라 정면을 보고 고릴라처럼 가슴을 두드린 뒤 퇴장한다. 흥미로운 사실은 실험 결과, 실험 참가자의 50%가 고릴라의 등장을 눈치 채지 못한다는 점이다. 실험이 끝난 이후 실험 참가자에게 중간에 고릴라가 등장했다는 정보를 제공해주고 다시 동영상을 재생하면 실험 참가자들은 당연히 고릴라를 발견하고 처음에 고릴라를 알아보지 못한 자신의 모습에 놀란다. 실험에 앞서 실험 참가자들은 흰색 셔츠 팀의 패스 횟수를 세라는 지시를 받았기 때문에 흰색 셔츠 팀의 패스에만 집중한다. 때문에 이들은 패스 이외의 것은 눈에 들어오지 않는다. 그리고 변화맹 현상이란 주변의 장면을 보는 방식 때문에 발생하는 현상으로 우리 눈앞에서 어떤 시각적인 장면 변화가 일어나는 데도 우리 의식이 그것을 알아채지 못하는 것을 일러 변화맹 현상이라고 한다. 자신의 관심 바깥에 있는 상황이나 사물이 변하는 것을 알아차리지 못하는 현상을 말한다. 선택적으로만 정보를 받아들이고 판단하는 뇌 때문이다.

11 항등성

일반적으로 감각 수용기에 가해지는 자극은 계속해서 변하지만, 세상은 변하지 않는 안정적인 상태로 지각된다. 쉬운 예를 들어, 이륙하는 비행기를 바라볼 때 망막에 비치는 비행기의 크기는 계속해서 작아지지만, 비행기의 절대적인 크기가 줄어든다기보다는 비행기가 점점 높이 올라간다고 지각한다. 이러한 지각 방식을 지각 항등성(perceptual constancy)이라 하며, 크기항등성과 모양항등성, 밝기항등성, 색채항등성, 위치항등성 등이 있다.

먼저, 크기항등성은 눈에서 대상까지의 거리가 변함에 따라 망막에 맺히는 대상의 크기는 달라지지만, 그 대상을 항상 동일한 크기로 지각하는 현상을 일컫는다. 예를 들어, 100원짜리 동전이 3m 전방에 있을 때와 손바닥 위에 있을 때, 망막에 맺히는 동전의 크기에는 분명한 차이가 있다. 그러나 우리는 서로 다르게 보이는 두 개의 100원짜리 동전을 항상 같은 크기의 동전으로 지각한다. 크기 항등성에 관하여 몇몇 연구자들은 망막에 맺힌 물체의 상은 물체의 실제 크기에 따라서도 달라지지만, 그 물체까지의 거리에 따라서도 달라질 것이라는 가설을 세웠다.

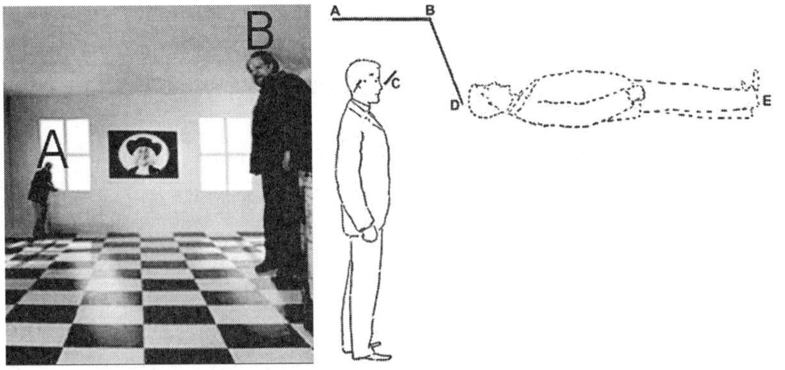

[그림 4-12] 에임즈의 방(왼쪽), 위치항등성(오른쪽)

둘째, 모양항등성은 물체를 측면에서 바라보았을 때와 정면에서 바라보았을 때 망막에 맺힌 그 물체의 상은 판이하게 다르다. 모양 또는 형태 항등성은 대상의 위치나 모양이 시각상으로는 변화했지만 항상 동일한 모양 또는 형태로 지각되는 경향을 일컫는다. 예를 들어, 100원짜리 동전은 정면과 뒷면, 옆면에서 바라볼 때 망막에 맺히는 상이 제각각 다르다. 따라서 모양 항등성을 획득하려면 물체가 시각상의 변화에도 불구하고 동일한 형태를 지닌 물체임을 알 수 있는 단서가 필요하다.

셋째, 밝기 항등성이란 대상에 다른 강도의 빛을 비추어도 대상의 고유한 밝기를 동일하게 지각하는 현상을 일컫는다. 즉, 조명에 상관없이 물체의 실제 무채색적 속성을 보는 것을 말한다. 예컨대 책의 흰 종이 부분은 조명 변화에 상관없이 흰색으로 지각되며, 검은 글자는 명도에 상관없이 검은 글자로 인식된다. 밝기 항등성은 실외와 실내에서 반사되는 빛의 절대적 양은 변하는데도 상대적 양은 변하지 않기 때문에 나타난다. 예를 들어, 흰색 옷은 그 옷에 내려 쪼이는 빛의 양이 많고 적음에 관계없이 내려 쪼이는 빛의 80-90%를 반사한다. 검은색 옷은 약 5%만 반사한다. 이 때문에 실내에서든 실외에서든 그 위치에서의 조명도의 80-90%를 반사하는 물체는 흰색(밝은 색)으로 지각되고, 5%만 반사하는 물체는 검은색(어두운 색)으로 지각된다(Goldstein, 2007).

넷째, 색채 항등성은 밝기 항등성과 유사한 개념이며, 조명 조건이 달라짐에 따라 어떤 대상의 실제 색상이 다르게 보일지라도 항상 같은 색으로 지각하는 것이다. 파란색으로 채워진 사각형을 햇볕 아래에서 보면 모든 파장에서 비교적 같은 양의 에너지를 받아 주로 짧은 파장을 눈에 반사시킨다. 반면, 동일한 색판을 백열전구 아래에서 보면 햇볕 아래에서 볼 때보다 긴 파장을 훨씬 더 많이 지각하게 된다. 이러한 파장의 길이 차이 때문에 두 조건에서 보는 파란색은 매우 다른 색으로 느껴져야만 한다. 그러나 우리의 눈은 두 조건에서 본 파란색을 같은 색으로 지각하는데, 이는 색채 항등성을 잘 보여 주는 예이다. 그림 3에서 아래위 두 영역에서 관찰되는 색상은 매우 다르지만 우리는 두 영역 모두 동일한 흰색, 초록색, 파란색이라고 지각한다(Jameson & Hurvich, 1989).

마지막으로, 위치항등성이 있다. 만일 탑 주위를 맴돌면서 주변의 건물과 탑을 보고 있는 상황이라면, 망막에 나타나는 주변 건물과 탑은 걸음을 걸을 때마다 분명히 다른 곳에 위치하게 된다. 이러한 움직임에 따라 위치에 대한 시각 정보가 변하더라도 우리는 그 대상의 위치가 변하지 않은 것으로 지각하는데, 이를 위치 항등성이라고 한다(심응철, 전우병, 2008). 굴절안경을 쓰고 있으면 얼마 후 걸음걸이나 행동들이 정상적으로 기능할 수 있게 되는 형상도 똑같은 원리라고 할 수 있다(Stratton, 1896).

실습하기 2 자신의 대처능력 검사하기

사람들은 사회 속에서 다양한 스트레스에 접하게 된다. 그럴 때마다 적절한 대처양식을 가지고 적응해 나가는 것이 중요하다. 그렇다면 여러분들의 대처유형을 점검하여 자신의 대처능력을 확인해 보자. 먼저, 대처양식(coping style)은 크게 세 가지로 구분한다. 첫째, 공감대처(Empathic coping)은 대인 관계에서 발생하는 정서적 대응 능력이라고 할 수 있다. 둘째, 해결대처(Solutional coping)은 사건이 발생했을 때 처리하는 대응 능력이라고 할 수 있다. 그리고 마지막으로 수용대처(Acceptive coping)는 정서적으로나 역량으로 처리할 수 없고, 어쩔 수 없이 모든 것을 수용할 수밖에 없다는 사실을 수용하는 대응 능력이라고 할 수 있다.

평가방법

아래의 두 척도에 대핸 평가 방법은 7점 Likert로 실시하며, 그 구체적인 방법은 다음과 같다. 각 문항에 대하여 "매우 그렇다"라고 생각하면 7점을 부여하고, 반대로 "전혀 아니다"라고 생각하면 1점을 부여한다.

전혀 아니다			보통이다			매우 그렇다
①	②	③	④	⑤	⑥	⑦

아울러, 평가방법 과정에서 역척도에 대한 처리 방법이 포함되어 있다. 역척도의 처리 방식은 우선 태도 점수를 부여하고 일부 역척도로 구성된 문항의 점수는 점수를 역화하여 산정한 후 검사에 적용해야 한다. 예를 들어 "나는 훌륭하지 않다"라는 문항이 있다고 가정하자. 만약 6점에 체크를 하였다면, 총점을 계산하기 전에 이 문항의 점수는 2점으로 수정해서 계산을 해야 한다.

번호	공감적 대처능력 평가 문항	역척도 문항	평가
1	누군가가 마음 아파하면 나도 그 아픔을 이해한다.		
2	나는 다른 사람들의 고민을 잘 들어주려고 노력한다.		
3	나는 다른 사람들의 생각과 느낌을 이해하기 어렵다.	●	
4	나는 친구가 어려울 때 기꺼이 도와주려고 한다.		
5	내 친구들이 즐거워하면 나도 행복해진다.		
6	다른 사람이 나에게 고민을 털어놓으면 심적으로 불편하다.	●	
7	지쳐 있는 친구에게 관심을 가지고 위로의 말을 건넨다.		
8	우는 친구를 달래는 것이 나에게는 어려운 일이다.	●	

총점수: ________ 점

번호	해결적 대처능력 평가 문항	평가	역화
9	감정에 휩싸이지 않고 일이나 과제에 집중할 수 있다.		
10	문제가 발생하면 먼저 가능한 해결방법들을 생각해본다.		
11	내가 세운 목표나 계획들을 실천하는 편이다.		
12	나는 계획을 짜는 시간을 중요하게 생각한다.		
13	나는 일을 할 때 직감적으로 추진하는 것이 효율적이라고 생각한다.		
14	내가 세운 계획은 현실적인 효과가 없는 편이다.	●	
15	문제해결에 필요한 사항들을 규칙적으로 점검하는 편이다.		
16	내가 짠 세부계획은 수시로 바뀌기 때문에 별 도움이 못된다.	●	

총점수: ______ 점

번호	수용적 대처능력 평가 문항	평가	역화
17	부당한 결과를 받아들여야 하는 경우도 있다.		
18	내 잘못이 아니지만 수용해야 할 때가 있다.		
19	내가 모든 책임을 지는 것은 절대 용납할 수 없다.	●	
20	가끔은 나의 의도와는 상관없이 악재를 초래할 수 있다.		
21	내가 이유 없이 피해 보는 사태는 절대 있을 수 없다.	●	
22	불합리한 절차로 인해 내가 피해보는 것도 나의 책임일 수 있다.		
23	나는 절대로 이 세상에서 부당한 피해자가 되어서는 안 된다.	●	
24	때로는 내가 잘못하지 않아도 사과해야할 때가 있다.		

총점수: ______ 점

모든 척도가 8개의 문항으로 구성되어 있으며, 점수를 판단하는 기준은 40점이다. 즉, 40점 이상이 되면 각 영역에서 대처능력이 양호한 것으로 볼 수 있다.

	공감적 대처	해결적 대처	수용적 대처
점수			

논의 1

자기 자신이 실시한 결과를 토대로 자신의 대처능력에 대해 설명하고, 여기에 적절한 자신의 구체적인 행동을 언급하거나 사례를 들어 설명하시오.

단원개관

학습이란 "유기체가 경험을 함으로써 나타날 수 있는 비교적 영속적인 행동상의 변화"를 말한다. 학습이론은 행동적 학습이론과 인지적 학습이론으로 나뉘는데 행동적 학습이론은 고전적 조건형성과 조작적 조건형성, 조형으로 구분되어 인간행동을 고찰하고 있으며, 인지적 학습이론은 인간의 학습에 대한 의식을 다루는 부분과 인간이 다른 사람의 행동들을 보거나 그들의 행동으로부터 받은 강화에 주목할 때 나타나는 것으로 보고 있는 관찰학습, 모방학습, 통찰학습, 잠재학습으로 나누어 인간행동을 밝히고 있다. 특히, 조작적 조건화의 원리는 특정 행동을 증가시키는 강화(reinforcement)와 특정 행동을 감소시키거나 소멸시키는 처벌(punishment)이라는 두 가지 원리에 의해 발생한다. 먼저 강화는 행동의 결과에 기인한 행동의 증가를 의미하며, 정적 강화(positive reinforcement)와 부적 강화(negative reinforcement)의 두 가지 형태로 구분할 수 있다. 처벌 또한 정적 처벌(positive punishment)과 부적 처벌(negative punishment)로 구분된다. 아울러, 관찰학습은 사회학습이론으로 설명이 가능한데, 주의(attention), 기억(retention), 재생(reproduction), 동기화(motivation)의 총 네 개의 단계로 구성된다.

PATA **5**

학습의 원리

1 학습의 개념

학습이란 "유기체가 경험을 함으로써 나타날 수 있는 비교적 영속적인 행동상의 변화"를 말한다. 일반적인 의미에서의 학습의 개념과는 달리 심리학에서의 학습은 교육적인 의미에서의 학습뿐만 아니라 걷기, 뛰기, 언어 습득, 악기를 다루는 것 등과 같은 보다 넓은 범위의 행동을 포함한다.

"학습"이라는 단어를 생각할 때 일반적으로 사람들은 학교에서 하는 공부를 생각하기 쉽다. 그러나 심리학에서의 학습은 이보다는 훨씬 넓은 개념이다. 우리는 지식과 여러 가지 기술들을 습득하고 경험을 통해 유지해 나간다.

심리학자들이 학습에 관해 과학적인 연구를 시작한 것은 19세기 말기부터였다. Darwin의 진화론을 바탕으로 심리학자들은 학습을 환경에 적응하는 수단으로 보았다. Darwin은 동물과 인간을 하나의 연속선상에 있는 것으로 보았으며, 이에 기초하여 심리학자들은 우선 동물들의 학습 현상에 대해 연구를 시작하였고, 동물 연구에서 밝혀진 원리들을 바탕으로 인간에게도 적용될 수 있는 학습 원리들을 찾아내고자 노력해 왔다(오세진 외, 2015).

학습이론은 행동적 학습이론과 인지적 학습이론으로 나뉘는데 행동적 학습이론은 고전적 조건형성과 조작적 조건형성, 조형으로 구분되어 인간행동을 고찰하고 있으며, 인지적 학습이론은 인간의 학습에 대한 의식을 다루는 부분과 인간이 다른 사람의 행동들을 보거나 그들의 행동으로부터 받은 강화에 주목할 때 나타나는 것으로 보고 있는 관찰학습, 모방학습, 통찰학습, 잠재학습으로 나누어 인간행동을 밝히고 있다(리대룡, 이상빈, 1998).

2 고전적 조건화

고전적 조건화에 의한 학습을 주장한 대표적인 학자로 파블로프(Pavlov)를 들 수 있다. 파블로프는 개의 소화기관에 관한 연구를 하던 중 음식이 입에 들어가기도 전에 개가 침을 흘리는 것을 관찰하고, 그러한 현상을 체계적으로 연구하기 시작하였다.

[그림 5-1] **파블로브의 고전적 조건화 실험 도식**

파블로프는 개의 소화계 생리의 관한 연구로 1904년, 노벨 생리학상을 수상하였다. 조건반사란 조건자극을 무조건 자극과 결합시켜 조건반응을 일으키는 것을 뜻한다. 조건반응의 형성은 무조건 반응과 중립 자극(neutral stimulus)을 조건화하는 과정인데 그의 조건반사 실험은 먼저 종소리를 울리고 몇 초 뒤에 개가 고기를 먹도록 하는 것으로부터 시작했다. 처음에 개는 고기를 보고 입 속에 고기가 들어갈 때만 침을 흘렸으나, 나중에는 종소리만 울려도 침을 흘리게 되었다.

이 때, 개의 먹이인 고기는 무조건 자극(UCS)에 해당하며, 먹이에 의해 유발되는 타액분비 반응은 무조건 반응(UCR), 먹이와 연결된 종소리는 조건자극(CS), 종소리와 연관된 타액분비 반응인 침은 조건반응(CR)에 해당한다(윤가현 외, 2005). 이렇듯 고전적 조건화는 처음에 어떤 기능도 하지 않았던 자극(stimulus)이 특정 반응(response)을 유출시킬 수 있는 능력을 가지게 된다. 따라서 고전적 조건화를 시도하기 위해서는 반사 반응(reflexive response)을 유출시키는 자극이 필요하다.

조건화 과정에는 지연조건형성, 흔적조건형성, 동시조건형성, 후진조건형성이 있다. 조건 반응의 획득에 영향을 주는 요인들 중 특히 자극을 제시하는 시간 간격이 중요한데 지연조건형성에서는 조건 자극을 무조건 자극에 앞서 제시하고 동시에 철회한다. 가장 효과적인 방법이며 가장 이상적인 시간 간격은 0.5초이다(곽호완 외, 2008). 흔적조건형성은 무조건 자극이 제시되기 전에 조건 자극이 시작되어서 끝나는 파블로프식 조건 형성 절차로 전형적인 실험으로는 버저가 5초 동안 울리고 0.5초 후에 사람의 눈에 공기를 불어 넣어 그 사람이 눈을 깜박이게 만드는 것을 예로 들 수 있다. 이렇게 버저와 공기 분사를 여러 번 짝을 지어 제시하면 그 사람은 버저소리에 눈을 깜박이게 된다(한광희 외, 2000).

동시조건형성은 조건 자극과 무조건 자극이 시간적으로 같이 일어나는 고전적 조건형성 절차로 예를 들어 종을 울리는 동시에 어떤 사람의 눈에 공기를 훅 불어 넣는다. 두 자극이 모두 정확히 같은 시각에 시작하고 끝이 난다. 자연환경에서도 조건 자극과 무조건 자극이 정확히 동시에 나타나는 일도 있다(박소현 외, 2004). 마지막으로 후진조건형성은 무조건 자극이 조건자극 보다 앞서 제시되는 것으로 눈에 바람이 불 때 찰칵 하는 소리를 제시하는 것을 예로 들 수 있다. 하지만 이러한 반응을 이끌어 낼 가능성은 희박하다.

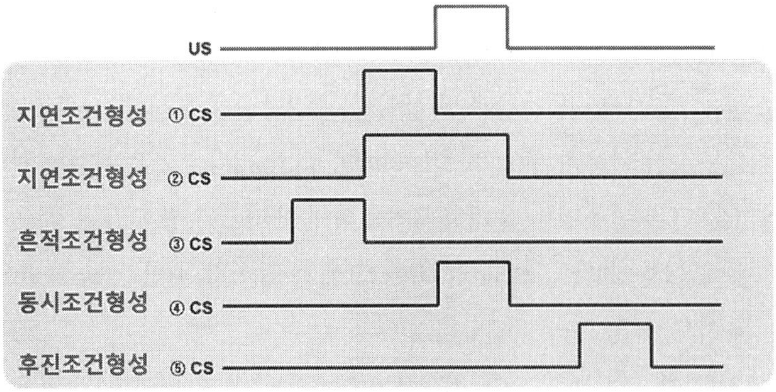

[그림 5-2] **조건화 종류**

조건화 과정에서 조건 자극은 본래 반응을 이끌어내지 못하는 중성자극이었다. 그러나 조건화가 이루어지고 나면 무조건자극과 같이 반응을 이끌어내게 된다. 이렇게 조건화가 된 자극은 다른 중성자극도 조건화를 할 수 있는 힘이 생기는데, 파블로프의 개 실험에서 조건화 된 종소리와 함께 파란 불빛을 보여주면 파란 불빛만 봐도 침을 흘리게 되는 것이다. 이런 현상을 이차적 조건화라고 하며 그 이상의 조건화 즉, 삼차적 조건화, 사차적 조건화 등을 고차적 조건화(higher-order conditioning)라고 한다. 그러나 현실적으로 삼차적 조건화 이상은 일어나기 힘들다. 이런 고차적 조건화에서는 조건자극들이 연달아 제공되고, 음식이 제공되지 않아 소거의 과정이 일어나기 때문이다(교육심리학용어사전, 2000).

3 소거와 자발적 회복

소거는 무조건 자극이 조건 자극과 연합되지 않음으로써 조건 자극이 반응을 일으키지 못하는 현상을 말한다. 고전적 조건형성이 된 후 무조건 자극 없이 조건 자극만 주어질 경우 유기체는 나타내던 반응을 더 이상 보이지 않게 된다. 쉽게 말해서 조건화가 풀어져 조건자극이 다시 중성자극으로 돌아가는 것을 말한다. 만약 파블로프의 개 실험에서 조건자극인 종소리만 들려주고 계속해서 음식을 제공하지 않는다면 개는 조건자극인 종소리를 듣고도 침을 흘리지 않게 된다는 것이다. 즉, 조건자극과 함께 무조건 자극을 계속해서 제공하지 않는다면 조건반응을 하지 않게 된다(곽호완 외, 2008).

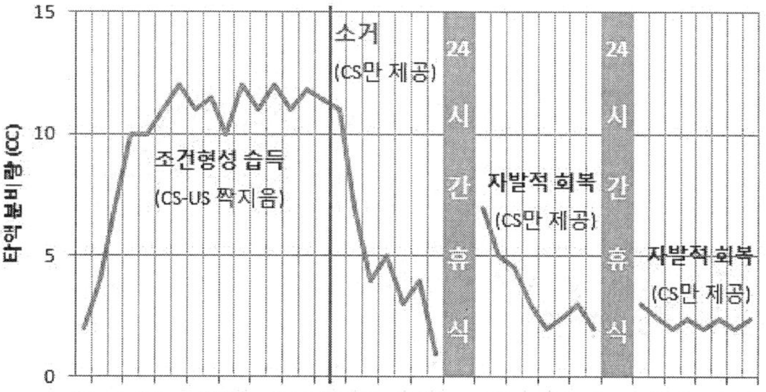

[그림 5-3] 소거와 자발적 회복

그러나 소거가 되었다고 해서 조건 반응 자체가 소멸되었다는 것은 아니다. 소거 과정을 통하여 조건 자극이 능력을 상실한 것으로 보이더라도 어느 정도 시간이 지난 후 조건 자극을 제시하면 다시 조건 반응이 일어난다. 만약 소거가 일어난 파블로프의 개에게 종소리(조건자극)를 갑자기 제시하면 침(조건반응)을 흘린다. 즉 소거 후에 이전의 조건 자극을 다시 제시하면 이러한 현상이 일반적으로 나타나는데 이런 과정을 자발적 회복이라고 한다. 이 자발적 회복은 학습이 영속적이라는 것을 뒷받침하는 근거가 되기도 하는데, 우리가 배운 내용을 잊어버렸다고 해서 두뇌에서 아예 지워지는 것이 아니라 어떤 계기에 의해 문득 떠오르기도 하는 것에서 경험하는 것과 같다(곽호완 외, 2008). 소거와 관련된 현상으로 소거폭발(extinction burst)이 존재한다. 소거폭발이란 좋아지기 전에 더 악화되는 소거행동으로, 행동의 감소가 시작되기 전에 소거행동이 증가하는 것이다. 예를 들어 소거를 위해 행동을 무시하였을 경우 대부분의 사람들은 만약 어떤 행동을 했을 때 반응이 없더라도, 그 행동이 약간 증가하게 되면 다시 반응이 나타나게 된다고 학습되었기 때문에 행동을 증가시키게 된다. 행동이 증가되어 소거가 이루어지지 않는다고 결론짓고 그만둔다면 행동이 더 나빠지는 것을 강화하는 효과가 생긴다. 소거폭발은 행동교정에 있어 아주 중요한 단계로 예를 들어 보호자의 관심을 얻기 위해 짖는 반려견은 반복해서 짖는 이유가 '보호자의 관심'이 보상으로 주어지기 때문인데 이 때 보상이 되는 것을 없애 문제행동이 소거되도록 하는 것이다. 보호자는 반려견이 짖거나 뛰어오를 때 완전한 무시로 일관한다.

4 자극의 일반화와 변별

자극 일반화란 반응역량에 관한 것으로, 전에 조건 형성되었던 상황과 비슷한 조건이 제시될 때에 동일한 행동이 일어난다는 것을 말한다. 어떤 자극이 일단 조건 자극으로 형성되면 이 자극과 유사한 다른 자극들도 무조건 자극과 연합된 적이 없음에도 조건 반응을 일으킬 수 있다. 바로 '자라보고 놀란 가슴, 솥뚜껑보고 놀란다.'라는 우리 속담이 가지는 의미와 같다. 파블로프(Pavlov)는 타액 조건형성 실험에서 벨 소리에 조건반사를 하는 피험동물이, 양은 적지만 부저 소리나 메트로놈 소리가 들려도 침을 흘리는 것을 관찰하여 이를 보고하였는데 이런 현상이 곧 자극 일반화 현상이다. 이 현상은 고전적 조건 형성 이론에서 널리 검증되어 왔으며 그 결과 두 자극이 유사할수록 일반화의 정도가 크다는 자극 일반화 법칙이 수립되었다. 자극 일반화 현상은 행동치료에서 인간의 불합리한 행동의 원인을 찾아 그를 치료하는 데 이용되고 있다. 예를 들면 흰 손수건에 대해 공포를 느끼는 사람이 있을 때 그 이상행동의 원인이 흰쥐에 대한 공포 때문이었다는 것을 자극 일반화 법칙을 통해 밝혀내는 것 등을 들 수 있다. 자극일반화의 또 다른 예로 갈치구이를 먹다가 목에 가시가 걸린 적이 있는 아이가 식사 때마다 생선을 피하려는 모습을 들 수 있다. 그러나 가시가 많지 않거나 씹어 먹으면 되는 생선 통조림을 우연히 먹은 아이는 다시 생선을 먹을 수 있게 된다. 이런 현상을 변별이라고 한다(곽호완 외, 2008).

[그림 V-4] **자극일반화**

[그림 5-5] **변별**

변별은 자극 일반화와 정반대로 특정한 반응이 보상되지 않을 것이라는 단서 또는 신호로 작용하게 되는 자극을 말하며 어떤 행동이나 반응을 보이며 바람직한 결과를 얻을 수 있을 것인지를 알려주는 신호이다. 자극 일반화 현상은 변별 과정을 통해 없어질 수도 있다. 변별자극이 인간행동을 완전히 통제할 수 있는 것은 아니나 어떤 바람직한 결과를 성취하거나 덜 위협적인 결과를 성취하려면 어떤 행동을 선택하게 될지를 알려주기 때문에 인간은 변별자극을 동시에 자신의 외부 세계를 관리하고, 예측하며 통제할 수 있게 한다(곽호완 외, 2008). 양치기 개들이 호루라기 소리에 변별 자극으로 움직이는 것도 이러한 원리다.

자극통제는 반응결과가 조작반응을 통제하지만 반응에 선행되는 자극도 조작반응에 영향을 줄 수 있다. 어떤 자극이 있으면 조작반응에 대해 전혀 강화물이 제공되지 않지만 특정 자극이 있을 때 반응하면 강화물이 제공된다고 가정해 보면 이 경우에도 특정 자극이 있을 때만 강화물이 주어지기 때문에 이 자극은 강화물에 선행하는 신호로 작용한다. 이러한 신호를 학습하고 나면 이 신호에 따라 반응하려는 경향이 있다. 예를 들어, 새들은 비가 온 후에 벌레 잡는 것이 쉽다는 것을 알고, 아이들은 부모가 기분이 좋을 때 사탕을 달라고 하며, 운전자들은 도로가 미끄러울 때는 서행한다. 뿐만 아니라 다양한 인간의 사회적 행동도 변별자극에 의해 조절된다.

5 조작적 조건화

조작적 조건화의 원리는 어떤 반응에 대해 선택적으로 보상함으로써 그 반응이 일어날 확률을 증가시키거나 감소시키는 것으로 자극보다는 행동의 결과에 중심을 두고 어떤 행동을 하고 난 후 결과가 좋은지 나쁜지에 따라 행동의 지속여부가 달라진다. 인간을 포함하는 수많은 유기체는 언제나 변화하는 다양한 환경에서 살아간다. 유기체가 다변하는 환경에 대처하는 가장 기본적인 방법은 특정 환경에 적응적인 방향으로 행동을 조절하는 것이다. 행동의 조절은 새로운 행동의 생성과 특정 행동의 증가와 감소, 그리고 부적응적인 행동의 소멸을 의미하며, '특정 환경'과 '적응적인 행동'의 연합과 더불어 '특정 환경에서 발생한 행동'과 '그 행동에 의해 초래되는 결과'의 연합에 의해 결정된다. 특정 대상, 자극, 환경에서 발생한 행동과 그 행동의 결과가 연합되어 추후의 행동을 증가시키거나 감소시키는 원리를 효과의 법칙(law of effect)이라고 하며, 이러한 효과의 법칙에 의해 행동이 조절되는 형태의 학습을 도구적, 또는 조작적 조건 형성이라 한다. 조작적 조건 형성에 대한 연구는 19세기 후반에 손다이크(Thorndike)가 효과의 법칙, 즉 행동과 결과의 연합 원리를 밝히면서 시작되었다. 손다이크는 미로에 대한 학습 능력과 문제상자(특정 행동에 의해 탈출이 가능한)에 대한 해결 능력을 반복적으로 측정함으로써 동물의 지능을 연구했으며, 일련의 연구들을 통해 '특정 행동'의 강도는 '그 행동의 결과'에 의해 좌우된다는 조작적 조건 형성의 기본 개념을 제시했다. 손다이크 이후 조작적 조건 형성의 원리는 1930년대 스키너(Burrhus F. Skinner)에 의해 확장되어 현재는 인간 행동을 설명하는 가장 중요한 접근 중 하나로 받아들여진다.

6 강화와 처벌

조작적 조건 형성은 특정 행동을 증가시키는 강화(reinforcement)와 특정 행동을 감소시키거나 소멸시키는 처벌(punishment)이라는 두 가지 원리에 의해 발생한다. 먼저 강화는 행동의 결과에 기인한 행동의 증가를 의미하며, 정적 강화(positive reinforcement)와 부적 강화(negative reinforcement)의 두 가지 형태로 구분할 수 있다. 정적 강화는 행동 뒤에 특정 자극이 제시되거나 자극의 강도가 강해져 선행하는 행동을 증가시키는 형태를 말하며, 어떤 특정한 행동이 나오고 이 행동 뒤에 즉각적으로 주어지는 자극의 제시에 의해 이후 특정행동의 빈도가 증가되는 과정이다. 이때 제시되는 자극을 정적 강화물(positive reinforcer)이라 하며 일반적으로 정적 강화물은 유기체에게 보상적인 자극이다.

[표 5-1] 순서도 기호

	과정 결과	강화(reinforcement) 반응 혹은 행동의 증가	처벌(punishment) 반응 혹은 행동의 감소
정적 (positive)	제공	정적 강화물: 음식, 고기덩어리, 칭찬, 상, 안아주기 등	정적 처벌물: 전기쇼크, 신체적 고통, 야단치기 등
부적 (negative)	제거	부적 강화물: 고통스러운 결과를 줄 수 있는 것을 없애줌	부적 처벌물: 기쁨이나 만족을 주는 것을 제거시킴

야생 고양이에게 제공되는 먹이와 책 읽는 행동 뒤에 따라오는 사탕과 관심, 칭찬이 정적 강화물에 해당한다. 이와 유사하게 대형 마트의 장난감 코너에서 떼쓰며 우는 행동은 아이에게 종종 원하는 '장난감'이라는 정적 강화물을 얻게 하고, 결과적으로 아이가 '원하는 어떤 것'을 얻기 위한 행동인 '떼쓰기와 울기'는 강화될 것이다. 강화의 다른 형태인 부적 강화는 행동 뒤에 특정 자극이 제거되거나 자극의 강도가 감소함으로써 선행하는 행동을 증가시키는 형태를 말하며, 도피행동과 회피행동을 예로 들 수 있다. 도피행동은 이미 어떤 혐오 자극이 존재할 때 특정 행동으로 혐오자극을 없애는 행동을 말하고, 회피행동은 미리 어떤 행동을 하여 혐오적인 상황이 닥치지 않게 하는 행동이다. 부적강화

에서 제거되거나 감소하는 자극을 부적 강화물(negative reinforcer)이라 하는데 일반적으로 부적 강화물은 유기체에게 혐오적인 자극이다. 예를 들어, 아이가 자신의 방을 깔끔하게 청소하는 행동은 부적 강화물인 어머니의 잔소리를 없애거나 줄여 준다. 다른 예로, 장난감 코너에서 떼쓰고 우는 아이를 둔 엄마는 아이에게 장난감을 사줌으로써 부적 강화물인 아이의 떼쓰기와 울기에서 벗어날 수 있고, 결과적으로 아이를 달래기 위한 행동(장난감 사주기)이 강화될 것이다.

		절차의 형태	
		자극제시	자극제거
목표	행동증가	정적 강화	부적 강화
	행동감소	정적 처벌	부적 처벌

[그림 5-6] **강화와 처벌의 절차 구분**

처벌은 행동의 결과에 기인한 행동의 감소를 의미하는 것으로 어떤 행동에 뒤따르는 결과가 그 행동을 다시 야기할 가능성을 감소시킬 때마다 일어난다. 체벌, 전기쇼크, 큰 소리 등과 같이 반응을 감소시키는 자극을 처벌물(punisher)이라 한다. 처벌은 정적 처벌(positive punishment)과 부적 처벌(negative punishment)로 구분된다. 정적 처벌은 행동이 혐오자극에 의해 뒤따를 때 반응의 빈도가 감소하는 것을 말하며 행동 뒤에 특정 자극이 제시되거나 자극의 강도가 강해져 선행하는 행동을 줄이거나 제거하는 형태를 뜻하고, 부적 처벌은 행동에 뒤따르는 긍정적 자극을 제거함으로써 반응의 빈도가 감소하는 것으로 행동 뒤에 특정 자극이 제거되거나 자극의 강도가 약해져 선행하는 행동을 줄이거나 제거하는 형태를 뜻한다. 예를 들어, 대형 마트 장난감 코너에서 떼쓰며 우는 아이를 둔 어머니는 떼쓰기와 울기를 줄이기 위해 큰 소리로 꾸짖거나 체벌을 하는 정적 처벌을 할 수도 있고, 어머니의 사랑을 잃었다는 표시로 아이를 무시하거나 캐리어에 타는 것을 금지하는 부적 처벌을 할 수도 있다. 또한 일정 기간 동안 모든 긍정적 자극을 제거해 버리는 부적 처벌을 '강화로부터 타임아웃'(time out from reinforcement)이라고 한다. 요약하면, 처벌의 원리는 혐오자극 제시나 긍정자극의 제거가 행동에 뒤따를 때 반응의 빈도가 감소하는 것을 말한다(권육상, 2001).

강화와 처벌의 원리는 모두 선행 행동 뒤에 특정 자극이 제시되거나 제거된다는 점에서 유사하지만 특정 자극이 제시되든 제거되든 정적 강화와 부적 강화는 선행 행동을 증가시키는 데 목적이 있다. 효과적인 강화는 선행 행동의 증가로 나타나는 반면에 정적 처벌과 부적 처벌은 선행 행동을 줄이거나 제거하는 데 목적이 있고 효과적인 처벌에 의해 선행 행동이 제거되거나 감소한다는 점에서 분명한 차이가 있다(심리학용어사전, 2014).

7 강화인

정적 강화 및 부적 강화에서 행동의 빈도를 증가시켜 주는 역할을 하는 강화인에는 여러 가지가 있다. 무조건 강화인(unconditioned reinforcers)이라고도 불리는 일차적 강화인(primary reinforcement)은 유기체의 어떤 특별한 경험 없이도 행동을 증가시키는 역할을 하는 강화인이다. 예를 들면 음식, 물, 공기 등이 여기에 속한다. 일차적 강화인과는 달리 조건화된 강화인(conditioned reinforcers)이라고도 불리는 이차적 강화인(secondary reinforcers)은 행동의 빈도를 증가시키는 효과가 일차적 강화인과 연합됨으로써 생기게 된다.

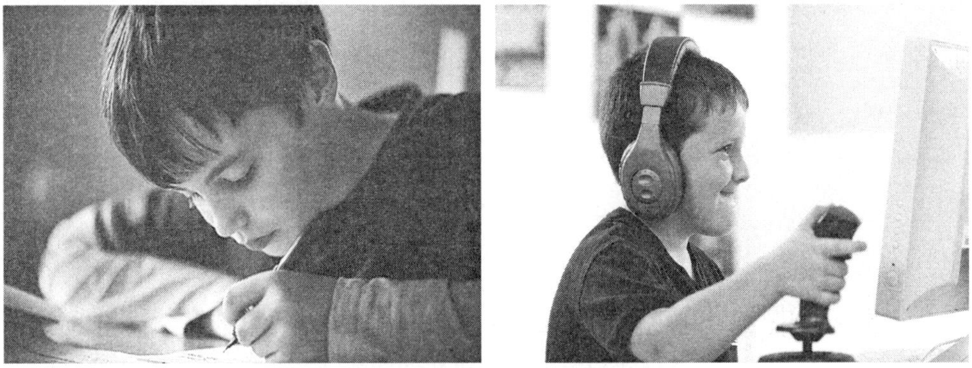

[그림 5-7] 게임보다 공부하기를 먼저 실시해야 한다.

예를 들면, 돈이라는 것은 돈을 사용해 본 경험이 없는 어린이들에게는 아무런 소용이 없다. 그러나 좀더 성장한 어린이들에게 돈은 다양한 종류의 일차적 강화인과 관련되어 있기 때문에 강화인으로서의 효과가 있는 것이다. 그리고 돈과 같이 다양한 종류의 일차적 강화인과 관련되어 있는 이차적 강화인을 일반화된 강화인이라 한다. 지금까지 언급한 강화인은 주로 환경상의 자극이나 사건 등의 물질적인 것을 의미하였다. 그러나 물질적인 것이 아니라도 강화인의 역할을 할 수 있다.

Premack(1962)은 물질적인 자극이 아닌 어떤 행동이 강화인의 역할을 할 수 있다는 사실을 발견하였다. Premack에 의하면, 발생 확률이 높은 행동은 발생 확률이 낮은 행동을 증가시키기 위한 강화인으로 사용될 수 있다. 예를 들어, 아이들에게 게임 할 기회와 공부할 기회를 동시에 준다면 아마도 아이들은 게임 하는 것을 더 좋아할 것이다. 여기서 게임 하는 것은 발생 확률이 높은 행동이고 공부하는 것은 발생 확률이 낮은 행동이다. 이러한 프리맥의 원리에 따라 아이들로 하여금 공부를 더 하게 하기 위해서는 공부(저확률 행동)를 어느 정도 하고 난 후에 게임을 하게 해 주면(고확률 행동) 공부하는 행동이 증가될 수 있다.

8 강화스케줄

떤 스케줄로 강화를 할 것인가를 다루는 부분이 강화 스케줄이다. 미래의 반응이 증가할 수만 있다면 무엇이라도 강화물이 될 수 있지만 강화스케줄에 따라 행동이 학습되는 속도, 패턴, 지속성 등은 달라진다.

매번 강화가 주어지는 계속적 강화 이외의 강화는 모두 간헐적 강화(intermittent reinforcement)이다. 계속적 강화(연속 강화)는 매번 강화가 주어지는 것으로 현실에서는 불가능하다.

강화계획은 어떤 행동이 강화 받는 형태를 체계적으로 정리한 방법으로 적용되는 강화계획에 따라 학습행동의 유형이 달라지는데 반응이 일어날 때 일정한 시간 혹은 비율로 그 반응을 강화시키는 규정된 절차를 강화계획이라고 한다.

모든 적절한 반응이 강화되는 계속적 강화계획이 적용될 경우 학습은 매우 빠르게 일어나지만 소거과정에 놓이게 되면 빨리 소멸된다. 반면 부분적 강화계획이 적용된 경우

학습이 서서히 일어나지만 소거에 대하여 보다 저항적으로 반응이 더 지속적으로 유지되는 경향이 있다. 강화계획에는 계속적 강화계획, 고정간격계획, 고정비율계획, 변동간격계획, 변동비율계획 등이 있다.

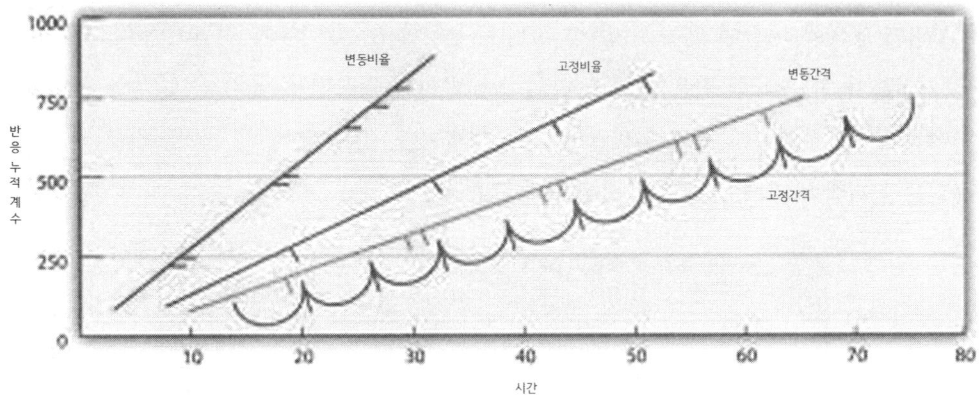

[그림 5-8] **강화계획이 효율 비교**

계속강화계획이란 피험자가 목표 반응을 할 때마다 강화된다. 예컨대 착한 일을 할 때마다 매번 용돈을 준다면 계속 강화 계획이 된다. 조작적 또는 도구적 조건 형성에서 모든 반응을 강화하는 것으로, 고정 비율 계획(fixed-ratio schedule)에서 반응할 때마다 강화하는 것과 같다. 간헐적 강화계획은 가끔씩만 강화를 제공하는 절차로 부분 강화 계획이라고도 한다. 간헐적 강화계획 중 고정비율강화계획은 반응이 정해진 횟수만큼 일어난 뒤에 강화가 주어진다. 고정 비율 계획을 적용하면 높은 비율의 반응이 나타나고, 흔히 강화 바로 다음에는 짧게 쉬곤 한다. 변동비율강화계획은 어떤 행동의 평균 매 n번째 수행이 강화를 받는 강화 계획이다. 조작적 조건 형성의 강화 계획으로 특히 부분 강화 계획의 한 형태인데 정확하게 몇 번째 반응에 대하여 강화가 이루어지는지는 알 수 없도록 설계되어 있다. 고정간격강화계획이란 계획된 동일한 시간 간격 후에 발생한 바람직한 행동에 강화제를 제공하도록 계획한 간헐 강화의 일종이다. 마지막으로 변동간격강화계획은 선행한 강화로부터 어느 정도 시간이 경과한 뒤에 나타나는 반응을 강화하는 것으로 강화와 강화 간의 시간간격은 일정하지 않고 임의로 정한 시간범위 내에서 어떤 평균시간을 중심으로 변한다. 변동간격 강화계획에서의 반응학습은 느리면서도 꾸준한 반응을 나타내는 특징을 보인다. 이들 중 학습에 있어서 가장 효과적인 것은 변동비율, 고정비율, 변동간격, 고정간격 순이다.

9 조형

사람의 동의를 이끌어 내는 기법 중 하나로 문간에 발 들여놓기 기법이 있다. 이 기법은 거절하기 힘든 아주 작은 부탁을 하여 상대방이 동의하면 조금씩 큰 부탁을 하여 결국엔 아주 큰 부탁마저 동의를 이끌어 내는 기법이다. 이 문간에 발 들여놓기 기법에 사용되는 심리학적 기제가 바로 인지부조화와 조형이다.

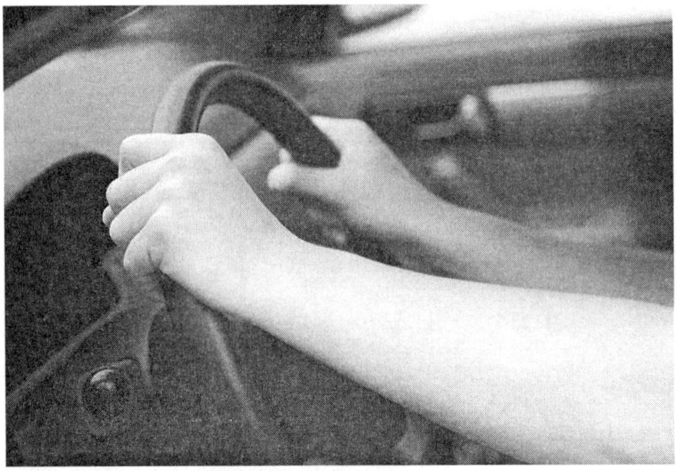

[그림 5-9] **조형(운전)**

조형은 작은 표적행동들을 수행함으로써 최종 표적행동까지 도달해가는 과정)으로 즉 처음에는 쉬운 반응에 강화물을 주다가 점차 어려운 행동을 해야 강화물을 줌으로써 최종적으로 어떤 반응을 하게 하는 것이다. 조형은 학습시키고자 하는 최종 목표 행동이 현재 발생하지 않으므로 유사한 행동이 나올 때 강화를 하며 이 유사행동이 강화되어 빈도가 늘어나면 강화를 중단하고 소거가 이루어진다. 또한 최종목표행동에 더 가까운 유사행동에서 다시 강화를 한다. 운전이나 수영과 같은 행동들이 조형의 대표적이 예가 될 수 있다.

10 관찰학습

조건형성 실험에서는 유기체가 대개 학습할 반응들을 직접 수행함으로써 배운다. 개가 먹이를 받고 침을 흘리지 않으면 CS에 대해 침 흘리는 반응이 학습될 수 없으며, 비둘기가 원반을 쪼는 반응을 하지 않으면 먹이가 주어지지 않으므로 원반 쪼기가 학습될 수 없다. 그러나 우리가 모든 행동을 실제 수행을 통해 학습해야 한다면 큰 문제가 생긴다. 효과의 법칙에 따르면, 예컨대 운전을 배우는 사람은 여러 행동들을 시행착오적으로 하면서 그중 보상받은 몇 가지 행동들을 학습할 것이다. 차를 움직이는 것은 여러 반응들을 해 보다가 우연히 가속페달을 밟는 반응을 함으로써 배울 수 있다고 치자. 그러면 차를 정지시키는 것은 어떤가? 브레이크를 밟는 반응을 하기 전에 전조등을 켜거나 기어를 바꾸는 등의 엉뚱한 반응들을 하면 그것이 차를 정지시키는 데 아무 효과가 없다는 것을 배우기도 전에 사고가 나기 마련이다. 유기체가 직접 경험을 하는 대신에 다른 개체들의 반응을 보고 모방함으로써 학습을 하는 것을 관찰학습(observational learning) 또는 대리학습(vicarious learning)이라고 한다.

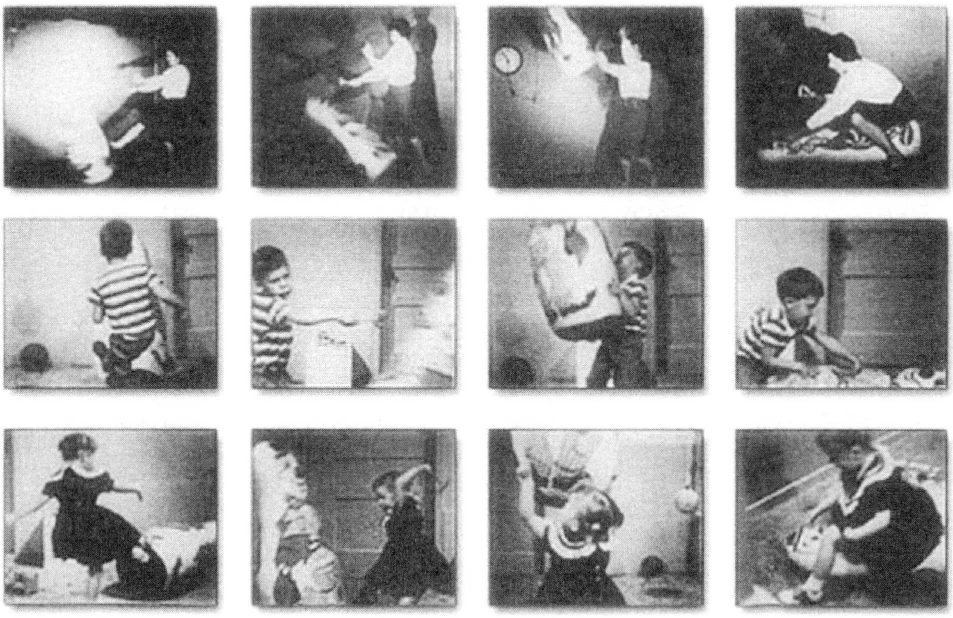

[그림 5-10] 반두라의 관찰학습 실험

관찰학습의 대표적인 예로서 반두라(Bandura, 1962)는 다음 그림에서 보는 바와 같이 아동들이 타인의 공격적 행동을 얼마나 잘 모방하는가를 보여 주었다. 관찰학습은 네 가지 과정을 거쳐서 일어난다. 관찰학습에는 여러 변인들이 있지만 그 가운데서도 특히 중요한 것이 모델의 행동의 결과에 대한 강화이다. 모델의 행동에 대한 일관적인 처벌은 비 일관적인 경우보다 더 좋은 결과를 보여준다. 모델의 공격적 행동이 일관적으로 강화될 경우 관찰자는 그런 행동을 받아들이는 경향을 보인다. 반대로 모델이 일관적으로 처벌받게 되면 관찰자는 그런 행동을 회피하는 경향을 보인다. 다른 요인으로는 관찰자의 행동과 결과를 들 수 있다. 특정 행동이 모델에게는 한 가지 결과를 야기하고, 관찰자에게는 정 반대의 아주 다른 결과를 야기한다면, 궁극적으로는 관찰자의 행동의 결과가 더 힘을 발휘하게 된다. 만약 모델이 컴퓨터 게임을 아주 잘하고 그것을 분명히 즐긴다면, 관찰자는 그 게임을 시도해 볼 가능성이 높다. 그러나 관찰자가 그 게임을 계속 잘 못한다면, 포기해버릴 가능성이 높다. 결국에는 사람들은 어떤 방법이 모델에게 소용이 있었는지 와는 상관없이 자기 자신에게 소용이 있는 방법을 대개 사용한다는 것이다. 모델의 특성 또한 중요한 변인중의 하나이다. 매력적이거나, 힘이 있거나, 매우 인기가 높은 모델은 그렇지 않은 모델보다 모방될 가능성이 훨씬 높다. 모델의 지위, 호감도, 나이, 성별, 능력 등의 요인들이 학습에 영향을 미치는데 이는 이런 특성들이 관찰자가 모델을 관찰하도록 유도하기 때문이다. 모델에게 주의를 더 기울일수록 관찰자가 모델의 행동으로부터 더 많은 것을 학습할 가능성이 높은 것이다. 관찰자의 연령에 따라 모방과 학습의 정도는 다르다. 보통 나이 어린 학습자들이 더 모방을 할 가능성이 높기는 하지만, 그것이 더 많은 것을 배우는 것을 의미하지는 않는다. 반대로, 일반적으로 성인이 아동들보다 더 잘 학습하고는 있지만, 성인들은 타인의 경험으로 이득을 얻는 것이 젊은 사람들보다는 느리다. 관찰자의 학습사에 대한 고려도 필요하다. 모델에게서 배우는 능력은 그 모델을 보기 이전에 했던 학습 경험에도 좌우될 수 있다. 연령과 학습사를 독립적으로 분리하기 어려운 이유가 여기에 있는데, 관찰자의 연령에 따라 성인 혹은 젊은 관찰자의 학습사 상의 차이가 있기 때문이다. 이 외에도 학습자의 정서 상태와 과제의 복잡성 등의 요인 등이 있다. 이러한 관점을 취합하여 개념화한 것이 사회학습이론이다. 사회학습이론에서는 밖으로 드러나는 행동에만 초점을 맞추는 행동주의 학습이론과 달리, 인간의 내면에서 일어나는 인지과정도 중시한다. 다시 말해 관찰학습을 통해 형성된 정보는 자기 효율성이라는 강화를 통해 필요성이 있을 때 행동으로 옮겨지는데, 이처럼 관찰에서 행동에 이르기까지는 4가지 단계가 필요하다. 첫째, 관찰을 통한 학습이 이루어지기 위해서는 행동이나 상황이 관찰자의 주의(attention)를 끌어야 한다. 이를 주의집중 단계라고 한다. 둘째, 관찰을 통해 학습한 정보를 기억(retention)하는 단계이다. 이 단계가 인지과정으로, 학습한 정보가 내적으로 보유 · 강화되는 단계이다. 셋째, 저장된 기억을 재생(reproduction)하는 단계로, 학습한 내용과 관찰자의 행동이 일치하도록 자기 수정이 이루어지는 단계이다. 넷째, 학습한 내용대로 행동에 옮기기 전에 기대감을 갖게 만드는 동기화(motivation) 단계이다.

11 잠재학습

1930년대에 에드워드 톨먼(Edward Tolman)은 과찰 가능한 행동이 강조되던 시기에 숨겨진 정신과정을 탐색하였다. 예를 들면, 톨먼은 한 집단의 쥐들에게는 먹이를 제공하지 않았다.

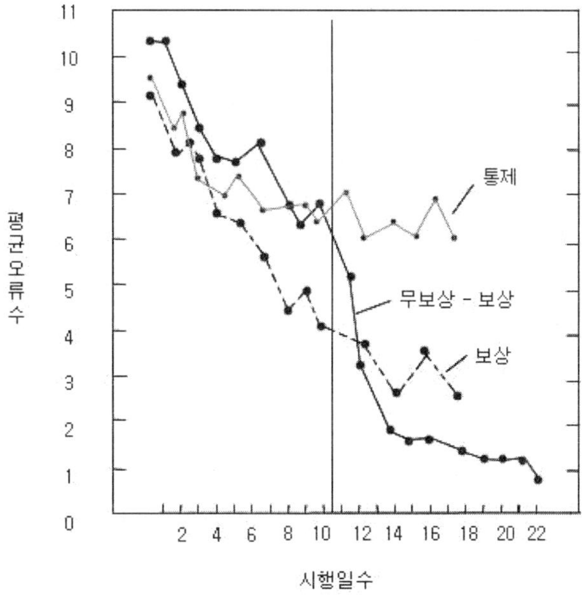

[그림 5-11] 잠재학습 실험

이 경우 먹이를 제공받은 집단이 미로를 빨리 학습하는 것은 강화로 인한 학습 결과다. 그러나 톨먼은 여기에 한 집단의 쥐들을 더 추가하여 10일 동안은 먹이를 주지 않고 11일째 되는 날에 먹이를 제공하였다. 그 결과, 새로 추가된 집단의 쥐들은 처음부터 먹이를 제공한 쥐들만큼 수행이 향상되었다. 이러한 결과 강화물(먹이)을 제공 받기 이전에 미로를 학습하고 있었음을 시사하는 것이다. 톨먼은 이를 잠재학습(latent learning)이라 불렀다. 또한 톨먼은 쥐들이 학습한 최단거리를 차단하였을 때 쥐들이 그다음으로 가장 최단거리에 해당하는 경로를 선택하는 것을 확인하였다. 이를 통해 톨먼은 쥐가 이미 미로의 배열에 대한 정신적 표상, 즉 인지도(cognitive map)를 발달시켰기 때문에 두 번째 최단 경로를 선택할 수 있었다고 주장하였다. (민윤기, 2011)

12 통찰학습

S-R이론, 즉 자극반응 연합이론과는 달리 인지적 학습 이론가들은 학습을 반응의 변화가 아니라 지식의 변화로 보며, 목적, 통찰력, 이해와 같은 정신적 과정을 강조하고 성공적 수행은 과거의 경험보다도 현재 상황 속의 관계를 이해하는데 더 밀접한 연관성이 있다고 본다. 이러한 견해를 뒷받침하고 있는 것에는 이른바 형태심리학의 학습이론이라고 일컫는 통찰학습이론, 장이론 그리고 Tolman 등의 인지적 행동주의 이론이 있다. 통찰학습이론은 넓게는 형태심리학의 학습이론을 말하고, 좁게는 Kohler의 침팬지 실험을 통한 학습이론을 말한다.

독일의 심리학자 쾰러(Kohler, 1926)는 침팬지를 대상으로 통찰학습에 대한 고전적인 연구들을 행하였다. 한 실험에서 그는 침팬지 우리 속에 상자들과 막대기를 넣어놓고 천정에 손이 닿지 않도록 바나나를 매달아 놓았다. 이 상황에서 침팬지들은 여러 가지 행동들을 해 보다가 포기하는 듯했지만 결국에는 올바른 해결책을 찾아내곤 했다. 예컨대, 막대로 과일을 쳐서 떨어뜨리거나, 상자를 바나나 아래로 끌고 가서 받침대로 삼아 올라가서 바나나를 땄다. 쾰러는 바나나를 점점 더 높이 매달아 놓았는데, 그러자 침팬지들은 상자 위에 또 상자를 쌓아서 바나나를 따는 행동까지도 할 수 있었다. 모든 것은 손다이크의 고양이들의 시행착오적 행동과는 아주 다른 것이었다. 게다가 침팬지들은 한 과제에서 배운 것을 다른 과제에까지 전이(transfet)시킬 수가 있었다. 예컨대, 상자와 막대를 치워 버리면 침팬지는 작은 사다리나 책상을 끌고와서 받침대로 사용했다. 한 침팬지는 사람(쾰러)를 바나나 아래로 끌고 가서 받침대로 사용하려고 하기도 했다.

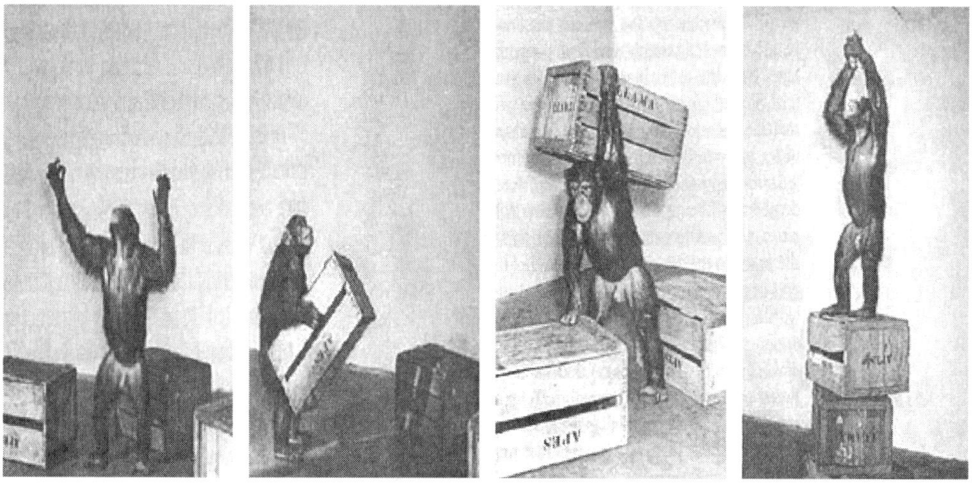

[그림 5-12] **통찰학습 실험**

우리는 통찰학습을 일상적으로 경험하기 때문에 그것이 고차원적 학습이라고 당연히 믿지만 통찰학습도 도구적 조건형성의 원리로 설명할 수 있다고 생각하는 학자들과 그 증거도 있다(Epstein et al., 1984). 또한, 학습자는 문제가 되는 상황의 의미 있는 요소들에 대해 정신적 조작을 반복하다가 어느 순간 '정신적 연결'을 이루어 문제해결의 통찰을 얻게 된다. 이러한 현상을 아하 현상(aha-phenomenon) 이라고 한다.

단 원 개 관

동기는 동기를 유발시키는 내재적 동기와 외재적 동기가 있다. 먼저 내재적 동기는 자발적으로 성과를 이뤄냄으로서 성취감과 도전을 느끼는 동기로서 생리적 욕구나 심리적 욕구, 그리고 사회적 욕구처럼 활동 자체를 강요하지 않는 환경 속에서 자발적으로 활동에 몰입한다. 반면에 외재적 동기는 외부요인의 자극으로서 이를테면 상, 승진, 작업환경 등으로 유발 되는 동기로서 활동 자체에 흥미는 없고 그 활동으로 인한 보상에만 흥미를 가지고 있다. 이에 매슬로는 인간의 동기 작용 원리를 설명하기 위해 생리적 욕구, 안전의 욕구, 애정과 소속의 욕구, 자존감의 욕구, 자아실현의 욕구 총 5가지 단계로 욕구를 분류했다. 그리고 내재적 동기이론에 따르면, 무동기를 제외한 다섯 가지 수준은 다음과 같다. 첫째, 외적 조절 (External Regulation), 투입된 조절 (Introjected Regulation), 동일시된 조절 (Indentified Regulation), 통합된 조절 (Integrated Regulation), 내재적 동기(Intrinsic Motivation)로 구분 할 수 있다. 한편, 정서 이론은 감정의 보편성은 인간이 다양한 상황에서 신속히 대처하는 데 도움이 되기 때문에 진화한 것으로서 효율적인 의사전달 체계의 역할을 한다는 관점을 매우 강조하고 있다. 이론에는 제임스-랑게 이론, 캐논-바드 이론, 샤흐트-싱어 이론이 있다.

PATA

6

동기

1 동기 연구

동기는 인간이나 동물로 하여금 어떤 목적을 향하여 특정한 행동을 취하도록 유도하는 상태라고 정의할 수 있다(Morgan, 1976). 동기는 어떤 특정한 목표를 향해 에너지를 동원하는 것이며, 이러한 힘의 작용에는 반드시 역동적 측면과 방향이 포함된다. 동기를 연구할 때는 동기를 1차적 동기와 2차적 동기로 구분하여 연구하는 경향이 강하다. 1차적 동기는 기본적, 생득적 동기로 생체 유지에 필요한 동기이며 식욕, 갈증, 수면, 성욕, 배설 등이 있다. 그리고 2차적 동기는 후천적 학습 및 경험으로서 얻어지는 동기이며 경쟁, 우월, 독립, 상벌, 권력 등이 있다. 또한, 동기를 유발시키는 내재적 동기와 외재적 동기가 있다. 먼저 내재적 동기는 자발적으로 성과를 이뤄냄으로서 성취감과 도전을 느끼는 동기로서 생리적 욕구나 심리적 욕구, 그리고 사회적 욕구처럼 활동 자체를 강요하지 않는 환경 속에서 자발적으로 활동에 몰입한다. 반면에 외재적 동기는 외부요인의 자극으로서 이를테면 상, 승진, 작업환경 등으로 유발 되는 동기로서 활동 자체에 흥미는 없고 그 활동으로 인한 보상에만 흥미를 가지고 있다.

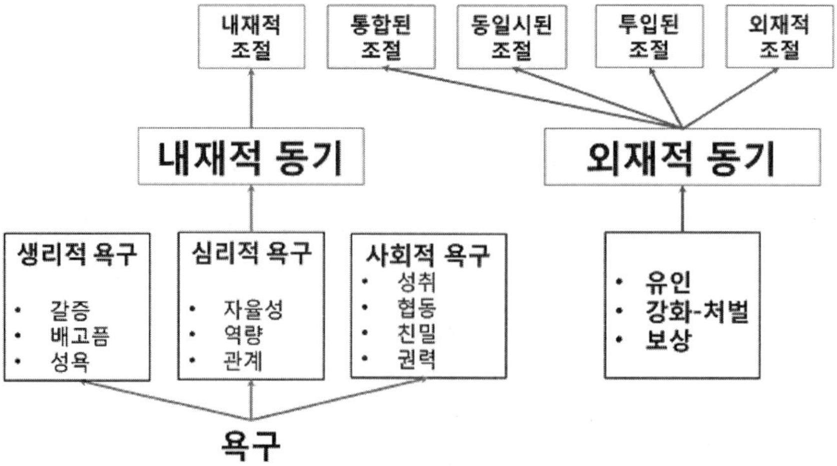

[그림 6-1] 동기 연구의 틀

동기의 기능에는 활성적 기능, 지향적 기능, 조절적 기능, 강화적 기능이 있다. 먼저 활성적 기능은 행동을 유발시키고 지속시켜 주며 유발시킨 행동을 성공적으로 추진하는 힘을 주는 기능으로 동인의 발생이 필요하게 된다. 두 번째 지향적 기능은 행동의 방향을 어느 쪽으로 결정할 것인지에 대한 선택이 이루어지는 현상으로 유인의 발생이 필요하게 된다. 세 번째 조절적 기능은 선택된 목표행동에 도달하기 위해 적절한 행동을 선택하고 수행하도록 하는 기능이다. 네 번째 강화적 기능은 행동의 결과로 어떠한 보상이 주어지느냐에 따라 동기 유발의 수준이 달라지는 것으로 어떤 학습 행동에 대한 결과에서 얻는 만족감, 성취감 등으로 다음에 행동에 대해 의욕을 일으킨다.

2 생리적 욕구

헐 (Hull, 1943)의 추동이론 (drive theory)에 따르면, 물, 음식, 수면 부족 등과 같은 생리적 박탈과 결핍은 생물학적 욕구를 생성하는데, 그 욕구가 계속 충족되지 않으면 심리적 추동이 생긴다. 추동이라는 것은 생물학적 결핍에 기인하는 심리적 불편함, 즉 긴장감이나 불안감을 지칭하는 이론적 용어이다. 이러한 추동 에너지는 유기체가 생리적 욕구를 해결하는 행동을 하도록 이끈다. 따라서 욕구란 유기체가 생명을 유지하고 성장하며, 안녕을 도모하는 데 필수불가결한 조건이라고 할 수 있다. 이를 간과하거나 욕구가 좌절되면 생물학적 · 심리적 안녕이 방해받게 된다.

추동감소이론

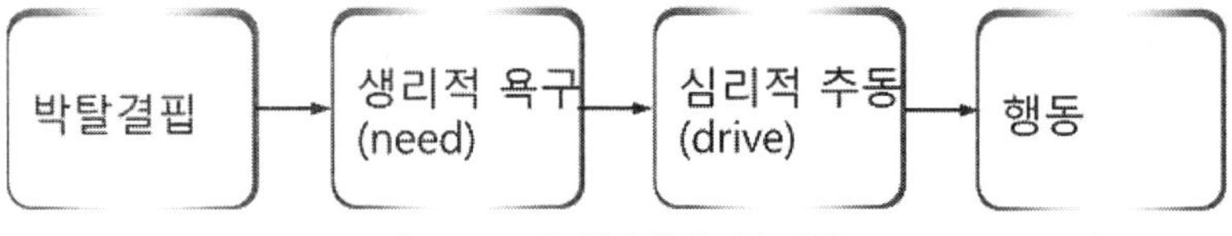

[그림 6-2] **헐의 추동감소이론**

배고픔은 가장 대표적인 생리적 욕구가 될 수 있다. 배고픔은 단기적으로는 혈당량을 조절하여 해소하고, 장기적으로는 지방 에너지의 저장을 통하여 해소한다. 우선, 단기적 조절의 경우를 살펴보자. 우리 몸의 간은 혈액속의 당분 부족을 파악하여 식욕을 자극하도록 뇌의 외측시상하부에 신호를 보낸다. 시상하부의 명령을 받아 음식을 섭취하면, 혈당 수준이 증가하고, 이를 간이 파악하여 다시 포만신호를 뇌의 복내측 시상하부(Ventromedial Hypothalamus)에 보낸다. 이렇게 형성된 혈당은 세포 내의 당으로 전환되어야 에너지를 생산하는데, 바로 인슐린이 세포막의 투과성을 높여 혈액 내의 당이 세포내로 이동하도록 만든다.

[그림 6-3] 식욕

당뇨병 환자는 인슐린이 부족하여 이러한 작용을 하지 못하므로, 혈당량이 높은데도 항상 배가 고프다. 장기적 조절의 경우를 살펴보자, 지방은 안정적이고 지속적인 에너지 생성원이다. 저장된 지방이 동질정체 이하로 부족하게 되면, 지방 조직은 혈장으로 호르몬을 방출하여 음식을 섭취하도록 만듦으로써 체중이 증가한다. 반면에 동질정체 이상으로 지방의 양이 증가하면, 지방 조직은 혈장으로 렙틴이라는 호르몬을 방출하여 음식 섭취를 줄이도록 한다. 이렇게 하여 체중이 감소하게 된다. 이와 같은 조절에 의해 개인의 지방세포는 일정한 수준을 유지한다. 즉, 동기화 상태는 음식이나 물의 박탈 때문에 발생할 수 있다. 그러나 이는 단순히 음식이나 물의 박탈에 의해서만 생기는 것은 아니다.

유기체가 살아가는 데 필요한 수면, 공기와 같은 기본적인 생리적 욕구 또한 동기화 상태를 유발할 수 있다. 이로 인해 유기체는 여러 형태의 임의적인 행동을 할 수 있게 된다. '동기화 상태'라는 개념은 행동의 생리적인 원인을 이해하고자 하는 심리학자에게 매력적인 개념이다. 이것은 생물학적 체계와 동기화된 행동 간의 직접적인 연결고리를 만들어주고, 동질정체와 부적 피드백이라는 두 가지 중요한 개념을 도출해내는 기반이 된다.

3 동질정체

동질정체는 유기체의 내적 평형 상태와 관련이 있다. 유기체는 변화하는 내외 환경에 직면하여 안정적인 내적 상태를 유지하려는 신체적 경향성을 가지고 있다. 이를 위해 여러 가지 생리적 현상을 안정적으로 조절하는 데 필요한 기제를 가지고 있는데, 이러한 생리적 안정 상태의 유지 기제를 동질정체(homeostasis)라고 한다. 동질정체는 생리적인 수단이나 행동적 수단으로 충족될 수 있다. 예를 들어, 우리 몸은 체온이 너무 높이 올라가면 땀을 흘림으로써 체온을 떨어뜨리고, 반대로 체온이 너무 낮으면 피부를 수축시킴으로써 더 이상 열기가 바깥으로 빠져나가지 못하게 하여 체온을 가능한 한 일정한 범위 내에서 안정적으로 유지하려고 한다. 행동을 통해서도 이러한 체온 조절이 가능하다. 체온이 너무 높은 경우에는 나무 그늘 밑으로 들어감으로써 체온을 낮추고, 체온이 너무 낮은 경우에는 불을 피우거나 옷을 두툼하게 입음으로써 체온을 높인다. 체온뿐만 아니라 여러 가지 다른 형태의 생리적 상태 역시 이와 비슷한 조절 과정을 거친다. 갈증은 유기체로 하여금 물을 찾아 마시게 함으로써 몸이 필요로 하는 수분을 공급하도록 하고, 배고픔은 음식을 찾아 먹게 함으로써 몸이 필요로 하는 영양분을 공급하도록 한다. 즉, 유기체가 비교적 일정한 수준의 수분이나 영양분을 유지하는 것은 생리적 수단뿐만 아니라 행동적 수단을 통해서 이를 신체 내부에 공급하기 때문이다.

[그림 6-4] 동질정체

동질정체의 생리적 정지 체계가 부적 피드백이다. 즉, 추동에 의해 활성화된 행동을 부적 피드백이 정지시킨다고 할 수 있다. 신체가 추동을 제지하지 못하면 예컨대, 죽을 때까지 먹는 것을 멈추지 못하는 불행한 결과가 올 수도 있다.

부적 피드백으로 인해 사람은 배고프지 않을 때까지 먹고, 졸리지 않을 때까지 잠을 자게 된다. 생리적 욕구가 필요 이상으로 채워지기 전에 우리 몸의 부적 피드백은 포만상태라는 신호를 보내는 것이다. 부적 피드백(negative feedback)이란 투입(input)에 의한 산출(output)이 그 투입을 제어하는 시스템이라고 볼 수 있다. 자동 온도조절장치가 달린 냉방장치가 그 좋은 예라 하겠다.

실내 온도가 올라가면 냉방장치가 작동하여 실내온도를 내려가게 한다. 즉, 산출이 투입을 제어하는 것이다. 이러한 시스템이 바로 부적 피드백이다. 마찬가지로 자동 난방장치도 부적피드백의 예다. 실내 온도가 너무 떨어지면 난방장치가 작동하고, 이 작동이 온도를 일정수준 올라가게 한 후, 투입을 차단하게 된다. 유기체의 행동을 여기에 적용해 보면, 실내 온도가 너무 올라갈 때 유기체는 보다 시원한 장소로 옮기거나 수동으로 냉방장치를 작동할 수도 있다. 반대로, 실내 온도가 너무 떨어질 때는 옷을 더 입는다거나 불을 피울 수도 있다. 말하자면 우리 신체도 이러한 부적 피드백 과정을 거쳐 동질정체 상태를 유지한다.

4 섭식행동

섭식행동과 비만의 관계를 연구한 여러 연구들 중에 단맛을 이용한 연구가 있다. 먼저, 실험용 쥐에게 충분한 양의 물과 음식을 제공한 후, 다시 설탕물을 제공하면 쥐가 전체 혈액량의 2~3배를 마시는 현상을 보인다(Ernits & Corbitm, 1973). 이 경우의 쥐는 생리적인 의미에서 배가 고프다든지 목이 마르기 때문에 설탕물을 마시는 것이 아니다. 충분한 물과 음식을 제공했기 때문에, 설탕물이 아닌 보통의 물을 제공했다면 쥐가 그러한 과다 섭취 행동을 보이지는 않았

[그림 6-5] 설탕물 실험으로 인해 비만이 된 쥐

을 것이다. 또한 쥐는 설탕물을 먹기 위해 임의적으로 설정된 어떠한 형태의 행동도 훈련을 통하여 할 수 있게 된다. 이를 테면, 설탕물을 얻기 위해 미로를 달린다거나 지렛대를 누르는 행동을 하도록 훈련받으면 그러한 행동도 할 수 있다. 이러한 현상을 통해 알 수 있는 사실은 모든 동기화 상태가 유기체의 내부요인에 의해서만 유발되지 않는다는 것이다. 즉, 유기체의 신체 외부에 있는 요인 역시 동기화 상태를 유발할 수 있다. 특히, 과다한 섭취 행동을 유발하는 음식의 맛은 현대 사회에서 문제가 되는 비만 현상을 어느 정도 설명해준다. 여러 연구 결과에 의하면, 정상 체중을 유지하고 있는 쥐에게 특별한 맛을 가진 음식을 제공하면, 그 쥐는 과다 섭취 행동을 하게 되어 결과적으로 비만 현상을 보인다. 또 극단적인 경우에는 평소 체중의 2~3배가 되는 비만 현상이 발생한다(Corbit & Stellar, 1964; Keesey, 1980).

또한, 다양한 종류의 음식을 제공할 때도 유기체의 과다 섭취 행동이 나타날 수 있다. 같은 음식을 계속 먹으면, 대부분의 사람은 점차 식욕이 감퇴하는 것을 느낄 것이다. 이러한 현상에 대한 임상적인 연구에 따르면, 비만인 사람이 병원에 장기간 입원해 있을 때 계속적으로 동일한 종류의 식사를 제공받으면 체중이 줄어들게 된다(Hashim & Van Itallie, 1965). 쥐를 이용한 실험에서도 비슷한 결과가 나왔다. 한 집단의 쥐에게는 30분마다 네 가지 종류의 음식을 제공하고, 다른 집단의 쥐에게는 두 시간 동안 한 가지 종류의 음식을 제공한 결과, 첫 번째 집단에 속한 쥐가 두 번째 집단에 속한 쥐보다 평균 30% 정도를 더 먹었다(Rolls, 1979). 인간 역시 마찬가지로 한 가지 종류의 샌드위치보다 다양한 종류의 샌드위치를 제공했을 때 더 많이 먹는데, 음식의 모양도 이와 비슷한 결과를 낳는다. 즉, 같은 재료로 만든 음식도 모양을 달리하였을 때 더 많이 먹는다(Rolls, Rowe, & Rolls, 1982).

결론적으로 말하면, 맛이나 모양 등과 같은 음식의 속성이 변화할 때 유기체의 섭취 행동도 변화한다고 할 수 있다. 이러한 현상은 어떤 측면에서는 유기체에게 도움을 줄 수 있다. 한 가지 종류의 음식을 충분히 먹었다고 해서 필요한 영양분을 골고루 섭취했다고는 볼 수 없다. 그러므로 한 가지 음식을 충분히 먹었더라도 다른 종류의 음식을 또 먹을 수 있다는 사실은 영양분을 고루 섭취할 수 있다는 의미에서 유기체가 살아가는 데 도움을 주게 된다. 그러나 이러한 현상이 유기체에게 나쁜 영향을 끼칠 수도 있다. 즉, 맛있는 음식이나 다양한 종류의 음식은 필요 이상의 과다 섭취를 가져올 수 있어, 비만 등과 같은 좋지 못한 결과가 생길 수 있다.

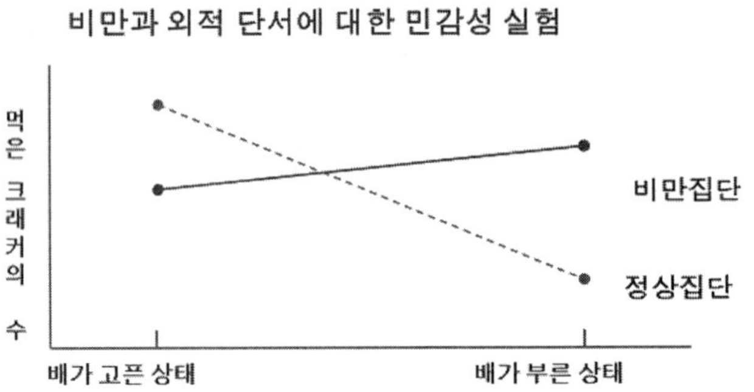

[그림 6-6] 비만인의 섭식 양상

외부 요인에 의한 섭취 행동은 앞서 언급한 것처럼 생리적 필요성에 의해 동기화된 행동이 아니기 때문에, 오히려 동질정체를 파괴하는 결과를 초래할 수도 있다. 대표적인 현상이 비만이다. Schachter(1971)는 이러한 사실에 착안하여 비만에 대한 하나의 이론을 전개하였다. 간략하게 설명하면, 정상 체중을 가진 사람의 섭취 행동은 일반적으로 신체 내부 요인의 영향을 더 많이 받지만, 비만인 사람의 섭취 행동은 신체 외부 요인의 영향을 더 많이 받는다는 것이다. 이것이 사실이라면, 우리 사회에 늘어나다 못해 넘쳐나고 있는 광고물은 비만 현상에 기여하는 하나의 큰 요인이라고 할 수 있다.

샥터는 실험을 통해 이러한 가능성을 증명하고자 했다. 정상 체중을 가진 사람과 비만인 사람에게 배가 충분히 부를 만큼 음식을 먹도록 유도한 다음, 여러 종류의 크래커를 제공하였다. 그리고 크래커를 먹는 양에서 정상인과 비만인 간에 어떠한 차이를 보이는지를 관찰하였다.

정상 체중을 가진 사람이 배가 부를 때 먹는 크래커의 양은 배가 고플 때의 양보다 줄어든다는 사실을 알 수 있었다. 하지만 비만인 사람은 오히려 그 양이 늘어났다. 바꾸어 말하자면, 비만인 사람은 신체 내부 요인보다는 신체 외부 요인(이 실험의 경우 크래커의 제시에 따른 시각적 효과)의 영향을 더 많이 받는다고 할 수 있다. 샥터의 이러한 실험과 이론은 외부 단서에 대한 민감성이 인간의 비만을 설명해 주는 한 요인이라는 결론을 내리게 해 준다. 그러나 이것이 비만을 완전히 설명해 준다고 보기는 어렵다. 왜냐하면 비만인 사람뿐만 아니라 야윈 사람도 외부 단서에 대해 민감한 반응을 보이는 경우가 많으며, 과다 섭취 행동만이 비만을 초래하는 것은 아니기 때문이다. 즉, 비만은 과다 섭취 행동 이외의 다른 변인에 의해서도 나타날 수 있는 현상이다.

결론적으로 지금까지의 내용을 요약해 보면 다음과 같다. 첫째, 유기체의 내부 요인뿐만 아니라 외부 요인도 동기화 상태를 유발할 수 있다. 둘째, 외부 요인의 효과는 실질적으로 동질정체를 위협할 수도 있다. 셋째, 외부 요인에 대한 민감도는 개인에 따라 서로 다를 수 있다.

5 성행동

성 행동을 하는 이유는 다양할 수 있으나 가장 큰 이유는 종(Species)이 살아남기 위함이다. 성 행동을 하여 종족을 유지해 다음 세대를 이어가기 위함인 것이다. 그리고 어떤 종에게 있어서 공격적 행동 또한 필수적일 수 있다. 공격성과 생식이 서로 밀접하게 관련될 수 있기 때문이다. 성 행동과 공격성이 아주 밀접한 관련이 있는 대표적인 종은 스티클백 이라는 큰 가시고기이다. 스티클백은 봄이 되면 호르몬 변화로 인해 생식 상태에 들어가게 되는데 이때 수놈의 경우 아랫배 부분이 붉은색으로 변한다. 스티클백 수놈은 접근하는 물고기의 배가 붉은 색이면 그 물고기를 라이벌이라 생각하고 공격적 행동을 보인다. 반면 접근하는 물고기가 암놈인 경우, 수놈은 앞뒤로 헤엄치면서 지그재그로 춤을 추는 모습으로 일종의 구애 행동을 한다. 스티클백의 이러한 일련의 행동 유형은 암놈의 모양이나 행동이 제공하는 특정 자극에 의해 유발되는 본능적인 행동 유형이라고 할 수 있다. 이와 같은 사실은 암놈 스티클백과 비슷하게 보이는 모델을 통한 실험에서도 밝혀진바 있다(Tinbergen, 1951).

[그림 6-7] 큰 가시고기

성 행동과 공격성은 갈증과 배고픔과 같이 내부 요인과 외부 요인의 영향을 모두 받는 점에서는 유사하나 성 행동과 공격성은 대상이 필요하다. 또한, 성 행동과 공격성은 동질정체적인 성격을 가지고 있지 않기 때문에 그러한 행동을 하지 않는다하여 생리적인 타격을 받는 것은 아니다. 아울러, 인간의 경우 성과 공격성은 학습과 문화 요인으로부터 상당한 영향을 받는다. 이러한 성행동에 대한 생리심리학적 관점은 호르몬에 주목한다. 예를 들어, 테스토스테론은 정소에서 만들어지는 남성 호르몬 중 하나이며, 에스트로겐은 난소 안에 있는 여포와 황체에서 주로 분비되는 여성 호르몬이다. 테스토스테론과 에스트로겐 둘 다 남녀에게서 생성되는 호르몬이나, 남성에게는 테스토스테론의 분비 비율이 높고, 여성은 에스트로겐의 비율이 높다는 차이가 있다.

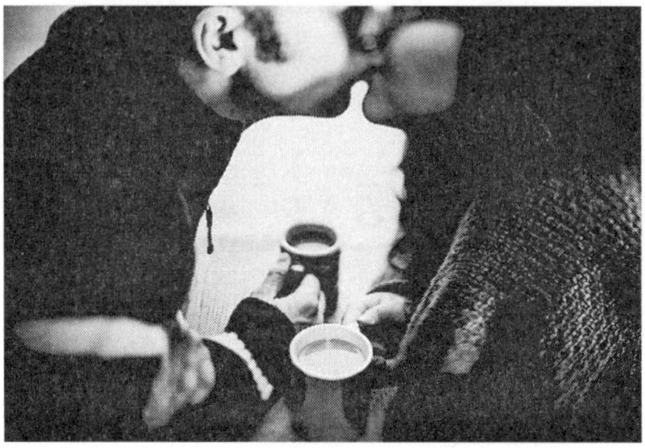
[그림 6-8] 성호르몬과 성행동

수컷 쥐를 거세하면, 성 행동은 점차적으로 쇠퇴하여 없어지는데 이때 테스토스테론을 주입하면 성 행동은 다시 나타난다(Kagan, 1995). 즉, 테스토스테론과 에스트로겐의 분비가 성 행동을 하는 원인인 것이다. 호르몬으로 인해 성 행동을 하는 것은 하등동물로 갈수록 영향력이 크다. 인간의 경우 성 행동이 호르몬과 무관하다 할 수 없으나 호르몬이 결핍된다고 하여 성적 충동이나 성 행동이 없어지는 것은 아니다. 그 예로, 인간은 배란기 동안에만 성관계를 갖는 것이 아니며, 자궁을 제거한다하여 성적 충동이 사라지는 것 또한 아니다. 한편, 사회심리학은 사회 상황에서 나타나는 개인의 심리와 행동을 다룬다. 성 행동의 경우, 인간의 사회적 발달 단계에 적합한 행동을 하는 것이 적응 전략에 유리한데 즉, 청소년기에는 직접적인 성적활동보다 다양한 대처행동을 통해 성적 욕구를 충족하는 법을 배워야 제

[그림 6-9] 페로몬의 영향

대로 된 성에 대해 의식화 할 수 있듯 연령에 맞는 적절한 성 행동을 해야 한다.

성행동은 페로몬의 영향을 받을 수도 있다. 페로몬은 동물의 체내에서 만들어져 체외로 방출해 동종의 다른 개체를 자극하여 여러 행동이나 성적 행동을 유도하는 화학 물질의 총칭이다. 누에나방의 암컷의 경우, 꼬리 끝에서 주머니 모양의 측포를 내어 성(性) 페로몬을 분비하는데, 수컷은 촉각으로 이 물질을 매우 예민하게 감각하여 암컷에게 접근, 교미를 시도한다. 독일의 부테난트 연구진이 누에나방의 성유인 페로몬(Sex Pheromone)인 봄비콜(Bombykol)을 추출해 실험한 결과, 봄비콜은 몇 킬로미터나 떨어져 있는 수컷 누에나방도 유혹할 수 있으며, 측포를 문지른 거름종이 즉, 봄비콜이 묻은 거름종이를 가까이 가져가도 수컷은 암컷을 대하는 것과 같은 반응을 보였다(Adolf Friedrich Johann Butenandt, 1956). 즉, 외부에 있는 페로몬이 성 행동을 불러일으키는 것이다. 실제 세계 각국에 있는 기업에서 이성을 유혹시키는 페로몬 향수 등 페로몬과 관련된 상품을 개발하여 출시하고 있으나 인간에게도 페로몬이 실제 효과가 있는지에 대한 논란은 계속되고 있다.

외적 단서로 인한 성행동이 야기될 수도 있다. 특히, 성적 매력(Sexual Attraction)은 개인적인 성적 욕구의 근거, 또는 성적 관심을 불러일으키는 개인적인 자질을 말한다. 개인의 외양이나 몸짓, 목소리, 냄새 등이 성적 매력이 될 수 있다. 인간의 경우, 보편적으로 젊음과 건강에 성적 매력을 느끼나 개인의 유전이나 심리, 학습, 문화, 시대에 따라 차이가 존재한다. 실제로 케냐, 우간다, 적도 지역의 일부 지역처럼 식량 부족이 보편적인 생태계에서는 남자들이 더 뚱뚱하고 체지방이 많은 여자를 선호하며(Sugiyama, 2005), 같은 문화에서도 경제적으로 힘든 시기(Pettijohn & Jungeberg, 2004)나 가난하다고 느끼는 시기(Nelson & Morrison, 2005)에는 남자들이 뚱뚱한 여자를 선호하는 경향을 보였다. 즉, 개인이

[그림 6-10] 성의 문화차

살아가는 환경이 어떠한 문화를 가지고 있는지, 또 같은 문화를 가진 지역이더라도 시대에 따라 어느 부분에 성적 매력을 느끼는지는 차이를 보인다.

마지막으로 다양성의 원인도 배제할 수 없을 것이다. 미국 30대 칼빈 쿨리지(Calvin Coolidge) 대통령이 어느 날 영부인을 대동하고 국영 축산 시험농장을 시찰방문 하게 된다. 서로 떨어져 각각 안내를 받으며 농장을 둘러보던 중 영부인이 양계장에 이르렀을 때, 사육사에게 저기 있는 수탉은 하루에 몇 번 정도 암탉에게 구애를 하냐고 질문하였고, 사육사는 대략 12번 정도 한다고 답하였다. 그러자 영부인은 "이 이야기를 각하가 오시거든 꼭 이야기해주세요."라고 하였고, 사육사는 그대로 이야기를 칼빈 쿨리지 대통령에게 전하자 대통령이 다음과 같이 물었다. "그럼 수탉은 언제나 같은 닭에게 구애를 합니까?"라고 하자 사육사는 매번 다른 암탉에게 구애를 한다고 답하였고, 이에 대통령은 웃으며 "그 이야기를 영부인에게 꼭 전하도록 해주시게나."라고 하였다는 일화가 있다. 이 이야기로부터 파생된 칼빈 쿨리지 대통령의 이름을 딴 '쿨리지 효과(Coolidge Effect)'라는 신조어가 생겨 현재까지 통용되어 오고 있다(Frank A. Beach, 1955).

[그림 6-11] 상상의 성행동

쿨리지 효과는 상대와 성관계를 지속하다 보면 그 횟수나 흥미가 떨어지지만 대상이 바뀔 때 새로운 자극으로 인해 성적활동의 수준이 높아진다는 것으로 쥐, 다람쥐 등의 실험을 통하여 확인된 거의 모든 포유류 동물에서 발견되는 현상이다. 미국 성인의 경우 많은 사람이 성교를 하면서 성적 흥분감을 고조시키기 위해 상상을 한다는 보고가 있는데, 주로 성관계를 하며 옛 애인이나 가상의 매력적인 여성을 떠올리는 경우가 많았다(Tavris & Sadd, 1977). 즉, 다양성은 동물 뿐 아니라 인간의 성 행동에도 많은 영향을 끼치는 것이다.

6 공격성

공격성은 안드로겐, 특히 테스토스테론의 영향을 받는다. 테스토스테론은 대표적인 남성호르몬이다. 쥐의 경우, 수컷의 공격성은 거의 대부분 다른 수컷을 향한 것이다. 그러한 수컷 사이의 공격성은 쥐들이 사춘기에 도달했을 때 시작되는데, 바로 안드로겐 분비가 증가하기 시작하는 때이다. 사춘기 직전의 쥐에게 테스토스테론을 주사함으로써 공격적으로 만들 수도 있다(Mckinney & Desjardins, 1973). 또한, 테스토스테론이 상대적으로 많이 분비되는 수컷이 암컷보다 훨씬 더 공격적이다. 이와 마찬가지로 인간의 경우에도 남성 호르몬인 안드로겐이 공격성 행동을 유발하며(Persky, Smith, & Basu, 1971; Kreuz & Rose, 1972), 남성 호르몬이 상대적으로 많이 분비되는 남성이 여성보다 과격한 범죄를 더 많이 저지른다(Brain, 1979).

테스토스테론 수치를 낮추면 공격적 행동도 그에 따라 감소하기 때문에(Money et al, 1975) 공격성과 관련된 문제를 치료 하고자할 때 테스토스테론을 이용한 약물치료를 하기도 한다. 그러나 공격성이 꼭 호르몬 때문에 발생한다고 볼 수는 없다. 수컷 쥐의 공격행동은 사회적 혹은 상황적 요인의 영향을 받으며 성 호르몬과의 상호작용하기도 한다. 암컷과 같은 우리에 넣은 수컷은 다른 수컷과 한 우리에 살거나 혼자 사는 수컷에 비해, 처음 보는 다른 수컷이 나타났을 때 공격적인 행동을 더 많이 보인다. 이때, 만일 테스토스테론 처치를 받으면 이러한 효과가 더 커진다(Albert et al., 1988). 따라서 암컷이 있는 상황적 요인이 수컷 쥐의 테스토스테론 반응을 더 민감화 시켜 공격성에 영향을 끼친다고 할 수 있다. 특히, 영장류의 경우는 호르몬보다 환경요인이 공격행동의 주된 영향

[그림 6-12] **공격성**

요인이라고 주장하였다(Wallen, 1996). 즉, 인간 개인의 안드로겐 수준보다는 그 개인이 자란 환경이 어떠했는지에 따라 공격성 수준이 달려있다는 것이다.

공격성에 영향을 주는 외부 요인으로는 사냥감의 유무가 있다. 이는 미디어를 통해서나 사파리 투어 등을 하면 흔히 볼 수 있는데 사자나 호랑이 앞에 사냥감인 토끼, 염소 등이 있으면 잡아먹기 위해 목덜미를 물거나 다리를 무는 등의 공격성을 보인다. 사자나 호랑이에게는 사냥감인 토끼, 염소는 사자나 호랑이로부터 자신의 생명을 지키기 위해 공격성을 드러내거나 도망친다. 즉, 호르몬이나 기타 내부적인 요인으로 인해 공격성이 나타나는 것이 아니라 외부 요인인 사냥감이 눈앞에 있느냐 없느냐, 포식자로부터 생명을 지키기 위해 싸울 것인가 도망칠 것인가에 따라 공격성을 드러내는 것이다.

또한, 혐오자극으로 인한 공격성이 발생하기도 한다. 혐오 자극이란 행동을 변화시키기 위해 신체적으로 통증을 느끼게 하는 것과 같이 불쾌한 느낌을 주는 자극을 말한다. 한 쌍의 쥐에게 고통스러운 전기 자극을 주면 서로에게 공격적 행동을 보이는 것은 혐오자극에 의한 공격성이라 볼 수 있다(Azrin, Hutchinson, & McLaughlin, 1965). 더위로 인한 불쾌감도 일종의 혐오 자극이라 볼 수 있는데 실제 충북지방경찰청이 3년간 범죄 발생 빈도를 분석한 결과, 여름철에 각종 범죄가 가장 많이 발생했다가 겨울이 되면 줄어드는 경향을 보이고 있다고 밝혔다. 2012년 범죄 발생 건수를 보면 겨울철인 1-3월은 1만1246건이다. 반면 여름철인 7-9월은 1만3543건으로 높았다. 범죄학 전문가들은 이 같은 현상에 대해 날씨를 범죄 발생의 직접적인 원인으로 볼 수 없지만 어느 정도 영향을 미친다고 분석했다. 여름철 더위가 최고조에 달하면서 불쾌지수가 높아지는 7-8월 절도와 폭력 등 강력범죄 발생이 많다는 것을 예로 든다.

[그림 6-13] 모성공격

한편, 암컷의 공격성은 주로 모성적 공격성의 형태로 나타난다. 암컷이 새끼를 돌보는 종의 경우 낯선 상대에 대한 공격은 즉각적이고 격렬하다. 실제 남아프리카공화국 크루거국립공원에서는 사자 한 마리가 새끼 들소를 공격하는 순간, 어미 들소가 새끼를 보호하기위해 사자를 공격한다. 쥐나 토끼의 암컷의 경우에도 임신 중이거나 새끼에게 젖을 먹일 때 수컷이 접근하면, 암컷은 수컷을 공격하는 행동을 취하는데(Svare, 1983) 사자를 공격하는 어미 들소나 수컷을 공격하는 암컷 쥐, 토끼 모두 새끼를 지키기 위한 모성애로부터의 공격성이라 할 수 있다. 이는 동물에게서만 발견되는 것이 아니라 인간에게도 동일하게 발견된다. 홀로 아이를 키우고 있던 사라 매킨리는 이웃이라고 찾아 온 두 남성을 직감적으로 강도로 알아챘고, 총을 쏴 강도로부터 아이를 지켜내기도 했다. 즉, 동물과 인간 모두 모성애가 원인이 되어 공격성을 드러내기도 하는 것이다.

학습에 의해 공격성이 발생할 수 있다는 가설은 사회학습이론으로 설명할 수 있다. 캐나다의 심리학자 앨버트 밴두러(Albert Bandura)는 공격적인 행동이 직접적인 영향을 받아 일어나기도 하지만, 단순히 다른 사람들의 행동을 관찰하거나 본받는 것을 통해서 형성될 수 있다고 주장하였다. 앨버트 밴두러와 그의 동료들의 '보보 인형 실험'이 이와 관련된 실험 중 하나이다. 이 실험의 결과에 따르면 폭력적 모델을 접하게 된 아동들은 그들이 관찰한 폭력적 행동을 모방하기 쉬우며 그 중 남아의 폭력적 행동은 공격적인 여성 모델보다 공격적인 남성 모델의 행동에서 더 많은 영향을 받는다. 같은 성별의 공격적 조건에서 소년들은 신체적 폭력을 모방하기 쉽고, 소녀들은 언어적 폭력을 모방하기 쉽다. 반대로 비공격적 모델을 본 아동들은 공격적 모델을 본 아동들보다 덜 공격적일 뿐 아니라, 어떠한 모델도 보지 못한 통제집단보다도 덜 공격적으로 행동한다.

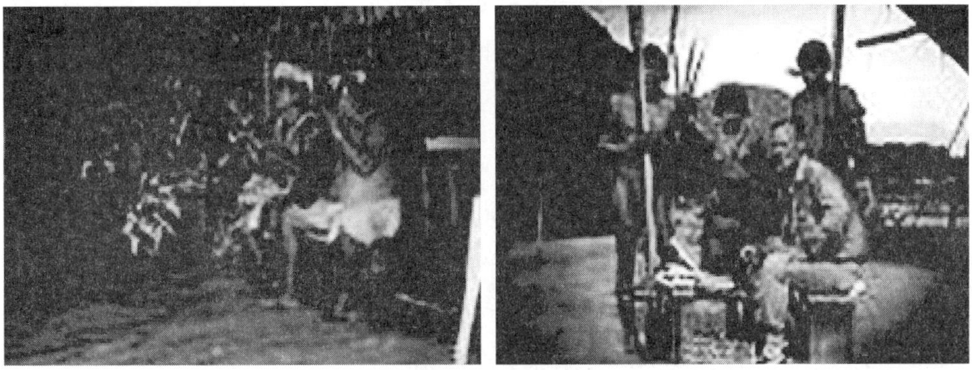

[그림 6-14] **공격성의 문화차, 타이티(좌), 야노마미(우)**

마지막으로 문화적 차이에 의해 영향을 받을 수 있다. 동물과 달리 인간에게 문화는 공격적 행동을 일으키는 데 결정적 역할을 한다. 이에 대한 예로 타이티와 야노마모족이 있다. 타이티의 경우 화를 잘 내지 않고, 상대에 대한 나쁜 감정을 오래 두고 있지 않으며, 공격성을 거의 가지고 있지 않기 때문에 아이가 공격적 행동을 드러낼 때는 처벌을 강하게 한다. 공격성을 보인다 하더라도 신체적인 공격 행동이 아닌 언어적 공격 행동을 주로 드러낸다(Bandura, 1973). 반면, 아메리카 인디언 부족의 하나인 야나마모족의 경우 가장 폭력적인 사람이 권력을 잡을 수 있기 때문에 기회가 있을 때마다 결투와 전쟁을 벌인다. 또 아내에게 명령을 내리면 지체 없이 복종하기를 원하는데, 이때 아내가 재빠르게 응하지 못할 경우 몽둥이와 칼로 부인을 위협하고, 가시 달린 화살로 엉덩이나 허벅지를 찌르기도 한다(Hunter & Whitten, 1976). 타이티와 같은 사회, 야나마모족과 같은 사회 중 어느 사회에서 살아가느냐에 따라 공격성의 정도는 크게 차이가 난다. 이를 통해 인간은 살았던 혹은 살고 있는 사회의 영향을 많이 받는다는 것을 알 수 있다.

7 매슬로의 욕구위계이론

매슬로(Maslow, 1987)는 인간의 동기 작용 원리를 설명하기 위해 생리적 욕구, 안전의 욕구, 애정과 소속의 욕구, 자존감의 욕구, 자아실현의 욕구 총 5가지 단계로 욕구를 분류했다. 매슬로는 인간의 욕구는 우성 계층의 순서로 구성되어있어 어떤 욕구의 경우 다른 욕구보다 우선권을 지니며 이는 절대적 좌표가 아닌 상대적 좌표로 하위 계층의 욕구가 충족되면 상위 계층의 욕구가 발현된다고 보았다. 먼저, 생리적 욕구는 인간의장 근본적인 욕구로 욕구 피라미드의 가장 하단에 위치한다. 생존을 위한 필수적인 욕구로 충족되지 않으면 올바른 신체 기능 작용 및 정상적인 생존이 불가하다. 따라서 생존에 필요한 본능적인 신체적 기능이 생리적 욕구에 해당한다. 생리적 욕구가 일정 수준 이상 충족되면 안전의 욕구가 발현된다. 질서와 안전을 유지하고자 하는 욕구로 확실하고 익숙한 것을 추구하고자 하는 사람들의 욕구를 뜻한다.

그 예로 전쟁, 자연재해, 학대와 같이 물리적 안전이 보장되지 않을 경우 사람들은 외상 후 스트레스 등 심리적 압박을 경험하게 된다. 때문에 사회 보장제도, 보험, 종교 등의 대체 방안을 통해 안전의 욕구를 충족하려 한다. 생리적 욕구와 안전의 욕구가 충족되면 대인관계로부터 오는 타인과 어울리고 싶어 하거나 타인과 어울리고 싶어 하는 욕구를 느끼게 되는데, 이것이 사회적 욕구이다. 사회 구성원이 되어 함께 소속감을 느끼려 하며 이는 생존을 위해 무리를 지어 다니는 동물적 수준의 사회적 성향을 반영한 결과로 볼 수 있다. 자존감의 욕구는 대다수의 사람들이 지닌 욕구로 타인으로부터 가치를 인정 받고자 하는 전형적인 욕구이다. 만일 존중의 욕구가 충족되지 않거나 불균형이 생기면 사람들은 열등감을 느끼게 된다. 따라서 사람들은 고양된 자아존중감을 원한다.

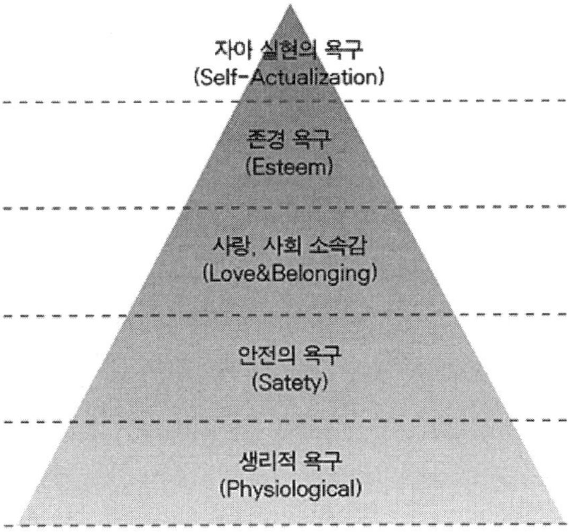

[그림 6-15] **욕구위계이론**

매슬로는 자존감을 낮은 수준과 높은 수준이라는 두 종류로 분류한다. 낮은 자존감은 타인으로부터 존중받고자 하는 욕구를 말하며 이는 지위나 명성, 위신의 욕구로 외적으로 형성된 자존감을 뜻한다. 높은 자존감은 자기 존중에 대한 욕구로 강인함, 경쟁력, 자신감, 독립성과 같은 내면적 자기 가치를 뜻한다. 마지막으로, 자아실현의 욕구는 욕구 피라미드에서 최상부에 위치한 욕구로 개인의 타고난 능력 혹은 성장 잠재력을 확신시키려는 욕구이며, 자신의 역량이 최고조로 발휘되기를 바라며, 잠재력의 전부를 실현하려는 욕구이다. 매슬로는 자아실현의 욕구의 경우, 하위 단계 욕구가 충족된 후에 상위 욕구가 충족되기 때문에 모든 사람이 경험하게 되는 것은 아니라고 설명하였다.

8 공정성 이론

공정성 이론은 동기부여의 과정이론 중 하나로, 형평이론이라고도 부른다. 공정성 이론은 조직 내의 개인이 자신의 업무에서 투입한 것과 산출된 것을 준거인의 그것과 비교하여 차이가 있음을 인지하면 그 차이를 줄이기 위하여 동기부여 된다는 이론이다. 공정성이론을 처음 개발한 사람은 애덤스(Stacy Adams)인데, 그에 의하면 준거인이란 자기가 소속된 집단이나 다른 집단의 사람으로서 비교 대상으로 삼는 사람을 두고 말하며, 투입(input)은 노력, 기술, 지식 등과 같은 생산요소이며, 산출(output)은 일한 결과로 얻게 된 보상인 임금, 승진. 인정, 지위 등을 뜻하고 있다. 이를 다시 말하면 조직에서 근무하는 사람이 자신의 노력과 그 결과로 얻은 보상이 자기와 비슷한 지위에 있는 사람과 비교하여 차이가 있음을 알게 될 때 그 불공정한 차이를 줄이기 위하여 동기가 유발된다는 이론이다.

[그림 6-16] **공정성**

9 기대 - 가치 이론

어떤 행동을 할 때, 개인은 자신의 노력의 정도에 따른 결과를 기대하게 되며 그 기대를 실현하기 위하여 어떤 행동을 결정한다는 동기이론. 브룸(Victor H. Vroom)은 종래의 내용이론이 동기의 복합적인 과정을 설명하기에는 부적절하다고 생각하고 그 대안으로 기대이론을 제안하였다. 기대이론에서 개인은 행동의 결과로 나타날 수 있는 성과에 관한 기대를 가지고 있으며, 사람마다 성과에 대한 선호는 다른 것으로 가정한다. 브룸의 기대이론은 유인가(Valence), 수단(Instrumentality), 기대(Expectancy)의 세 요인으로 구성되며, 그 첫 글자를 따서 VIE모형이라고도 한다. 기대란 어떤 행동이나 노력의 결과에 따라 나타나는 성과에 관한 신념으로 자기 자신에게 가져올 결과에 대한 기대감이다. 과업을 수행하기 위한 노력은 실제로 성과가 나타날 것이라는 기대에 의해 좌우된다. 성과가 있다고 믿으면 노력을 계속할 것이고 그렇지 않으면 노력을 그만둘 것이다.

기대는 노력과 제1수준의 성과인 과업수행을 연결하며, 그 강도는 노력의 결과 성과가 전혀 없으리라고 믿는 0에서부터 완전한 성과가 있을 것으로 믿는 1까지이다. 수단이란 제1의 성과와 제2의 결과간의 관련성을 지각하는 정도를 말한다. 즉, 제1의 성과 또는 과업의 수행은 제2의 성과인 보상을 획득하기 위한 수단의 역할을 한다는 것이다.

수단은 제1의 성과가 제2의 성과를 가져오게 될 것이라는 확률치로서 -1에서 +1까지로 나타난다. 유인가는 제2수준의 성과인 승진, 급료, 인정과 같은 보상에 대한 열망의 강도를 말하는데, 개인의 욕구에 따라 그 중요성과 가치가 달라진다. 어떤 결과를 얻는 것이 좋다고 생각할 때는 +1에서, 결과를 얻지 않는 것이 좋다고 생각할 때는 −1까지로 수량화된다.

10 목표설정이론

목표 설정 이론은 로크(Locke)에 의해 시작된 동기 이론으로, 인간이 합리적으로 행동한다는 기본적인 가정에 기초하여, 개인이 의식적으로 얻으려고 설정한 목표가 동기와 행동에 영향을 미친다는 이론이다. 목표는 개인이 의식적으로 얻고자 하는 사물이나 혹은 상태를 말하며, 장래 어떤 시점에 달성하려고 시도하는 것이다. 이러한 의식적인 생각이 사람의 행동을 조절하기 때문에, 목표를 설정하는 것은 동기와 수행 모두에서 효과적인 것으로 알려졌다. 목표를 어떻게 설정하는 것이 좋은가에 대한 다양한 연구가 진행되었고, 목표 구체성이나 목표 난이도 등의 연구 결과가 보고되었다.

로크(1968)는 인간 행동이 목표 혹은 의도(intention)에 의해 결정된다고 주장했다. 목표는 어떤 개인이 장래에 달성하려고 시도하는 것으로, 인간 행동의 목적 또는 계획, 의도와 유사하다.

목표는 행동의 방향을 결정짓는 기능을 수행하여 동기의 기초를 제공하고, 행동의 지표가 된다. 즉, 설정된 목표는 개인이 목표를 이루기 위해 노력을 기울여야 하는 정도와 지향성을 갖게 하고, 노력을 지속하게 함으로써 행동을 직접적으로 조절한다. 그리고 목표는 조직이나 개인 업적을 평가하는 기준이 되며, 더 어려운 목표를 달성했을 때 더 높은 평가를 받게 된다. 또한 설정된 목표는 이를 달성하기 위한 적절한 전략을 강구하고 실행할 수 있도록 돕는다.

[그림 6-17] 상상의 성행동

결과적으로 목표설정이론은 목표를 정하고, 계획을 세워서, 실천하는 세 가지 과정을 강조한다. 이 과정에서 난이도가 높고, 구체성이 높은 목표를 설정하는 것이 동기부여에 효과적이다. 또한, 계획을 세울 때는 피드백과 피드포워드의 두 가지 조정점을 준거로 설정변경이 되어야 한다.

전반적으로 목표 설정은 일반화 가능성이 높고 거의 모든 동기 이론을 설명할 수 있는 것으로 평가된다. 로크와 쇼, 사리, 래섬(Locke, Shaw, Sarri, & Latham, 1981)은 지난 12년간의 목표 설정 연구를 개관했는데, 구체적이고 도전적인 목표가 설정된 경우에, 쉬운 목표가 설정되었거나 애매한 목표이거나 목표가 없는 경우보다 더 높은 수행을 한다는 수많은 연구 결과를 보여 주었다. 이들은 피험자들이 충분한 능력을 지녔고, 수행 도중에 목표와 관련된 피드백이 제공되며, 목표 달성에 대한 보상이 주어지고, 경영층이 지원을 잘 할 때, 그리고 개인들이 할당된 목표를 수용할 때 목표 설정이 과업 수행을 향상시킨다고 보고했다. 또한 터브스

(Tubbs, 1986)는 목표 설정 이론의 개념들이 모두 실증적 연구들에 의해 지지된다고 결론 내리며, 목표 설정 이론의 가치를 입증했다.

11 내재적 동기 이론

인간이 하는 행동은 내재적 동기와 외재적 동기 모두의 영향을 받는다고 대부분의 심리학자들은 주장한다. 예를 들어, 인간이 일을 하는데 동기가 되는 것은 내재적으로 어떠한 일을 하는 것 그 자체가 행복하기 때문이라 하고, 외재적으로 일한만큼 돈이라는 보상을 받기 때문이라 한다. 그러나 디시(Deci, 1975)는 어떤 업무를 행하는데 있어서 외부적 동기를 직접적으로 관련시키면 내재적 동기는 감소한다고 주장하였다. 즉, 일하는 것과 바로 직결되어 돈과 같은 외적 보상을 주게 되면 원래 가지고 있던 내재적 동기는 약화되고 보상에 집중하게 된다는 것이다. 내재적 동기는 자율성의 정도에 따라 다음과 같이 분류할 수 있다(Deci & Ryan, 2000). 먼저, 무동기는 자기 결정성이 전혀 없는 것으로 행동하려는 의지가 없는 상태이다. 무동기를 제외한 다섯 가지 수준은 다음과 같다. 첫째, 외적 조절 (External Regulation)은 외재적 동기 중에서 자기 결정성이 없는 전형적인 외적 제약에 의하여 행동하는 상태이다. 둘째, 투입된 조절 (Introjected Regulation)은 행동에 대한 원인을 이제 막 내면화시키기 시작하는 단계로 자신의 의지가 개입되는 상태이다. 그러나 근본적으로 외부 압력에 기초한 것이므로 자기 자신과 다른 사람들에게 인정받고 비판을 회피하기 위한 행동이라고 할 수 있다. 이 때 나타나는 행동으로는 자부심 추구, 자아 손상 회피, 소극적인 자발 성 등이 있다. 셋째, 동일시된 조절 (Indentified Regulation)은 개인이 행동의 목표를 자신의 것으로 완전히 내면화 시키지 않아도 그 가치를 인정하여 수용하는 상태이다. 따라서 그 행동이 가치가 있다고 판단하여 행동하지만 그것 자체에 대한 기쁨이나 자기만족보다는 어떤 목표를 달성하기 위해 행동하기 때문에 완전히 내재화된 것은 아니다. 넷째, 통합된 조절 (Integrated Regulation)은 외재적 동기가 가장 자율적이며 완전하게 내재화된 형태로 개인은 완전히 동화된 자기 자신의 선택된 조절에 의해 행동하는 상태이다. 하지만 여전히 행위 자체의 고유한 속성 때문에 행동을 하는 것이라고 하기는 어렵다. 조절이 내면화 되면 개인은 자신의 가치나 정체성의 다른 측면들과 조화를 이룸으로써 그러한 행동의 원인을 완전히 수용한다고 할 수 있다. 마지막으로 내재적 동기는 자기 스스로 결정할 수 있는 행위를 통해 삶에 대한 흥미, 즐거움, 내재적 만족감을 느끼는 경우이다.

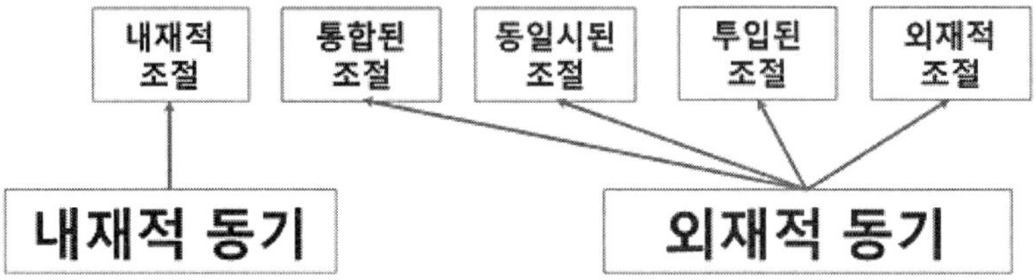

[그림 6-18] 동기 연구의 틀

이에 관련해서 부각되는 개념이 심리적 동기다. 심리적 동기는 심리적 욕구에 의해 나타나는 것으로 내재적 동기라고 할 수 있다. 여기서 내재적 동기(Intrinsic Motivation)란 외부의 보상과 상관없이 주어진 과제를 하거나 활동하는 그 자체가 보상이 되는 동기이며 학습자 자신의 흥미나 호기심과 같은 요인들에서 유래된 동기이다. 이것은 개인적 흥미를 추구하고 능력을 발휘하고 그 과정에서 도전할 만한 것을 찾으며 그것을 정복하려는 자연스러운 경향성을 의미한다. 이러한 심리적 동기를 발생시키는 원인에는 다음의 세 가지가 있다.

첫째, 자율성이란 자신에게 선택권이 있다고 인식하고 싶은 욕구이며, 자신의 행위가 자신의 의지에서 나왔다고 느끼고 싶은 욕구이다. 또한 자기가 하는 행동의 원천이 자신이라는 인식이다. 일반적으로 학습에 의하여 변용된 동기는 그것이 강화되지 않으면 소멸되는 것이 보통이지만, 그때 관련된 생리적 조건에 의해 강화되지 않아도 자율적으로 계속 작용하는데 이것을 '동기적 자율성'이라 한다(Gordon Willard Allport, 1961).

예를 들어, 기업에서 직원들이 수행하고 있는 업무를 스스로 통제하거나 선택할 수 있다고 느낄 때 자율성을 경험하는데, 여기서 자율성은 관리자의 지나친 방임이나 불간섭을 의미하는 것이 아니라 단지 직원이 일터에서 자신의 업무에 대해 스스로 적절한 통제력을 가지고 있다고 느끼는 과정이다.

둘째, 역량(Competency)이란 매일매일 닥치는 도전과 기회에 효과적으로 대응하고나 하는 욕구이다. 그리고 시간의 흐름에 따라 점차 향상되는 기술을 보여주고 싶고, 자신이 성장하고, 배우며 발전하고 있다고 느끼고 싶은 욕구이다. 여러 가지 의견에서 역량은 크게 세 가지로 나눌 수 있다. 먼저, 성공적 수행과 성과에 기여하는 인적 필요능력이라는 의미이다. 그 다음으로는 행동으로부터 지식, 기능, 태도, 가치관, 자아의식 등 개인의 행동적, 심리적 요인을 망라한다는 의미이며 마지막으로는 성공적 인물에게서 안정적이고 일관되게 나타난다는 의미를 가진다. 따라서 사람들은 삶의 모든 영역에서 역량에 대한 욕구를 확인하고 만족하고 싶어 한다.

셋째, 관계성이란 타인에게 관심을 기울이거나 타인의 관심을 받고 싶은 욕구이며, 이면의 동기와 상관없이 타인과 연결되어 있다고 느끼고 싶은 욕구이다. 또한 자신보다 중요한 무언가에 기여한다고 느끼고 싶은 욕구이다. 이는 인간은 누구나 집단에 소속되어 인정받고 싶어 하며 직장, 결혼, 공동체 활동 등에서 타인과 관계를 맺고자 한다는 것이다(Abraham H. Maslow, 1943). 따라서 직원이 관리자나 회사에 이용당하고 있다고 느끼거나 관리자의 관심에 진정성이 없다고 생각할 때, 자신이 누군가의 목표를 달성하기 위한 수단에 불과하다는 의심이 들 때라면 관계성의 욕구는 당연히 훼손된다. 특히, 심리적 동기의 세 가지 요소는 자기결정성 이론을 설명하기에 매우 적절하며, 동시에 몰입을 설명하는데도 유용하다. 즉, 자기결정성이 높으면 도전적이 성향과 능력적인 성향의 배합으로 인해 몰입의 가능성을 유추하기가 쉽다.

12 정서

정서(Emotion)란 말 자체는 일종의 운동(Motion)으로, 밖으로(e-, out) 향하는 운동을 의미한다. 즉, 정서는 외부 자극에 대한 단기적, 인지적 반응이다. 안정성과 다양성이라는 2가지 측면을 종합하여 동기란 어떤 단계의 자극이나 상황이 발생할 때까지는 안정적이고 내성이 있는 것을 말한다(Jane Matthew Atkinson, 1964).

반면, 정서란 어떤 사물이나 현상에 대해서 느끼는 여러 가지 느낌이나 감정의 정신 상태를 말한다. 그리고 우리가 어떤 일을 하고자 하는 동기의 대부분은 감정(정서)에 영향을 받는다. 따라서 정서는 동기를 변화시킬 수 있으며, 정서의 동기적 의미는 유기체의 생존을 돕는 기능을 한다고 볼 수 있다. 예를 들어 어떠한 위험상황에서 우리가 불안을 느낀다면, 우리는 도피하고픈 동기를 일으킬 수 있고, 우리가 무언가에 분노한다면, 우리는 그것에 대한 투쟁을 벌일 수 있다.

정서 표현은 진화론적으로 중요하며, 사람과 동물들이 특정한 방식의 얼굴 및 자세 표현을 갖고 있다. 그리고 이런 표현들은 유기체들이 자신의 내적 상태에 대한 정보를 서로 소통하기 위한 수단이다. 또, 인간과 동물이 표현하는 감정은 학습된 것이 아니라 선천적이고 유전된 것이다. 감정은 신경이 근육을 자극하여 얼굴 표정으로 표현되는데, 인간을 포함한 동물은 분노 · 행복 · 슬픔 · 혐오감 · 공포 · 놀람 등의 보편적 감정을 가지고 있으며, 얼굴에 드러나는 감정과 기본적 몸짓은 전 세계 사람들에게 동일하게 나타난다. 이러한 맥락에서 생각해 보면, 진화론적으로 가장 고등 동물이라고 할 수 있는, 그리고 가장 정교하게 분화된 사회 집단을 발전시킨 인간에게서 정서의 표출이 가장 발달되었으리라는 가정을 하는 것은 무리가 아니다. 아울러 정서의 표출과 이를 읽어내는 능력은 인간이라는 종의 공통적인 특성일 것이라는 가정도 해볼 만하다. 따라서 여기서 보편적 가설이라는 것이 등장한다(Charles Robert Darwin, 1872).

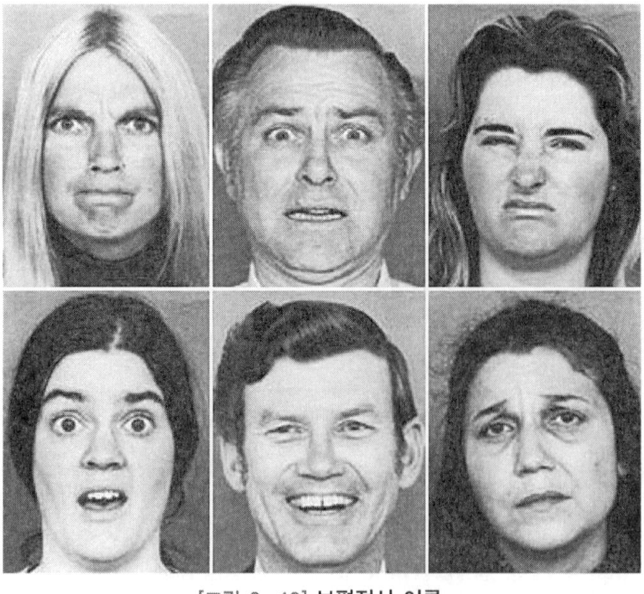

[그림 6-19] **보편정서 이론**

감정의 보편성은 인간이 다양한 상황에서 신속히 대처하는 데 도움이 되기 때문에 진화한 것으로서 효율적인 의사전달 체계의 역할을 한다. 이 가설에 따르면 정서 표현은 모든 사람에게 같은 의미를 가지고 있으며, 미소 짓는 얼굴 표정은 자신의 행복한 상태를 나타내는 것이고, 이 미소를 통해 다른 사람들은 그 사람이 행복한 상태라는 것을 읽어낸다. 이렇게 본다면 정서를 표출하는 얼굴 표정은, 우리가 서로 의사소통하는 말과 글 같은 또 다른 소통의 도구인 셈이다. 즉, 얼굴 표정으로 상대방의 정서를 읽어내는 능력이 문화적인 학습 결과가 아닌, 진화론적으로 결정된 타고난, 그러기에 보편적인 능력이라는 것이다(김영진, 정서의 표현). 즉, 어떤 얼굴 표정은 문화와 관계없이 보편적 의미를 가지고 있다는 것을 의미한다(Ekman & Friesen, 1975).

13 정서 이론

먼저, 제임스-랑게 이론(James-Lange theory, 1992)은 심리생리적 접근(psycho-physiological approach)방법이다. 이는 내장기관을 비롯한 각성반응이 정서의 실체라는 것으로 자율신경계 중심의 말초신경계에 대한 자극-반응 연구를 통해 비정서적 자극에 대해서는 신체 변화가 발생하지 않으며, 외부 자극에 대해 다른 신체적 반응이 발생하고 그 결과로 정서 경험이 발생한다. 쉽게 말해 어떤 상황에서 우리는 정서를 느끼고 신경적 반응을 일으키는 것이 아니라 자율신경적 흥분과 골격의 반응이 먼저 일어나며, 우리가 정서로 경험하는 것은 우리가 우리의 반응에 붙여준 명칭이다.

신체의 변화들은 흥분적인 사실의 지각에 이어 일어난다, 그리고 신체 변화와 같은 변화에 대한 느낌이 바로 정서이다(James, 1884). 즉, 심박률이 증가함으로 인해 두려운 것이고, 웃어서 행복한 것이다. 이것은 생리적 흥분이 정서의 필요충분조건이라고 가정하며 신체 반응은 정서 이전에 발생되고 정서는 신체 반응에 대한 지각에 지나지 않는다는 것이다. 만약 신체가 반응을 하지 않거나 뇌가 그 반응을 지각하지 못하면, 정서는 유발되지 않으며, 신체의 반응들을 지각함으로써 내가 행복한지, 슬픈지, 두려운지 알게 된다. 이 반응들을 지각함으로써 정서를 느끼게 된다.

캐논 - 바드 이론은 동물이 위험에 처했을 때 나타나는 교감신경의 반응을 연구한 '싸움-도주(fight-flight) 반응'이란 동물이 적을 만나는 상황과 같은 비상사태에 접하면 교감신경이 흥분하여 심장 박동이나 근육의 힘이 증가하므로, 적에게 맞서 싸우든지 전속

력으로 도망갈 수 있는 강력한 육체적인 힘을 제공한다는 것이다. 즉, 뇌가 감정을 느끼는 것은 신체의 생리적 변화와 관계없다. 척수가 절단된 환자는 뇌가 신체의 생리적 변화를 감지하지 못하는데, 그렇다고 해서 감정이 없어지는 것은 아니다. 또 감정과 신체의 생리적 상태는 별개다. 예를 들어 공포를 느끼면 심장 박동이 빨라지고 땀이 많이 나며 소화가 억제되는데, 이러한 생리적 변화는 열병에 걸려도 똑같이 나타난다. 공포가 없는 상태에서도 공포를 느낄 때와 동일한 생리적 변화가 나타난다면 공포가 생리 현상의 결과라고 할 수는 없다. 또 자율신경계 반응이 감정의 원인이 되기에는 너무 느리다 (Walter Bradford Cannon, 1922).

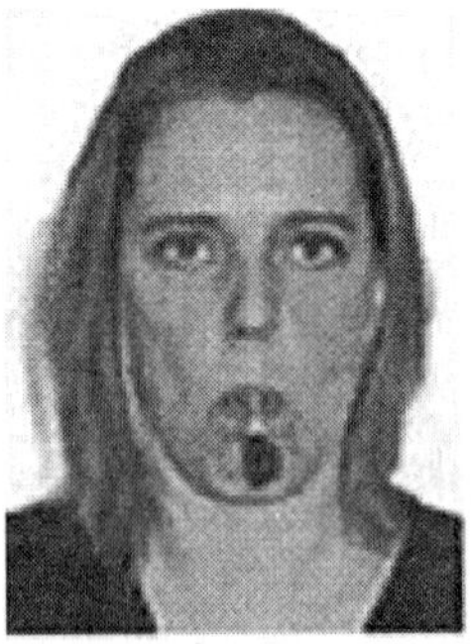
〈사진 3〉

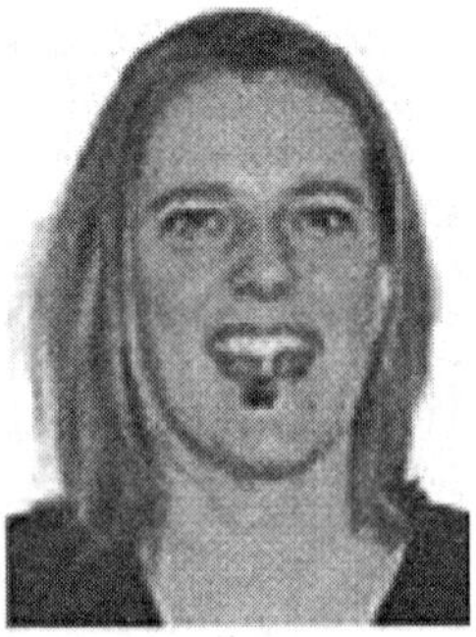
〈사진 4〉

[그림 6-20] **제임스-랑게의 입장**

당시 감정은 제임스의 주장에 따라 대뇌피질에 의해서 조절된다고 생각했는데, 캐넌은 시상하부가 가장 중요하다고 했다. 그의 주장은 바드(P. Bard, 1928)의 실험 결과와 일치한다. 바드는 고양이의 뇌를 위에서부터 순차적으로 제거하면서 뇌의 어떤 영역이 분노 표출을 담당하는지를 알아내고자 했다.

뇌의 맨 위쪽에는 대뇌피질이 있으니까 이것을 먼저 제거해 봤다. 그런데 대뇌피질을 전부 제거한 고양이를 화나게 자극하면 몸을 웅크리고, 등을 활처럼 휘고, 발톱을 드러내며 으르렁거렸다. 즉 고양이는 대뇌피질이 없더라도 감정 반응을 나타냈다. 그런데 시상과 시상하부를 제거하자 고양이의 감정 반응은 통합되지 못했다.

고양이는 웅크리고, 발톱을 드러내고, 으르렁거리기는 하지만 시상하부가 온전할 때처럼 통합된 양상을 갖추지 못하고, 매우 강한 자극에만 겨우 반응할 뿐이었다.

이러한 결과는 바드와 캐넌이 시상하부가 감정을 관장하는 가장 중요한 부위라고 주장하는 근거가 되었다. 사람의 경우 시상은 메추리알보다 약간 큰 모양으로 뇌 가운데에 있고, 말초에서 들어오는 모든 감각 정보가 대뇌로 가기 위해서는 꼭 통과해야 하는 영역이다. 또 시상에서는 바로 아래 땅콩알만 한 크기의 시상하부에 정보를 전달한다.

시상하부는 자율신경을 조절하는 중추이다. 따라서 자율신경을 조절하는 시상하부가 감정과 연관된 신체 반응을 조절한다. 즉, 통증과 같은 감각 정보가 시상을 통해 대뇌피질과 시상하부에 동시에 전달되면 대뇌피질은 통증을 느끼고, 이와 동시에 시상하부를 통해 자율신경이 작동하여 자동적인 감정 반응을 만들 수 있다. 따라서 신체 반응과 의식적인 감정 경험이 동시에 일어난다. 즉, 자극은 자율신경계의 활동과 뇌의 정서 경험을 동시에 일으킨다(Cannon-Bard theory, 1934).

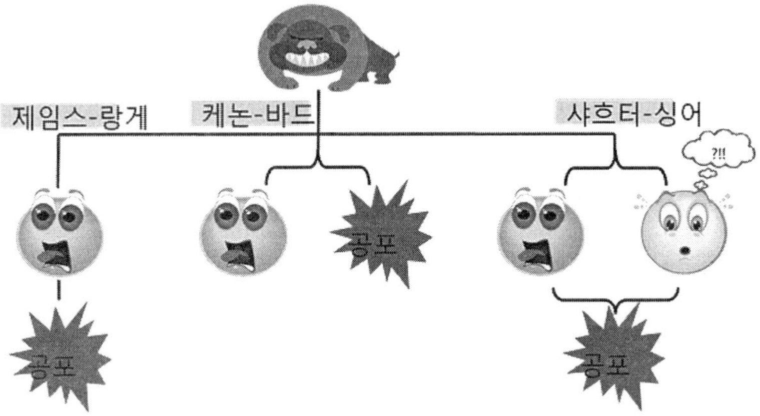

[그림 6-21] **정서이론의 구분**

제임스와 랑게는 정서를 신체적 반응들의 지각과 동등하게 취급한 점에서 옳았고, 캐논과 바드도 인간이 경험할 수 있는 광범한 수의 정서들을 설명하는데 충분히 구별되는 신체적 변화가 거의 없다는 점을 주목한 점에서 옳았다. 하지만 제임스와 랑게가 제한한 여러 정서들이 서로 다른 패턴의 신체 활동들에 대한 서로 다른 경험들이라는 점은 서로 다른 정서들이, 그들이 '미분화된 생리적 각성'이라고 부른 단일 패턴의 신체 활동에 대한 서로 다른 해석일 뿐이다(Stanley Schachter & Jerome Singer, 1962).

여기서, 2요인 이론(Two-Factor Theory, 1959)은 정서는 미분화된 생리적 각성의 원인들에 관한 추측이라는 관점에서 곰을 보면, 심장이 뛰게 되고 뇌는 재빨리 환경을 훑으며 그 고동에 합당한 설명을 찾는데, 하필 곰을 발견했다면 곰과 고동치는 심장을 모두 알아차리게 되며, 뇌는 이것저것을 종합하고 논리적 추론을 통해 당신의 각성을 공포로 해석한다는 것이다. 즉, 사람들은 그들이 두려워하리라고 생각하는 무엇인가 나타났을 때 생리적으로 각성된다면, 그들은 자신의 각성을 '공포'라고 이름 붙이지만 그들은 모든 정서적 자극에 대해 같은 생리적 반응을 가지고 있으나, 그들은 서로 다른 경우에 따라 그 반응을 다르게 해석된다.

14 정서적 각성과 동기

정서는 신체적으로 우리를 각성시킨다. 그리고 우리의 신체는 행동에 대해서 준비태세를 취하며 의식적 노력 없이도 위험에 대한 반응은 잘 조절되고 적응한다. 여기서 자율신경체계는 우리의 각성을 통제하는데 지속적인 스트레스로 인해서 생긴, 지연되어진 각성은 신체를 혹사시킨다. 즉, 적절한 정서적 각성은 어떤 일을 수행하는 데 도움이 되지만 그 정도가 높은 때에는 반대되는 현상을 초래하게 된다.

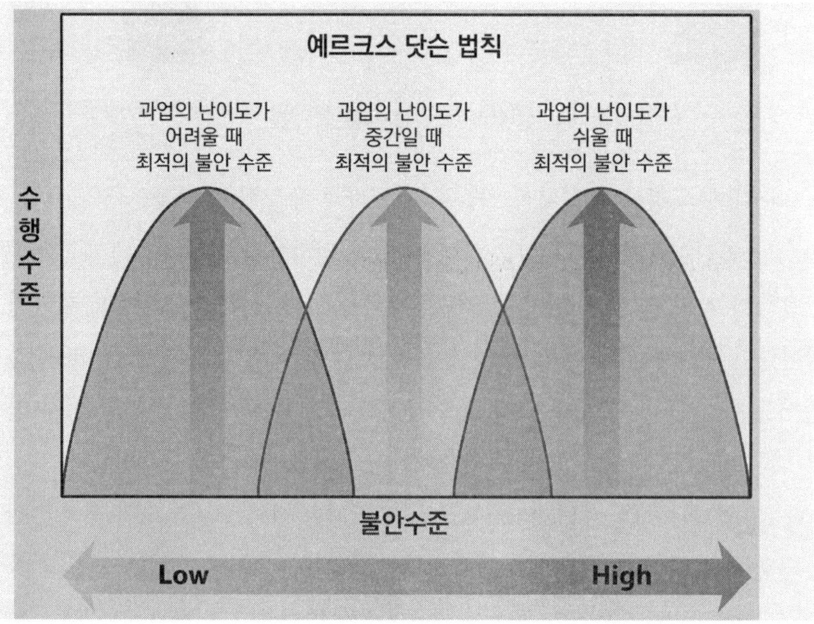

[그림 6-22] **예르크스-닷슨 곡선**

대표적인 것이 예르크스-닷슨 곡선이다. 이 곡선에서는 낮은 수준의 자극이 사람들에게 지루함을 주고, 낮은 육체적 · 정신적 성과를 불러일으키지만, 적정 수준의 자극은 오히려 흥미를 주게 되고, 최적의 성과를 불러일으킨다는 것을 보여주고 있다. 또, 반대로 그 이상의 자극이 발생하면, 사람들은 불안함을 느끼거나, 공황상태에 빠지게 되고, 이는 일의 성과를 다시 떨어지게 만든다고 말한다. 아울러, 과업의 난이도가 높으면 전체적으로 왼쪽으로 기울게 되고, 난이도가 낮으면 오른쪽으로 기울게 된다.

단원개관

전통적 기억 모형에서 기억의 과정은 첫째 부호화 단계로 자료를 기억에 넣는 것으로 기억체계가 처리할 수 있는 형태로 유입하는 것이다. 둘째 저장 단계로 부호화 된 자료를 기억 속에 유지 및 저장하는 과정이다. 이 모형은 기억을 세 개의 저장소, 즉 정보가 일정한 시간 동안 저장될 수 있는 장소로 간주하였다. 먼저, 감각기억은 감각 기관을 통해 들어오는 모든 정보에 대한 기억이며, 단기기억은 감각기억보다 길며 또 청킹 효과는 자극들을 단기기억으로 부호화 하는 중에 들어오는 정보들을 의미 있는 자극 단위로 묶는 작업이다. 그리고 장기기억은 무한한 용량을 가졌으며 그 안에서 아무것도 손실되지 않는다고 가정된다. 기억술과 관련하여 맥락효과 간섭 이론 그리고 도식이 소개되고 있다. 도식은 사물이나 사건에 대한 전체적인 윤곽을 말한다. 쉽게 말해 사고의 틀 이라고 생각할 수 있다. 이는 유사한 환경 안에서 , 반복에 의해 변화되고, 일반화된 행동의 구조 또는 조직화를 의미한다. 즉, 도식이 많으면 지식도 많다고 할 수 있다. 한편, 인지의 측면에서 휴리스틱이란 주어진 정보를 가지고 분석하여 경험에서 발생한 편향을 통한 직관적 사고 방식을 말한다.

PATA 7

기억과 인지

1 기억의 과정

전통적 기억 모형에서 기억의 과정은 첫째 부호화 단계로 자료를 기억에 넣는 것으로 기억체계가 처리할 수 있는 형태로 유입하는 것이다. 둘째 저장 단계로 부호화 된 자료를 기억 속에 유지 및 저장하는 과정이다.

[그림 7-1] **기억의 구조와 과정**

먼저, 부호화 과정에서 기억은 우리가 어떤 것을 어떻게 기억하느냐는 그때 우리가 그것에 대해 어떻게 생각했느냐에 의존한다. 한 연구에서, 연구자들은 참여자들에게 일련의 단어를 보여 주며, 다음과 같은 세 가지 유형의 판단 중 하나를 하도록 하였다(Craik & Tulving, 1975). 의미판단에서는 사람들에게 단어의 뜻을 생각하도록 하고, 운율판단에서는 단어의 음을 생각하도록 하였고, 시각판단에서는 단어 모양을 생각하도록 하였다. 이런 유형의 판단은 참여자들이 각 단어를 어떻게 생각할 것인가에 영향을 미쳤으며 그들의 기억에 강력한 영향을 미치게 되었다. 의미판단을 하도록 한, 즉 단어의 의미를 생각하게 한 참여자들이, 단어가 생긴 모양이나 발음을 생각했던 참여자들보다 훨씬 좋은 단어 기억을 보였다. 이런 유형의 여러 연구 결과들은 장기 유지가 정교 부호화(elaborative encoding), 즉 능동적으로 새로운 정보를 이미 기억에 있는 지식과 연결하는 과정에 의해 상당히 증가될 수 있음을 보여 왔다(Brown & Craik, 2000).

저장은 부호화 과정을 거쳐 뇌에 정보를 보관하는 단계이다. 뇌를 보면 여러 부위가 있지만 기억을 포함해서 뇌가 다양한 기능들을 수행하는 방식을 아는데 아직 충분히 도움이 되지 않는 실정이다. 다시 말하면 뇌 기계공은 아직 없다. 결과 심리학자들은 뇌가 한 과제들을 수행하는 방식을 설명하기 위한 근거로 유추를 사용하도록 압력을 받으므로 특정 뇌 기능을 이미 알고 있는 내용을 중심으로 이해한다. 1960년대에 컴퓨터의 급속한 발달이 있었고, 심리학자들은 곧 컴퓨터의 작동과 인간 기억의 기제간의 유추를 이끌어 냈다. 그 결과 제임스의 일차기억과 이차기억의 구분은 단기기억과 장기기억이라는 개념으로 대치되었다. 단기기억은 컴퓨터의 중앙 처리장치와 비슷하고 이차기억은 자료기반이 해당한다. 새 정보는 단기기억에 입력된 후, 필요하면 장기기억으로 옮겨져서 저장된다. 나중에 그 정보는 인출에 의해 다시 단기기억에 저장될 수 있다. 다른 뇌 활동처럼 단기기억과 장기기억은 생물학적 과정의 산물이다. 그러므로 이 두 기억 유형의 구분을 지지하는 생물학적 증거를 발견할 수 있다.

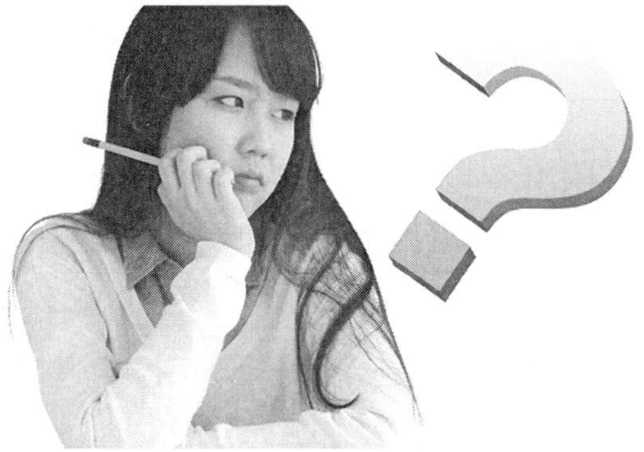

[그림 7-2] **설단현상**

인출은 저장한 정보를 다시 불러 오는 과정을 의미한다. 친구 찾기 프로그램에서 보면 어떤 사람의 이름이나 단어 등을 알고 있고 금방 기억이 날 것 같은데도 혀끝에서만 맴돌고 끝내 말을 하지 못하는 경험을 한 적이 있을 것이다. 이러한 현상을 설단현상(tip-of-the-tongue-phenomenon)이라고 하는데(Brown & McNeil, 1966), 인출이 되지 않는 대표적인 사례라고 할 수 있다. 퀴즈 프로그램에서도 이런 경우를 종종 볼 수 있는데, 출연자들에게 문제를 내면 정답을 맞추지 못하고 한동안 망설이는데 사회자가 어떤 힌트를 주면 금방 답이 기억난 듯 버튼을 눌러서 답을 말한다. 힌트라는 것은 결국 기억 속에 있는 특정한 정보에 접근하는 것을 도와주는 자극, 즉 인출단서(retrieval cue)이다. 이처럼 인출 실패상태에 있는 기억은 흔히 인출단서를 제시함으로써 되살아날 수 있다. 비록 힌트는 인출 단서의 한 형태이지만 모든 인출 단서들이 이러한 형태로 오는 것은 아니다. 부호화 특수성 원리(encoding specificity principle)는 정보가 초기에 부호화되었던 구체적인 방법을 회복시킬 때, 재인 단서가 효과적인 단서로서 역할을 한다는 것을 나타낸다(Tulving & Thomson, 1973). 인출 당시의 상태와 부호화 당시의 상태가 일치하면 이 상태 자체가 인출 단서, 즉 우리가 경험했던 순간과 그것을 기억해 내는 순간을 연결해 주는 교단이 되는 것이다.

2 전통적 기억모형

가장 잘 알려진 모형은 아트킨슨 (R.C. Atkinson, 1929 출생) 과 쉬프린 (R.M. Shiffrin, 1942 출생) 이 제안한 것인데, 이들 모두 그 당시 스탠포드 대학에 있었다(Atkinson & Shiffrin 1968, 1971 ; Shiffrin & Atkinson, 1969). 이 모형은 기억을 세 개의 저장소, 즉 정보가 일정한 시간 동안 저장될 수 있는 장소로 간주하였다. 여기서 장소라는 개념을 문자 그대로 받아들일 필요는 없다. 정보가 감각 기관으로 받아들여져서 나중에 행동이 영향을 받게 된다면, 그 정보는 어떤 형태로인가 저장되었음에 틀림없다. 그 정보가 얼마나 오래 지속되는지, 어떻게 인출되는지, 그리고 어떻게 해서 실제보다 더 오래 저장되지 못하는지에 따라 세 개의 저장 형식으로 구분할 수 있다.

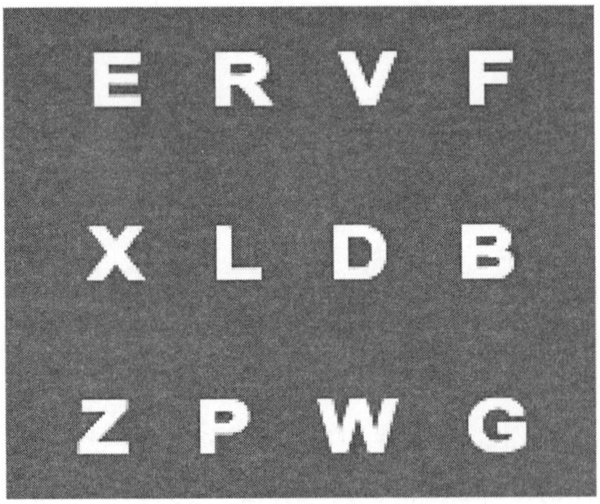

[그림 7-3] **감각기억 실험 도구**

먼저, 감각기억은 감각 기관을 통해 들어오는 모든 정보는 어떤 의미에서 그 이름이 뜻하는 대로 감각 등록기에 처음 등록된다. 실제로 감각 등록기를 단수로 말하는 것이 잘못되었는데, 어떤 의미에서 감각의 수만큼 많은 감각 등록기가 있기 때문이다. 우리가 받아들이는 모든 정보는 시각에 의하든, 청각 또는 다른 어떤 방식에 의하든, 즉시 감각 등록기로 들어간다. 감각 정보는 거기서 1 초미만 (시각의 경우) 또는 약간 더 오래 (청각과 다른 감각의 경우) 머물러 있다가 사라져 버린다. 더욱이, 감각 정보는 수용된 형태 그대로 저장되는데, 눈의 망막에서 생긴 상이나 내이의 소리를 복사한 것과 같다. 감각기억 실험으로는 세 줄로 배열된 12 개의 낱자를 이십 분의 1 초 동안 보여준 후, 단서로 상단, 중단, 또는 하단에 있는 낱자들을 보고하도록 함으로써 입증될 수 있다. 사람들은 평균 네 낱자 중에 세 낱자를 맞추었는데, 이것은 제시물이 없어질 때까지 그들이 어떤 줄을 보고해야 할지 몰랐기 때문이지만, 거기 있는 낱자들을 '읽을 수' 있을 만큼 충분히 오랜 시간 동안 그 배열의 어떤 상이 지속되었다고 가정할 수 있다 (Sperling, 1960). (만일 그들에게 12 개 낱자 모두를 읽어 보라고 요청했어도, 그들은 여전히 넷 또는 다섯 낱자를 맞추었을 텐데, 이것은 그 상이 매우 짧은 기간 지속됨을 시사한다). 이처럼 감각 기억은 많은 정보를 단지 매우 짧은 시간 동안 갖고 있다.

301	0405	0625	1225
삼일절	식목일	625전쟁	크리스마스

[그림 7- 4] 단기기억의 청킹

둘째, 단기기억은 감각기억보다 길며 기억시간이 길며, 용량이 제한되어 있다. 예를 들면 전화번호를 찾아서 다이얼을 누르기까지 그 번호를 기억하기이다. 전화번호는 영구적이라는 의미에서 오래 기억되지 않으며, 사실상, 그것은 수 초 후에 잊혀진다. 그러나 감각 등록기와 대조적으로, 전화번호는 비교적 복잡하게 사용될 수 있을 정도로 충분히 오랜 기간 저장된다. 단기 기억 저장소나 작업 기억에는 단지 제한된 항목들만이 잠시 저장될 수 있다. 이것은 항목들이 단기 기억에서 계속 주의를 받는 한 거의 무한정 그곳에 저장될 수 있음을 뜻한다. 감각기억의 용량은 각 감각 체계별로 약 3~4개 정도 인 것으로 밝혀졌다. 밀러는 매직넘버 7±2라는 일반적으로 인간이 단기로 기억할 수 있는 아이템의 개수는 7개 전후(5~9)라고 조지밀러가 발표했다. 또 청킹 효과는 자극들을 단기기억으로 부호화 하는 중에 들어오는 정보들을 의미 있는 자극 단위로 묶는 작업이다.

셋째, 장기기억은 무한한 용량을 가졌으며 그 안에서 아무것도 손실되지 않는다고 가정된다. 장기 저장소에 있었던 어떤 내용을 잊는 이유는 그것을 더 이상 찾지 못하기 때문이지만 그 내용은 여전히 거기에 있으므로 올바른 검색 방략을 쓰면 찾을 수 있다. 장기기억은 도서관의 보관 체계로 생각할 수 있는데, 도서관에서는 필요할 때 쓰기 위해 거대한 정보가 장기간 저장되어 있다. 각 항목은 몇 개의 제목으로 보관되어 있으므로 어떤 제목으로든 요구할 때마다 인출될 수 있다. 제목은 주제별로 시기에 따라 장소에 따라 또는 몇몇 다른 가능성들에 따라 달라진다. 한 항목이 장기 저장소로부터 인출될 때, 그 정보는 단기 저장소로 가서, 다시 단기 저장소의 대체 명칭인 작업 기억 상태로 바뀐다. 다른 항목들과 마찬가지로, 그 항목은 거기에 잠시 머무른 후 다른 항목들로 인해 밀려 난다.

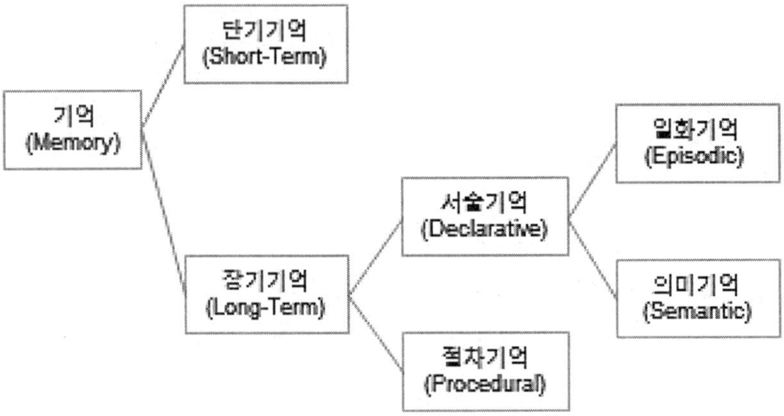

[그림 7-5] 기억의 구분

장기 저장소와 단기 저장소의 관계는 길게 연속된 단어나 항목들을 듣고 자유 회상(free recall) 으로 알려진 파지 검사에서 이들은 어떤 순서로 기억해야 할 때 일어나는 현상들로 설명된다. 사람들은 보통 기억해야 할 목록의 앞부분과 뒷부분을 중간 부분보다 더 잘 기억한다. 간단하게 두 가지 기억을 설명하자면 초두 효과는 앞부분을 더 잘 기억하는 기억, 최신 효과는 뒷부분을 더 잘 기억하는 것이다. 추가로 장기 기억 종류로는 여러 종류가 있는데 일부는 밝혀지지 않고 연구중이기도 하다. 외현기억(explicit memory)또는 서술기억(declarative memory) 이라 불리는 이 기억은 우리가 떠올려 설명할 수 있는 기억이다. 의미기억(semantic memory)은 일반적인 지식에 해당하고 , 단어의 사전적 정의나 어떠한 일이 지니는 의미 등에 관한 것이다. 일화기억(episodic memory)은 경험했던 사건의 기억이다. 예를 들자면 내가 언제 무엇을 했고 누구와 있었고 무엇을 먹었었다 같은 기억 이다. 내현기억, 암묵기억(implicit memory)또는 절차기억(procedural memory)으로 불리는 이 기억은 우리가 의식적으로 떠올려지지 않는 기억이다. 일상에서 자전거 타는 방법이라던가 자연스럽게 나오는 언어능력 등의 우리가 흔히 몸으로 익혔다는 식으로 표현하는 기억을 의미한다. 정서기억(emotional memory)은 장기기억에서 외현기억 암묵기억 외에 정서기억(emotional memory)가 있다는 연구가 많이 나오고 있다.

3 작업기억 모형

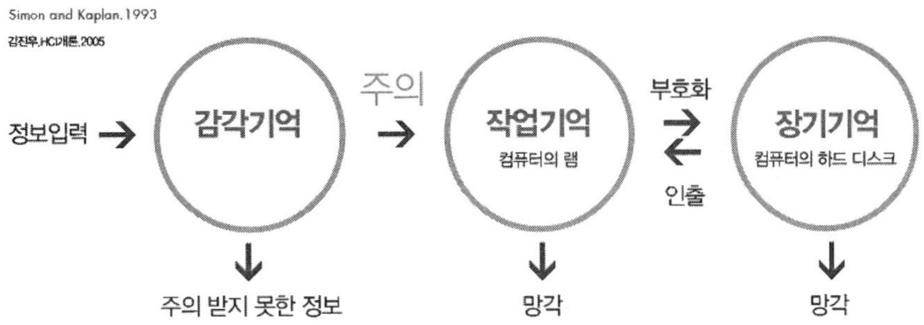

[그림 7-6] 기억 모형 도식

배들리와 히치(Baddeley & Hitch, 1974)의 작업기억 이론은 단기기억 이론에서부터 시작되었다. 하지만 이후 글 읽기 등의 언어이해의 영역으로 확대되었다. 작업기억 이론에서 작업기억은 중앙 집행기가 중심이 되어, 음운 루프와 시공간 잡기장을 하위에 두고 있다고 보았다. 음운 루프의 음운 저장소는 짧은 시간 동안 말에 기초한 정보를 유지할 수 있는 기억저장소이다. 또한, 음운 루프를 구성하는 요소 중 조음통제과정은 다음의 두 가지의 주된 기능을 하게 된다.

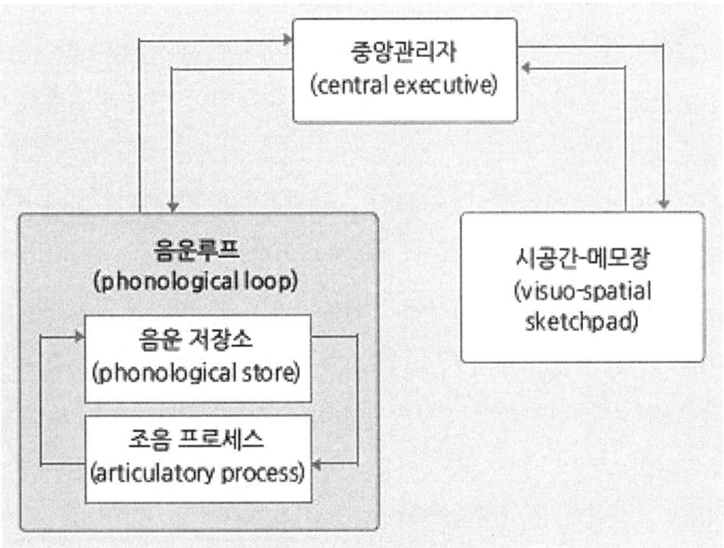

[그림 7-7] 작업 기억 모형

첫째, 소리를 내지 않는 음인 내적 되뇌기를 통제하는 기능.

둘째, 시각정보를 말에 기초한 부호로 전환시켜 음운저장소에 저장하는 기능이다.

이러한 음운 루프는 음운유사성 효과, 조음억제 효과, 관련 없는 말 효과, 단어길이 효과를 설명하기 위해 고안되었다. 작업기억에서 중앙 집행기는 작업기억의 작동을 통제하는 중심 처리장치이다. 중앙 집행기는 정보처리자의 활동을 관리하며 즉, 일의 우선 위를 정하는 역할을 한다. 작업기억 이론에서 배들리는 말하기, 책읽기에 있어서 작업기억의 역할을 강조했다, 하지만 작업기억이론은 여러 문제점을 갖고 있기도 했다.

그 예로, 위에서 설명한 4가지 효과를 재현하는데 실패한 경우의 실험이 존재했다. 단어길이 효과 중 긴 단어가 짧은 단어보다 더 좋은 회상을 보이기도 했다는 것이다(Waters, 1992).

4 기억의 공고화

단기기억에서 장기기억으로 정보를 옮기는 방법은 그 정보가 서술기억에 해당하는지 혹은 비서술 기억에 해당하는지에 따라 달라진다. 비서술 기억의 몇몇 유형(예: 점화와 습관화)은 안정성이 떨어지고 빨리 사라진다. 다른 유형의 비서술 기억 (예: 절차 기억과 고전적 조건 형성)은 좀 더 잘 유지되는데, 특히 절차의 반복 연습과 반응의 반복 조건화에 의해 손쉬운 유지가 가능해진다. 정보가 장기 서술 기억에 저장되기 위해서는 다양한 처리 과정이 일어나야 한다. 한 가지 방법은 어떤 정보를 이해하기 위해 의도적으로 그 정보에 주의를 기울이는 것이다. 이보다 더 좋은 방법은 우리가 이미 알고 있고 이해하고 있는 정보와 새로운 정보를 연결하거나 연합시키는 것이다. 새로운 정보를 이미 저장된 정보의 기존 틀 안에 통합시키면 둘 간의 연결이 만들어진다. 이처럼 새로운 정보를 저장되어 있는 정보에 통합시키는 과정을 공고화(consolidation)라고 한다. 사람의 경우 서술 기억의 공고화 과정은 그 정보를 처음 경험한 때로부터 수년이 지난 후까지 지속될 수도 있다.(Squire, 1986). 공고화 과정 동안 기억의 통합을 유지하거나 증진시키기 위해 다양한 상위기억(meta-memory) 책략을 사용할 수 있다. 상위기억 책략에서는 우리의 기억을 향상시키기 위해 우리의 기억 과정(예: 암송을 통해 새로운 정보를 장기기억으로 전이하는 과정)을 성찰한다. 상위기억 책략은 상위인지(meta-cognition)의 한 가지 요소에 불과하다. 상위인지란 우리의 사고 과정과 사고 능력 증진 방법에 대해 생각하고 이를 통제하는 능력이다.

어떤 정보를 계속 유지하기 위해 사람들이 사용하는 한 가지 방법은 암송(rehearsal), 즉 한 항목을 반복해서 되뇌는 것이다. 암송의 효과는 곧 연습의 효과라고 볼 수 있다. 암송은 다른 사람들이 볼 수 있게 소리를 내어 되뇌는 경우처럼 속으로 할 수도 있고, 남모르게 조용히 암송하는 경우처럼 속으로 할 수도 있다. 그러나 혼자서 몇 번이고 반복하여 기계적으로 단어를 암송하는 것은 효과적인 방법이 아니다(Tulving, 1962). 단어의 의미와 단어들 간의 상호 관련성에 대해서도 생각할 필요가 있다.

[그림 7-8] **암송**

그렇다면 암송의 방식의 차이가 기억효과에 영향을 미치는 것일까? Bahrick과 Phelps는 사람들이 집중학습(massed practice; 한 번에 몰아서 하는 학습)을 했을 때보다 분산학습(distributed practice;시간 간격을 두고 여러 회기에 걸쳐 이루어진 학습)을 했을 때 그 정보를 더 오래 기억한다는 사실을 발견하였다. 학습 회기의 시간 간격이 길수록 사람들은 학습내용을 더 오래 기억하였다. Arthur Glenberg(1977, 1979)는 이러한 학습의 간격효과 (분산 학습이 더 좋은 회상을 가져오는 현상)를 집중적으로 연구하였다.

그와 다른 연구자들은 간격 효과를 장기기억의 공고화 과정과 연결하였다. 이들은 분산 학습을 할 경우 각 학습 회기마다 부호화의 맥락이 다르므로 학습자가 각기 다른 부호화 단서나 책략을 사용할 수 있고, 따라서 정보의 도식을 더 정교화하고 풍요롭게 할 수 있기 때문에 간격 효과가 나타나는 것이라고 생각하였다. 공부할 때 간격 효과의 원리를 기억하는 것은 중요하다. 단기간에 다양한 주제를 다량으로 학습하는 것보다는 학습주제를 분산시키고 부호화 맥락을 다양하게 할 때 평균적으로 정보를 더 오래 기억할 수 있다.

5 기억술

기억술(Mnemonic devices)은 단어 목록을 기억해야 할 때 도움을 줄 수 있는 구체적인 기법을 말한다. 기억술은 기본적으로 아무 의미가 없거나 임의로 만들어진 단어 목록에 의미를 부여하는 방법이다. 먼저 범주 묶기는 목록에 있는 항목들을 몇 개의 범주로 조직화하는 방법이다. 예를 들면, 장보기 목록을 식품의 종류별로(과일, 채소, 육류 등) 조직화할 수 있다. 대부분의 성인들은 특별히 가르쳐 주지 않아도 스스로 범주 묶기를 활용할 수 있으나 굳이 이것을 기억술에 포함시킨 것은 이런 일반적인 기억술도 사용할 수 있다는 점을 상기시키기 위해서이다.

[그림 7-9] 기억술

상호작용 이미지 만들기는 기억해야 하는 단어에 해당하는 물체들이 매우 능동적으로 상호작용하는 모습을 최대한 생생하게 심상화 하는 방법이다. 예컨대 양말, 사과, 가위를 사야 한다면 사과로 가득 찬 양말을 가위로 자르는 장면을 상상한다. 쐐기 단어법은 이전에 기억해 둔 단어를 새로 기억해야 할 단어와 연합시켜서 이 두 단어 간에 상호작용하는 심상을 형성하는 방법이다. 예를 들면, "하나하면 할머니가" "둘하면 두부 장수" 셋 하면 새색시가 "와 같이 우리가 이미 기억하고 있는 노랫말을 활용한다. 만일 양말, 사과, 가위를 사야 한다면 두 할머니가 사과 하나를 놓고 다투는 모습, 양말 속에 두부가 짓이겨져 가득 차 있는 모습, 새색시가 엿장수

[그림 7-10] 기억의 이미지화

가위를 들고 짤깍거리는 모습을 상상한다. 장소법은 자신이 아주 잘 알고 있는 장소를 돌아다니면서 눈에 띄는 표식이나 지형 지물을 이용하여 기억해야 할 항목들을 연결하는 방법이다. 예를 들면, 여러분이 학교에 가는 길에 기이하게 생긴 집이 한 채 있고, 나무와 야구장이 있다면 기이하게 생긴 집의 지붕 꼭대기에 굴뚝 대신 양말이 휘날리는 모습, 가위로 나무를 자르는 모습, 야구장의 1루부터 3루까지 사과가 한 개씩 놓여 있는 모습을 상상하는 것이다. 머리글자로 단어 만들기는 어떤 단어나 개념을 의미하는 글자를 하나씩 가져다가 새로운 단어나 표현을 만드는 방법이다. 예를 들면 United Kingdom에서 머리글자를 따다가 UK를 만드는 것이다. 핵심 단어법은 외국어 단어의 소리나 의미를 친숙한 단어의 소리나 의미와 연결하여 상호작용이미지를 만드는 방법이다. 예컨대, 책을 의미하는 스페인어인 'libro'라는 단어를 외우기 위해 소리와 형태가 유사한 영어 단어의 'liberty'를 연상한 다음에 자유의 여신상이 횃불대신 큰 책을 높이 쳐들고 있는 모습을 상상한다.

이러한 기억술과 관련하여 맥락효과가 존재하는 다양한 실험들이 진행되었다. 먼저, 맥락은 기억의 정보를 찾아내는 단서를 제공한다. 만일 강의를 들었던 교실, 그 자리에서 시험을 보게 되면 교실이나 자리가 바뀌었을 때보다는 맥락이 같으므로 정보의 인출에 도움이 돼 시험을 잘 볼 수 있다. 적절한 맥락이 제공되지 않으면 전혀 인출해 낼 수 없었던 정보도 그 맥락을 적절히 제공해줌으로써 인출이 가능해진다. 따라서 망각됐다고 하는 것은 대부분의 경우 적절한 맥락이 없으므로 인출에 실패했다는 뜻이 된다. 한 실험으로 Baddeley는 스쿠버 다이버들에게 40개의 단어를 외우도록 하였는데, 그룹은 다음과 같이 4개의 그룹으로 나뉘어졌다. 먼저 A그룹은 물속에서 외우게 한 후, 물속에서 결과를 확인하였고, B그룹은 물속에서 외우게 한 후, 해변에서 결과를 확인하였다. 반대로 C그룹은 해변에서 외우게 한 후, 해변에서 결과를 확인 하였고 D그룹은 해변에서 단어를 외운 후, 물속에서 결과를 확인하였다. 결과는 다음과 같았는데, A그룹이 B그룹보다 더 많은 단어를 기억하였고, 마찬가지로 C그룹이 D

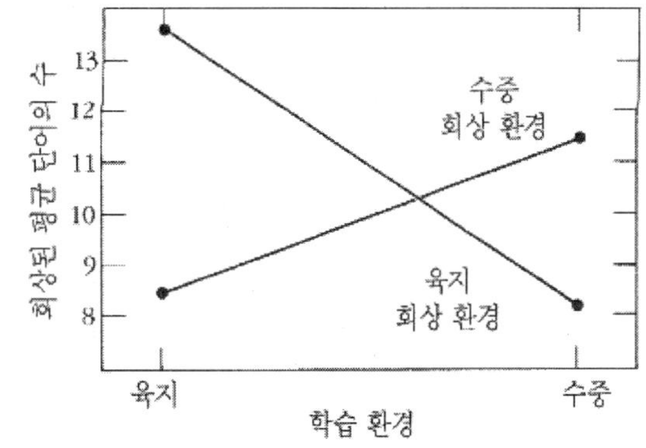

[그림 7-11] Baddeley의 실험

그룹보다 더 많은 단어를 기억했다. 즉, 기억이란 상황과 장소, 그 때의 기분과 같은 주변의 환경에 따라 얼마든지 달라질 수 있다는 것이다. 이러한 상황을 상태의존학습으로도 설명할 수 있다. 즉, 학습한 상태에 의존하여 시험을 치르면 인출이 더 용이하기 때문에 기억술에 중요한 기능을 하게 된다. 음주의 맥락에서도 유사한 결과가 나오는 것이 이러한 효과들 때문이다. 즉, 음주 시에 경험했던 사건들은 술이 깬 후에 기억나지 않다가 다시 음주를 하면 기억나는 경우가 있다.

6 기억의 간섭

간섭 이론은 단순히 시간의 경과에 따라 나타나는 것이 아니라 학습한 내용을 다음에 일어나는 일이 간섭하기 때문에 망각이 일어난다는 것이다. 즉, 아무런 다른 일이 생기지 않는다고 하면 학습한 내용은 망각되지 않고 그대로 유지될 것이라는 이론이다. 간섭에는 두 가지 유형이 있다. 먼저, 나중에 학습한 정보로 인해 이전에 학습한 정보가 부정적 영향을 받는 것을 역행간섭(retroactive interference)이라고 한다.

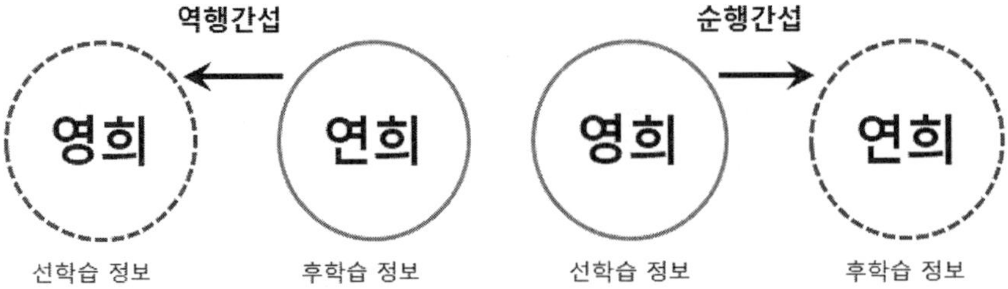

[그림 7- 12] 기억의 간섭현상

역행 간섭이 우리 기억의 망각에 미치는 영향을 Jenkins와 Dallenbach 의 연구가 잘 보여준다. 이 연구에서는 대학생 피험자들에게 무의미한 철자를 학습하게 한 후, 한 집단에게는 일상의 활동을 하게하고 다른 집단에게는 수면을 취하게 하였다. 만일 기억의 망각이 Ebbinghaus가 생각했던 것처럼 단지 시간의 흐름에 따른 결과라면, 같은 시간이 지난 후 두 집단의 무의미 철자의 기억은 비슷한 정도여야 할 것이다. 그러나 24시간이 지난 후, 수면을 취한 집단의 단어 파지율이 수면을 취하지 않고 일상 활동을 한 집단에 비해 더 높은 것으로 나타났다. 이는 단순한 시간의 흐름이 기억의 쇠퇴를 가져오기보다 계속적으로 유입되는 정보와 정신 활동이 저장된 정보의 인출에 간섭을 미침을 예시한다(Jenkins & Dallenbach, 1924). 반면에 이전에 학습된 정보에 의해 나중에 학습한 정보의 기억이 부정적 영향을 받는 것을 순행 간섭(proactive interference)이라고 한다. 순행간섭의 효과를 보여주는 Keppel 등의 연구에서는 피험자들에게 단어 목록을 이틀 간격으로 새로 계속적으로 학습하게 한 결과로 가장 최근에 학습한 목록의 기억은 점진적으로 더 나빠지는 것을 보였다(Keppel, Postman, & Zavortink, 1968). 첫 검사에서는 70%를 기억하지만 마지막 검사에서는 겨우 5%를 기억했을 뿐이었다. 즉 시험재료가 학습되기 전에 학습된 유사한 재료에서 빚어지는 방해는 급격한 망각을 끌어낸다. 그러나 역행간섭과 순행간섭의 본질에 대해서는 아직 명확히 규명되지 않은 실정이다.

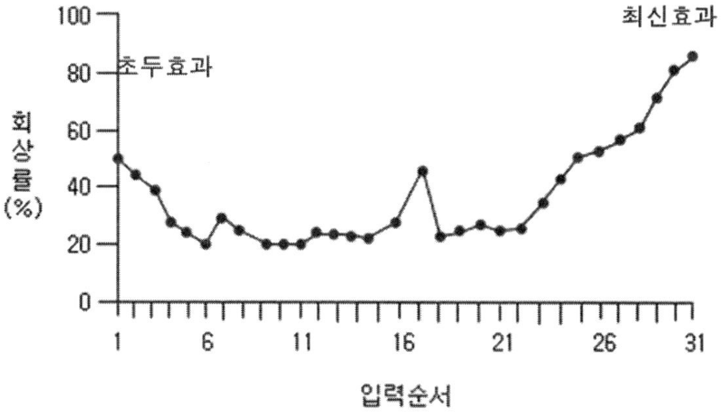

[그림 7-13] 기억의 시계열적 효과

계열 위치에 따라 기억의 차이가 있을 수 있다. Asch(1946)는 처음효과와 나중효과를 연구한 최초의 사람들 중의 하나이다. 한 실험에서 그는 피험자들에게 가상적인 사람들에 대해 여섯 개의 정보를 제시했다. 이들 정보들은 지적이다(intelligent), 근면하다(industrious), 충동적이다(impulsive), 비판적이다(critical), 고집이 세다(stubborn), 질투심이 많다(envious) 등 여섯 개 이었다. 피험자들의 절반은 이 정보들을 호감도 순으로, 나머지 절반은 반대의 순으로 접하게 한 후 가상적인 사람에 대한 그들의 태도를 표하게 했다. 그 결과, 호의적인 정보가 처음에 제시된 경우에는 더욱 긍정적인 태도가 형성되었고, 비호의적인 정보가 처음에 제시된 경우에는 더욱 부정적인 태도가 형성되어 처음효과가 존재함을 확인하였다. 초두효과는 그 후 많은 연구자들에 의해서 재확인되었다.

초두효과와 마찬가지로 신근성효과도 나타난다. 세 개의 숫자를 부호화하는 경우 중간 숫자를 부호화하는 마디는 첫 번째 숫자와 세 번째 숫자를 부호화하는 마디들을 억제한다. 그러나 후자의 두 마디는 모두 중간숫자를 부호화하는 마디를 억제한다. 따라서 처음과 마지막 숫자를 부호화하는 마디는 일반적으로 가장 활성화되며, 중간숫자를 부호화하는 마디는 일반적으로 가장 덜 활성화된다. 보다 많은 숫자가 있을 때에도 마찬가지이기는 하지만, 이 경우에는 다른 요인들도 작동하게 된다. 마지막 몇 개의 숫자들을 부호화하는 마디들은 바로 직전에 활성화되었기 때문에 상당한 수준의 활성화를 갖는다. 이것이 최신효과 (recency effect) 이다. 중간에 있는 숫자들을 부호화하는 마디들은 양쪽에서 억제되기 때문에 활성화의 수준이 가장 낮다 그래서 활성화곡선은 활모양을 이룬다. 만일 회상될 확률이 그 항목을 부호화한 마디가 활성화된 정도의 선형함수라고 가정한다면, 회상곡선은 활모양을 이룰 수밖에 없다.

7 도식

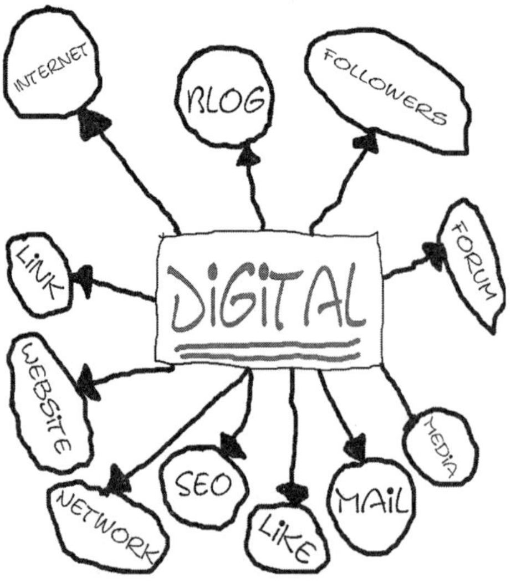

[그림 7-14] 정보의 도식과 기억

도식은 사물이나 사건에 대한 전체적인 윤곽을 말한다. 쉽게 말해 사고의 틀 이라고 생각할 수 있다. 이는 유사한 환경 안에서 , 반복에 의해 변화되고, 일반화된 행동의 구조 또는 조직화를 의미한다. 즉, 도식이 많으면 지식도 많다고 할 수 있다. 아울러, 우리는 지식의 수준 안에서 생각하고, 생각할 수 있는 범위에서 이해할 수 있다는 사실에 근거한다면, 도식의 기능은 세상을 이해하는데 매우 중요하다는 것을 알 수 있다. 그리고 도식은 낱

개의 정보가 아닌 연결된 정보망 유형의 지식 연합이라고 할 수 있기에, 정보의 수가 적다고 해서 도식이 용이하지는 않다. 중요한 것은 정보 연합의 적절성이다.

도식의 크기는 다양하다. 먼저, 도식과 도식이 모이게 되면, 스크립트(script)를 형성하게 되고 이러한 스크립트 속에 기승전결 이라는 문장 구성에 있어서의 4단계 즉, 서론, 설명 , 증명 , 결론 이 더해지게 되면 스토리(story)가 된다. 원래 이야기 속에 다른 이야기 또는 의미가 내포되어 있을 때는 담론(Discours)이라고 한다(허성호, 2012). 스키마(schema)는 원래 발달심리학에서 나온 용어인데 과거의 반응이나 경험에 의해 생성된 생물체의 지식 또는 반응체계로서 환경에 대해 적응하고 대처하도록 하는 역할을 담당한다. 이러한 스키마를 가지고 있기에 주위환경에 대해 체계적인 대응을 할 수 있다. 만약 이러한 스키마가 없다면 생물체는 외부에서 자신에게 주어지는 자극이 무작위와 우연, 또는 아무런 이유 없이 자신에게 닥쳐오는 사건들처럼 보이게 될 것이다. 음식을 대했을 때 음식의 맛, 배부름 등의 과거 지식과 반응에 대한 결과를 알기에 인간은 거의 무의식적으로 이에 대처할 수 있다. 또한 어떤 특정 인물, 물건 등에 대해서도 그에 알맞은 반응을 보일 수 있다. 스키마는 어떤 대상에 대한 유형화된 체계와 과거 행동 또는 반응에 대한 결과들로서 적극적으로 자극에 대해 반응할 수 있도록 지원해 준다. Bartlett는 기억되는 내용이 자극재료 자체에 의해 결정될 수도 있지만 도식이라는 기존의 지식체계에 의해 결정되기도 한다고 주장했다. 우리는 새로운 이야기를 들을 때 기존의 도식에 따라 단순화, 삭제, 첨가 등과 같은 기억의 왜곡을 일으킬 수 있다. 즉 도식에 따라 기억을 구성할 수도 있다. 또한 도식은 우리의 기억을 보충할 수도 있다.

도식의 유형에 따라 기억도 그 유형이 달라진다. 대표적인 것이 서술적 기억과 절차적 기억이다. 서술적 기억은 신경과학에서 다루는 기억중 하나, "선언적 기억" 이라고도 한다. "선언적 기억"은 의식이 있는 상태에서 회상할 수 있는 기억으로 의미기억과 일화기억으로 나뉨 지식과 알고 있는 사실들이 서술기억에 포함되는 대상이다. 이러한 서술기억은 해마, 해마 방화역역, 간뇌 등이 관여하는 것으로 알려져

[그림 7-15] 자기연속성과 일화기억

있다. 그렇다면 의미기억과 일화기억은 어떤 기능을 할 수 있는가? 먼저 의미기억은 자기 자신의 입장에 최대한 긍정적 결과를 도출하도록 유도해 준다. 즉, 나에게 의미 있는 기억들만 보유하거나 혹은 의미기억은 실제로 긍정적인 왜곡이 많이 나타난다.

반면에 일화기억은 변하지 않는다. 그렇다면 의미기억보다 일화기억은 상대적으로 부정적인 자기의 형상을 보유할 가능성이 높다고 할 수 있는데, 그 주된 기능을 무엇인지 고민해 볼 수 있다. 실제로 사람들은 자신의 긍정적인 가치만 부각하기 위해 늘 의미를 부여한다. 그래서 의미기억의 많다는 것은 자신에 대한 긍정적 편향을 유도할 가능성이 높다. 하지만, 일화기억은 그런 측면보다 본질자체에 증거가 되는 기능을 한다. 일화기억은 바뀌지 않기 때문에 자기연속성을 부여하는데 매우 중요한 기능을 한다.

과거의 나와 현재의 나를 동일한 존재로 인식하도록 도와주는 것이 바로 일화기억이다. 따라서 자신의 존재를 확신하고 늘 안정적인 자기를 인식하기 위해서는 일화 기억을 만들어야 한다. 가장 쉬운 방법이 여행을 가거나 자기만의 경험을 쌓아 가는 것이다. 절차기억은 하루하루 행동에 기초가 되는 기억을 말한다. 절차기억은 먼저 어떤 일을 하는 기술이나 습관에 대한 기억자전거를 타는 방법을 익히거나, 책을 읽는 방법을 익히는 것 같은 신체적 , 인지적 기술들이 이 범주에 속한다.

8 인지적 정보처리

사람들은 문제를 해결하려고 시도 할 때 논리적 성향을 강조하는 알고리즘은 한 단계씩 따라 할 때 문제의 해결책을 발견하게 되는 확실한 규칙을 말한다. 알고리즘의 제안은 인지심리학자인 Newell과 Simon이 컴퓨터공학 연구의 한 분야로 수행한 것이다. 문제를 해결하는 체계적인 방법의 필요성은 컴퓨터 응용에서 더욱 명백해진다. 컴퓨터는 설계상 '나에게 운이 따른다면'식의 전략은 잘 통하지 않는다. 동시에 컴퓨터의 빠른 처리속도는 연속된 활동을 매우 신속하게 처리할 수 있게 해 준다. 이러한 특징은 알고리즘이라고 부르는 수학적 논리분야에 특별한 관심을 가지도록 하였다. 기본적으로 알고리즘은 항상 특정 유형의 문제에 대한 해결책을 이끌어내는 절차다.

가장 기본적인 형태의 알고리즘은 체계적 탐색으로 이는 모든 가능한 해결 대안들을 포함하여 체계적으로 하나씩 검토해 나가는 것이다. 알고리즘은 항상 해법에 도달하도록 해 주는데, 어떤 것은 다른 것보다 효율적이다. 이처럼 효율적인 알고리즘이 분명 바람직하기는 하지만 불행하게도 어떤 문제에서는 단지 비효율적인 알고리즘만 있게 되며, 방대한 문제에서는 컴퓨터조차 감당하기 힘든 것이 된다. 따라서 이러한 비효율적인 문제해결책을 극복하기 위해 '휴리스틱'이라는 문제 해결 전략에 의존한다.

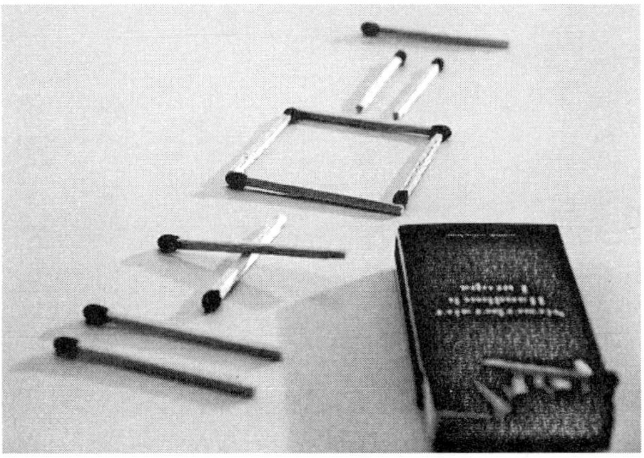

[그림 7-16] **체계적 정보처리**

휴리스틱이란 주어진 정보를 가지고 분석하여 경험에서 발생한 편향을 통한 직관적 사고 방식을 말한다(Kahneman et al., 1982). 휴리스틱은 불완전한 도움이 되는 방법이며(albert einstein, 1905), 문제를 해결하거나 불확실한 사항에 대한 판단이 필요하지만 명확한 실마리가 없는 경우 사용하는 편의적, 발견적인 방법이라고 정의 했다(Tomono, 2007). 휴리스틱에 대비되는 개념은 정보처리 패러다임의 등장(Newell & Simon, 1961)으로 인한 알고리즘(Algorithm)이다. 알고리즘은 일정한 순서대로 풀어 가면 정확한 해답을 얻을 수 있다고 본다. 휴리스틱 접근법은 인간의 효율적인 목표달성 수행 방법으로 몇 가지 단서로만 문제해결을 시도한다. 이는 완전한 답을 알고리즘보다 신속하게 얻을 수 있다는 장점이 있는 반면, 완전한 접근방법이 아니기 때문에 문제해결에 실수를 범할 수 있다는 단점이 있다.

휴리스틱의 발생은 동기적 상태를 가정한다. 수용자가 경험에 인식한 판단이 정확하다는 인식에 기반을 두고 실제와 일치시키려는 판단으로 편향이 발생 하는 결과를 발생시키는 정확성 동기(Chaiken, 1980)는 Chaiken등이 초기 휴리스틱 동기로 한정하였다. 최근 연구에서는 정확성 동기를 넘어서 자신의 신념이나 태도에 일치하는 것만 받아들이고 그것에 벗어나는 것은 받아들이지 않음으로서 자신의 편향이 점점 강화되는 방어동기(Eagly & Chaiken, 1993)와 개인이 소속된 조직이나 사회집단 또는 준거로 삼는 집단의 기준과 일치하는 것을 판단 없이 받아들임으로서 다른 사람의 비난이나 반대를 최소화 할 수 있다고 믿는 인상동기(Ditto & Lopez, 1992)를 가지고 동기 부여된 휴리스틱을 모델에 적용하고 있다(Chen, Shechter, & Chaiken, 1996). 이러한 휴리스틱은 소비자의 행동을 연구하는 영역 중 여러 분야에서 사용 되고 있다.

9 휴리스틱

휴리스틱은 경험에 기반을 두어 문제를 해결하거나 학습하거나 발견해 내는 방법을 말한다. 전산학 등 과학 분야에서는 한정된 시간 내에 수행하기 위해 최적의 해 대신 현실적으로 만족할 만한 수준의 해를 구하는 방법이다. 형용사구로 어림법(heuristic method, 휴리스틱 기법)라고도 한다. 어림법은 인간과 기계에서 어떤 문제를 해결하거나 제어하기 위해 필요한 정보를 위해 느슨하게 적용시키는 접근을 시도하는 전략을 말한다. 가능한 가장 좋은 해답 혹은 최적의 해결법에 접근하기 위한 빠른 방법을 얻기 위해 특히 쓰인다. 이는 어림짐작이며 교육된 추정이고 직감에 의한 직관적인 판단 또는 간단히 상식을 이용한다. 어림법은 문제를 해결하기 위해 가장 보편적으로 쓰는 방법 중 하나이다. 의사결정하려면 다양한 변수를 고려해야 하지만 현실적으로 정보의 부족과 시간제약으로 완벽한 의사결정을 할 수 없다. 제한된 정보와 시간제약을 고려해 실무상 실현 가능한 해답이 필요하다. 어림법은 이런 경우를 위해 가장 이상적인 해답을 구하는 것이 아니라 현실적으로 만족할 만한 수준의 해답을 찾는 것이다. 따라서 어떤 문제가 있을 때 그 문제를

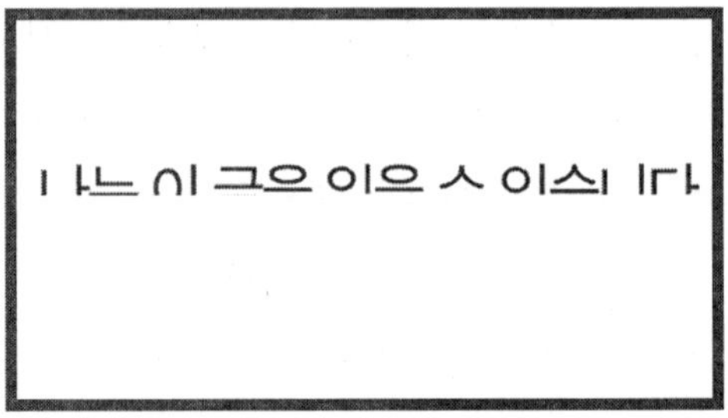

[그림 7-17] 휴리스틱의 정보처리

푸는 방법이 아직 없거나 현실적으로 불가능 할 때, 혹은 문제를 풀기 위한 정보가 완전히 주어지지 않을 때, 확립된 절차에 따라 답을 구할 수 있을 정도로 문제가 명확하게 정의되지 않았을 때 어림법이 사용 가능하다. 어림법에서는 공식적인 의사결정이나 비공식적인 일상의 판단에 있어서 사람들은 복잡한 형식논리에 의존하지 않고 문제를 단순화시켜 도식적 처리를 하거나 지름길적인 해결방략을 사용한다. 이 지름길적인 해결방략은 문제를 쉽게 처리해 주기는 하지만 그 해답이 왕왕 틀릴 수 있으며, 맞는다고 하더라도 그 논리과정은 불합리성을 띄고 있는 것들이다. 이들을 휴리스틱(heuristics)이라 부른다(Tversky & Kahneman, 1974). 사람들이 일상의 판단에서 비공식적인 판단방략인 휴리스틱에 의존한다는 것은 사람들의 의사결정 과정이 지닐 수 있는 취약성을 인식시키게 되었고 많은 연구를 촉발시켰다. 사실 사회적 추론과 판단에 관한 상당량의 연구들은 인간이 휴리스틱을 사용함으로써 초래되는 판단 오류에 초점이 맞추어져 있다. 이는 사람들이 일상적으로 범하는 판단 오류들은 다양한 휴리스틱들이 존재함을 보여는 좋은 증거가 되기 때문이다. 이에, 휴리스틱은 다양한 형태로 존재한다.

먼저, 가용성 휴리스틱(Availability Heuristic)이란 어떤 사건이 발생한 빈도를 판단할 때 그 사건에 대한 객관적인 정보를 활용하기보다는, 사건에 관한 구체적인 예를 얼마나 떠올리기 쉬우냐에 따라 그 발생의 빈도를 판단하는 것을 말한다(Tversky & Kahneman, 1973). 즉, 구체적인 예가 친숙하고 생생하며 기억에 남을 만하고 시간적으로 가까운 것일수록 떠오르기 쉽기 때문에, 이에 근거하여 빈도를 판단하는 것이다. 가용성 휴리스틱에서 가용성은 사실상 '기억의 용이성'을 뜻한다. 따라서 가용성 휴리스틱은 어떤 문제나 이슈에 직면해 무언가를 찾아서 알아보려고 하기보다는 당장 머릿속에 잘 떠오르는 것에 의존하거나 그걸 중요하다고 생각하는 경향을 말한다.

[그림 7-18] 가용성 휴리스틱

둘째, 대표성 휴리스틱이란 우리가 어떤 대상이나 사람이 특정 범주의 전형적인 특성을 얼마나 많이 나타내는지, 즉 대표성이 있는지에 근거하여 특정 범주에 속할 확률을 판단하는 인지적 책략이다.

쉽게 말하자면 어떤 개별적인 대상 A가 B라는 부류의 특성들을 대표하는 것으로 보일 때 곧바로 'A는 B에 속한다.'고 판단하는 것이다. 대표성 휴리스틱과 관련하여 가장 유명한 예시로는 린다 문제(Linda Problem)가 있다. 츠벌스키와 카네만(Tversky & Kahneman, 1974, 1983)은 린다(Linda)라는 가상의 인물을 설정하고, 피험자들에게 이 인물에 대해 31살의 여성이며 독신이고 철학을 전공했으며, 인종 차별 반대와 사회 정의에 깊은 관심을 보이고 반핵 시위에 참여했다는 설명을 했다. 그 다음, 린다가 은행 직원일 확률(A)과 은행 직원이면서 여성 운동가일 확률(B) 중에 어느 것이 더 큰지 예측하라고 했다. 이때 대부분의 사람들은 린다가 은행 직원일 확률(A)보다, 은행 직원이면서 여성 운동가일 확률(B)이 더 크다고 예측했다. 그러나 논리적으로 생각해보면 린다가 은행 직원이면서 여성 운동가라면 당연히 린다는 말 그대로 은행 직원이기 때문에, 은행 직원일 확률(A)이 당연히 은행 직원이면서 여성 운동가일 확률(B)보다 크다. 그러나 사람들은 여성 운동가라는 직업이 린다의 특성을 대표한다고 생각하기 때문에, 은행 직원이면서 여성 운동가일 확률(B)을 더 크게 생각한 것이다.

[그림 7-19] **대표성 휴리스틱**

셋째, 시뮬레이션 휴리스틱은 특정 사건의 빈도나 발생확률을 해당 사건을 상상하기 쉬운 정도에 따라 추론하는 것을 말한다. 즉, 추론할 때 가장 쉽게 떠오르는 가상적 시나리오에 따르는 경향을 일컬으며 모의 휴리스틱이라고도 불린다. 환자와의 접촉으로 AIDS에 감염되는 시나리오를 자주 마음속으로 생각했던 의사들은 그렇지 않은 의사들보다 자신이 AIDS에 감염될 가능성을 훨씬 더 높게 추정했다고 한다(Heath, Acklin & Wiley, 1991). 이 예시를 통해 시나리오를 자주 떠올리게 되면 그 시나리오가 더욱 그럴듯하게 느껴지고 마침내 그것을 사실로 믿어버리고 자신의 판단능력을 과신하게 된다는 것을 알 수 있다.

[그림 7-20] 오른쪽 남자는 젊은 사람입니까?

넷째, 사람들은 흔히 어떤 판단을 내릴 때 초기 기준을 설정하고 추후에 그 기준을 조정하는 방법으로 판단을 내리곤 한다. 이를 기준점효과와 조정 휴리스틱이라고 하는데(Tversky & Kahneman, 1974), 조정할 때 기준점에 얽매여 충분히 조정을 하지 못하게 되는 데에서 편향이 발생하게 된다. 여기서 기준점은 스스로 설정하기도 하고, 외부로부터 주어지기도 한다. 트버스키와 카네만(Tversky & Kahneman, 1974)은 기준점 효과와 관련하여 한 실험을 진행했다. 먼저, 피험자를 두 집단으로 나누어 각각 8 × 7 × 6 × 5 × 4 × 3 × 2 × 1과 1 × 2 × 3 × 4 × 5 × 6 × 7 × 8이 얼마냐는 질문에 바로 답하도록 했다. 흥미롭게도, 그 결과 첫 번째 집단의 경우 응답의 평균이 2250이었고, 두 번째 집단의 경우 평균이 512였다. 8부터 곱한 집단은 첫 기준이 높기 때문에 높은 기준에 따라 조정이 이루어졌고, 1부터 곱한 집단은 첫 기준이 낮기 때문에 낮은 기준에 따라 조정이 이루어 진 것이다. 이 실험을 통해 숫자의 순서만 바꾸더라도 기준점이 다르게 설정되어 평균이 다르게 나온 것을 알 수 있다. 그들은 기준점 효과와 관련하여 다른 실험도 수행했는데 사람들에게 제비뽑기로 0에서 100까지의 숫자카드 중 하나를 뽑게 한 후, 유엔 가입국가 중 아프리카 국가가 차지하는 비율을 물어보았다(Tversky & Kahneman, 1974). 그 결과 제비뽑기에서 높은 숫자를 뽑은 사람일수록 높은 비율로 대답하고, 낮은 숫자를 뽑은 사람일수록 낮은 비율로 대답하는 현상이 확인되었다. 제비뽑기로 뽑은 숫자는 사실 유엔 가입국가 중 아프리카 국가의 비율과 아무 관계가 없는 무의미한 숫자일 뿐이지만 사람들은 그 숫자에 영향을 받았다. 제비뽑기로 뽑은 숫자가 기준점이 되어 이후 의사결정을 할 때, 이 숫자에서 크게 벗어나지 못하게 된 것이다. 이는 배가 어느 지점에 닻을 내리면 그 지점에서 크게 벗어나지 못하고 근처를 맴도는 것과 비슷하여 '닻 내림 효과'라고도 불리어 진다.

[그림 7-21] **교차휴리스틱**

마지막으로 교차휴리스틱은 시뮬레이션과 직관의 긍정적인 측면이다. 간혹, 우리는 살아가면서 간혹 비과학적인 선택이 매우 탁월할 때가 있다. 뭔가 설명할 수는 없지만, 이상하게도 매우 적절한 의사결정을 하는 경우가 있다. 이러한 것 중에 직관의 개념이 포함되어 있는데, 감정 휴리스틱과 어우러져 논리적인 설명은 아니지만 순간적으로 매우 빠른 절자가 뇌 속에서 시뮬레이션 되는 것을 교차휴리스틱이라고 한다. 영화 홈즈에서 보면 주인공의 생각 속에서 여러 가지 교차된 행동들의 일련되 과정을 매우 빨리 처리하고, 실제로도 그대로 적용되는 것이 한 예라고 할 수 있다. 아울러, 대개는 이러한 시뮬레이션이 공상으로 끝나지만 공감각 능력이 우수하게 되면 예지력과 같은 직감적 능력을 발휘 할 때가 많다. 즉, 수많은 정보들을 단계별로 따지기에는 너무 많은 시간이 흐르기 때문에 현실적인 의사결정모형으로 수용하기 어려운 상황이라고 가정해 보자. 하지만, 특이한 경우 그 교차된 정보의 결정능력이 매우 탁월한 수완을 가지는 경우가 있다. 즉, 단순한 무선 선택이 아니라 오랜 경험으로 배태된 숙련도와 매우 밀접한 연관이 있다. 예를 들어, 미국의 FBI에서 싸이코패스 범죄자를 추적하는 가장 탁월한 방법을 소개할 때, 과학수사기법(CSI)가 아니라 17년 이상 경력을 지닌 형사의 직관에 의존하는 방법을 선택한 것도 이러한 효율성이 증명되고 있기 때문이다.

실습하기 3 활동 초점 이론: 생활만족도(Activity Focus Theory: Life Satisfaction)

활동 초점 이론에 따르면 인간의 활동은 크게 두 가지 방향성(orientation)을 두고 내적 갈등을 겪게 됩니다. 물론 구체적인 활동이 무엇이냐에 따라 차이가 있고, 하위 유형이 다양해진다면 더 복잡한 계를 적용할 수도 있을 것입니다. 하지만, 일반적인 이중체계(Dual System)가 인간의 행동을 설명하는데 가장 명료하고 접근하기 쉬운 구조를 갖추고 있기에, 초기 점검이나 가벼운 심정으로 관여하기에는 매우 유용한 패러다임입니다. 이에, 본 실습과정에서는 여러분의 다양한 활동들 중에 가장 근본적인 생활(Life)에 대해 스스로 어떻게 조망하고 있는지에 대해 점검할 것입니다. 아울러, 이 척도는 1300여명의 한국인들에게 자신의 일상생활을 설명하게 한 후 자신의 삶에 대해 평가하면서 그 이유에 대해 여러 가지 자신의 일상생활활동들에 초점을 맞추어 기술한 내용에서 추출한 것입니다(허성호, 2012).

평가방법

평가를 시작하기 전에 먼저 평가의 방식은 다음과 같습니다. 아래의 척도에 대한 평가 방법은 7점 Likert로 실시하며, 그 구체적인 방법은 다음과 같다. 각 문항에 대하여 "매우 그렇다"라고 생각하면 7점을 부여하고, 반대로 "전혀 아니다"라고 생각하면 1점을 부여한다.

전혀 아니다			보통이다			매우 그렇다
①	②	③	④	⑤	⑥	⑦

번호		일상성 평가 문항	평가
인성	1	봉사활동 하기	
	2	신앙 활동하기	
	3	철학책 읽기	
	4	가족과 대화하기	
	5	생활일지 남기기	
능력	6	외국어 배우기	
	7	예체능 활동하기	
	8	정치활동 참여하기	
	9	정기 저축하기	
	10	전문기술 익히기	

번호		일탈성 평가 문항	평가
훈련	11	높은 산 오르기	
	12	경기대회 참여하기	
	13	경매 낙찰 받기	
	14	강의(발표) 하기	
	15	혼자여행 가기	
여가	16	공연 보기	
	17	캠핑하기	
	18	음식명소 탐방	
	19	놀이공원 가기	
	20	레포츠 참여하기	

먼저, 인성, 능력, 훈련, 여가의 네 가지 영역에서의 각 점수를 계산합니다.

실습하기 3

1. 네 가지 계산한 값을 그래프 상에 표시하고 네 점을 이어 사각 도식화 합니다.

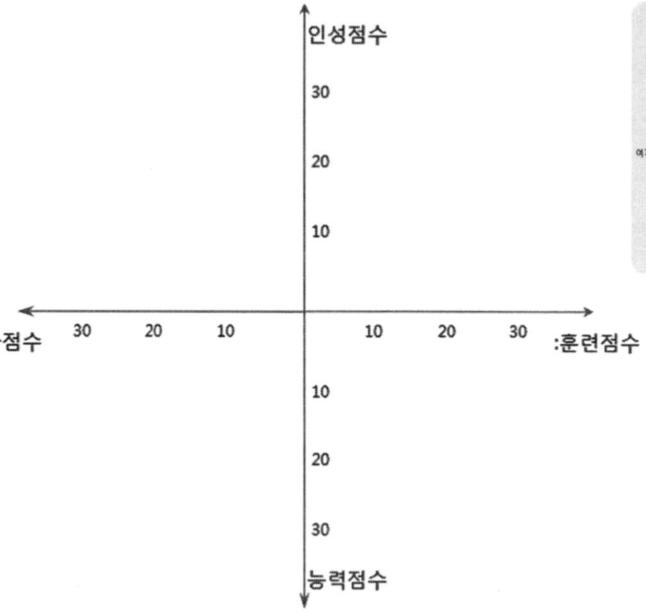

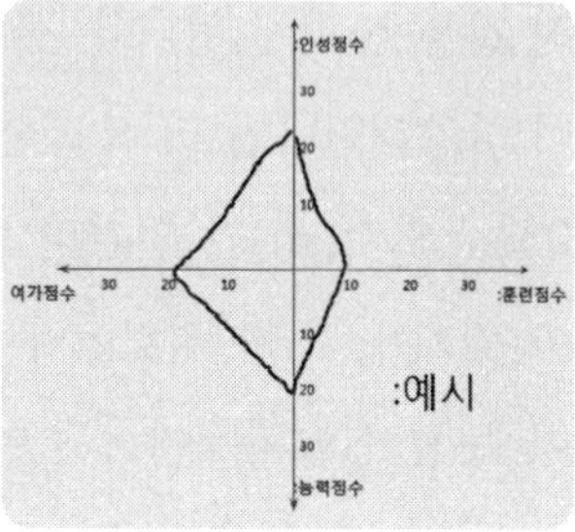

먼저, 여러분들은 일상생활에 적응하는 과정에서 크게 두 가지 초점에 맞추어 행동이 결정됩니다. 첫 번째로, 일상성(Routine)입니다. 일상성은 여러분이 삶을 영위하면서 습관처럼 행동하는 매우 정규적인 행동들을 의미합니다. 일상생활에서 늘 마주하게 되는 주요 행동들이 되며 여러분의 삶의 핵심을 결정하는 매우 중요한 근간이 될 것입니다. 여기에는 또 다시 인성과 능력의 두 가지 유형이 존재합니다. 인성은 삶에 대한 내형적 함양이라고 할 수 있으며 능력은 외형적 유산이라고 할 수 있습니다. 두 번째로, 일탈성(Deviation)은 정규 속에 지내던 지루한 일상에서 벗어나는 신선한 경험과 같은 행동들을 의미합니다. 새롭게 변해가고픈 삶의 혁신을 결정하는 매우 중요한 근간이 될 것입니다. 이 또한 훈련과 여가의 두 가지 유형이 존재합니다. 훈련은 목표성취를 위한 행동들이며, 대부분 능력과 관련되는 행동들입니다. 반면, 여가는 즐거움을 위한 행동들이며, 대부분 인성과 관련되는 행동들입니다.

논의 1

그렇다면, 위의 결과를 토대로 여러분의 일상생활 만족도는 어떻게 설명할 수 있을까요? 위 결과를 각 요소별 이해와 더불어 자신의 삶에서 경험하는 여러 가지 사례를 통해 자기 자신의 일상생활만족도를 설명하시오.

2. 아래의 좌표에 R점수와 D점수을 이용하여 자신의 삶의 유형을 확인.

이제, 유형을 확인하기 위해 일상성 점수(R)과 일탈성 점수(D)를 산출합시다. 유형 점수의 계산방식은 각 네 가지 총점을 이용합니다. 계산방식은 다음과 같습니다.

일상성 초점 점수(R) = 인성점수 – 능력점수

일탈성 초점 점수(D) = 훈련점수 – 여가점수

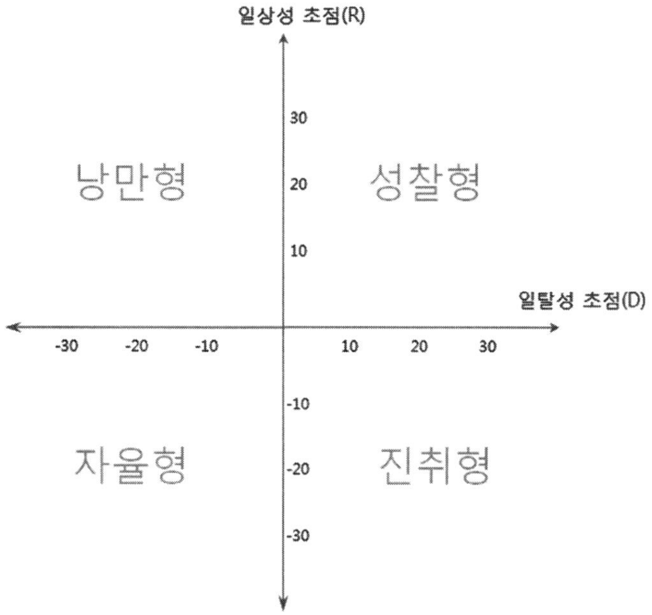

		일상성	
		인성	능력
일탈성	훈련	성찰형	진취형
	여가	낭만형	자율형

논의 2

자기 자신이 실시한 결과를 토대로 자신의 일상생활 유형을 결정하고, 그 유형에 대한 자신의 입장을 논의하시오. 아울러, 구체적인 행동을 언급하고 유형을 적용하여 설명하시오.

단원개관

발달 심리학은 한 개인이 시간에 흐름에 따라 성장하고 그 성장 속에 일어나는 발달적 변화 과정을 연구한다. 발달의 쟁점에는 신체기능, 지능, 인지, 언어, 성격, 사회성, 도덕성 등 인간의 모든 특성이 포함된다. 피아제는 인지발달 수준이 도식(schema), 적응(Adaptation), 동화(assimilation), 조절(accomodation), 평형(equilbrium)의 상호작용 속에서 연령에 따라 크게 감각운동기, 전조작기, 구체적 조작기, 형식적 조작기의 4단계의 변화를 거친다고 설명했다. 한편, 비고츠키는 아동의 인지발달이 문화적 맥락 속에서 일어나는 성인이나 앞선 동료와의 사회적 상호작용을 통해 가능하다고 보았고, 근접발달영역(Zone of Proximal Development)과 비계 설정을 강조하였다. 도덕성 발달이론은 콜버그의 관점이 많이 알려져 있으며, 1단계(타율적 도덕 단계)와 2단계(개인주의 단계), 3단계(대인간 기대 단계)와 4단계(사회 시스템 도덕 단계), 5단계(개인의 권리 및 사회 계약 단계)와 6단계(보편적 윤리적 원칙 단계)로 나뉜다. 아울러, Ainsworth(1970)는 유아의 애착을 측정하기 위해 '낯선 상황(strange stiuation)실험'을 개발하였다. 그뿐만 아니라 사회성발달의 초기 단계인 애착에 영향을 주는 것은 단지 결합이 아니라 결합과 분리가 반복되어야 한다는 것을 강조하게 된다

PATA 8

전생애 발달

1 발달심리

발달 심리학은 한 개인이 시간에 흐름에 따라 성장하고 그 성장 속에 일어나는 발달적 변화 과정을 연구한다. 발달적 변화의 과정에는 신체기능, 지능, 인지, 언어, 성격, 사회성, 도덕성 등 인간의 모든 특성이 포함된다. 이러한 발달의 변화양상과 과정은 대부분 순서가 있으며, 인간이면 누구나 겪게 되는 것이다. 또한 이 발달과정에는 양적으로 커지고 기능의 수준이 높아지고 원숙해지는 변화가 있고 동시에 기능이 약화되고 구조가 쇠퇴하는 변화도 포함한다. 과거에는 흔히 아동기와 청년기의 발달은 긍정적인 변화인 반면에 중년기 이후부터의 노년기 발달은 쇠퇴로 인해 부정적인 변화라는 생각이 지배적이었다. 그러나 최근에 밝혀진 연구결과들에 의하면 노년기에도 분석, 통합, 추론, 문제해결능력 등 여러 영역에서 긍정적인 발달이 지속되고 있는 것으로 나타났다(Baltes, 1987). 따라서 인간의 발달적 변화를 시기에 따라 긍정적이거나 부정적으로 변화한다고 생각하는 단순한 증가와 쇠퇴의 고정관념적인 우리의 도식은 발달과정을 제대로 보여주지 못하는 것이다(송명자, 1994; Datan et al., 1987).

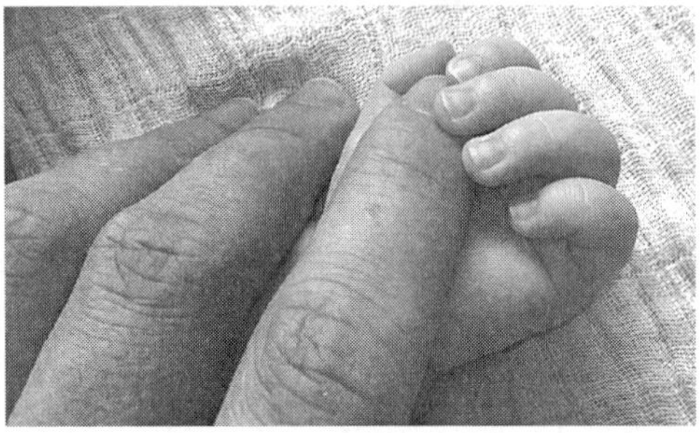

[그림 8-1] 발달의 적용

2 연속성과 비연속성

연속적 변화의 관점에서는 발달을 지속적인 양적 변화의 과정으로 본다. 이전 경험 위에 새로운 사건이나 변화가 질서정연한 방식으로 덧붙여지는 연속적인 과정을 발달이라고 한다(Rutter, 1987; Wohlwill, 1973). 그러므로 연속적 변화는 종류가 아니라 정도의 변화를 의미한다. 예를 들어 성인기까지의 키의 성장은 점차로 일어나고, 같은 방식으로 진행된다(신명희 외, 2013). 반면에 불연속적 변화의 관점에서는 발달을 구별되는 단계(stage)로 일어나는 질적 변화의 과정으로 본다.

이전 단계의 행동과 질적으로 다른 행동이 만들어지는 방식으로 일련의 단계가 순차적으로 전개되는 것을 발달이라고 한다. 예를 들어, 일군의 인지심리학자들은 우리의 사고는 발달에 따라 근본적인 변화가 일어나서 질적으로 달라진다고 주장한다. 불연속적 변화로서의 단계의 개념은 몇 가지 특성을 지닌다. 첫째, 이전 발달단계와 그 다음 발달단계는 질적으로 다르다. 예를 들어, 기는 행동과 걷는 행동은 질적으로 다르다. 둘째, 각 발달단계는 그 단계 내의 모든 변화를 지배하는 주제가 있다. 위의 예에서, 한 발짝씩 간신히 걷기 시작하는 행동이나 뛰듯이 빨리 걷는 행동 모두가 '걷는다'는 주제로 귀속된다. 셋째, 발달단계는 모든 개인에게 동일한 순서로 진행된다. 그러나 각 발달단계의 진행속도에는 개인차가 있다(신명희 외, 2013).

[그림 8-2] **발달의 연속성과 불연속성**

대부분의 발달학자들은 발달이 연속적 혹은 불연속적이라는 양자택일의 입장은 적절하지 못하다고 생각한다. 관점에 따라 발달은 양적 변화일 수도 있고 질적 변화일 수도 있다고 설명한다. 많은 발달의 변화가 연속적이지만 그러나 어떤 발달의 변화는 확실히 불연속적 변화이다. 혹은 단기간의 발달 변화는 연속적이지만 장기간의 발달변화는 질적으로 다른 단계로 분류할 수 있다. Siegler(1991)는 "멀리서 보면 아동의 사고는 단계적으로 변화하는 것 같다. 가까이에서 보면 같은 변화라도 종종 점진적, 연속적 변화처럼 보인다."고 하였다(신명희 외, 2013).

앞선 내용과 동시에 각 사회들은 연속/비연속 이슈에서 서로 다른 입장을 취한다. 예를 들어, 일부 태평양 극동문화에서는 성인을 기술하는 데 사용하지 않는 영아의 특질을 나타내는 단어들이 따로 있으며 지능이나 분노와 같은 성인용 용어들을 영아의 특성을 기술하는 데는 절대로 사용하지 않는다(Kagan, 1991). 이러한 문화에 살고 있는 사람들의 성격 발달을 비연속적인 것으로 보며 영아를 어른과 기본적으로 너무 다르기 때문에 어른과 동일한 성격 차원에서 판단할 수 없는 존재로 취급한다. 북미와 북부유럽 사람들은 성격 발달을 연속적인 과정으로 보며 아기의 기질에서 성인 성격의 씨앗을 찾으려는 경향이 더 많다(송길연 외, 2012).

3 유전과 환경

천성은 부모로부터 물려받은 선천적인 기질, 능력, 역량을 말한다. 이는 곧 성숙의 과정으로, 유전적 소인에 의해 생산되는 모든 요인들을 포함한다. 유전은 우리의 눈이 쌍꺼풀인지, 대머리인지, 시력이 근시인지 등에 영향을 준다(신명희 외, 2013). 대부분의 신생아가 정상적으로 태어나지만 일부는 장애를 가지고 태어난다. 이러한 장애는 부모로부터 유전적으로 물려받아서 발생하기도 하고 태내환경의 영향을 받아서 일어나기도 한다(신명희 외, 2013). 이와 같이 양 부모로부터 수천 개씩 물려받은 유전자들은 제각기 다른 특성을 가지고 있기 때문에 사람들은 저마다 유전적으로 독특한 특성을 가지게 된다. 한 부모에게서 태어난 형제나 자매도 서로 다른 유전자를 가진 난자와 정자의 결합에 의해 각기 다른 유전적 특성을 가지게 되므로, 형제라 해도 서로 성격이 다르고 외모가

[그림 8-3] 유전적인 특성

다르다(신명희 외 , 2013)

한편, 가정은 아동이 출생 후 접하게 되는 최초의 생활환경이며, 부모는 아동성장 발달의 일차적인 교육환경으로서 가장 중요한 환경이라고 말한다. 생후 수년간 이루어지는 가정에서의 경험이 인간의 성장, 발달에 미치는 영향이 중요한 것은 여러 연구들에서 이미 지적되어 왔다(Bloom, 1964). 또한, 부모의 양육 태도는 아이의 환경을 결정하게 되고 이것은 아이의 인지발달에 영향을 주게 된다. 부모가 허용적 이면서도 때로는 단호하게 꾸지람을 할 줄 아는 안정형 일 때는 아이에게 바람직한 환경을 제공하게 되지만 무시형 부모인 경우에는 눈치 보는 아이로 자라게 되고, 성장하면서 혼자 사는 법을 터득하게 되면 남에게 부탁하는 것을 싫어하게 되고 타인과의 친밀한 관계에 무관심하거나 무시하는 아이로 자라게 된다.

4 개인차와 안정성

아울러, 발달에는 개인차가 있다. 발달은 일정한 순서를 거치며 평균적인 발달의속도가 존재하지만 모든 개인이 같은 발달 패턴을 가지는 것은 아니다. 모든 영역에서 빠른 발달을 보이는 조숙한 아동이 있는가 하면 말이 늦거나 신체 발달이 더딘 아동이 있다. 이는 개인 고유의 특성이 드러나는 부분이며 이로 인해 개인이 보이는 발달의 양상과 속도는 다르다(김태련 외 ,2004). 사람들은 외모, 생각, 성격, 기질이 다르고 정서적 반응도 다르며, 가정이나 공동체, 사회, 인간관계와 같은 삶의 배경도 다르다. 발달은 전 생애에 걸쳐 연속적으로 일어나고, 변화는 생의 어떤 시기에도 여러 가지 다양한 영향들의 결

[그림 8-4] 개인차의 범위

과로 일어난다(신명희 외, 2013). 예를 들어, 동일한 4세아라 할지라도 언어발달이 빨라서 타인과 자유롭게 의사소통을 하는 유아가 있는가 하면 가족구성원 간의 의사소통 수준에 머무는 유아도 있다. 또 어떤 아동은 사회성 발달에 비해 신체발달이 보다 잘 이루어진 반면 다른 아동은 사회성 발달이 더 우세하기도 하다.

반면에, 발달의 안정성을 강조하는 심리학자들은 상당수가 이러한 안정성이 유전이나 초기의 경험에 따른 결과라고 생각한다. 그러나 발달상의 변화를 강조하는 사람들은 이후의 경험이 달라진 인생을 가져올 수 있다고 생각한다. 그들은 인생 전체에 걸쳐 가소성, 즉 변화에 대한 잠재력이 있다고 생각한다. 이 문제에 대한 논쟁이 발달심리학자들 간에 매우 뜨겁게 이루어져 왔는데, 다른 차원의 문제와 마찬가지로 안정성 대 변화에 대한 문제도 어느 한쪽만으로 발달을 모두 설명할 수는 없다. 대신에 유전과 환경이라는 두 요인이 발달에 대한 안정성과 변화를 역동적으로 가져온다고 할 수 있다. 예를 들면, 유아기부터 청소년기까지 거의 돌봄을 받지 못한 채 고아원에서 자란 아동은 무기력하고 지능이 떨어졌으며, 성인이 되어서도 지적으로나 정서적으로 어려움을 겪을 위험에 처해 있었다. 그러나 그들의 생활환경을 개선하거나 유복한 가족이 그들을 입양했을 때, 그 아동들은 현저하게 좋아졌다(Clarke & Clarke, 1986).

5 Piaget의 인지발달 이론

피아제의 관점에서 보면 아동의 인지발달을 이해한다는 것은 지적인 능력이 환경과의 상호작용을 통하여 변화해 가는 양상을 이해하는 것이라고 할 수 있다. 생물학에서 유기체가 환경에 적응하기 위해서 그 구조를 발전시켜 가는 것에 주목하고, 이를 인간 지능의 문제에 적용시켜 인간이 환경의 요구에 따라 인지구조(cognitivestructure)를 끊임없이 재조직화해 간다고 하였다. 인지구조의 재조직화는 결국 더 높은 수준의 인지발달을 이루게 된다. 이러한 인지발달 수준은 도식(schema), 적응(Adaptation), 동화(assimilation), 조절(accomodation), 평형(equilbrium)의 상호작용 속에서 연령에 따라 크게 4단계의 변화를 거친다.

도식 도식은 사물이나 사건에 대한 전체적인 윤곽을 말한다. 빨기나 잡기와 같은 최초의 도식들은 본질적으로 반사적인 것이지만, 이러한 도식은 환경의 요구에 따라 변화한다. 유아는 많은 도식들을 지니고 태어나며, 적응의 과정을 통해서 새로운 도식을 개발하고 기존의 것들을 변화시킨다. 즉, 도식이란 '경험을 부어 넣는 마음의 주물'로서, 아주 어린 시절부터 시작해 성인이 되면 구체적인 주변 사물로부터 추상적인 개념에 도달하기까지 무수한 도식을 갖게 된다.

적응 적응은 환경과의 직접적인 상호 작용을 통해 도식이 변화하는 과정이다. 적응은 개인의 욕구를 충족시키기 위해 이루어지는 개인 또는 환경의 수정을 포함하는 매우 복잡한 과정이며, 동화와 조절이라는 두 가지 수단을 통해 진행된다.

동화 동화는 새로운 환경 자극에 반응함으로써 기존의 도식을 사용해서 새로운 자극을 이해하는 것을 말한다. 즉, 외부의 대상이나 자극들을 이미 존재하는 인지 구조 속으로 통합하는 것이다. 다시 말해 동화는 개인이 환경에 적응해 나가는 인지 과정의 일부분으로 이미 학습된 지식과 기능을 활용하여 주어진 환경에 순응하는 과정이다. 따라서 도식의 변화(발달)를 유발하는 것은 아니며 도식의 성장에 관여한다. 즉 동화는 도식과 인지 구조에 양적 변화를 가져다주는 원인이 된다.

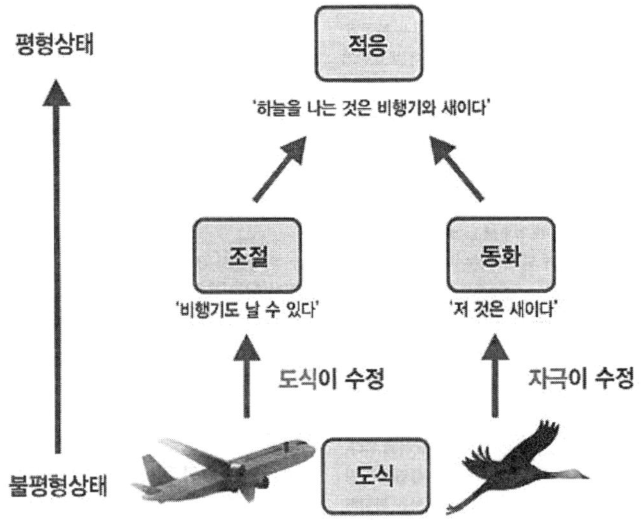

[그림 8-5] 피아제의 발달 원리

조절 조절은 기존의 도식을 가지고 새로운 사물을 이해할 수 없을 때 기존의 도식을 변경하는 것을 말한다. 이러한 조절을 통해 도식의 형태에 질적인 변화가 일어난다. 즉,

어린이가 가지고 있는 잘못된 개념이 다른 사람에 의해 수정되는 경험을 통해서 새로운 도식을 형성하게 되는 것이다. 따라서 동화와 조절은 상보적인 형태로 동시에 일어나며 균형을 이룬다. 즉, 인지 기능은 조절이 이루어지고 나면 자극을 동화시키려고 애쓴다. 그리고 그 자극은 동화가 불가능했던 아동의 인지구조가 바뀜으로써 쉽게 동화된다. 동화란 언제나 아동들이 적극적으로 추구해서 얻는 마지막 소산이다. 조절은 질적인 변화라는 측면에서 발달을, 동화는 양적인 변화라는 측면에서 성장을 설명해준다.

평형 평형은 동화와 조절의 균형을 의미한다. 평형은 기존의 개념을 바꿔야 하는 불평형의 상태를 경험할 때 일어나며, 이는 지적 성장을 촉진시키는 동기요인이 된다(정옥분, 2003). 유기체는 필연적으로 동화와 조절간의 평형을 유지하려 한다. 새로운 자극을 경험하고 있는 아동은 이미 존재하는 구조 속으로 이 자극을 동화시키려고 노력한다. 만약 이것이 성공적이라면 평형은 그 순간에 획득되지만, 아동이 자극을 동화시킬 수 없다면 그는 이미 존재하는 도식을 수정하거나 새로운 도식을 구성함으로써 조절에의 노력을 기울인다. 이러한 과정을 통해 자극에 대한 동화가 진행되고 평형의 상태에 도달하게 된다. 결론적으로 평형화는 동화-조절의 과정을 조절하는 내적인 메커니즘인 것이다.

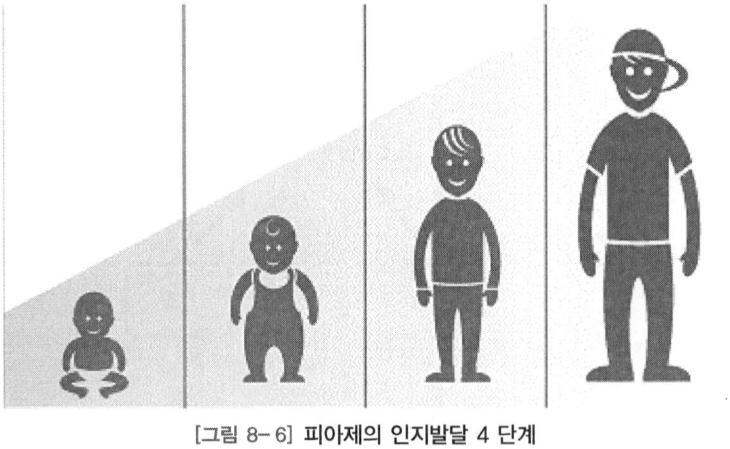

[그림 8-6] **피아제의 인지발달 4 단계**

피아제의 인지발달 첫 번째 단계는 감각운동기(0-2세)이다. 감각운동기에는 신생아의 단순한 반사들이 나타나는 출생에서 초기의 유아적 언어가 나타나고, 상징적 사고가 시작되는 2세 경에 끝난다.

이 단계에서 아동의 행동은 자극에 의해 반응하는 것에 불과한데, 이는 언어가 발달하기 이전의 단계이기 때문이다. 따라서 아동은 시각이나 청각 등의 감각과 운동기술을 사용해 외부 환경과 상호작용하게 된다.

이 시기의 가장 중요한 특징으로 대상영속성을 보유하게 되는 것을 들 수 있다. 이는 대상이 보이지 않더라도 존재한다는 것을 알게 되는 것을 말한다. 초기의 아동은 어떤 대상이 눈앞에서 사라지면 세상에서 없어지는 것으로 이해한다. 그러나 8개월이 조금 지나게 되면 눈앞에서 사라져도 아예 없어지는 것은 아니라는 것을 이해하게 된다. 또 이 시기가 지나면 모방이나 기억이 가능한, 정신적 표상을 형성하게 되며 초기의 단순한 반사행동은 사라지고 점차 자신의 의도에 따라 계획된 목적행동으로 바뀌게 된다.

[그림 8-7] **대상영속성**

두 번째 단계는 전조작기(3-6세)이다. 조작이란 어떤 논리적인 사고를 통해 조작하는 행위를 의미한다. 즉, 전조작기란 조작이 가능하지 않은 이전의 단계라는 의미이다. 이 시기에는 대략 언어를 사용하면서 자신이 내재적으로 가지고 있는 표상을 여러 형태의 상징으로 표현하게 된다. 전조작기 사고의 주요한 특징은 다음과 같이 요약할 수 있다. 먼저 상징적 사고가 나타난다. 감각운동기까지의 인간은 자신의 행동이나 감각에 의존하여 생활한다. 그러나 감각운동기의 말기가 되면 점점 정신적 표상을 형성하기 시작한다. 여기서 정신적 표상은 언어의 발달이 가속화하는 특징이 있다. 전조작기 아동은 자신이 가지고 있는 표상들을 그림이나 언어 등의 형태로 표현한다. 가장 대표적인 것으로 가상놀이라는 것이 있는데, 소꿉놀이나 병원놀이와 같은 것으로 가상적인 사물과 상황을 실제 사물이나 상황처럼 상징하곤 한다. 이 시기의 아이들은 남을 배려하지 못한다. 피아제는 그 원인을 자기중심적 사고에서 찾는다. 전조작기의 아이들은 타인의 생각, 감정, 지각, 관점 등이 자신과 동일하리라고 생각하는 특성을 가지게 되는데, 유명한 세 산 실험의 결과에서 그 내용을 찾을 수 있다. 한 연구에서 아동들에게 비대칭적인 산 모양을 보여준 후, 아동이 앉아 있는 위치와는 다른 위치에서 관찰자가 그 광경을 보았을 때 무엇을 볼 것인가를 물어보았다. 일반적으로 3, 4세의 아동은 타인도 자기가 보았던 것을 볼 것이라고 예상한다. 이런 실험을 통해 타인의 시각에서 보는 조망을 추론할 수 있는 조망수용능력을 가지고 있지 못하다는 것을 알 수 있다. 이 시기에 직관적 사고도 나타난다. 그래서 크기, 모양, 색깔과 같은 한 가지 두드러진 속성에 근거하여 대상을 이해하려는 사고를 말한다. 즉, 지각적인 특성에만 의존하게 된다는 것인데 이러한 사고의 특성으로 전조작기 아동은 보존개념을 획득할 수 없게 된다. 예를 들어 A, B의 두 비커에 같은 양의 물을 담았다고 생각해 보자. A비커와 B비커는 모두 넓고 낮은 모양이므로 두 비커에 든 물의 양은 동일하다고 여긴다. 그러나 B비커의 물을 좁고 높은 모양의 C비커에 담는다면 물이 늘어났다고 여기게 된다. 즉, 눈에 보이는 모양만을 보고 물의 양을 판단하게 되는 직관적 사고가 나타나게 되는 것이다. 물활론적 사고는 모든 사물에 생명이 있다고 여기는 사고를 말한다. 인공론적 사고는 모든 것을 사람이 만들었다고 생각하는 것과 나를 위해 만들어졌다고 생각하는 사고를 말한다. 이러한 특징이 전조작기 시기의 대표적인 현상이다.

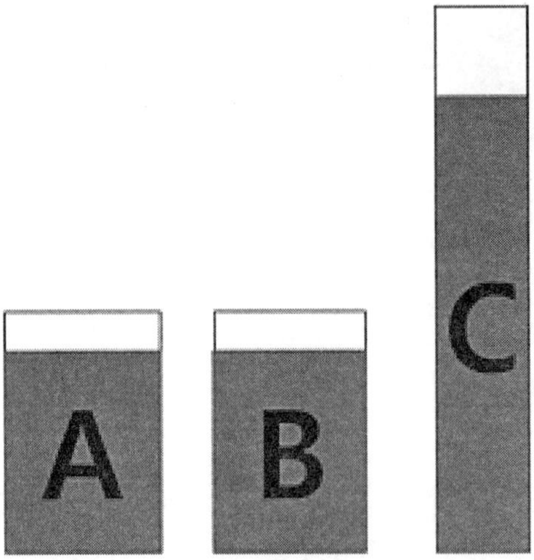

[그림8-8] **보존의 개념**

세 번째 단계는 구체적 조작기(7-11세)이다. 이 시기의 아동에게서는 이제 보존의 개념이 나타난다. 예를 들어, 모양이 넓은 같은 모양의 컵에 같은 양의 우유를 보여준 뒤, 한 컵의 우유를 모양이 다른 긴 컵에 부어도 긴 컵과 넓은 컵의 우유의 양은 같다는 것을 이해하는 것이다. 즉, 동일성, 보상, 역조작의 개념이 가능해지는 것이다. 또한 수의 개념에서도 달걀과 컵을 나란히 놓은 뒤 어느 것이 더 많으냐 하면 컵과 달걀의 수가 같다고 대답하지만 달걀이나 컵을 한 쪽으로 모아놓으면 달걀과 컵의 수가 다르다고 생각했던 전조작기의 특성에서 벗어나게 된다. 전조작기 아동은 같은 양의 진흙으로 만든 두 개의 공을 보여준 뒤 아동 앞에서 하나를 핫도그처럼 길게

[그림 8-9] **논리적 이해 증가**

만들면 어느새 양이 달라졌다고 생각하지만 보존개념을 획득한 구체적 조작기에는 모양이 달라져도 그 양이나 수는 보존된다는 개념을 획득한다. 유목화의 특징도 나타난다. 같은 모양의 구슬을 보고 쇠구슬과 유리구슬을 구분할 수 있게 된다. 서열화의 특징으로는 연역적 사고가 가능하게 된다는 것을 의미하기도 한다.

마지막 네 번째 단계는 형식적 조작기(12세 이후)이다. 12세경의 사춘기에서 성인기에 접어들기까지를 형식적 조작기라고 명명한다. 눈에 보이지 않는 사물이나 사태에 대한 가상적이며 추상적인 사고를 할 수 있다. 도덕적 개념과 철학적 문제를 이해할 수 있으며 가설적인 가능성을 체계적으로 검증하는 조합적 사고가 가능해 진다. 형식적 조작기의 가장 중요한 특징은 추상적인 사고가 가능하다는 사실이다. 추상적 사고란 융통성 있는 사고, 효율적인 사고, 복잡한 추리, 가설을 세우고 체계적으로 검증하는 일, 직면한 문제 사태에서 해결 가능한 모든 방안을 종합적으로 고려해 보는 일 등과 같은 것을 말한다. 형식적 조작의 사고가 가능한지 알아보는 것으로서 피아제가 고안한 유명한 실험은 고전적 물리학에 관한 문제인데 추의 진동에 관한 것이다. 길이, 무게, 높이, 힘 등의 상대적 효과를 잘 고려해야만 대답할 수 있는 문제인데, 이 실험에서 형식적 조작의 사고가 가능한 청소년들은 효과적인 실험을 설계하고, 이를 잘 관찰하여 타당한 결론을 끌어낼 수 있다. 그러나 모든 청소년과 모든 성인이 매사에 형식적 조작을 사용하는 것은 아니다. 또, 이 시기가 되면 청소년들은 처음으로 도덕적, 정치적, 철학적인 생각과 가치 문제 등을 이해하기 시작한다. 타인의 사고과정을 이해하고, 다른 사람들은 문제를 어떻게 보고, 어떻게 생각할까 등의 문제에도 관심을 갖게 된다.

[그림 8-10] 창의성 개발

6 비고츠키의 인지발달이론

비고츠키는 아동의 인지발달이 문화적 맥락 속에서 일어나는 성인이나 앞선 동료와의 사회적 상호작용을 통해 가능하다고 보았다. 아동은 사회적 상호작용을 통해 논리적 사고, 문제해결, 자기조작능력과 같은 고등정신기능을 획득하기 때문이다(김수현, 2014). 비고츠키는 특히 언어의 중요성을 강조했다. 언어는 아동이 타인의 지식에 접근하게 해주는 도구일 뿐만 아니라, 문제를 해결하고 세계에 대해 생각하게 하는 인식의 도구이자 사고를 조절하고 반영하는 수단을 제공한다고 생각했다(손보영, 2011).

근접발달영역(Zone of Proximal Development) 혹은 ZPD는 비고츠키의 개념 중 가장 잘 알려진 것 중의 하나로 학습과 발달 사이의 관계를 개념 짓는 방법이다. 근접발달영역의 개념은 '발달에 적합한' 실제의 범위를 넓혀준다. 현재 발달에 적합한 실제는 학생의 독립적인 성취, 그리고 완전히 발달된 과정이나 기능으로 정의된다(Bredekamp, 1992). 근접발달영역 밖의 영역은 학생들이 이미 학습한 능력들로 학교 수업을 통한 학습이 필요 없거나, 학생들의 잠재적 발달 수준을 넘어서 학습할 수 없는 상태이기 때문에 근접발달영역은 타인의 조력과 자기 주도적인 문제해결을 통해서 의미 있는 지식을 구성할 수 있는 최적의 발달영역이라고 할 수 있다(Eggen & Kauchak, 2005). 근접발달영역에 포함되는 과제수행은 최대한의 지적발달을 촉진한다. 이미 혼자서 할 수 있는 일에서는 별로 학습할 것이 없지만 남의 도움이 있으면 가능한 일 즉 근접발달영역 안의 과제를 시도하는 데서는 많은 학습을 할 수 있다(Berk & Winsler, 1995).

[그림 8-11] 비고츠키의 발달

아동이 스스로의 힘으로 문제를 해결할 수 있도록 성인이나 유능한 또래가 도움을 제공하는 것을 비계설정이라고 한다. 교수자의 도움을 통해 문제 해결 방식을 익히고 내면화 하여 다음에 비슷한 문제 상황에 직면했을 때에는 학습자 스스로 해결할 수 있어야 한다. 즉 도움을 받아 높은 단계에 올라섰지만 도움이 제거되었을 때 다시 내려오지 않고 그 단계에 그대로 서 있게 하는 것, 그것이 진정한 비계설정이라 할 수 있다. 다시 말하면 비계설정은 보다 유능한 또래, 교사, 부모가 학습자에게 적절한 인내나 도움을 제공함으로써 학습에 도움을 주어 인지발달을 돕는 발판 역할을 하는 체계를 말한다. 비계설정의 중요성에 대하여 Tharp와 Gallimore(1998)는 다음과 같이 강조하고 있다. "학습자는 그들 스스로 배우도록 내버려 둘 수 없다. 교사는 배울 기회를 제공하고 결과를 평가하는 것으로 만족할 수 없다. 기계적 암기는 점차 줄여야 한다. 지원된 상호작용이 교실에서 흔하게 나타나야 한다. 마음이 일깨워져 생기가 돌아야 한다". 교사의 중요한 다른 역할은 학생이 근접발달영역 내에서 과제를 해결할 수 있도록 비계를 설정하는 것이다. 비계설정의 방안은 아동이 도전감을 가질 수 있는 적절한 수준으로 과제의 난이도를 조절하거나, 아동의 능력에 따라 도움의 양을 조절하는 것, 질문을 유도하고, 시범을 보이는 것, 학생에게 역으로 질문을 던지는 것, 교사 스스로 문제를 풀며 사고과정을 말하는 것 등이 있다(김수현, 2014).

[표 8-1] **비계설정의 종류**

범주	정의
초점 맞추기(focus)	관련 분야를 좁혀 가는 도움, 학생들의 반응을 정선함으로써 학생들의 노력에 방향을 제시하여 과제를 단순화하기
수정하기(modify/shape)	다른 말을 사용하거나 어떤 것을 부가함으로써 학생들의 아이디어 바꾸어 주기
힌트주기(hint)	아이디어나 대답의 형태로 된 도움 주기
요약하기(summarize)	아이디어를 재검토하거나 재진술하기
진술하기(tell)	정보의 직접적이고 명시적인 진술을 통한 도움주기

7 피아제의 도덕성 발달이론

Piaget는 아동의 도덕성 발달 단계를 전도덕성 단계, 타율적 도덕성 단계(도덕적 실재론), 자율적 도덕성 단계(도덕적 상대론)의 3단계로 구분하였다(신명희 외, 2013). Piaget는 5~13세에 해당되는 스위스 아동들을 대상으로 임상 실험을 하였다. 우선 판단력 게임의 규칙에 대하여 이해하는지를 질문하였고, 나아가 아동에게 선과 악의 행동을 하는 주인공의 의도와 그 행동의 결과가 달라지는 이야기를 제시하였다(Piaget, 1965).

실험

[그림 8-12] 존과 에밀리의 이야기

- 존은 제 방에 있다가 저녁 먹으라는 말을 듣고 내려와서 식당 문을 열었다. 문 바로 뒤에는 의자가 있었고, 의자 위에는 쟁반과 함께 컵 15개가 있었다. 존은 그 사실을 알지 못하였다. 존이 문을 열자마자, 문이 쟁반에 맞으면서 컵이 모두 산산조각 나 버렸다.
- 어머니가 외출하고 없을 때, 에밀리는 어머니의 허락 없이 과자 통에서 과자를 먹으려고 의자에 올라가 과자 통에 손을 대다가 그 옆에 있는 컵 1개를 깼다.
- 존과 에밀리 중 누가 더 나쁜가?

먼저 피아제의 도덕발달 이론의 1단계는 '전도덕성 단계' 라고도 한다. 전도덕성 단계는 4세까지의 유아가 해당되며, 인지발달이 이루어지지 않아서 규칙을 이해하지 못하고 도덕적인 판단을 할 수가 없다(신명희 외, 2013). 이 시기의 아동은 가역적 인식능력이 매우 제한되어 있다. 따라서 자신의 입장과 타인의 입장을 구별하지 못하고 모든 것을 자기중심적으로 처리한다. 가치 세계의 도덕법칙과 사실 세계의 자연법칙을 혼동하는 동시에 도덕법칙이 외부의 사물처럼 실재한다고 보는 도덕적 사실주의주의 경향을 나타낸다. 이 단계의 아동들은 자기 경험의 주관적 측면과 객관적 측면을 구별하는 능력이 없기 때문에 그 결과 자기 욕망의 충족이라는 관점에서 도덕 판단의 준거를 세우고 도덕 규칙에의 복종과 불복종을 결정한다.

두 번째 단계는 도덕적 실재론에 근거한 타율적 도덕성 단계이다. 이 시기의 아이들은 규칙이란 하느님이나 부모와 같은 절대자가 만들어 놓은 것이고 따라서 누구든 반드시 지켜야 하며, 결코 변할 수 없는 것으로 믿고 있다. 피아제는 이와 같은 2단계 유아의 절대주의적인 도덕적 사고를 도덕적 실재론(도덕적 절대론)이라 부른다. 2단계 유아의 도덕적 사고는 몇 가지 특징이 있다. 첫째, 이 단계의 유아는 타율적 도덕성에 지배된다. 행위의 결과로만 판단한다. 둘째, 도덕성은 내재적 정의에 지배된다. 이 단계의 유아들은 규칙의 절대성을 너무나 강하게 믿기 때문에 규칙을 어기면 반드시 벌이 따라온다고 믿는다. 이 시기는 타율적 도덕성 단계라 하고 5~10세의 유아가 해당되며, 아직 다양한 정보를 바탕으로 도덕적 판단을 하지 못하므로 두드러진 특성이나 결과적으로 드러난 사실에 기초하여 판단하는 경향이 있다. 5~10세경의 유아는 존과 헨리의 사례에서 의도적으로 나쁜 행동을 했던 헨리보다 결과적으로 더 많은 컵을 깨트린 존이 좀 더 나쁘다고 대답하는데, 이것은 외부의 규칙에 의한 행동의 결과에 따라 옳고 그름을 판단하는 타율적 도덕성 단계이기 때문이다. 이 시기의 유아는 컵은 깨트려서는 안 되는 물건이라는 외부의 규칙에 의하여 선과 악을 판단하게 된다(신명희 외, 2013).

세 번째, 단계는 도덕적 상대론에 근거한 자율적 도덕성 단계이다. 대략 11세의 아동은 도덕적 상대론의 단계에 접어들게 된다. 사회적 규칙은 임의적인 약속이며 사람들의 동의에 의해 변화될 수 있다는 것을 알 수 있다. 도덕적 상대론 단계의 아동들은 결과가 아닌 동기나 의도에 의한 도덕적 사고가 가능함을 보여준다. 이러한 점에서 피아제는 이 단계를 자율적 도덕성의 단계라 지칭한다. 이 단계의 아동은 규칙이나 질서가 다른 사람과의 협의에 의해 결정된다는 것을 이해하고, 다른 사람과의 상호작용을 고려하며 행동의 결과보다는 의도를 파악하여 옳고 그름을 판단한다. 타율적 도덕성 단계에서 자율적 도덕성 단계로 발달하기 위해서는 아동의 인지적 성숙과 사회적 경험이 매우 중요한 역할을 한다(신명희 외, 2013).

8 콜버그의 도덕발달이론

도덕 판단에 대한 발달 이론 중 가장 유명한 이론은 콜버그가 제시했다. 그는 피아제의 인지 발달 이론에 따라 아동이 도덕적 딜레마를 해결하기 위해 어떠한 논리를 사용하는지를 관찰했으며, 이에 근거하여 도덕적 사고의 세 가지 수준을 제시했다. 첫 번째 수준은 전인습적 도덕 사고 수준이라 하며, 이때는 외부적 보상이나 처벌에 근거하여 도덕 판단을 한다. 이 수준은 다시 1단계(타율적 도덕 단계)와 2단계(개인주의 단계)로 나뉜다. 두 번째 수준은 인습적 수준으로, 보통 타인이나 관습 등의 외부 요인에 의해 규정된 도덕관을 내면화한 시기이다. 이 수준 역시 3단계(대인간 기대 단계)와 4단계(사회 시스템 도덕 단계)로 나뉜다. 마지막 수준은 후인습적 수준으로, 도덕적 가치를 완전히 내면화하여 외부 기준이 필요 없는 시기를 말한다. 이 수준은 다시 5단계(개인의 권리 및 사회 계약 단계)와 6단계(보편적 윤리적 원칙 단계)로 나뉜다. 아울러, 도덕 판단에 대한 콜버그의 이론은 아동이나 청소년에게 가설적 딜레마를 제시한 후 그 딜레마에 어떻게 접근했는지를 분석함으로써 발전했다. 콜버그가 사용한 도덕적 딜레마는 여러 종류가 있으나, 그 중 가장 유명하고 많이 인용된 이야기가 하인츠의 딜레마(Heinz's dilemma)이다. 하인츠의 딜레마는 대략 다음과 같이 구성되어 있다.

[그림 8-13] **콜버그**

하인즈의 딜레마

유럽 어느 곳에선가 어떤 부인이 암으로 죽어 가고 있었다. 그 부인을 살리는 약은 오직 한 가지밖에 없었다. 이 약은 같은 마을에 사는 어느 약제사가 발견한 일종의 라듐이었다. 그 약은 재료 원가가 비싸기도 했지만, 약제사는 약값을 원가의 10배나 매겨 놓았다. 그는 라듐을 200달러에 구입하여 적은 분량의 약을 만든 후, 그 약에 2,000달러를 요구한 것이다. 아픈 부인의 남편인 하인츠는 돈을 구하려고 아는 사람들을 모두 찾아 다녔으나 약값의 절반인 1,000달러밖에 마련하지 못했다. 남편은 약제사에게 부인이 죽기 직전이라는 사정을 설명하고 약을 싸게 팔거나 아니면 외상으로라도 팔아 달라고 간청한다. 그러나 약제사는 '안 됩니다. 나는 이 약을 개발하기 위해 일생의 공을 들였고, 이 약을 통해서 돈을 벌려고 합니다.'라고 대답했다. 절망한 하인츠는 마침내 약방문을 부수고 들어가 부인을 위하여 약을 훔쳤다

유럽 어느 곳에선가 어떤 부인이 암으로 죽어 가고 있었다. 그 부인을 살리는 약은 오직 한 가지밖에 없었다. 이 약은 같은 마을에 사는 어느 약제사가 발견한 일종의 라듐이

었다. 그 약은 재료 원가가 비싸기도 했지만, 약제사는 약값을 원가의 10배나 매겨 놓았다. 그는 라듐을 200달러에 구입하여 적은 분량의 약을 만든 후, 그 약에 2,000달러를 요구한 것이다. 아픈 부인의 남편인 하인츠는 돈을 구하려고 아는 사람들을 모두 찾아다녔으나 약값의 절반인 1,000달러밖에 마련하지 못했다. 남편은 약제사에게 부인이 죽기 직전이라는 사정을 설명하고 약을 싸게 팔거나 아니면 외상으로라도 팔아 달라고 간청한다. 그러나 약제사는 '안 됩니다. 나는 이 약을 개발하기 위해 일생의 공을 들였고, 이 약을 통해서 돈을 벌려고 합니다.'라고 대답했다. 절망한 하인츠는 마침내 약방문을 부수고 들어가 부인을 위하여 약을 훔쳤다

전인습적 수준 첫 번째 수준은 전인습적 도덕 사고 수준이라 하며, 이때는 외부적 보상이나 처벌에 근거하여 도덕 판단을 한다. 이 수준은 다시 1단계(타율적 도덕 단계)와 2단계(개인주의 단계)로 나뉜다. 1단계는 벌과 복종에 의한 도덕성(punishment and obedience orientation)이다. 이 단계의 아동은 결과만 가지고 행동을 판단한다. 즉 보상을 받는 행동은 좋은 것이고, 벌 받는 행동은 나쁜 것이다. 이 단계에서 아동은 벌을 피하기 위해 복종한다. 하인즈의 딜레마에서 이 시기 아동들의 전형적 대답은 하인즈가 약을 훔친 것은 나쁘다는 것이다. 그 이유는 "혼나니까", "훔치면 나쁘니까"였다. 더 자세히 물었을 때 훔치는 것은 "벌 받을 것이므로" 나쁘다고 했다. 2단계는 도구적 상대주의 (instrumental relativist)로서의 도덕성이다. 이는 올바른 행위를 자기 자신의 필요나, 경우에 따라서는 다른 사람들의 필요를 충족시켜 주는 행위이다. 이 단계는 기본적으로 '내 것'부터 먼저 손에 넣고 싶어 한다. 즉 자신이 필요하고 원하는 것을 다른 사람이 해 줄 때 그것이 옳다고 생각한다(Kohlberg, 1971). 하인즈는 아내를 구하기 위해 훔치는 것이 정당하다고 하겠으나, 약제사의 입장에선 나쁘다고 생각할 수 있다. 즉 각자의 욕구와 쾌락에 따라 상대적으로 쾌락주의로 결정한다. 도덕성 발달 1단계와 2단계를 구별하여 보면, 1단계 아동에게서 옳음은 고통을 회피하는 개념으로 이해하며, 2단계 아동은 이익을 따르는 긍정적인 결과로 이해한다. 전인습 수준의 아동은 규칙은 외재적으로 주어진 것으로 무조건 복종해야하는 대상으로 인식한다. 이러한 관점에서 이를 '법 복종적 관점'이라 할 수 있다. 전인습 수준의 아동은 도덕적 규칙이나 선악의 개념은 알고 있으나, 이 개념은 행위의 물리적, 쾌락적 결과(벌, 강화, 호의의 교환) 또는 도덕의 규칙을 강요하는 사람의 힘이나 권력과 관련지어 해석한다. 이 단계에서는 옳고 그름의 의미가

자신의 주관적인 감정의 측면에서 규정된다. 옳은 것이란 벌을 피하고 보상을 가져 오는 것이다. 자신이 그것을 좋아하면 그것은 옳은 것이며 좋아하지 않으면 그른 것으로 간주된다. 자기중심성이 지배하며 자신의 주관적 감정이 판단을 좌우하는 정서적 수준의 이해라고 볼 수 있다.

인습적 수준 두 번째 수준은 인습적 수준으로, 보통 타인이나 관습 등의 외부 요인에 의해 규정된 도덕관을 내면화한 시기이다. 이 수준 역시 3단계(대인간 기대 단계)와 4단계(사회 시스템 도덕 단계)로 나뉜다. 3단계는 대인관계의 조화를 이루기 위한 도덕성 또는 '착한 소년, 소녀' 지향단계 (good boy & girl orientation)이다. 다른 사람들의 기대 때문에, 그리고 다른 사람으로부터 인정을 받기 위해 착한 아이로 행동한다. 이 단계에서는 동기나 의도가 중요하며, 신뢰, 충성, 존경, 감사의 의미가 중요하다. 또한, 규칙과 역할의 목적을 이해하고, 행동의 결과와 그 행동의 의도를 잘 이해한다. 예를 들어 아동들은 "하인즈는 생명을 구하려 애썼다. 아내를 사랑했다. 절망적인 것이 도둑질을 하게 된 유일의 이유이다."라고 강조한다.

[그림 8-14] 인습적 수준의 양자적 관계 단계와 사회적 관계 단계

4단계는 법과 질서 준수로서의 도덕성 (maintenance of social order & authority)이다. 추상적 사고를 할 수 있는 능력으로 인해 청년은 이제 자신을 사회의 일원으로 생각하게 되고, 그래서 사회적 관계 기준에 따라 행동을 평가하게 된다. 사회질서를 위해 법을 준수하는 행동이 도덕적 행동이라고 생각한다. 소년들은 하인즈를 동정하지만 그렇다고 도둑질을 용서하진 않았다. 즉, 모두가 그럴 만한 이유가 있을 때마다 법을 어긴다면 사회는 혼란상태가 될 것이라고 했다. 또 어떤 소년은 "하인즈는 아내를 사랑했으나 약을 훔쳤으면 약값을 치르고 감옥에 가야 한다. 그 이유는 법은 사회조직의 결정적

요소로서 존중되어야 하니까."라고 대답했다. 이 수준에서는 개인의 감정이나 집단이나 국가의 기대를 따르는 것이 그 즉각적인 결과와는 상관없이 그 자체로서 가치를 가진다. 아동은 자기 자신에 대한 기대나 사회의 질서에 단순히 동화하는 것이 아니라, 그것을 충실히 따르고자 하며, 그 질서를 적극적으로 유지하고, 지지하고 정당화하며, 그 질서에 관련된 개인이나 집단과 자기를 동일시한다. 인습 수준의 특징은 집단을 귀중히 여기고 집단에 대한 소속감을 갖는다. 이기주의의 한계성과 불만족성을 인식하고 집단 협동의 필요성을 깨닫는데 필요한 인지 상태라고 할 수 있다. 사회의 규칙과 기대를 이해하고 수용한다. 아직도 옳고 그름은 주관적인 감정에 의해 좌우되지만 그러한 감정이 여러 사람에 의해 공감할 수 있는 것이 된다. 인습 수준에서는 집단 가치, 집단 실제, 규칙에 대한 인지적 인식으로 바뀐다. 인습 수준의 아동은 자신의 행동을 자신에게 미치는 결과에 상관없이 집단 기대를 어느 정도 충족시켰느냐에 따라 평가한다.

후인습적 수준 마지막 수준은 후인습적 수준으로, 도덕적 가치를 완전히 내면화하여 외부 기준이 필요 없는 시기를 말한다. 이 수준은 다시 5단계(개인의 권리 및 사회 계약 단계)와 6단계(보편적 윤리적 원칙 단계)로 나뉜다. 5단계는 사회계약 정신으로서의 도덕성(social-contract legalistic orientation)이다. 법과 사회계약이 "최대 다수의 최대 행복"이라는 전제하에 만들어졌다는 것을 이해하고, 모든 사람의 복지와 권리를 보호하기 위해 법을 준수한다. 그러나 때로는 법적 견해와 도덕적 견해가 서로 모순됨을 깨닫고 갈등상황에 놓인다. 법의 사회적 유용성에 대한 합리적 고려에 따라 법이 바뀔 수 있다고 생각하고 인간으로서의 기본원리에 따라 행동한다(신명희 외, 2010). 하인즈는 아내를 위해 약국에서 약을 훔친다. 이 행동을 두고 약을 훔친 것은 분명 옳지 못한 행동이지만, 인명을 구하기 위한 행동이므로 옳다고 판단하는 것이다. 6단계는 보편적 도덕원리에 대한 확신으로서의 도덕성 (universal ethical-principle orientation)이다. 스스로 선택한 도덕원리에 따른 양심적인 행위가 곧 올바른 행위가 된다(신명희 외, 2010).

[그림 8-15] 사회계약적 규범

법이나 사회계약은 일반적으로 보편적 윤리기준에 입각한 것이기 때문에 정당하다고 믿는다. 따라서 만일 이러한 원칙에 위배될 때에는 관습이나 법보다 보편원리에 따라 행동한다. 보편원리란 인간의 존엄성, 인간의 평등성, 정의 같은 것을 말한다. 하인즈는 아내를 위해 도둑질할 권리는 없지만, 보다 상위의 도덕적 권리를 갖고 있다고 말한다. 즉 모든 개인은 절대적 가치를 갖고 있고, 모든 생명은 고유의 가치를 갖고 있기 때문이다. 이것이 곧 보편적 원리로서 누구에게나 적용된다. 후인습 수준에서는 도덕적 가치나 원리가 그 가치를 표방하는 개인이나 집단의 권위와는 관계없이, 그 자체로서 타당성을 가진다고 생각한다. 이 수준에서의 옳고 그름의 판단은 객관적인 원리에 의해 이루어진다. 개인이 공감하는 인류 공유의 기준, 정의, 기본적 권리, 인간 존중의 측면에서 판단된다. 합리적이고 이성적인 개인은 자신의 감정이나 다른 사람의 명령을 넘어서서 객관적으로 옳다고 생각하는 것을 발견하고 존경할 수 있어야 한다고 생각한다.

9 애착

Bowlby(1969, 1973)는 아동도 다양한 형태의 프로그램 된 행동을 나타내는데 이러한 행동은 생존을 위해서 뿐만 아니라 정상적인 발달에도 유용하다고 주장한다. 예를 들면, 아기의 울음은 어머니의 주의를 집중시키는 생물학적으로 프로그램 된 '고통신호(distress signal)'로 여겨진다. 아기가 자신의 고통을 전하기 위해 큰 소리로 우는 것도 생물학적으로 프로그램된 것이고 어머니가 아기의 울음에 반응하는 것도 생물학적으로 프로그램된 것이다. 아기 울음의 적응적인 요소는 첫째, 아기의 기본욕구(배고픔, 목마름 안전 등)가 충족되고 둘째, 아기가 애착관계를 형성하는 데 필요한 충분한 접촉을 할 수 있다는 점이다(Bowlby, 1973).

[그림 8-16] 애착은 생존이다

유아는 태어나서 자신을 돌보는 사람,

특히 어머니와 강한 정서적 유대를 맺게 되는데, 이것이 애착관계이다. 아기의 애착행동(미소짓기, 옹알이 하기, 잡기, 매달리기, 울기 등)은 선천적인 사회적 신호라고 Bowlby는 주장한다. 이러한 행동들은 부모로 하여금 아기에게 접근해서 보살피고, 상호작용하도록 격려할 뿐만 아니라 아기를 먹이고, 위험으로부터 보호하고, 건강한 성장에 필요한 자극과 애정을 기울이게 해준다.

이것은 인간의 진화적 유산의 일부로서 다른 영장류와도 공유하는 적응기제이다. 유아의 애착발달은 새끼 새에서 보여지는 각인형성보다 훨씬 더 복잡한데, 어머니(또는 양육자)와 장기간에 걸친 유대관계를 통해 형성하게 된다(Bretherton, 1992). Bowlby의 애착에 관한 연구는 인간의 애착관계의 질이나 유대과정(bonding process)에 관해 활발한 연구를 촉진하였다.

그렇다면 생존 자원과 관련된 행동이 가장 중요한 애착 기재일까? Harlow(1958)는 붉은털원숭이를 새끼를 어미에게 강제로 떼어놓은 후 두 인형이 있는 방에 가둬두었다. 하나의 인형은 철망으로 만들어진 몸에 젖병이 매달려있는 원숭이인형이었고, 다른 하나는 마분지로 만든 몸통에 천을 감아 만든 원숭이 인형이었다.

[그림 8-17] 애착과 촉감

실험을 시작하기 전만 하더라도 당연히 젖을 주는 인형에게 원숭이가 애착을 가질 것이라 생각했다. 하지만 그 결과는 놀랍게도 그렇지 않았다. 새끼 원숭이는 처음에는 어미와 떨어져 공포에 울부짖고 사방에 대소변을 뿌리고 고함질렀지만 어떠한 노력으로도 어미에게로 돌아갈 수 없다는 것을 알고, 친어미 대신 인형원숭이에게 매달렸다. 그런데 그 매달린 대상은 젖을 주는 철사인형이 아닌 대충 만든 천인형이었다. 즉, 아이에게 물질적인 보상으로 애착이 형성되는 것이 아니라 접촉이 필요하다는 것을 강조하게 된 실험적 근거로 남게 되었다.

이후 Ainsworth(1970)는 유아의 애착을 측정하기 위해 '낯선 상황(strange stiuation) 실험'을 개발하였다. 그뿐만 아니라 진화적 맥락에서 아동발달의 다른 측면(예를 들면,

아동의 공격적 행동, 또래 간의 상호작용, 사회적 놀이, 인지발달 등)에 관한 연구에도 자극이 되었다. 특히, 발달에 사회성발달의 초기 단계인 애착에 영향을 주는 것은 단지 결합이 아니라 결합과 분리가 반복되어야 한다는 것을 강조하게 된다(Triandis, 1995).

아인스워스는 애착이론의 기본 개념을 강화하며 "안전 기지"라는 개념을 소개하며 아동에게 나타나는 여러 가지 애착 패턴에 대한 이론을 만들었다. 결과적으로 아인스워스가 분류한 세 가지 애착 패턴에는 안정 애착(secure attachment), 불안정-회피(insecure-avoidant) 애착, 불안정-양가(또는 불안정-저항, insecure-ambivalent) 애착이 있다.

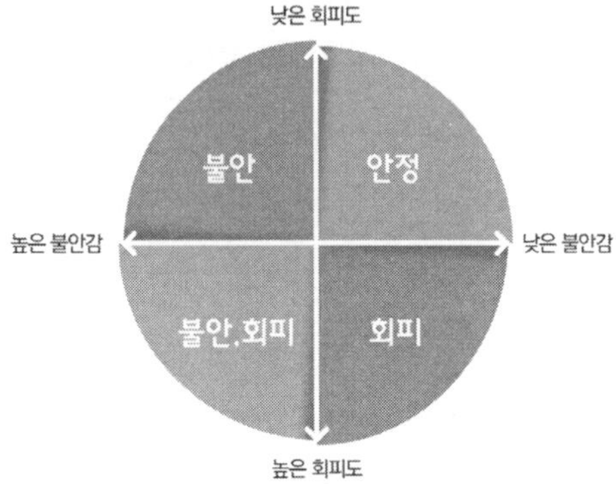

[그림 8-18] **애착의 유형**

네 번째 패턴인 혼돈(또는 비조직화, disorganized) 애착은 나중에 발견되었다.1980년대에 이 이론은 어른간의 애착 관계로까지 확장되었다. 이런 연구들에서 부모와 자식 간의 관계 뿐 아니라 친구 관계, 애정 관계, 성적 매력 등 다른 사회 관계들 역시 애착 행동의 요소들로 설명할 수도 있는 것으로 나타났다.

이 이론의 성립 초기에 심리학자들은 보울비를 비판하며 그가 심리분석학의 핵심에서 벗어났다며 배척했다. 하지만 그 뒤로 애착이론은 "초기의 사회적 발달을 이해하는 우세한 접근 방식이 되었고, 아이들의 관계 형성에 대한 경험적 연구가 활발히 일어나도록 만들었다."

이후에 '기질', 사회적 관계의 복잡성, 애착 패턴 분류의 한계와 관련해 애착 이론에 대한 비판이 일기도 했다. 애착 이론의 세부적인 부분은 경험적 연구를 통해 많은 수정이 이뤄졌으나, 그 핵심에 대해서는 학계의 인정을 받고 있다. 애착 이론은 새로운 심리 치료를 만들어냈고, 기존에 존재하던 심리 치료 방식에도 영향을 주었으며, 애착 이론의 개념들은 사회 정책과 보육 정책에 많은 영향을 주었다"

10 에릭슨의 심리사회성 발달이론

[그림 8-17] **애착과 촉감**

정신분석학파에 속하는 에릭슨(Erickson, 1964)은 개인의 일생동안 이루어지는 자아의 성장에 관심을 가졌다. 그는 자아의 발달이 이루어지는 8개의 단계를 제시하고 각 단계는 해결해야 하는 위기(crisis)를 갖는다고 가정하였다. 예를 들어, 구순기 영아는 빨고자 하는 자아양식을 갖는데, 영아의 주변 환경은 이러한 욕구를 때로 충족시켜주기도 하고 때로는 좌절시키기도 한다. 이처럼 욕구가 충족되는 긍정적 경험과 좌절되는 부정적 경험이 교차하는 과정 속에서 자아양식은 일종의 위기를 경험하게 된다. 만일 긍정적 경험의 비율이 부정적 경험의 비율보다 높으면 위기는 긍정적으로 극복되며 아동은 긍정적 성격으로 발달하게 되나 반대의 경우 부정적 성격을 낳게 된다. 이처럼 Erikson의 이론에서 성격발달은 항상 양극적 측면으로 기술된다.

[표 8-2] **에릭슨의 심리사회성발달 이론**

단계	특징	기간
단계 1 : 기본적 신뢰 대 불신	안락함과 위안의 제공자가 신뢰할 수 있고, 일관성있고 그리고 예측가능하다는 것을 학습한다.	구강기
단계 2 : 자율성 대 수치와 의심	자기통제와 함께 독립과 선택의 자유를 행사하는 것을 학습한다.	항문기
단계 3 : 선도성 대 죄책감	능동적으로 수행하기 위하여 과제를 책임 맡고, 계획을 세우고 그리고 과제를 수행한다.	남근기
단계 4 : 근면성 대 열등감	근로자와 생산자로서의 역량을 발달시킨다.	잠복기
단계 5 : 자아정체 대 역할혼란	자신과 타인에 대해 신뢰롭고 일관성 있는 자아감을 형성한다.	청년기
단계 6 : 친밀감 대 고립	타인과의 친밀한 관계에 헌신할 준비가 되어 있고 그와 같은 헌신을 감수할 윤리적 역량을 발달시킨다.	성인초기
단계 7 : 생산성 대 침체	다음 세대를 지도하고 지원하는 일에 몰두한다.	성인중기
단계 8 : 자아통합 대 절망	이전 단계들을 수용하고 다가올 죽음에 대한 준비를 갖춘다.	성인후기

기본적 신뢰 대 불신(출생~1세) 영아는 자신의 기본적 요구를 돌보아주는 타인을 신뢰하는 것을 학습해야만 한다. 만약 돌보아주는 사람이 거부적이거나 비일관적이면 영아는 세상을 믿을 수 없거나 의지할 수 없는 사람으로 가득찬 위험의 장소를 보게 된다. 일차적인 양육자가 중요한 사회적 대리인이다.

자율성 대 수치와 회의(1~3세) 아동은 "자율적"이 되는 것을 학습해야만 한다. 이 독립을 달성하는 일에서의 실패는 아동이 자신의 능력을 의심하고 수치심을 느끼게 할 수 있다. 부모들이 중요한 사회적 대리인이다.

주도성 대 죄의식(3~6세) 아동은 큰 아이로 행동하려고 하며, 자신의 역량을 넘는 책임을 받아들이려고 노력할 것이다. 그들의 목표와 활동은 때때로 부모나 다른 가족의 목표와 활동과 갈등을 갖기 시작한다. 이 갈등은 아동들이 죄의식을 느끼게 만들 수 있다. 이런 위기의 성공적인 해결은 균형을 필요로 한다. 아동은 주도성을 계속 유지하며 타인의 권리, 특권, 목표를 침범하지 않는 것을 학습해야 한다. 가족이 중요한 사회적 대리인이다.

근면성 대 열등감(6~12세) 아동은 중요한 사회적 · 학업적 기술을 숙달해야만 한다. 이 시기는 아동이 또래와 자신을 비교하는 시기이다. 만약 충분히 근면하다면, 아동은 자신있게 느끼는 사회적 · 학업적 기술을 획득한다. 이런 중요한 속성획득의 실패는 열등감을 가져온다. 중요한 사회적 대리인은 교사와 또래들이다.

정체감 대 역할 혼돈(12~20세) 이 단계는 아동기와 성숙 사이의 교차로이다. 청소년은 "나는 누구지?"라는 질문에 매달린다. 청소년은 기본적인 사회적 · 직업적 정체감을 확립해야만 하며 아니면 그들이 성인으로 해야 할 역할에 대해 혼돈된 상태로 남아있게 된다. 중요한 사회적 대리인은 또래집단이다.

친밀성 대 고립(20~40세, 성인기 초기) 이 단계의 일차적인 과업은 강력한 우정을 만들과 타인과 함께 사랑과 동료애의 인식 또는 공유된 정체감을 갖는 것이다. 외로움과 고립감은 우정이나 친밀한 관계를 형성하는 능력이 없어서 생기게 된다. 중요한 사회적 대리인은 연인, 배우자, 친한 친구이다.

생산성 대 침체(30~65세, 성인기 중기) 이 단계에서 성인은 자신의 직업에서 생산적이 되고 또는 가족을 부양해야 하며 젊은이의 욕구에 관심을 가지는 과업에 직면한다. 이러한 "생산성"의 기준은 자신의 문화에 의해서 규정된다. 이런 책임을 받아들일 능력이 없거나 기꺼이 받아들이지 않는 사람들은 정체되거나 자기중심적이 된다. 중요한 사회적 대리인은 배우자나 자녀, 문화적 규준이다.

자아통합 대 절망(노년기) 나이 든 성인들은 일생을 의미 있고, 생산적이고, 행복한 경험으로 보거나 아니면 충족되지 못한 약속들과 실현되지 못한 목표들로 이루어진 주로 절망으로 가득 찬 것으로 되돌아본다. 한 사람의 삶의 경험 특히 사회적 경험은 이 마지막 생의 위기의 결과를 결정한다.

단 원 개 관

성격은 크게 내적 요소와 외적 요소로 구성되어 있다. 성격의 내적 요소란 선천적으로 타고난 비교적 안정된 심리적 요소를 말한다. 이는 사회문화적 조건에 의해 주로 결정되는 외현적인 행동 요소와 구분되는 개념이다. 성격의 외적 요소란 성격의 어원에서 살펴보았던 영어의 페르조나(persona)에서 파생한 personality를 말한다. 성격은 한 개인을 특징짓는 독특한 면이라고 할 수 있고, 여러 상황에서 비교적 일관성 있는 특성이며, 환경에 적응해 나가는 과정에서 나타나는 행동양식이라고 할 수 있다. 그리고 성격이론은 크게 특성이론과 과정이론으로 나누어진다. 그 중 특성이론은 유형론과 특질론을 포함하고 있고, 과정이론은 정신분석, 행동주의, 인본주의 등을 포함하고 있다. 특히, 프로이트는 원초아, 자아, 초자아가 다섯 단계의 발달과정을 거쳐 통합이 이루어진다고 보았다. 이 발달과정을 개인의 성 본능에 내제하는 에너지인 리비도가 삶의 힘 또는 기본 심리에너지로 개인의 쾌감에 어떻게 적용되느냐에 따라 성격발달이 제각기 다른 모습으로 나타난다고 보았다. 이 과정은 총 다섯 가지의 단계로 구성되어 있으며, 훗날 에릭슨에 의해 심리사회성발달로 거듭나게 된다.

PATA 9

성격

1 성격이란

[그림 9-1] 성격의 유래 persona(가면)

[그림 9-] 성격의 유래 persona(가면)

성격은 크게 내적 요소와 외적 요소로 구성되어 있다. 성격의 내적 요소란 선천적으로 타고난 비교적 안정된 심리적 요소를 말한다. 이는 사회문화적 조건에 의해 주로 결정되는 외현적인 행동 요소와 구분되는 개념이다. 내적 요소는 특히 '공격적이다', '선하다' 등과 같이 선천적인 심리 특성을 강조하는 특성(character)과 생물학적으로 결정되는 체질과 같이 선천적으로 결정되는 심리 특성인 기질(temperament)로 구분된다.

성격은 이러한 내적 요소와는 달리 외적 요소도 포함하고 있다. 성격의 외적 요소란 성격의 어원에서 살펴보았던 영어의 페르조나(persona)에서 파생한 personality를 말한다. 이는 사회문화적 환경 내에서 사람들이 나타내는 가시적이고 피상적인 행동 패턴을 말하는 것으로, 사람들이 주위 사람에게 표방하는 공적인 성격을 형성하고 비교적 일관된 행도 패턴을 나타내는데, 행동의 외적 요소란 이처럼 사회문화적 환경 속에서 사람들이 가시적으로 나타내는 외현적인 행동 패턴을 말한다. 따라서 성격은 한 개인을 특징짓는 독특한 면이라고 할 수 있고, 여러 상황에서 비교적 일관성 있는 특성이며, 환경에 적응해 나가는 과정에서 나타나는 행동양식이라고 할 수 있다. 그리고 성격이론은 크게 특성이론과 과정이론으로 나누어진다. 그 중 특성이론은 유형론과 특질론을 포함하고 있고, 과정이론은 정신분석, 행동주의, 인본주의 등을 포함하고 있다.

2 유형론

히포크라테스는 인체의 생리나 병리에 관한 그의 사고방식은 체액론에 근거한 것으로 인체는 불, 물, 공기, 흙이라는 4원소로 되어 있고, 인간의 생활은 그에 상응하는 혈액, 점액, 황담즙, 흑담즙의 네 가지 것에 의하여 이루어진다고 생각하였다. 이들 네 가지 체액의 조화가 보전되어 있을 때를 히포크라테스는 '유크라지에(eukrasie)'라고 불렀고, 반대로 그 조화가 깨졌을 경우를 '디스크라지에(dyskrasie)'라 하여, 이때에 병이 생긴다고 하였다. 먼저, 혈액은 따뜻하고 습기가 많은 공기에 해당하며 혈액이 우세할수록 쾌활하고 밝으며 순응적, 타협적이며 기분이 변하기 쉽다고 하였으며 계절은 봄을 상징한다. 흑담즙은 차고 건조한 땅에 해당하며 흑담즙이 우세할수록 신중하고 소극적이며 말이 없고 상처 받기 쉬운 비관적인 기질을 보인다고 했으며 계절은 가을을 상징한다. 황담즙은 뜨겁고 건조한 불을 상징하며 황담즙이 우세할수록 급하고 소화를 잘하며 적극적이고 의지가 강하다고 했으며 계절은 여름을 상징한다. 점액은 차고 습기 있는 물을 상징하며 점액이 우세할수록 냉정하며 근면하고, 감정의 동요와 변화가 적고 무표정이며 기분이 변하기 쉽다고 했으며 계절은 겨울을 상징한다.

[그림 9-2] **히포크라테스**

크래츠머는 체형에 따라 사람을 쇠약형, 비만형, 투사형, 이상발육형의 네 범주로 나누고 각 체형에 따라 성격이 결정된다고 보았다. 이 중 쇠약형은 가냘프고 마른 사람으로 정신분열증에 걸릴 성향이 높다고 하였고, 비만형은 둥글고 땅딸한 사람으로 조울증에 걸릴 성향이 높다고 하였다. 또한 투사형은 강하고 근육이 발달된 사람으로 조울증보다 정신분열증의 성향이 다소 높다고 하였고, 이상발육형은 신체발달에 균형이 잡히지 않은 사람으로 투사형과 유사한 성향을 보인다고 하였다.

[그림 9-3] 셀돈의 체형론

셀돈 역시 신체유형에 따라 성격을 분리하였는데, 셀돈은 사람을 내배엽형, 중배엽형, 외배엽형 세 종류로 나누었다. 이 중 내배엽은 사교적이고 온화하고 애정적이며 차분한 내장긴장형이라고 하고, 중배엽은 근육형으로 힘이 넘치고 경쟁적이고 공격적이며 대범한 기질인 신체 긴장형이라고 한다. 그리고 외배엽은 쇠약한 체격으로 지적이며, 내행적이고 초조하고 자의식적 기질인 대외긴장형이라고 한다.

3 특질론

올포트(Allport, 1937)는 특질이 다양한 외부 자극에도 일관적으로 반응하려는 경향성이라 정의하며, 특질을 성격의 기본적인 구성 요소로 보았다. 특질을 크게 공통 특질(common traits)과 개인 특질(individual traits)로 구분했다(Allport, 1937).

공통 특질은 같은 문화권 내의 거의 모든 사람에게서 그 정도의 차이가 있을 뿐 보편적으로 나타나는 특질로, 성실성이나 외향성 등이 이에 속한다. 반면 개인 특질은 공통 특질과는 달리 각 개인마다 다르게 나타나며, 인간의 정서나 태도, 행동 등에서 개인차의 원천이 된다.

카텔(Cattell, 1965)은 인간의 행동 예측에 관심을 갖고, 주어진 상황에서 어떤 행동을 할지 예측하게 해 주는 하나의 요소로 특질을 연구했다. 그는 특질을 연구하기 위한 방법으로 요인 분석을 사용했다. 근원 특질(source trait)과 표면 특질(surface trait)로 구분했다(Cattell, 1965). 근원 특질은 하나의 독립적인 요인으로 작용하여 인간의 행동을 발생시키는 성격 요인으로, 시간이나 상황에 따라 다르게 나타나지 않는 안정성과 일관성을 지니고 있다. 반면, 표면 특질은 단일 요소로 구성된 것이 아니므로 상황이나 시간에 따라 얼마든지 다르게 발현되어 나타날 수 있다. 카텔은 요인 분석으로 16개의 근원 특질을 추출하고, 이를 토대로 성격 검사인 16PF(16 Personality Factor)를 구성했다. 16개의 근원 특질에는 내성적-사교적, 지능이 낮은-지능이 높은, 정서적 불안정-정서적 안정, 겸손한-자기 주장 강한, 근실한-태평한, 편의주의적인-성실한, 수줍은-대담한, 완고한-부드러운, 신뢰하는-의심 많은, 실제적-상상력이 풍부한, 솔직한-약삭빠른, 차분한-걱정하는, 보수적-실험적, 집단 의존적-자족적, 충동적-억제적, 이완된-긴장된이 있다(Cattell, Eber, & Tatsuoka, 1970).

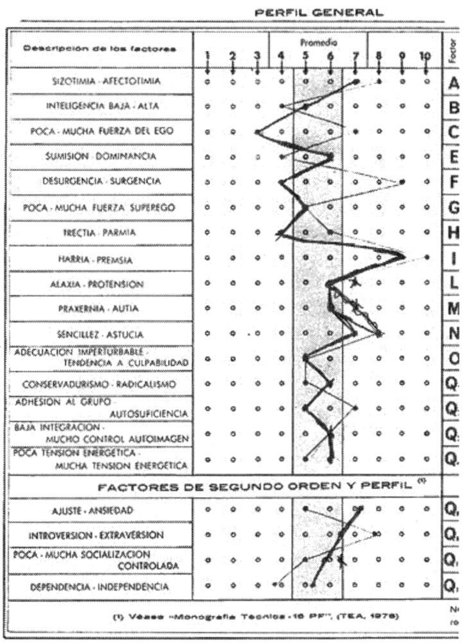

[그림 9-4] 16pf 결과지

아이젱크(Eysenck)는 요인 분석을 통해 기존에 단순히 성격을 기술하는데 치중했던 특질 연구를 보완하고, 검증 가능한 성격 이론을 제시하고자 했다(노안영, 강영신, 2011). 아이젱크의 성격 이론은 유전적으로 결정된 인간의 생리적 특성을 바탕으로 했기 때문에 생물학적 유형론이라고 한다(Eysenck, 1967). 아이젱크는 체액론에서 다루는 네 가지 성격 유형(다혈질, 점액질, 우울질, 담즙질)이 내향성과외향성, 안정성과신경증이라는 두 가지 초 특질(supertrait)의 결합으로 구성된 것이라고 보고, 요인 분석을 통해 이를 검증하고 연속적인 차원으로 발전시켰다(Eysenck & Eysenck, 1969; 1975). 후에 아이젱크는 성격의 세 번째 유형으로 정신병을 추가로 제안했다(Eysenck & Eysenck, 1975).결과적으로 요인 분석을 통해 성격의 기본 유형으로 외향성(extraversion, E), 신경증(neuroticism, N), 정신병(psychoticism, P) 세 가지를 제안했다.

아이젱크의 관점을 좀 더 어의적인(lexical) 접근에서 완성된 것이 골드버그(Goldberg)의 빅 파이브(Big Five)이고, 5요인을 측정하는 질문지(NEO-PI)를 만든 사람은 Costa와 McCrae(1992)이다. 5요인은 신경증(neuroticism), 외향성(extraversion), 개방성(opennessness), 우호성(agreeableness), 성실성(conscientiousness)을 말하며, 각 용어의 첫 글자를 재배열하면 OCEAN이 된다(John, 1999). 신경증은 감정적 안정과 불안, 슬픔, 화를 잘 냄, 신경질적인 긴장을 포함하는 넓은 범위의 부정적인 감정을 말한다. 경험에 대한 개방성은 개인의 정신과 경험적인 생활의 폭, 깊이, 복잡함을 설명한다. 외향성과 우호성은 둘 다 다 대인관계에서의 특성들을 요약한다. 마지막으로, 성실성은 주로 과제 지향적인 행동, 목표 지향적인 행동, 사회적으로 요구되는 충동 억제를 설명한다.

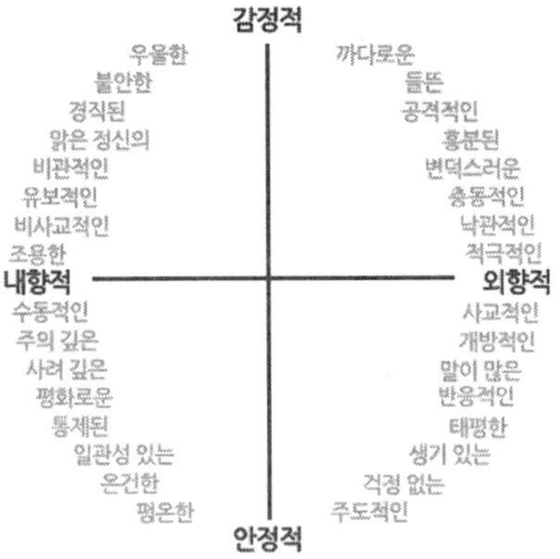

한스 아이젱크의 성격분류

[그림 9-5] 아이젱크의 관점

전반적으로 특성이론은 간략하고 수치화되어 사람들의 접근도가 용이하다는 가장 큰 특징을 가지고 있다. 특히, 사람의 성격을 묘사하고 분류하는데 매우 유용하며, 다양한 성격 검사의 발전에 큰 공헌을 하게 된다. 반면, 변화하는 대상을 측정해서 분류하는 것이 정확한 성격의 표현이 될 수 없다 한계가 있으며, 아직까지 형성된 성격이 어떤 의미를 가지는지에 대한 설명은 하지 못하고 있다.

4 정신분석이론

프로이트는 인간의 심리 상태를 무의식, 의식, 전의식의 세 가지 수준으로 구분했다. 심리 상태에서의 의식(Conscious)부분은 자각이 있는 상태를 말한다. 당장은 의식 밖에 있지만 쉽게 의식 안으로 들어올 수 있는 심리 부분인 전의식(Preconscious)적 심리 내용도 일정 영역을 차지하고 있다. 오늘날의 심리학자들은 현재의 순간에 경험되지 않는 그러한 항목들을 무의식(Unconscious)이라고 부르겠지만, 프로이트는 심리학적으로 매우 중요한 의미를 갖는 특별한 심리 상태에 대해서만 이 무의식이라는 용어를 적용한다. 사실상 그는 이 '무의식'을 동인 또는 추동력의 의미로 말하였다. 심리학자들은 이 개념을 숨겨져 있는 기억, 마음 가장 깊숙한 자리에 들어 있는 본능과 욕망, 그리고 이러한 힘들을 통제하려고 하는 내적인 노력들을 일생 동안 떠안고 있는 능동적 체계라는 뜻에서 역동적 무의식이라고 부른다.

[그림 9-6] 프로이트

심리상태의 세 수준은 성격의 세 가지 요소를 구도화하는 모형을 갖추고 있다. 즉, 프로이트는 성격의 세 가지 요소를 원초아(id), 초자아(superego), 자아(ego)로 구분하였다. 가장 근본이 되는 체계인 원초아는 출생 시부터 존재하는 추동을 그 속에 포함하고 있는 부분인데, 이것은 우리의 신체적 요구, 욕구, 욕망,

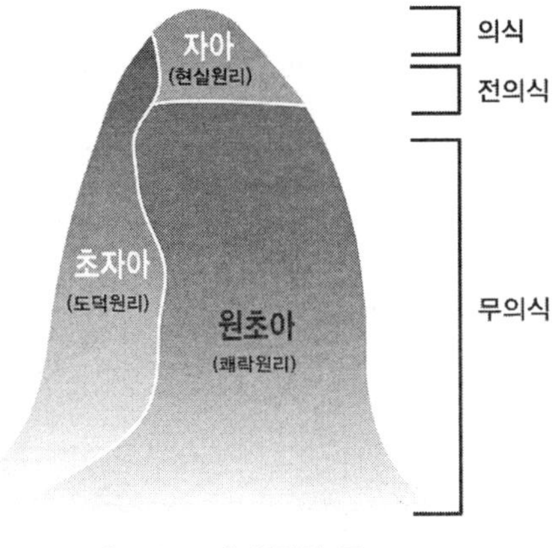

[그림 9-7] 성격의 구조

그리고 특히 성적 추동과 공격적 추동인 충동의 원천이 되는 것이다.

프로이트는 이 원초아가 바깥 세상의 모든 제약 요소들의 영향을 받기 이전의 우리의 진정한 심리적 현실을 반영하는 것이라고 믿었다. 이 원초아는 어떤 종류의 충동을 불문하고 즉각적인 만족을 추구하는 성향을 동기화하는 심리적 힘인 쾌락원리에 따라 작동한다. 초자아는 개인의 행동의 도덕규범으로 현실보다는 이상을 대표하며 쾌락보다는 완성을 추구한다. 초자아는 원초아의 충동을 억제하고 자아가 현실적인 목표 대신에 이상적인 목포를 갖고 완전성을 위해 정진 하도록 설득하는 기능을 갖고 있다. 그래서 초자아는 부모와 사회기준을 내면화하며 심리적인 보상과 처벌을 한다.

결과적으로 원초아와 초자아는 서로의 요구를 조절하여 현실적으로 수용되는 자신의 모습을 형성하려는 자아로 구성되어 있다. 마지막으로 자아는 실행기능이다. 원초아와 초자아 그리고 외부세계 사이를 중재하는 악역을 맡고 있다. 이차과정의 법칙과 현실원칙에 따라 작동한다. 원초아와 반대로 자아는 결과에 대해 염려하고 말썽을 일으키지 않으며 나중에 더 큰 만족을 얻기 위해 즉각적인 만족을 지연시키는 데 최선을 기울인다. "원초아는 길들여지지 않은 열정을 의미하는 반면, 자아는 이성과 분별을 따른다."라고 프로이드는 주장하면서 이러한 과정을 통해 자아가 원초아와 초자아가 적절히 융합될 때 인간이 사회적 기능을 제대로 수행할 수 있다고 주장하였다.

이 세 체계들 간의 상호작용의 결과로 성격 요소의 균형이 깨지게 되면 불안이 발생한다. 불안은 정신분석 이론에서 가장 중요한 개념 중의 하나이다. 왜냐하면 인간의 행동을 야기하는 가장 근본적인 동인이라고 보기 때문이다. 이것은 성격의 역동에서뿐만 아니라 발달에도 중요한 역할을 한다. 더욱이 신경증과 정신병에 대한 프로이트의 이론과 치료에 매우 중요하다. 프로이트는 초기부터 후기에 이르기까지 평생에 걸쳐 불안 현상에 대해 지속적으로 관심을 보였으며, 불안 현상에 대한 정신분석학적 해명을 얻기 위해 끊임없이 노력했다.

[그림 9-8] 불안의 발생

이러한 불안들은 억압된 무의식적 욕구가 의식 속으로 침투할 때 부수적으로 일어나는 압도적인 불안에 대비하여 자아에게 경고하는 신호이다. 프로이트는 원인에 대한 명확한 대상 없이 두려움을 느끼는 것을 불안으로 보았으며 불안의 원형이 출생외상이라고 생각했다. 그가 제안한 세 가지 불안은 현실불안, 신경증적 불안, 도덕적 불안으로 나뉜다. 일반적으로 가장 먼저 발생할 가능성이 높은 것은 도덕적 불안이다. 이것은 원초아와 초자아의 갈등에서 비롯된 불안으로 본질적으로 자신의 양심에 대한 두려움으로서 만약 당신이 도덕적 원칙에 위배되는 본능적 충동을 표현하도록 동기화하면 초자아는 당신으로 하여금 수치심과 죄의식을 느끼도록 하는 것이다. 그 다음으로 신경증적 불안은 현실에서 고려하여 작동하는 자아와 본능에 의해 작동되는 원초아간의 갈등에서 비롯되는 불안이다. 이러한 불안은 막대한 힘을 가진 원초아에 의해 충동적으로 표출된 행동이 처벌되지 않을까 하는 무의식적 두려움이다. 마지막으로 현실 불안은 자아가 현실을 지각하여 두려움을 느끼는 불안으로서 정상인이 일상생활에서 우리를 보호하는데 기여한다.

이렇게 발생한 불안은 성격적인 특성으로 취합되는 것을 막기위해 비합리적인 핑계거리로 대처하는 방략들이 나타나게 된다. 이것을 방어기제라고 한다. 즉, 욕망과 현실의 불일치는 욕구 불만을 일으키게 되며, 이 욕구불만의 상태가 장기간 지속되면 불안과 긴장, 갈등을 느끼게 된다. 삶에서 자아에게 부과되는 주요 과제 가운데 하나는, 개인에게 불안감을 조성하며 닥쳐오는 위협이나 위험을 어떻게 다루느냐하는 점이다. 자아는 현실적 문제 해결의 방책으로 위험을 극복하려고 할 것이다. 그러나 그것이 뜻대로 안 될 때는 현실을 부인, 왜곡, 위장함으로써 불안을 경감시키려고 한다. 이런 자아의 노력이 바로 방어기제인 것이다.

[표 9-1] **방어기제의 정리**

억압	계속 괴로움을 주는 생각과 감정들을 무의식 속에 묻는다.
부정	직면하기 어려운 불쾌한 현실을 인정하지 않는다.
투사	자신의 생각, 감정, 동기를 다른 사람에게 돌린다.
합리화	용인할 수 없는 행동에 대해 그럴듯한 변명을 만든다.
전위	정서적인 과업 대상의 부재로 인해 매개체에게 전환한다.
반동형성	자신의 진짜 감정에 반대하는 방향으로 행동한다.
퇴행	대처에 있어서 미성숙한 행동 패턴으로 되돌아간다.
동일시	사람이나 집단의 행동에 근거하여 자신의 행동을 정당화한다.
승화	부정적인 욕구들을 인정받을 수 있는 방향으로 표현한다.
환상	좌절된 욕구들을 상상을 통하여 만족시킨다.

5 심리성적발달이론

프로이트는 원초아, 자아, 초자아가 다섯 단계의 발달과정을 거쳐 통합이 이루어진다고 보았다. 이 발달과정을 개인의 성 본능에 내제하는 에너지인 리비도가 삶의 힘 또는 기본 심리에너지로 개인의 쾌감에 어떻게 적용되느냐에 따라 성격발달이 제 각기 다른 모습으로 나타난다고 보았다. 특히 초기 부모와의 관계에 따라 성격발달은 많은 영향을 받으며 태어나서 여섯 살까지 유아기의 경험을 중요시했다. 그리고 이 기간 동안 유아는 여러 단계의 심리성적 발달단계를 거치게 되는데 단계의 구분은 성적에너지가 집중적으로 모이는 감각의 변화에 따라 나누어진다.

[그림 9-9] **구강기**

첫 번째 단계는 구강기(생후 약 1세)다. 이 시기는 감각적 자극의 주요근원이 입이다. 절대적으로 엄마나 타인에 의존하여 본능을 만족시키며 입으로 만족과 쾌감을 느낀다. 아동이 수유 시 경험했던 방식은 성인성격의 기반을 형성하는데 커다란 영향력을 준다. 이 시기에 집착되어 있거나 좌절을 많이 경험할 때 유아는 구강 수동적 성격이나 구강 공격적 성격을 지닐 수 있다. 구강 공격적 행위로서 껌을 씹는 행위, 손톱 물어뜯기, 키스, 과식 등이 나타난다. 구강 수동적인 것으로는 사람과의 관계이서 의존, 신뢰, 신용, 독립심 등이 성립된다. 즉, 구강기에는 자신의 구강을 매개로 하여 욕구를 확인하는 과업을 이루는 시기이다.

두 번째 단계는 항문기(1~3세)다. 항문기는 매우 중요한 심리사회적 의미를 가진다. 프로이트에 의하면, 이 단계를 통해 어린이는 주변의 외부 현실에 대한 분리를 진지하게 처리하기 시작한다. 감각적 근원이 구강에서 항문으로 옮겨가는 시기로 대소변의 통제된 배변과 장운동에 의해 리비도적인 만족과 쾌감을 느낀다. 항문부위가 감각 경험 형성의 중요한 부분이 되는데 여기에서 자기 통제와 지배를 배우는 최초의 체계적인 노력이다.

심한 배변훈련은 잠재적인 결과를 나타내는데 잔인함, 부적절한 분노의 표현, 극단적인 무질서 등이 나타나는 공격의 성격을 가지게 된다. 반대로 배변시마다 칭찬할 경우 극단적인 질서정연, 탐욕, 인색함, 고집 등과 같은 고책행동인 보유형의 성격을 가지게 된다. 즉, 항문기에 중요한 점은 배설의 통제된 행동을 통해 자신의 리비도의 욕구를 충족한다. 그리고 자신의 의식이 신체를 통제하는 경험을 통해 자기조절능력을 익힌다.

[그림 9-10] **항문기**

세 번째 단계는 남근기(3~6세)다. 주된 감각적 근원이 항문에서 남근으로 옮겨가는 시기로 리비도의 발산부위가 남근으로 변했다 할지라도 아직까지는 심신의 발달이 미숙하여 이 때 남근의 역할은 사춘기와는 달리 양성의식이 구별되지 않아서 남녀 모두 남근을 가지고 있다고 생각하고 있으므로 이 시기를 남근기라고 한다. 이때가 되면 지금까지 무관심하던 성역할에 관심을 가지게 되고 유아 자위행위나 성유희가 남녀 구분 없이 나타난다. 이 시기 끝 부분에 남녀 양성의 구분이 시작되고 이때부터 남아는 오이디푸스 콤플렉스, 여아는 엘렉트라 콤플렉스가 발현되어 극복하는 과정을 거치게 된다. 결국 콤플렉스의 극복은 동일시의 전략으로 대처하며 이 시기의 아동들은 동성부모를 자신의 모델링 대상으로 삼음으로써 자신의 성에 대한 적절한 역할, 도덕적 태도 및 가치관 등을 내면화하게 되고 초자아의 양심과 자아 이상의 부분이 발달하게 된다.

[그림 9-11] **남근기의 동일시**

네 번째 단계는 잠복기(6~13세)다. 이 시기에는 리비도의 잠복으로 인해 감각적 근원이 외부로 향하게 된다. 즉, 외적인 정보에 대한 수용력이 중요한 과업이 되고, 결과적으로 사회규범을 배태하는 과정이 된다.

일차적인 초점이 지능, 창조성, 대인관계 및 운동 기술을 발달시키는 것이다. 프로이트는 성격의 가장 중요한 부분이 발달하는 시기가 심리적 시기 중 첫 3개의 시기라고 생각했기 때문에 정신 역동 심리학자들은 잠복기에서의 고착에 대해서는 언급을 하지 않았다. 초기 시기들에서와 같은 갈등에 의해 어려움을 겪지 않는, 그야말로 잠복기를 맞이하는 것은 성격이 건강하게 발달하고 있다는 것을 나타낸다.

다섯 번째 단계는 생식기(13세 이후)다. 사춘기에 접어들면 다시 남녀 각자의 생식기로 리비도가 감각적 근원을 형성하여 이성적 특성 중심의 과업이 일어난다. 특히, 구강, 항문, 성기 등 자기 신체의 자극을 통해 얻던 단순한 자극에 대한 쾌감이 아니라 원숙한 자신의 자기를 구성하기 위해 노력하여 자기정체성이 나타나며, 이성적 사랑의 대상을 찾아 만족을 얻고자 한다.

[그림 9-12] **생식기**

정서적으로 지나치게 이성의 부모에게 밀착감을 가지는 것이 불가능하다는 것을 알게 되면서 부모로부터 독립하려는 의욕이 일고 사랑의 대상자로 이성을 찾는다. 성격발달단계 중 가장 긴 시기로 사춘기에서 성인초기까지 이루어진다. 이렇게 다섯 단계를 거치면서 인간은 저마다의 적응에 필요한 요소를 가지고 자신의 성격을 결정하게 되는데 (Crystallized) 이후 성격은 바뀌지 않고 평생을 가게 된다.

6 인본주의 관점

1960년대에 들어서면서, 제1의 심리학이라 불리는 프로이트의 정신분석을 근간으로 하는 정신 역동주의의 결정론적이고 본능적인 인간관과, 제2의 심리학이라 불리는 행동주의의 기계론적 인간관에 반감을 가진 학자들이, 인간의 자유 의지와 자아 실현에 초점을 두고 인간을 연구하는 인본주의 심리학을 제창했다(노안영, 강영신, 2011).

[그림 9-13] 조건화된 자기실현

인간중심 이론에서의 성격을 살피면, 첫째, 통합된 유기체로서의 인간이다. 인간은 하나의 통합된 유기체로 이해되며, 인간 유기체는 신체적 기능과 감각, 감정, 동기, 사고 등의 심리적 기능이 통합적으로 조직된 체계로서 환경과 상호작용하며 매 순간 유기체적 경험을 한다.

둘째, 주관적 현실로서의 현상적 장이다. 매 순간 개인의 의식에 지각되고 경험되는 모든 것을 의미하고, 현상적 장은 개인이 변화하는 세계를 지각하고 경험하는 심리적 공간으로서 개인의 사적이고 주관적인 경험 세계를 의미한다.

셋째, 실현 경향성이다. 로저스는 인간에게 기본적 동기가 있다고 믿고, 이를 실현 경향성이라 하였다. 인간은 자신을 유지시키면서 잠재력을 건설적인 방향으로 성취하려는 선천적인 성향을 지니고 있다.

넷째, 자기와 자기 개념이다. 자기(self) 또는 자기 개념(self-conception)은 개인이 자신에 대하여 지니고 있는 지속적인 체계적 인식을 의미하며, 로저스의 성격 이론에서 가장 중요한 구성 개념이다. 타인으로부터 긍정적인 존중을 받고, 현재의 자기 모습을 반영하는 현실적 자기뿐 아니라 이상적 자기도 포함한다.

다섯째, 가치의 조건이다. 부모를 비롯한 중요한 타인과의 상호작용을 통해 자신이 소중하게 인정받는다는 느낌을 갖는 것이다.

여섯째, 자기와 경험의 불일치이다. 개인이 유기체로서 경험하는 것들과 자기 존중감을 느끼기 위해 추구하는 것들 간의 불일치를 의미한다.

일곱째, 무조건적 긍정적 존중과 온전히 기능하는 사람이다. 개인의 경험이 아무런 조건 없이 긍정적인 존중을 받는 것과, 자신의 경험을 충분히 수용하여 자기 구조로 통합할 뿐 아니라 내면적 자원을 발휘하는 사람으로 성장함을 의미한다.

7 실존주의 관점

실존주의의 '실존'이라는 개념이 정확한 의미로 정의되고 사용되기 시작한 것은 70년대 이후의 일이다. 20세기 초까지는 19세기에 시작된 합리주의와 이상주의, 관념론적 사상이 활발하였다. 그러나 제1차 세계대전(1914~1918)으로 인해 그동안 신념으로 가졌던 객관적인 존재 질서가 파괴되었고, 모든 존재 가치를 재인식하지 않으면 안 되게 되었다. 인간은 행복한 상태에서는 현실적인 문제 이외에는 관심을 기울이지 않는다. 그러나 혼돈된 상태에 직면하게 되면 행복과 만족의 상태가 파괴되고 절망하면서, 자기의 실존 회복을 갈망한다. 실존주의는 이와 같은 죽음의 불안, 회의, 모순과 절망 등에서 생기는 자연이나 자아(ego)에 대한 반발심을 통해 본래의 자기 자신에게로 돌아가고자 하는 것이다. 실존주의의 대상은 인생의 의미, 그리고 죽음의 의미와 같은 인간의 근본적인 문제에 관한 것이다. 인간을 제한된 존재로서 세상에 던져진 존재로 보고 있으며, 던져진 존재로서의 인간은 존재론적 불안에 직면하면서 성장한다. 즉, 한계상황 안에서 자기 존재의 근거에 대한 무(無)를 체험하면서 성장하기도 하며, 믿을 수 없는 객관적 존재질서를 거부, 초월하면서 진정한 자기를 완성해 나갈 수 있는 관점을 말한다. 따라서 실존주의적 관점에서 가장 두각을 보이는 것은 인본주의 관점에서 나타났던 정상신화를 극복했다는 것과 개인 삶의 의미화를 가장 크게 강조했다는 사실이다.

[그림 9-14] 개인화된 의미 추구

8 행동주의 관점

사회학습 이론에서는 개인과 환경의 상호적 관계를 특히 강조한다. 환경은 성격에 영향을 미치며, 동시에 개인의 행동과 성격은 피드백을 통해 환경을 수정한다고 가정한다. 사실 앨버트 반두라(Alvert Bandura)는 상호호혜적 결정주의(reciprocal determinism)가 행동을 이해하는 열쇠라고 주장하였다.

[그림 9-15] **자기효능감**

이 관점에 의하면, 인간은 어느 정도 자기방향성을 제시할 수 있는 우수한 능력을 갖고 있기 때문에 내적과정이나 환경에 전적으로 영향을 받는 것은 아니다. 인간행동의 원인들은 행동적, 인지적, 환경적 요소들 간의 지속적인 상호작용에 의하여 발달된다고 보고 있다. 또한 인간은 외적 자극에 대해서 단순히 반응만 하는 존재는 아니며, 상징을 사용할 수 있는 비범한 능력을 가지고 있으므로 행동으로 나타나는 인지과정인 사고와 창조, 계획하는 일들을 할 수 있다. 또한, 반두라는 사람들이 관찰과 모방을 통해 습득한 지식과 기술을 어떻게 행동으로 전환하는가에 대한 관심을 갖고 자기효능감이라는 개념을 통해 설명하고자 하였다.

반두라에 의하면 자기효능감(self-efficacy)은 상황이 요구하는 행동을 수행할 수 있다는 개인의 확신감으로 개인의 행동 여부를 결정한다.

단 원 개 관

사회심리학에서는 인간의 행동에 영향을 미치는 가장 내적인 수준에 '구성된 자기(construal self)'가 있고 이 개념을 이용하여 인간의 행동을 개인적 수준에서 설명하고 있다. 프로이트(Freud)는 구조적 가설을 도입하기 이전에는 종종 자아(ego)를 자기(self)를 의미하는 말로 사용했으며, 이따금 객관성과 상대되는 의미로 자기를 사용하기도 하였다. 이러한 가정들에서 비롯하여 사회심리학에서 사용하는 자기의 개념은 삶의 전반에 걸쳐 오랜 기간을 통해 형성되는 것이며, 그 과정에서 사회적 규범, 타인의 기대, 상황적 변화, 사회적 역할, 등의 맥락과 매우 밀접한 관련이 있다고 할 수 있다. 또한, 자기는 어떤 요소가 구조적으로 결합되어 있는 형태(structuralism)해석하는 부분도 있지만, 대부분의 사회심리학자들은 자기가 용광로와 같아서 새로운 형태로 용해되어 구성된다는 관점(constructivism)을 견지하는 경향이 강하다. 이에 본 장에서는 이러한 다양한 맥락에서 나타나는 특정적인 자기의 요소 및 응용 개념들을 비롯하여 이론들에 관하여 다루고자 한다. 특히, 자기의 다양한 개념과 더불어 문화적 차원에서 비교되는 특성들을 언급하였다. 그리고 자기가치확인에 대한 연구는 자기에 대해서 호의적이지 않은 사건이나 사람들 간의 의사소통 소통에서 자아가 위협을 받는 상황일 때 개인은 반사적으로 자신의 긍정성에 관련되고, 자기 고양적인 경향성을 이끌어 내는 자기지각이 동기화되어진다는 관점을 견지하기도 하였다.

PATA **10**

자기

1 자기의 기원

심리학의 한 영역인 사회심리학에서는 인간의 행동에 영향을 미치는 가장 내적인 수준에 '구성된 자기(construal self)'가 있고 이 개념을 이용하여 인간의 행동을 개인적 수준에서 설명하고 있다(Oetzel, 1998). 즉, 인간 행동에 영향을 미치는 개인적 수준의 요소를 자기라고 할 수 있지만, 이 요소가 단지 자기 내부의 속성으로 형성된 것만은 아니라는 것이며, 사회적 활동 과정을 통해 끊임없이 구성되는 특성을 가졌다는 의미를 내포하고 있다. 이러한 관점은 고대 그리스 아테네의 소크라테스로 거슬러 올라 갈 수가 있으며, 실제 심리학적인 용어로 활용된 것은 17세기쯤으로 거슬러 올라간다.

[그림 10-1] **음악밴드의 구성**

먼저, 의미론적 관점에서 자기(Self)는 고대 그리스 시대부터 다양한 의미로 사용되어 온 용어이다. '자신'이라는 개념부터 시작해서 '혼자', '자발', '자동', 등의 다양한 의미로 혼용되는 생활용어라고 할 수 있다. 또한, 자기(self)라는 것은 인간 본성에 대한 철학적 탐구의 대상 가운데서도 가장 오래되었고 또한 줄기차게 거론되어온 개념 중의 하나였다. 소크라테스가 "너 자신을 알라"고 설파한 것도 자신에 대한 탐구가 철학의 기본이며, 또 이를 통해서 더 깊은 철학으로 나아갈 수 있음을 말해주고 있다고 보여 진다. 그리고 이 용어가 인간의 과학적 의미를 부여하여 물질과 비교연구를 시작한 것은 17세기 경, 라이프니츠로 거슬러 올라 갈 수 있다. 당시 뉴턴의 시대라고 할 만큼 물질에 관한 과학적 연구는 뉴턴을 통해 집대성되었고, 특히, 수학적 물리학적 지식의 최고봉에 자리 잡고 있었으

[그림 10-2] **라이프니츠**

며, 상대적으로 라이프니츠는 물질이 아닌 인간의 마음에 대한 관심을 가지게 된다. 그래서 라이프니츠는 마음의 핵심 요소로 '자기(selbst)'라는 개념을 사용하였으며, 이는 매우 주관적이고, 오랜 기간을 통해 형성되는 과정에 있어서 타인과 역할 상황이나 사회변동에 영향을 많이 받는 개념이라고 소개하였다(Mead, 1956). 하지만, 라이프니츠가 사용한 자기의 개념은 '충족적 자기'라는 협의의 개념이었으며, 이때부터 자기에 대해 연구하는 학자들은 개인이 자신에 관한 지식을 얻는 절차에 대해 많은 관심을 가져왔다.

그리고 사회심리학에서 자기(self)는 20세기 초 성격심리학자들이 사용하는 자아(ego)유사하다고 할 수 있다. 단지, 자아(ego)는 1916년부터 분석 심리학에서 사용해온 용어로서, 전체로서의 정신, 정돈되고 유형화된 방식으로 기능하는 정신의 경향성, 어떤 것에 대한 이미지와 상징을 산출하는 정신의 경향성, 출생 시부터 존재하는 유아의 심리적 단일성과 같은 몇 가지 뚜렷한 의미들을 내포하고 있다. 하지만, 자기라는 용어는 또한 정신분석에서 다양한 방식으로 사용되어왔다.

[그림 10-3] 미드

프로이트(Freud)는 구조적 가설을 도입하기 이전에는 종종 자아(ego)를 자기(self)를 의미하는 말로 사용했으며, 이따금 객관성과 상대되는 의미로 자기를 사용하기도 하였다. 하트만(Hartmann)은 자아를 자기와 구별하여 하나의 기능 집단으로 정의내림으로써 이 문제를 명료화했다. 따라서 자기애는 자아보다는 자기에 리비도 에너지가 집중된 것으로 간주되었다. 제이콥슨(Jacobson)은 자기 표상을 서서히 구축되는 심리내적 구조로 본 반면, 자아를 전체 인격을 가리키는 용어로 사용하기도 했다.

셰이퍼(Schafer)는 자기라는 용어가 사용되는 세 가지 방식을 대리자(agent)로서의 자기, 심리적 장소로서의 자기 그리고 대상으로서의 자기로써 명명하였다. 이에, 사회심리학에서는 자기를 성격심리에서 사용하는 자아와 상대적인 의미를 부여하기 시작했으며, 성격심리학에서 주장하는 객관적이고(objective), 전체적이며(entity), 영구적이라는(permanent) 특성과는 대비적으로 자기(Self)를 주관적이고(subjective), 구성적이며(construction), 수립된다고(established) 하였다(Mead, 1956).

따라서 이러한 가정들에서 비롯하여 사회심리학에서 사용하는 자기의 개념은 삶의 전반에 걸쳐 오랜 기간을 통해 형성되는 것이며, 그 과정에서 사회적 규범, 타인의 기대, 상황적 변화, 사회적 역할, 등의 맥락과 매우 밀접한 관련이 있다고 할 수 있다. 또한, 자기는 어떤 요소가 구조적으로 결합되어 있는 형태(structuralism)해석하는 부분도 있지만, 대부분의 사회심리학자들은 자기가 용광로와 같아서 새로운 형태로 용해되어 구성된다는 관점(constructivism)을 견지하는 경향이 강하다. 이에 본 장에서는 이러한 다양한 맥락에서 나타나는 특정적인 자기의 요소 및 응용 개념들을 비롯하여 이론들에 관하여 다루고자 한다.

2 자기의 두 차원

사회심리학은 한 개인에게 다른 사람들이 미치는 영향력의 메커니즘을 설명하는 과정에서 다양한 패러다임을 소개하면서 동시에 무엇보다도 인간의 행동에 큰 영향을 미치고 있으며 매우 중요하다고 여기는 작인(agency)의 개념을 규정하였다. 이 지고지순하고 기저에서 인간의 행동에 영향을 미치고 있는 개념을 자기라고 한다. 즉, 자기라는 것은 스스로 자신의 행동에 영향을 미치는 요소이며, 단지 순수한 자신만의 영역에서 만들어진 것이 아니라, 여러 사람들을 만나고 다양한 문화를 경험하여 구성되어진 내부의 영향력을 의미한다. 이 작인은 한 개인이 자신의 행동에 영향을 미치는 자신내부의 요소이며, 타인의 영향을 거쳐서 재구성되기 때문에 성격의 구조적 개념이 자아(ego)와는 구별되고 있다. 즉, 자아(ego)은 구조적인 특성으로 인해 환원적 가설이나 설명이 가능하지만, 자기(self)는 그렇지 않다. 예를 들어, 어린 아이들은 소금물에 물을 더 넣으면 점점 짠맛이 줄어들 것이라는 것을 알지만, 어떤 아이들은 소금물에

[그림 10-4] 소크라테스

설탕물을 섞었을 때 역시 중화된 덜 짠 맛이 날 것이라는 착각을 하게 된다. 결국, 어떻게 섞더라도 이상한 맛만 커질 것이다. 그리고 이 용액을 다시 소금과 설탕으로 구분하는 것 또한 만만치 않을 것이다. 그렇다면 자기라는 개념을 제대로 이해하기 위해서는 무엇을 알아야 하는 것일까? 본 장에서는 이 물음에 대하여 크게 두 가지 요소로 설명하는 방식을 중점적으로 소개하고자 한다. 하나는 개인 내부의 능동적 요소라고 할 수 있으며, 다른 하나는 타인의 영향으로 인한 사회적 요소라고 할 수 있다. 대표적인 사례를 들자면 소크라테스의 명언으로 설명할 수가 있다.

[그림 10-5] 자기의 두 가지 요소: 너 자신을 알라(좌), 악법도 법이다(우)

고대 그리스 철학자 소크라테스는 '너 자신을 알라'는 명언을 남겼다. 좀 더 엄밀하게 말하면 이 말은 소크라테스의 말이라기보다 속담으로 의역되었다. 왜냐하면, 실제로 소크라테스는 '너 자신의 다이몬(Daimon)을 알라'는 말을 남겼는데, 후학에서 다이몬을 데몬(Demon)으로 해석하면서 사회적인 승인을 고려한 조치라고 볼 수 있다. 그렇다면 다이몬은 무엇인가? 다이몬은 진정 자기 자신이 하고 싶어 하는 이성적 욕구를 의미한다. 즉, 자유주의(voluntarism) 학자인 소크라테스는 아고라광장에서 젊은이들에게 자신이 진정 원하는 것을 하라고 설교를 했던 것이다. 하지만, 결과는 참혹했다. 이 시대의 젊은이들은 이 말을 곡해하여 각종 범죄를 저지르고 법규를 위반하는 숱한 행위를 일삼았다. 이로 인해 갑자기 아테네 도시사회에는 사회적 동요가 늘어났고, 원로원에서는 회의를 통해 소크라테스를 사형에 처하도록 조치를 취하게 된다. 그 당시 사약과 같은 극약을 술에 타서 마시게 하는 형벌을 소크라테스에게 내리게 되지만, 여러 제자들이 형집행을 거부하고 후일을 도모하자고 건의한다. 그러나 소크라테스는 또 다시 말 한마디를 남기며 숨을 끊게 된다. 그 때 했던 말이 '악법도 법이다'라는 말이다. 그렇다면 이 두 가지의 명언은 어떤 의미를 내포하기에 아직까지 회자되는 것일까? 먼저 '너 자신을 알라'는 순수히 내가 추구하는 이상적인 목적을 의미한다. 반면 '악법도 법이다'는 의미는 내 자신이 살고 싶어도 사회에서 사형선고를 내리면 그 의무를 다해야 한다는 것이다. 즉, 인간의 자신이 하고 싶은 것을 추구하는 부분도 중요하지만, 사사회에서 요구하는 의무적인 책임을 다해야 한다는 것 또한 중요하다는 것을 의미한다. 따라서 자기(Self)는 개인적인 측면과 사회적인 측면이 모두 추구대상이라는 것이다.

아울러, 우리는 생각보다 자신의 모습을 이해하는 것이 빠르지는 않다. 태어나면서는 그러한 지각능력이 없지만, 성장하면서 거울과 같은 이미지를 통해 드디어 자신의 모습을 지각하게 되는 순간이 온다. 이러한 맥락에서 볼 때, 거울 자기 재인(Mirror Self-Recognition)은 자기 인식 능력에 있어서 중요한 분석적 단서가 될 수 있다(Nielsen, Suddendorf, Slaughter, 2006). 이러한 개념을 거울자기이미지(MSI: Mirror Self Image)라고 할 수 있으며, 성장 과정을 통해서도 재구성되는 특성을 검증하는데 유용한 단서가 될 수 있다.

3 문화와 자기

[그림 10-6] 동양인과 서양인

이러한 관점의 차이가 나는 이유는 무엇일까? 그건 바로 동양과 서양의 문화 차이에 의해 발생한다는 의견이 지배적이다. 동양의 나라들은 보통 집합주의 문화를 형성하고 있다. 집합주의 문화권에서는 끊임없이 타인의 눈치를 보고 이에 순응하는 것이 매우 중하다. 따라서 동양인들은 현상에 대해 관계 중심적으로 해석하며, 주변의 상황들을 모두 세밀하게 살피는 사고를 발달시켜 왔다고 본다.

그리하여 결국 자기의 Self를 자기가 속한 집단에 귀속시키는 경향이 크다. 이에 반해

서양인들은 개인주의 성향이 강하기 때문에 남의 눈치를 보기 보다는 자신의 선택을 더 중요시 한다.

[표 10-1] self의 수준별 구분

수준	구분	
self 속성	자기중심성(idiocentrism)	타인중심성(allocentrism)
self 개인	독립적 자기(independent-self)	상호의존적 자기(interdependent-self)
사회 및 문화	개인주의(individualism)	집합주의(collectivism)

먼저, self를 속성으로 보는 수준에서는 자신이 추구하는 관점에 초점을 맞추는 성향(idiocentrism)과 타인의 승인에 초점을 맞추는 성향(allocentrism)으로 구분할 수 있다. 모든 사람들이 이 두 가지 성향을 가지고 있으며, 어느 것을 더 강조하느냐에 따라 독립적 자기(independent-self) 혹은 상호의존적 자기(interdependent-self)로 구분될 수 있다. 마지막으로 이렇게 결정된 자기의 특성을 보이는 개인들이 모여서 독립적 자기의 성향이 강한 집단을 형성하면 개인주의(individualism) 문화가 되는 것이고, 반대로 상호의존적 자기의 성향이 강한 집단을 형성하면 집합주의(collectivism) 문화가 되는 것이다. 아울러, Markus와 Kitayama(1991)가 제의한 문화적 self의 차이는 다음과 같은 도식으로 설명할 수 있다.

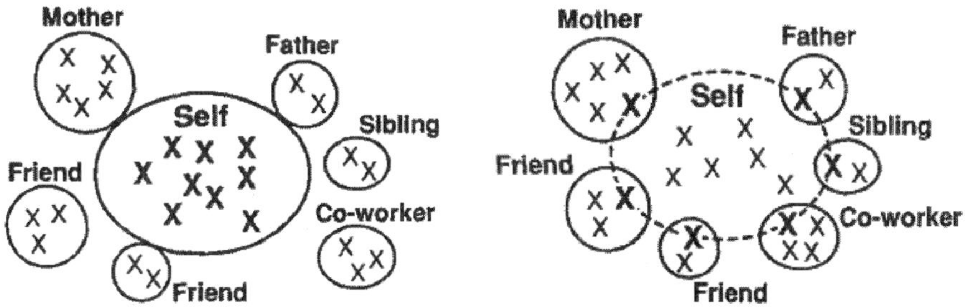

[그림 10-7] 독립적 자기(좌), 상호의존적 자기(우)

따라서 자기(self)라는 것은 문화적인 차이에서도 비롯되는 것이기도 하기에 문화적인 특수성을 배려하면서 인간의 심리나 그에 상응하는 사회적 현상을 이해해야 할 것이다.

앞서 언급했듯이, 사람들의 다양한 행동에서 나타나는 문화적 성향의 차이를 이해하려는 대표적인 차원으로는 개인주의(individualism)와 집합주의(collectivism)의 개념이 있다(Triandis, 1972). 집합주의는 개인이 자신을 공동체의 일원으로 생각하며, 공동체에서 부여되는 의무와 규범에 우선적으로 동기를 부여 받아 개인의 목표보다 공동체의 목표에 우선권을 두는 행동 양상들이 더 많다. 따라서 타인에 대한 관심과 염려, 집단의 원활한 결속에 대한 깊은 관심, 상호의존성 및 집단의 통합과 조화, 건설적 대인관계, 가족의 안녕, 부모와 연장자에 대한 존경 등을 특징으로 하는 문화이다. 이에 반해 개인주의는 자신을 집단으로부터 독립된 개인이라고 보는 느슨하게 연결된 개인으로 이루어진 문화에서 만들어지며, 개인의 선호, 필요, 권리를 다른 것보다 우선에 둔다는 특징을 가진다(Triandis, 1995). 따라서 자율성, 독립심, 개인의 목표와 신념 중요시, 개인적 만족의 추구, 집단의 결속에 대한 낮은 관심과 집단에 대한 정서적 거리감 등을 특징으로 하는 문화이다(Triandis, 1995; Hofstede, 1991)

[그림 10-] 식사: 개인주의(좌), 집합주의(우)

개인주의적 성향을 지닌 사람과 집합주의적 성향을 지닌 사람은 여러 가지로 구별되는 행위 양상을 보인다. 우선 인식적 차원에서 집합주의자는 집단을 단위로, 개인주의자는 개인을 단위로 사고한다. 집합주의자는 외부적 요인에, 개인주의자는 내부적 요인에 반응한다는 차이도 있다. 또 집합주의자는 타인의 요구, 개인주의자는 개인의 필요에 의해서 동기화되며 내집단과 외집단에 대한 태도가 상이한데 비해, 개인주의자는 내외집단에 대한 구별을 명확히 하지 않는다. 문화적 적응 면에서 집합주의자는 다른 문화를 접했을 때 개인주의자보다 적응에 더 어려움을 겪으며, 두 문화 간의 간격이 클수록 적응의 어려움은 더 커질 수 있다(Triandis, 1995).

한편, 집합주의와 개인주의가 동일한 차원의 양극단으로 논의되는 개념이 아니라 두 개의 각기 다른 차원에서 논의되는 개념이라는 점도 분명히 할 필요가 있다. 집합주의적 성향이 높은 사람은 개인주의적 성향이 낮고, 집합주의 성향이 낮은 사람은 개인주의적 성향이 높을 수도 있지만, 집합주의-개인주의적 성향이 모두 높거나 모두 낮은 경우도 존재할 수 있는 것이다(한규석,1997)

4 자기의 문화적 차이

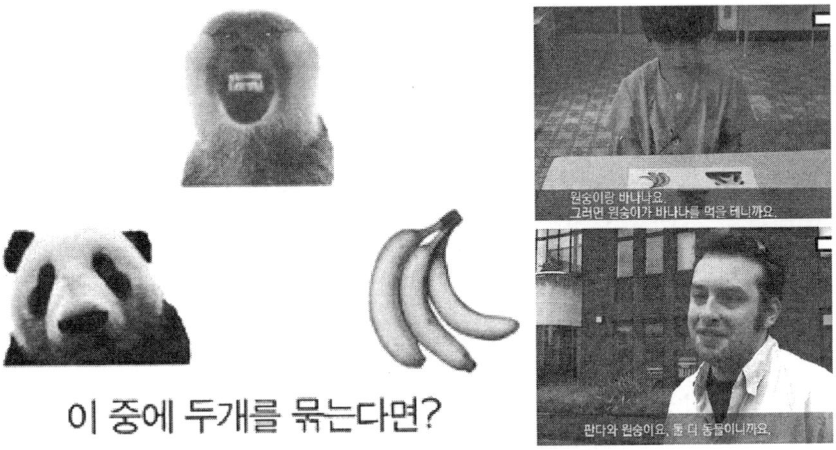

[그림 10-9] **동양인과 서양인의 인식 차이**

2009년 10월 7일과 8일에 걸쳐 방영되었던 「EBS 다큐 프라임 : 동과 서」에서 방영되었던 내용이다. 판다와 원숭이、바나나를 보여준 뒤 동양인과 서양인에게 "둘 중 무엇을 묶으시겠습니까?"라는 질문을 던져보았는데, 답변은 매우 흥미로웠다. 대다수의 동양인은 원숭이와 바나나를 묶은 반면, 대다수의 서양인들은 판다와 원숭이를 묶었던 것이다.

이것은 self를 지각하는 과정에서 문화적인 차이가 나타난다는 것이다. 또 다른 실험을 통해서도 문화적 차이를 발견할 수 있었다. 우리가 자신의 정서를 지각하는 과정에 있어서 타인의 존재를 얼마나 고려하는지를 알아보는 실험이다.

한 아이가 가운데 있고 나머지 주변에 아이들이 서 있는 두 개의 그림을 보여주는 실험을 했을 때, 서양인은 두 그림 속의 2번 옷을 입은 친구가 똑같이 행복해 보인다고 대답했지만, 동양인은 왼쪽 사진 속의 2번 친구는 행복하지만, 오른쪽 사진 속의 2번은 불행해 보인다고 대답했다. 반면, 서양인의 경우 어떤 현상의 원인이 사물의 내부에 존재하는 속성 때문이라고 생각하지만 동양인은 어떤 현상의 원인이 사물을 둘러싼 주변 상황과 연결되어 있다고 생각하기 때문이다. 첫 번째 물음과 마찬가지로 두 번째, 세 번째 질문에도 동양인과 서양인은 전혀 다른 대답을 하였다. 대다수의 동양인들은 소년은 더 이상 행복하지 않다고 말하였다.

[그림 10-10] 좌/우 두 그림 속 가운데 소년이 행복한가?

또, 사물을 지각하는 과정 또한 다른 것으로 나타났다. 특정 물질을 '닥스'라고 규정하고 나서 일부 특징을 변화시킨 두 가지 형태의 사물을 제시하였을 때, 어떤 것이 '닥스'인지를 선택하는 실험이다. 결과적으로 동양인들은 대부분 파란색 원기둥이 아닌 네모난 같은 재질의 나무 조각을 '닥스'라고 말하였다. 반면 대부분의 서양인들은 소년은 여전히 행복해 보이며, 같은 재질도 아니고 색도 다르지만 같은 모양을 한 파란색 원통을 '닥스'라고 말하였다.

[그림 10-11] 닥스(좌), 그렇다면 어느 것이 닥스인가?

이 실험을 통해 동양인과 서양인이 세상을 바라보는 관점의 차이를 명확히 알 수 있다. 즉 동양인들은 전체적인 것, 주변과의 관계를 전부 고려하여 현상을 해석한다. 그에 반해 서양인들은 자신이 직접적으로 관찰하고 있는 대상 혹은 현상만을 고려한다.

5 William James의 자기

심리학에서 자기를 다양한 형태로 구분하여 고찰한 사람 중 한 명이 William James이다. James(1890)는 자기를 '한 개인이 자기 것이라고 말할 수 있는 모든 것'이라고 정의하면서, 자기를 주체적 자기(I-self)와 객체적 자기(Me-self)로 분류했다. 주체적 자기의 'I'는 대상을 지각할 수 있는 능력을 가진 주체를 의미한다. 특정 타인이 누구인지 그에 대한 태도를 형성하고 자기가 가진 특성을 파악할 수 있는 능력도 모두 'I'에게 있다. 반면에, 'Me'는 'I'가 대상으로서 자기를 지각한 내용을 의미한다. 결국 'Me'는 대상으로서의 자기를 의미한다. 그는 객체적 자기를 물질적 자기, 사회적 자기, 정신적 자기로 구분하였다. 자기에 대한 이러한 구분은 자기에 대한 논의를 형이상학적인 차원에서 경험적 차원으로 구체화하고, 자기가 개인과 환경과의 상호작용을 통해 자기(Self)가 형성된다는 점을 강조한다. 즉, 자기는 고정되어 있는 것이 아니라 사회문화적인 활동을 통해 끊임없이 변화하는 존재이다(Peng, 2005).

물질적 자기 사람들은 자기와 관련된 행동을 하거나 특정 정서를 경험하는 과정에서 자기와 관련되어 있다는 의미를 특정 사물에게 부여한다. 이것은 우리가 사물과 상호작용하면서 자기의 특성을 그 사물에 부여한다는 것을 의미한다. 또한, 우리는 같은 사물이라고 할지라도 어떤 것은 자신의 일부라고 여기지만, 그렇지 않은 것은 단지 자신의 소유물로 취급한다. 그러나 좀 더 넓은 의미에서 보면, 사람들은 자신이 소유한 사물에게 일정량 자기의 일부라는 의미를 부여하고, 그 사물을 통해 자기를 인식하려는 경향이 있다. 즉, 우리의 소유물은 자기를 인식하는 하나의 매개체가 되어, 우리는 특정 사물을 소유함으로 그에 해당하는 자기를 경험하게 된다.

예를 들면, 우리는 자기가 소유하거나 연관된 물질이 성대하고 화려하면 자부심을 느끼지만 초라하고 볼품없으면 낙담한다. 이때 모든 사람들이 어떤 사물에 대해서는 동일한 경험을 하지는 않지만, 또 어떤 물질적 대상에 대해서는 동질적인 경험을 하기도 한다. 물질적 자아에 속하는 물질에는 옷과 집, 자동차, 족보, 업적, 토지, 재산, 명품 등의 다양한 물질들이 포함되어 있으며, 외모나 대인관계와 같은 요소도 포함하고 있다. 특히, 물질적 자아의 가장 내부에 존재하는 것이 몸인데, 몸의 어떤 부분은 다른 부분보다 더 친밀하게 보인다. 몸 다음으로 내부에 존재하는 물질이 옷인데, 우리는 옷으로 자신을 동일시한다. 가족과 집 그리고 여러 수집한 물건들이 그 뒤를 잇는다.

[그림 10-12] **물질적 자기**

따라서 우리 모두는 우리 육체를 돌보고, 장식품의 일종인 의복으로 육체를 가리고, 부모와 처자식을 소중하게 여기고, 우리가 살고 '가치를 높일 수'있는 자기 소유의 집을 찾는 것에 대한 맹목적이 충동을 가진다(James, 1890). 나아가 Baumeister(1999)는 물적 자기를 추구하는 영역과 평가하는 영역으로 구분하기도 하였다. 예를 들어, 식욕이나 본능, 물욕, 등을 추구하는 자기영역으로 보았다면, 평가하는 영역은 자만심, 겸손, 재력, 등등을 포함하고 있다. 즉, 물질적인 면을 추구하도록 촉발시키는 영역의 자기 요소와 그러한 물적 자기를 확인하기 위해 평가하려는 자기의 요소로 나누었다고 할 수 있다. 실제로 가난한 삶을 살면서 매일 일확천금을 꿈꾸는 로또마니아나 가난을 한탄하며 자신을 부정하는 사람들, 그리고 부자들 중에 오직 욕심을 채우는데 급급하거나 자신의 재산을 자랑하는데 시간을 보내는 사람들은 이러한 물적 자기가 발현되었다고 할 수 있다.

사회적 자기 우리는 다양한 사람들과의 관계 속에서 그들의 주목을 받고 싶어 하고, 특히 그들에게 호의적으로 보이기를 원한다. 이러한 점에서 사회적 자기는 우리가 주변의 사람들로부터 얻는 사회적 승인이다. 사회적 자기는 수많은 속성이 있을 수 있는데, 우리에 관한 이미지를 보유하고 있는 다른 사람들의 수만큼이나 우리의 사회적 자기가 있다고 할 수 있다. 또한, 우리에 대한 이미지를 가지고 있는 타인들은 특정한 사회계층에 속해 있다. 그렇기 때문에 실제로는 우리와 관계하고 있는 사람들로 이루어진 집단의 수만큼 우리의 사회적 자기가 있다고 할 수 있다. 우리는 서로 다른 집단이나 계층에 속한 사람들에게 서로 다른 모습을 보인다. 우리가 자녀에게 보이는 모습은 회사 동료에게 보내는 모습과 다르다.

[그림 10-13] **사회적 자기**

우리의 가장 독특한 사회적 자기는 우리가 사랑하는 사람의 마음속에 있는 사회적 자기이다. 그 사람이 우리를 긍정적으로 인식하면 그것은 우리를 더없이 기쁘게 만들고, 그렇지 않으면 우리는 크게 낙담한다. 한 사람의 좋은 혹은 나쁜 명성이나 명예 혹은 불명예는 그의 사회적 자기에 속한다. 명예라고 칭하는 사회적 자기는 우리가 말하는 대상의 여러 구분 중 하나이다. 어떤 상황적 요구에 따르거나 따르지 않을 때, 사람들이 자신을 칭찬하거나 비난하는 것은 자신의 눈에 비친 자기의 이미지 때문이다.

어떤 사람들은 이와 같은 자기 이미지 때문에 특정 행동을 하기도 하고 그렇지 않기도 한다. 군인은 자신의 명예 때문에 적과의 싸움을 마다하지 않지만, 군인으로서의 명예 때문에 금주를 하거나 금연을 하지는 않을 것이다. 그리고 한 개인을 평가할 때, 사회적 자기의 속성이 복선적으로 기술되는 경우도 있다. 예를 들어, 구조조정을 실행하는 상사의 입장에서는 '인간적으로는 당신을 동정하지만, 공정으로는 당신에게 자비를 베풀 수 없다'고 말할 것이며, 정치인들 사이에서 야합을 하는 과정에서 늘 나오듯이 '정치가로서는 동지로 생각하지만, 도덕가로서는 몹시 당신을 싫어 한다'고 주장할 수 있을 것이다.

정신적 자기 정신적 자기가 경험적인 자기에 속하는 한, 그것은 한 사람의 내적이거나 주관적인 존재, 정신적인 능력이나 성향이다. 그러나 정신적 자기는 개인의 통일성을 제공하는 근본적인 것도 아니고, 순수한 자아(ego)를 의미하지도 않는다. 정신적 자기는 자기의 가장 지속적이고 친밀한 부분으로, 자신이 소유하고 있는 것을 조사할 때보다 논쟁하고 구별할 줄 아는 자신의 능력, 자신의 양심과 도덕성, 자신의 불굴의 의지를 생각할 때, 우리는 자기에 대하여 더욱 순수한 만족감을 느낀다.

정신적 자기를 다양한 방식으로 생각해 볼 수 있다. 한 가지 방법으로, 어떤 사람을 다른 사람과 구분하는 능력, 그 중 하나를 자기로 동일시하는 것과 같은 능력처럼, 정신적 자기를 여러 능력으로 구분하는 것이다. 이것은 의식을 다루는 하나의 추상적인 방법이다. 우리가 정신적 자기를 이해하는 것은 하나의 반성적인 과정으로, 우리가 외부지향적인 관점을 버리고, 주관성을 생각할 수 있고 자신을 하나의 사고하는 존재로서 생각할 수 있을 때 정신적 자기에 대한 이해가 가능하다.

특히, 주체적 자기(I-self)와 구분하기 위해 정서가 개입되고, 일반화된 개념이 기술되는 특성을 언급하게 된다. 결과적으로 인간은 활동하는 어떤 순수한 정신적인 요소를 찾기란 어려우며, 이에, 자신의 자발성을 표출하는 어떤 것이라고 할지라도 대개는 신체 과정이나 인지적인 과정을 통해 표상된다는 것을 알게 된다. 따라서 정신적 자기는 순수 자기와는 다르게 심리학적으로 연구할 수 있는 객관적이고 평가 가능한 대상으로 구분할 수 있고, 일반화된 개념으로 평가할 수 있는 것이라고 규정할 수 있다. 예를 들어, 도덕성이나 양심, 죄의식, 정신력, 등등으로 정신적 자기의 요소를 확인할 수 있을 것이다(Baumeister, 1999).

[그림 10-14] 정신적 자기

6 가능자기(possible self)

Markus와 Nurius(1986)은 '가능자기(possible selves)'라는 개념을 개인의 자기체계 내에서 미래 지향적인 요소들이 포함하여 설명하였다. 즉, 자신이 미래에 어떤 사람이 될 것 같은지, 어떤 사람이 되길 원하는지에 대한 개인적인 기대를 의미한다. 그래서 가능자기는 자신에게 잠재되어 있는 것이 무엇이며, 자신의 미래에 대해 연상되는 자신의 목표, 기대, 전망, 공포, 불안 등을 연상하게 한다. 또한, 가능자기는 미래의 자기에 대해 기대하는 모습이 있으며, 이 미래적 형상에 스스로 의미를 부여하여 점진적으로 현실화하기 위해 강한 동기로써 작용할 수 도 있다.

하지만, 가능자기가 모두 희망하는 이상적인 형태의 자기만을 지칭하는 것은 아니다. 가능자기는 미래에 긍정적으로 기대하는 자신의 모습인 '이상적 자기 또는 희망하는 자기(Ideal Self or Hoped for Self)'와 미래에 피하고 싶거나 염려하는 부정정인 모습인 '원하지 않는 자기 또는 두려운 자기(Undesired Self or Fearful Self)'로 구분할 수 있다(Markus & Nurius,1986). 일반적으로 효율적인 과업 수행을 위해서는 긍정적 자기의 속성이 영향을 주는 편이며, 상대적으로 부정적 자기의 속성은 하지 말아야 할 것에 대한 지표를 제공해 준다(Wurf & Markus,1983). 그래서 과업의 보다 나은 수행을 위해서는 과제에 대한 긍정적인 가능한 자기와 부정적인 가능한 자기가 균형 상태를 유지할 때 가능하다. 다시 말해서, 긍정적인 가능자기가 원하는 것을 성취하기 위해 무엇을 해야 하는지에 대한 전반적인 행동의 기틀을 잡아준다면, 부정적인 가능자기는 현재 자신의 행동을 통해서 부정적인 미래를 피하도록 하는 강한 동기적 효과를 나타낸다고 할 수 있다(Ruvolo & Markus, 1992). 따라서 가능자기는 미래 자기 행동에 대한 동기를 갖는 것과 현재 자기 행동에 대한 평가

[그림 10-15] 가능자기

및 해석할 수 있는 맥락을 제공하는 두 가지 기능을 가지고 있다고 할 수 있는 것이다.

한편, 가능자기가 개인적인 목표를 수행하는 과정에서 다양한 위협을 모면하기 위한 두 가지 형태의 인지구조를 제공한다는 면에서 볼 때, 이 개념은 각각의 개인이 경험한 사건을 해석하는데 있어서 개인의 동기 그 자체도 중요하지만, 그 행동을 둘러싸고 있는 관계된 상황적 의미를 부여하는 것 역시 중요하다는 것을 의미한다. 즉, 사건에 대한 해석은 그 사건을 둘러싸고 있는 가능성의 맥락(the context of possibility)에 의존한다는 것이다(Markus등,1986). 이처럼 가능자기는 현재의 사건을 현재의 문제로만 제한시키는 것이 아닌 사건을 해석하고 평가하는 하나의 준거 틀을 제공하는 동시에 사회적 맥락의 중요성을 함축하고 있다. 따라서 가능자기는 다양한 상황을 중재하고 그와 관련된 구체적인 행동을 조절하며, 상황에 대한 적절한 대처능력을 제공할 수 있다.

7 자기불일치 이론(self discrepancy theory)

Higgins(1987)는 부정적 정서와 관련해서 자기 표상을 두 가지 인지차원, 즉 자기 영역과 자기에 대한 관점에 따라서 나누고 있다. 이 관점은 불안이 인간의 행동에 영향을 준다는 프로이트의 관점과 동일하며, 결국 인간의 불안이 자신의 행동을 야기하는 동력이 된다는 가설에서 시작한다. 그는 불안을 야기하는 것은 자기의 차이에서 시작된다고 강조하였고, 자기의 영역을 세 가지로 구분하고 있다. 첫 번째 자기 영역은 실제(Actual) 자기로 자신이나 중요한 타인이 그가 실제로 가지고 있을 거라고 믿는 속성들에 대한 표상이다. 두 번째 자기 영역은 이상적(Ideal)자기로 그가 가지고 있었으면 하고 바라는 속성들에 대한 표상들로 기대, 희망 및 목표 등이 포함된다. 세 번째 자기 영역은 당위적(Ought)자기로 그가 가지고 있어야만 한다고 자신이나 타인이 믿고 있는 속성에 대한 표상들로 규칙이나 의무를 포함하고 있다.

자기에 대한 관점은 자신을 판단하는 입장으로 일련의 태도나 가치들을 반영하고 있는데. 예를 들어, 어머니, 아버지, 친한 친구 등이 자기를 보는 관점이라고 할 수 있다. 따라서 이 세 가지 영역의 자기 관점들을 조합하면 6가지 유형의 자기 상태 표상이 가능하다. 즉 실제 자기에 대한 자신에 대한 관점(실제/자신), 실제 자기에 대한 타인의 관점(실제/타인), 이상적 자기에 대한 자신의 관점(이상/자신), 이상적 자기에 대한 타인의 관점(이상/타인), 당위적 자기에 대한 자신의 관점(당위/자신), 당위적 자기에 대한 타인의 관점(당위/타인)등이 가능하다. 이들 중 처음 두 가지 자기상태 표상은 '자기 개념(self-concept)'을 이루고, 나머지 표상들은 '자기 지시적 기준(self-direction standards)'혹은 '자기 유도(self-guides)'의 역할을 하게 된다(Strauman, 1992). 이런 자기 상태 표상간의 불일치는 서로 다른 정서적 불편감과 관련된다.

[그림 10-16] **자기불일치 이론**

여러 연구자들이 다른 종류의 정서적 불편감과 연관된 두 종류의 기본적인 부정적 심리 상황에 관해서 보고하고 있다(Lazarus, 1968; Roseman, 1984; Stein & Jewett, 1986). 자기 불일치는 그 유형에 따라서 다른 부정적인 심리적 상황을 개인이 표상하게 하고 이러한 다른 부정적 심리적 상황은 동기를 강화하거나 지나치면 서로 다른 정서적 불편감과 연관되어 진다(Higgins,1987).

즉, 인간은 저마다의 자기를 지각하고 있으며, 현재 혹은 미래지향적으로 가능한 자기의 이상적 이미지를 연상시켜 떠올리기도 한다. 하지만, 이 둘 간의 차이가 많거나 그 차이를 줄일 수 있는 가능성이 거의 희박하다면 심리적인 불편함을 초래할 것이다. 이에 Higgins는 자기를 지각하는 과정에서 현실자기는 자기의 모습이라고 여기는 자기이며, 우리는 이 현실자기를 이상자기(Ideal self) 혹은 의무자기(Ought self)와 비교하며 각기 다른 정서와 동기를 경험한다고 설명하였다. 여기서 이상자기는 스스로가 되고 싶은 이상적 자기의 모습이다.

이상자기가 촉발되거나 생각되는 경우에 사람들은 그 모습에 다가서려 하고, 긍정적인 수행과 결과를 거두는 것에 민감하며, 긍정적인 정서를 경험하면서 의식의 초점도 향상과 변화에 맞추어지면서, 잘 해내려 하고, 성취해내는 활동에 관심을 갖게 된다. 반면에 의무자기란 자신 및 주의사람들이 부과하는 의무, 책임처럼 자신이 맞추어가겠다고 여기는 자기모습이다. 이 의무자기가 환기되는 경우에 사람들은 부정적인 결과가 나타날 것에 민감하며, 의무자기에 부응하지 못하는 불안감이나 죄책감을 경험하면서 의식의 초점도 금지나 안전에 맞추어진다.

8 상징적 상호작용 이론

상징적 상호작용 이론은 1930년대 Cooley, Dewey와 Mead를 중심으로 미국의 실용주의 철학에 기반을 둔 사회적 관점에서 인간의 행동을 성명하는 이론이다. 특히, Mead는 사회적인 자기, 역할 획득, 상징적 조직 등과 같은 개념을 강조하였고, 개인의 자기가 나타나기 위해서는 사회가 반드시 필요하며 이들 자기는 사회적 상호작용으로부터 창조된다고 보았다. 즉, 인간의 행동에 있어서 사회는 비록 자기와 같은 의식적인 인간의 정신보다 앞서 존재하는 것이지만 모든 개인의 의식적인 참여를 요구한다고 보았다. 마치 사회 속에서 살아가는 다른 사람과의 상호작용 속에서 개인의 행동을 이해할 수 있다는 것이다. 그리고 사회 혹은 제도라는 것은 다양한 개인들의 조직화되고 유형화된 상호작용의 결과를 의미한다(Turner, 1982). 이것은 다른 사회 구성원들이 단순히 존재하기 때문에 개인의 행위가 사회화가 되는 것이 아니라 역할담당 과정이라는 내재적인 상호작용을 통해 다른 성원들이 개인의 의식 속에 존재하는 사회전체의 관점이 개인에게 반영된다는 것을 의미한다. 사회전체가 개인에게 반영될 수 있는 것은 개인의 내면화 과정인 성찰적인 의사과정을 통해서

[그림 10-17] 상징적 상호작용

이며 이는 개인의 내재적인 대화의 과정이라고 일컫는 상징의 사용을 통해서 가능한 것이다. 즉, Mead는 개인의 사회화과정이 의미 있는 타인들의 태도를 취함으로써 시작되며, 전 사회집단의 조직화된 태도인 타인(일반화된 타자)의 태도를 취할 때 완성되는 것으로 보았다. 타인은 상징을 통해 개인에게 영향력을 발휘하며 이것은 내면화된 사회구조의 특성을 가진다. 그리고 이 상징은 개인이 지니는 의미의 사회적 보편성을 의미하며, 그 객관성을 의미한다(Bolton, 1958). 이러한 관점을 가장 잘 표현한 것이 거울에 비친 자기(Looking glass self)이다(Cooley, 1902). 즉, 중요한 타인이 자신에게 대하는 행동을 통해서 자기개념을 형성할 수 있다는 것을 뜻한다.

그렇다면, 사회가 상징적 상호작용을 통해 개인의 사고와 행동을 통제하는 것일까? 하지만 타인의 영향력을 받는 개인은 사회에 대해 단순히 수동적이지만은 않다. 개인은 사회를 통해 자기를 능동적으로 형성한다. 사회과정 속에서 조직화된 사회의 태도를 내면화함으로써 구성하며, 사회는 개인들이 타인들의 입장을 이해할 때 그 형태를 유지할 수 있게 된다. 결과적으로 개인의 사회성은 개인의 개별성을 확립하는 것이 아니며, 오히려 상호의존적인 것으로 볼 수 있다. 동시에 개인은 사회를 재생산할 수 있는 능동적인 존재라는 점을 주장할 수 있고 과도한 결정론적 입장이 아닌 자기에 기반한 사회변화의 가능성을 제시할 수 있는 것이다. 다시 말해서 개인의 자기에 영향을 주는 사회구조가 사회변화의 근원이 되는 중심점이 된다는 것을 강조하면서 마찬가지로 개인이 능동적인 행동을 수행할 수 있는 능력이 있다는 점을 고려한다면 상징적 상호작용이론을 통해 인간의 행동과 사회변동에 대한 설명에 관한 다양한 가설적 접근을 제시할 수 있게 되는 것이다.

9 인상관리와 자기고양

사회적 상호작용에 있어 가장 먼저 떠올릴 수 있는 것이 타인에 대한 인상관리이다. 즉, 사람들은 사회적 상호작용 속에서 다양한 역할을 하며 그들이 내는 성과는 상황과 타인들에 의해 달라진다. 이를 테면, 사람들은 삶이라는 무대에 오른 배우들이며, 원하는 목표를 달성하기 위해 관련된 사람들에게 전달되는 자신의 이미지를 통제하려 노력하고,

그 목표는 다름 아닌 사회적, 심리적 또는 물질적인 것들이다(Leary and Kowalski, 1990). 따라서 인상관리는 의도적이며 목표 지향적인 행위라고 할 수 있다(Chen and Fang, 2008).

하지만, 인상관리는 단지 자신에 대한 타인의 평가만을 의식한 결과라고 보지 않는다. Bozeman and Kacmar(1997)는 인상관리를 위해서는 한 사람이 자신의 특정한 정체성을 만들어내고 유지하해야 하며, 이 인상관리의 목적은 언어적인 그리고 비언어적인 행동으로 전략적인 표출을 함으로써 이루어지는데, 이 때 이루어지는 행동들은 그 행동을 한 행위자를 다른 사람들에게 더욱 호의적으로 보이게 한다고 주장했다. 이에. 사회인지적 측면에서 자신의 인상을 관리하기 위해서는 늘 자기중심적인 정보에만 주목하는 경향을 가지는 경우가 많다. 이러한 특성을 자기중심적 사고라고 한다. Buchanan and Badham(1999)는 자기중심적 사고가 다른 사람에게 영향을 미치기 위해 의식적으로 노력하는 과정이기 때문에 인상관리의 속성을 타인을 속이는 기만적인 행동이라고 설명하기도 한다. 즉, 사람들은 자기 자신을 자기가 원하는 대로 다른 이들이 봐 주게 하기 위해 그들 앞에서 자기 자신에 대한 정보를 통제하는데(Schlenker, 1980), 이런 전략들는 기만적인 행동을 포함할 가능성이 있는 조직행동의 한 측면으로 정의되어 왔다(Carlson et al., 2004).

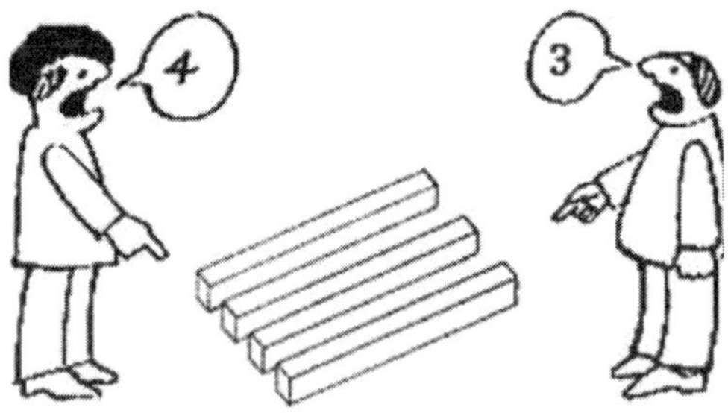

[그림 10-18] **자기중심성 현상**

우리가 여러 사람들의 행동을 설명할 때, 그들의 인지과정은 중립적이기 보다는 한 방향으로 치우쳐진 경향이 있는데 이러한 경향성을 '편향'이라고 한다. 이러한 편향이 긍정적인 속성 혹은 부정적인 속성에 치우쳐졌느냐에 따라 '긍정편향'과 '부정편향'으로 나눌 수 있다. 일반적으로 사람들은 자신을 평가할 때, 타인과 비교하여 자신의 더 나은 점과 타인의 더 못한 점에 근거를 두고 비교하는 경향을 보인다. 또한 자신의 미래를 예측할 때에도 타인과 비교하여 긍정적인 사건들이 더 많이 일어날 것이라고 기대한다. 이렇게 현실을 긍정적으로 왜곡하여 자기 자신을 고양하는 쪽으로 지각하는 경향을 '자기고양 편향(self-enhancing bias)'이라고 부른다. 자기고양 편향이란 자기에 대해 긍정적으로 느끼고 자아존중감(self-esteem)을 유지하기 위해 자기 본위적(senf-serving) 생각을 지나치게 하는 인지적 전략을 말한다. 사람이 의식적 혹은 무의식적으로 자신을 긍정적으로 평가하는 자기고양 현상은 자존감을 높이고(Butler & Haigh, 1954; Taylor & Brown, 1988), 부정적인 평가로부터 자아를 보호하려는 동기와 관련이 있다(Greenwald, 1980). 개인은 부정적인 평가를 피함으로써 자신에 대한 긍정적인 자기를 확립하고, 이렇게 확립된 자기는 주관적 안녕감이나 행복감, 그리고 다방면의 우수한 수행능력을 이끌어 내게 되는 것이다.

자기고양 편향은 지나치게 높은 수준으로 나타나지 않는 한 개인의 정신건강과 더불어 대인관계와 같은 사회적 기능을 촉진시키는 역할을 한다(Taylor, Lerne Sherman, Sage, & McDowell, 2003).

10 자아존중감(self esteem)

일반적으로 사람들은 인상관리를 하기 때문에 자신이 좋은 평가를 받기를 원한다. 그리고 자타가 내리는 좋은 평가는 자기를 고양시킨다. 이 평가의 결과로 긍정적인 자존감을 갖게 되는데 모든 사람들이 여러 방면에 있어서 다 잘할 수는 없는 것이 현실이지만, 사람들은 자신이 보유하고 있는 자기의 고양적 특성으로 인해 비교적 높은 자존감을 갖고 생활한다. 이에, 자기고양의 심리적 기제를 이용하여 높은 자존감을 유지하는 모형으로 두 가지의 관점을 제시할 수 있다(Tesser, 1988).

[그림 10-19] 자존감의 편향

먼저, 사람들은 자신뿐만 아니라 자신과 관련이 있는 사람, 단체 및 조직이 좋은 평가를 받는 경우에 자기관여성을 느끼고 자존감이 고양된다. 자기가 속한 대학, 지역을 대표하는 팀이 우승하는 경우의 예를 볼 수 있다. 이는 특히 자기관련성이 높은 타인과 조직의 그러한 활동에서 나타난다.

그리고 사회비교(social comparison)의 과정을 통해서도 자기고양을 경험한다. 이 과정은 상당히 전략적인 양상으로 나타나며, 세 가지로 작용한다. 첫째, 자신이 중요하다고 여기는 특성에서가 아니라면 나쁜 평가를 받아도 크게 문제 삼지 않는다. Rosenberg(1965)는 자신이 호감을 주는 사람이 아니라고 생각하는 청소년들은 호감 가는 인상이 중요한 것이 아니라고 생각하며 아무런 열등의식도 느끼지 않음을 발견했다. 흥미로운 것은 사람들이 자신이 중요하다고 여기는 영역에서는 자신을 좋게 평가할 수 있는 소지가 다분히 있다는 것이다. Dunning 등(1991)은 사람들이 스스로의 평가에 중요하다고 보는 창의성, 지능 등은 상당히 포괄적이고 정의하기가 애매한 유목이란 점을 감안하여, 누구나 스스로가 지닌 특성들을 그러한 유목에서 긍정적인 대표적 행동 특성이라고 간주하고 있다. 이에, 한 실험에서는 학생들에게 창의성의 다양한 면을 보여주는 목록을 제공하고서 각 면모가 창의성을 얼마나 잘 나타내는지를 평가하게 한 후 일주일이 경과되어 각 면모에서 자신에 대한 평가를 시켜 보니 두 가지 평가 간의 상관이 높게 나타났다. 이는 자기가 가진 특성이 창의성을 잘 보여주는 것이고 지니지 않은 특성은 창의성과 별 관계가 없다고 생각하므로 스스로가 창의성이 높은 사람으로 여기는 경향이 있음을 뜻한다. 마찬가지로 부적적인 유목에 대해서 자신이 지는 부정적인 면이 그 유목을 잘 대표하지 못한다고 여김으로써 스스로를 멍청한 사람과는 거리가 먼 것으로 여기는 것이다. 그럼으로써 사람들은 자신이 중요시하는 면에서 자신에 대한 평가를 보통사람 이상으로 높다고 할 수 있다. 이러한 부풀린 평가는 기준이 비교적 뚜렷한 지능의 영역보다는 상대적으로 모호한 도덕성의 영역에서 더 강하게 나타나고 있다(Allisom et al., 1989). 둘째, 사람들은 어떤 일에 실패한 경우에는 그것을 상황 탓으로 여기고, 성공한 경우에는 자신의 능력, 노력 탓으로 돌림으로써 자존감을 유지할 수 있다. 귀인(attribution)현상은 이러한 경향이 그 같은 판단을 하기 위한 정보의 수집과정에 관여하면서 얻게 된 정보의 편중성으로 인해 나타날 수

[그림 10-20] 사회비교

있다는 점을 구체적으로 설명하는 개념이라고 할 수 있다. 한 실험(Pyszczynski, et al., 1985)에서 피 실험자들에게 그들의 대인관계 능력을 평가한 결과를 높은 편 또는 낮은 편이라고 알려 주었다. 이와 함께 다른 피 실험자의 점수가 적힌 카드를 6매 보여주면서 더 많이 보고 싶으면 요청하라고 하였다. 이 6명의 점수는 대체로 피 실험자의 점수보다 낮거나 비슷하거나, 높게끔 조작된 것이다. 자신의 점수가 낮을 경우에 다른 사람들의 점수가 더 낮을 수 있다면 더욱 많은 정보를 요구하지만 타인의 점수가 높다고 여기지면 스스로의 점수가 낮음을 확인시켜 주는 정보탐색은 나타나지 않았다. 셋째, 자존감이 위협을 받는 상황에서 사람들은 그 상황을 직면하기 피함으로써 자존감을 보호하기도 한다. Steele(1993)는 미국의 중등학교에서 자퇴자들이 흑인학생들에게서 엄청 높게 나타나는 이유는 이들이 학교 장면에서 학업부진으로 인한 자존심의 손상을 막기 위해서 교육제도의 가지 자체를 전면 부정하고 그 장면을 떠나기 때문이라 주장한다. 학교 밖에서는 더 이상 학업부진에 의해서 지속적으로 자존심을 상하는 상황을 면할 수 있는 것이다.

11 자기 효능감(self efficacy)

[그림 10-21] 자기효능감

자기효능감은 주어진 상황을 잘 이겨내기 위해 필요한 모티베이션, 인적자원 그리고 행동과정을 최고조로 높일 능력이 자신에게 있다는 믿음을 뜻하는 것이다(Badura, 1993). 특정과업을 수행할 수 있다는 자신의 능력에 대한 판단과 과업수행을 행하려는 동기가 함께 결합된 개념이다(신구범, 2010). 자기효능감이 높은 사람은 자신의 목표설정에 더 생산적인 성향을 보인다(Sims & Lorenzi, 1992).

Bandura(1982)는 자기효능감을 주어진 상황을 잘 이겨내고 이를 긍정적으로 승화하기 위해 개별 구성원들이 가지는 동기부여(motivation), 인지자원(cognitive resourc-es), 행동과정(course of action)등을 최상의 것으로 만들 수 있는 능력이 자신에게 있다는 믿음으로 재정의 하였다(Wood & Bandura, 1989).

자기효능감은 사회인지론, 즉 행동, 인지, 환경 모두가 역학의 방법으로 서로에게 영향을 미친다는 3자 관계의 상호보완적 인과모델을 가정하는 이론에서 나타난 구성개념이라고 정의할 수 있다(Bandura, 1977, 1986; Wood & Bandura, 1989). 자기효능감은 행동변화를 결정하는 설명변수로서 특정 활동에 대해 자신이 성공적으로 잘 수행해 낼 수 있다는 능력의 믿음이나 판단과 관련된 것이다.

자기 특성으로 이내 나타나는 현상 중에는 인간의 인지적 과정에 중요한 단서를 제공하는 과정도 포함한다. 그래서 장기기억과 연관성이 있다. 이와 유사한 특성을 검증하기 위해 한 실험에서는 사람들에게 '관대한'과 같은 다양한 단어들의 목록을 보여주면서 자신의 심상(self-image)과 얼마나 적합한지를 측정하였고, 이후 회상률을 비교하였다.

결과적으로 자신의 심상에 적합하다고 여기는 단어의 회상률이 더 높게 나타났으며, 자신과 관계되어 있지 않는 의미부여 수준의 상황에서보다 더 높은 것으로 나타났다. 이것을 자기참조효과(self-reference effect)라고 하며, 인간은 자기와 관련이 있는 정보에 대해 장기기억이 우수하다고 볼 수 있다. 그리고 자기의 특성은 정보처리 과정에도 영향을 미친다. 이것은 대인관계의 맥락에서도 두드러지게 나타나는데, 복잡하고 다양한 사회적인 상황에서 타인은 암묵적으로 한 개인에게 적절한 기대 행동을 요구하게 된다.

예를 들어, 얌전하게 지내는 영희에게 주위 타인들은 얌전한 행동을 할 것으로 기대하게 되고, 이러한 사회적 압력은 영희로 하여금 얌전한 행동을 기대하는 타인들을 충족하기 위해 또 다시 그 행동을 하도록 영향력을 행사하게 된다. 즉, 타인에 대한 사전기대가 자기로 구성되고, 그 자기로 인해 기대 행동을 유도하는데 적합한 행동을 하도록 만드는 것이다(Jones, 1977).

이러한 자기의 특성을 반영한 것이 자기충족적 예언(self-fulfilling prophecy)이며, 누군가가 비협조적일 것이라고 생각하면 당신은 그 사람에게 비우호적을 행동할 것이고, 결국엔 비협조적인 상호작용만이 남게 될 것이다.

12 자의식

Duval과 Wicklund(1973)은 객관적 자기인식(Objective self-awareness)이라는 개념을 두어 인간이 자신을 의식적인 주의를 통해 본질적인 방향을 띈다고 설명하였다. 즉, 의식은 자신에게 향하거나 외부로 향하게 되는데 자기의 측면으로 향하게 되는 것을 객관적 자기인식이라고 명명하였고, Fenisgstein, Scheier, 그리고 Buss(1975)는 객관적 자기지각이론을 바탕으로 주의(attention)의 초점을 자기(self)dp 두는 개인 기질적 성향의 개인차를 고안하였다. 이것을 자의식(self-consciousness)이라는 개념으로 설명하였다. 따라서 자의식(self-consciousness)이란 자기 자신의 내적 사고나 감정에 주의를 기울이고 타인에게 영향을 주는 사회적 대상으로서 자기를 인식하거나, 다른 사람들에 의해 평가된다는 것에 대한 우려나 타인들의 존재에 대한 불편함을 인식하는 것을 의미한다(Fenigstein, 1979).

자의식은 개인이 자기에게 주의를 기울이는 상태의 기질적 성향으로서, 여러 가지 외적 조건, 즉 거울이나 관찰자에 의해 일시적으로 유도될 수도 있지만, 외부 환경과는 무관하게 주의를 자기 안으로 두는 일관적인 개인의 기질에 의해 일어날 수도 있으며, 이 둘 모두의 결과로서 보여 질 수도 있다(Fenigstein, Scheier & Buss, 1975). 그래서 자의식에는 개인차가 있고 계속적으로 자신의 행동을 탐색하여 자신의 사고를 숙고하는 사람이 있는 반면 자신의 행동에 대한 진정한 동기나 타인에게 비추어지는 자신의 모습도 이해하지 못하는 사람도 있는 것으로 사료된다.

일반적으로 자의식은 자기를 인지적인 관점에서 접근하는데, 인간의 사고와 행위가 정신 내적인 맥락(intrapsychic context)과 대인맥락(interpersonal context) 양면에 걸쳐 발생한다는 관점이 지배적이다. 즉, 인간이 자신과 세계를 이해하는 과정을 인지적 자기(cognitive self)의 영향과 사회적인 것으로 구분되어 있다고 본다. 인지적 자기란 감각적 자기(sensory self)와 구분되는 것으로 남들과 공유할 수 없는 자신만의 사고나 감정, 이미지 들을 가리키며 이러한 내면세계의 존재가 인지적 자기를 유추할 수 있는 근거가 된다는 것이다. 그리고 사회적인 관점에서는 다른 사람들이 나와 다른 관점을 가지고 있다는 것을 인식함으로써 자기를 깨닫기도 하는데, 이 때, 자기만의 독특성은 자의식을 높여준다. 결과적으로 인지적 자기와 사회적인 요소가 자의식을 구성하는데 있어서 타인과 공유할 수 없는 내밀함은 사적 자기(private self)를, 다른 사람의 관점을 인식하는 외형적 측면은 공적 자기(public self)를 구성한다고 할 수 있다(Buss, 1980). 예를 들어 이마에 알파벳 'Q 혹은 E'를 쓰게 하면 그 개인차가 구분될 수 있다.

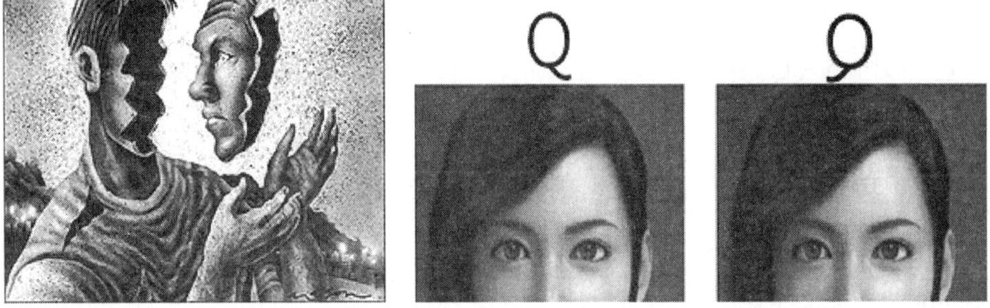

[그림 10-22] **자의식과 자의식 실험**

사적자기(private-self) 사적자기가 중심이 되는 자의식은 개인의 사적 특성, 사고, 감정, 가치 등 자신의 내적 측면들에 주목되는 경향이다. 즉, 내적이고 자기중심적인 요구를 반영하는 동기가 활성화 되어 이와 관련된 자기의 측면에 주목하는 경향이 있다. 그리고 사적 자기는 인간 스스로가 가지고 있는 신념이나 주관적 규범이 자신의 태도나 행동에 보다 큰 영향을 미친다고 할 수 있다. 그래서 자신을 평가할 때도 자신이 정해 둔 규범에 초점을 두어 평가하고 개인적인 특성 내에서 판단내리며, 동시에 이러한 특성은 자아존중감을 보호하고자 하는 경향이 있다(Hull, Levy, 1979).

공적자기(public-self) 공적자기가 중심이 되는 자의식은 다른 사람이 나를 인식하는 데 주의를 기울이는 사회적 존재로서의 자기, 즉 신체적 외모, 행동, 정서, 자기표현 등을 평가하는데 있어서 자신의 공적 측면에 대한 자각이 우선적이며, 타인의 기준으로 평가하는 사회적 대상으로서의 자기를 바라보는 데 그 초점을 모으고 있다(Fenigstein, 1979). 즉, "나는 타인에게 어떻게 보여 지는지 걱정이다.", "내가 집을 나서기 전에 최종적으로 하는 일은 거울을 보는 것이다."와 같이 다른 사람에게 인식되는 사회적 대상로서의 자신에게 주의를 집중하는 것을 말하며, 공적자기는 타인의 관찰대상이 되는 사회적 대상으로서의 자신을 인식하는 것으로 정의된다. 공적 자의식이 사적 자기와 구별되는 점은 개인의 내부적 상태가 그다지 중요하지 않다는 점이다. 공적 자기는 대인관계 혹은 사회적 맥락에 얼마나 주의를 두는가에 관한 것으로서, 자신은 타인들의 관심 대상으로 인식하고, 타인들의 반응 정도나 타인으로부터 거부를 당했을 때, 그 책임을 자신이 수용하고자 하는 정도로 설명할 수 있다. 즉, 인상형성, 예의 등으로 나타나게 되는 것으로서 자기표현과 관련된 측면이 공적자기에 의해 주의를 기울이는 경향이 높은 상태라고 볼 수 있다.

13 자기 복잡성(self complexity)

자기 복잡성(self complexity)은 상호작용 속에서 나타나는 자신에 대한 다양한 평가방식을 의미한다고 볼 수 있으며, 한 사람을 구성하고 있는 자기양상(self-aspects)이 어떻게 조직되어 있는지에 따라 자기와 관련된 다양한 외부사건에 대한 인지적 또는 정서적 반응이 영향을 받는다고 할 수 있다(Linville, 1985, 1987). 이 때 자기양상은 사람들이 자기 자신에 대해 가지고 있는 지식, 혹은 정보를 표상하는 다양한 인지적 구성개념을 의미한다(McConnell. et. al., 2005; Schleicher & McConnell, 2005). 빗대어 설명한다면 자신을 바라보는 렌즈의 개수라고 할 수 있으며 이러한 자기양상은 구체적인 사건과 행동에 대한 정보를 포함할 수 있고, 개인의 특정한 행동이나 자기 관련 지식(능력, 관계, 기대, 역할, 신체, 조직, 자서전적 기억 등)이 반복되면서 일반화된다(Linville, 1985).

[그림 10-23] 자기 단순성(좌), 자기 복잡성(우)

자기 복잡성의 구조는 크게 두 가지 특성으로 정의된다. 첫째는 자기를 구성하고 있는 자기양상(self-aspects)의 개수로, 자기를 정의하는 대표적인 측면의 수에 따라 외부 사건에 대한 반응은 달라질 수 있다(McConnell. et. al., 2005). 예를 들어 한 사람이 스트레스 사건을 경험할 때 그 사건과 가장 관련된 자기의 측면은 영향을 받게 된다. 이 때 그 사람이 다양한 자기양상을 가지고 있다면 스트레스 사건의 영향을 받는 측면은 전체에서 상대적으로 작은 부분을 차지할 것이다. 왜냐하면 스트레스를 받는 부분을 상대적으로 덜 의식하고, 다른 부분들을 더 의식하기 때문이다. 반면, 그 사람을 구성하는 자기양상의 개수가 아주 적다면 동일한 스트레스 사건에 대해 받게 되는 영향력이 상대적으로 훨씬 더 커지게 될 것이다. 즉, 자기양상의 개수가 많을수록 자기 복잡성이 높아지며, 부정적인 사건으로 인해 발생하는 자기 훼손이 줄어들게 된다. 둘째, 또 다른 특성은 자기양상 간의 관련성 정도를 의미하는 중첩 정도이다. 중첩정도는 다양한 자기 모습들이 서로 얼마나 비슷한지 혹은 다른지에 따라 판단할 수 있다(McConnell. et. al., 2005). 자기양상들이 많이 중첩되어 있는 경우 과잉 확산 효과(spill-over effect)가 생겨, 자기의 특정한 한 측면과 관련해서 발생한 감정과 인지적 반응들이 다른 측면에까지 영향을 주게 된다. 자기양상의 중첩 정도는 적을수록 자기 복잡성이 높아진다. 따라서 자기개념을 구성하는 자기양상의 수가 많고 각 영역간의 경계가 분명하였을 때, 자기 복잡성이 높다고 할 수 있다.

한편, 자기 복잡성의 구조적인 개념으로 인해 나타나는 다른 자기 개념과 구분하고자 하는 노력이 이루어 졌다. 대표적인 것인 명확성과 분화의 개념이다. 결과적으로 자기 복잡성은 자기 개념 명확성(Self-concept Clarity)이나 자기 개념분화(Self-concept differentiation)와 같은 자기 관련 개념들과는 구별되는 것으로 알려져 있다. 먼저 자기 복잡성과 자기 개념 명확성은 둘 다, 자기에 대한 확실성이 부족하다는 의미에 자기 관점의 범위가 넓다는 것이 포함된다(Campbell, 1990). 그러나 낮은 자기 개념 명확성을 지닌 사람이 높은 자기 복잡성을 지닐 수도 있다는 점을 고려하면(Campbell et al., 2000), 자기 복잡성과 자기 개념 명확성이 중복되는 개념이 아님을 확인할 수 있다. 자기 개념 명확성은 자기 관점이 잘 정의되어 있는 것을 의미하여, 자기 관점이 확실하고, 때에 따라 안정적이

[그림 10-24] **자기복잡성의 특성**

며, 내적으로 일관성을 지닐수록 높아진다(Campbell et al., 1996). 또한 자기 개념 분화는 자기 복잡성과 유사하게 자기양상의 정신적 구조를 포함하지만, 자기양상의 개수나 독립성은 포함하지 않는다. 대신 개인의 역할에 따라 변화하는 특성의 정도를 포함한다(Koch & Shepperd, 2004). 이것은 Constantino와 Pinel(2000)의 연구 결과에서도 자기 복잡성과 자기 개념 분화 간에 상관이 없음이 확인되었다. 그 밖에도 자기 복잡성은 자기감시, 사회 비교, 자기-불일치 등과도 구분되는 것으로 밝혀졌다(Miller, Omens, & Delvadia, 1991; Gramzow, et. al., 2000; Koch & Shepperd, 2004).

14 자기감시(self-Monitoring)

자기감시는 사회적 상황에서 자신의 표현과 타인의 자기표현을 조화시키기 위해 여러 상황적 단서에 맞추어 표현행동을 조절하고 관리 할 수 있는 능력이다(Snyder, 1974). Snyder(1974)는 개인이 사회활동과 타인과의 대인관계에서 처한 상황에 효과적으로 잘 적응하고 있는 것처럼 보이려 할 때, 또는 타인에게 인정받고 싶어 할 때, 자신의 이미지와 인상을 조작하여 표현한다고 하였다. 이러한 외적표출 행동을 이해하기 위해 자기감시(self-monitoring)라는 심리적 개념을 제시하였다. 즉, 자기감시(self-monitoring)란 자신의 표현적인 행동(expressive behavior)이 사회적 적응을 판단하기 위해 상황에 맞춰 자기관찰, 자기통제, 자기관리를 하는 상황을 말한다(Snyder,1974). 즉, 상황에 따라 타인에게 인정받기 위해 자신을 표현하는 행동이 얼마나 달라지는가에 대한 것으로, 상황적 고려에 적합한 행동을 맞추려는 경향을 의미하는 것으로(Zuckerman & Telini,1988), 각 개인들이 사회적 상황에 대한 행동적 결정들을 계획, 실행, 조절하는 과정이다(Snyder,

[그림 10-25] 자기 감시

1979; Snyder & Cantor, 1980). Snyder(1974)는 자기감시이론(self-monitoring theory)의 구성 개념적 정의를 2원 분류하여 원형(prototype)을 자기감시수준에 따라 자기감시수준이 높은 사람(high self-monitoring)과 자기감시수준이 낮은 사람(low self-monitoring)으로 분류하였다.

먼저, 자기감시수준이 높은 사람은 자신이 접하는 상황들(사회생활, 대인관계)에서 적절한 자기표현을 표현하는데 필요한 기술을 가지고 자신과 관련된 사회적 정보들을 능동적으로 찾으려 하며, 자신의 표출행동과 자기현시가 타인에게 어떻게 받아들여질 것인가에 민감하며 자신을 나타내는 수단으로 상황단서를 이용한다. 이에 반해 자기감시수준이 낮은 사람은 자신의 행동이 대인관계와 사회생활에 적절한 것인가에 관심이 많고, 자신의 표출행동과 자기표현이 타인에게 어떻게 받아들여 질 것인가에 대해 민감하며. 자신의 언어적 비언어적 감시수단으로써 상황단서를 이용하는 경우가 많다(Snyder,1974). 그리고 자기감시(self-monitoring)를 잘하는 사람들은 자기제시(self-presentation)와 같은 행동이 성공적인 결과를 가져오도록 상황에 맞게 자신의 행동을 효과적으로 조절 할 수 있다. 이에, 자기감시이론(self-monitoring theory)의 주요관심은 사람들의 사회활동과 대인관계에서 어느 정도까지 타인이 비치는 자신의 이미지와 인상을 통제하고, 상황에 따라 내가 어떤 사람이 되기를 바라고 나는 그 사람이 될 수 있는가? 대인관계에서 이러한 전략을 사용한 결과는 무엇인가? 이 두 가지 명제이고, 이 두 가지 질문에 답을 하고자 하는 것이 자기감시이론의 목적이다(William & William Bryant,1998).

여기에 대하여 Snyder(1974)는 개인들이 그들의 정서적 경험과 표현이 사회적으로 부적합하거나 부족한 것임을 알게 될 때 자기 표현행동을 더욱 통제하며 자기감시의 목표를 가지게 된다고 하였고, 구체적으로 다섯 가지를 제시하였다. 첫째, 자신의 감정 상태를 정확히 전달하기. 둘째, 실제의 감정경험과 일치할 필요가 없는 일시적인 감정 상태를 정확하게 전달하기. 셋째, 부적절한 감정 상태를 숨기고 반응하지 않거나 무표정하게 보이기. 넷째, 부적절한 감정 상태는 숨기고 감정을 경험한 것처럼 보이기. 마지막으로 아무것도 경험하지 않았지만 상황에 대처하지 않은 것이 부적절할 때는 경험한 것처럼 보이는 것이라 하였다. 결과적으로 자기감시는 타인의 시각에서 자신의 표현을 감시하는 사람들이 이미지와 인상을 상황에 맞게 바꿀 수가 있다는 것이다. 따라서 자기감시성이 높은 사람들은 상황에 맞게 행동을 민감하게 규제하며 자신의 이미지의 변화를 위해 행동 한다는 해석이 가능하다.

15 자기제시

[그림 10-26] **자기제시**

사람들은 타인에게 좋은 인상을 심어 주고 싶어 하며, 긍정적인 인상을 심어 주고자 전략적으로 자신의 행동을 조절하고, 다양한 상황에서 상대에게 끊임없이 자기제시(self-presentation)를 하며 살아간다. 왜냐하면 사람들은 대인 관계에서 어떤 인상을 형성하면 명시적 혹은 암묵적으로든 서로를 평가하기 때문이다. 이러한 인간의 이기적 본성에도 불구하고 원만한 대인 관계가 유지되고 공동의 이익을 위한 사회적 협력이 가능한 것은 인간의 행동이 자신에 대한 인상을 다른 사람에게 심어주려고 하는 연기자로서의 존재와 그 연기(performance)를 통해서 드러내고자 하는 특성을 가진 존재로 설명되기 때문이다(Goffman, 1959; Leary & Kowalski, 1990).

사회심리학에서의 자기제시는 다른 사람이 자신에 대해서 형성하는 이미지를 컨트롤하려고 시도하는 과정으로서 사람들이 형성하는 인상은 그들 스스로 자신을 어떻게 여기는가에 대한 의미일 뿐만 아니라,다른 사람들이 어떻게 그 사람을 지각하고 평가하는가에 대한 의미를 함축한다(Leary & Kowalski, 1990). 즉, 사람들은 다른 사람들이 자신을 어떻게 보고 평가하는지에 지속적인 관심을 가지고 그 목표를 이루기 위해 좋은 이미지를 전달하려고 노력하면서 다른 사람들의 반응을 주시하는 것, 타인에게 잘 보이려고 노력하는 것, 다른 사람들에게 자신의 인상을 긍정적으로 만들고 싶어 하는 동기를 가지고 있다는 것이다(Giacalone & Rosenfeld, 1986).

Leary와 Kowalski(1990)는 타인에게 목적한 인상을 주려고 하지만 그 일에 대해 성공할 수 있다는 확신을 가지지 못할 때, 제시하고 싶은 인상과 다른 사람에게 실제로 비추어진 인상이 일치하지 않는다고 지각하면 대인불안이 생기며 이는 사람들의 대인지각과 평가가 자신의 삶의 결과에 영향을 주기 때문에 대인관계에서의 자기제시를 중요하게 여기는 요인이 된다고 하였다. 자기제시(self-presentation)는 실제적이거나 상상적인 사람들 앞에서 자기의식(self-conscious)을 통제하려는 시도이고, 타인이 형성하는 자신에 대한 인상을 통제하려는 시도가 이루어지는 과정이다(Leary& Kowalski, 1990). 또 사회적 상호작용에서 계획된 이미지를 통제하기 위한 의식적, 무의식적으로 원하는 인상을 창조하고 유지하려는 일련의 선택된 행동들이라 정의할 수 있다(Gardner & Matinko, 1988). 즉, 타인의 마음속에 있는 개인의 인상을 설정하고 유지하거나 개선하기 위한 목적을 가지고 있으며(Baumeister, 1982; Jone & Wortman, 1973), 타인에게 좋은 인상을 창출하고자 동기화 되었다면 개인이 만들고자 하는 인상의 유형을 결정하고, 그 인상을 만들기 위해 어떻게 행위 할 것인지를 결정하여야 한다고 하였다(Leary & Kowalski, 1990).

16 자기가치확인(self affirmation theory)

자기가치확인이란 자기개념의 통합성을 유지하기 위한 방법으로 중요한 자기 이미지에 대한 위협에 직면했을 때 위협으로부터 전반적으로 긍정적인 자기 이미지를 유지하기 위해 위협된 영역과 관련되지 않은 자신의 중요한 측면을 확인하는 것이다. 자기가치확인 이론에서는 사람들이 특정영역이나 상황에서 지각된 가치보다는 일반적으로 의식하는 자기 통합성을 유지하려 한다고 가정한다(Steel, 1988).

[그림 10-25] 자기 감시

자기가치확인은 단순히 단기적으로 자기개념의 정적인 느낌을 갖거나 정적인 부분을 활성화 시키는 것이 아니라 자기가 위협된 상황에서 위협을 완충시키고 위협으로부터 분리될 수 있는 심적 자원을 제공하며(Steel, Spencer, Lynch, 1993), 자기에 위협이 되는 정보나 자극을 무조건 피하는 것이 아니라, 이를 체계적으로 점검하고 수용하도록 한다는 것을 발견했다(Cohen, Aranson & Steele, 2000; Corell, Spencer, & Zanna, 2004; Fein & Spencer, 1997; Sherman, Nelson, & Steel, 2000; Spencer, Fein & Lomore, 2001; Steel & Liu, 1983).

자기가치확인에 대한 연구는 자아위협에 대한 사람들의 반응에 관하여 이루어졌다. 예를 들면, 자기에 대해서 호의적이지 않은 사건이나 사람들 간의 의사소통 소통에서 자아가 위협을 받는 상황일 때 개인은 반사적으로 자신의 긍정성에 관련되고(Baumeister, Heatherton, & Tice, 1993), 자기 고양적인 경향성을 이끌어 내는 자기지각이 동기화되어진다(Aronson, 1969; Baumeister, 1998; Steele, 1988).

연구결과, 자기가치확인은 사람들이 위협상황에서 나타내게 되는 자아 방어적인 반응을 이완시킨다고 볼 수 있다. 이러한 위협에 대한 방어적인 반응은 자기 정당화 태도로 변화, 성공과 실패에 대해 자기 지지로의 귀인, 외부집단에 대한 손상, 개인의 신념에 관한 열정적인 신념이 포함되는데(Campbel, & Sedikides, 1999; Fein, & Spencer, 1997; McGregor & Marigold, 2003; Steele et. al., 1983), 이런 것들이 자신에 대해 전반적으로 긍정적인 시각을 유지하도록 한다.

이처럼 자기가치확인은 위협된 자아들을 위협되지 않은 것처럼 만드는데 이것은 자기가치확인이 자원이 감소한 개인들에게 효과적이라고 볼 수 있다. 또한, Steele과 Liu(1983)의 연구에서는 자기가치확인 경험이 인지 부조화 이후의 태도변화를 감소시킨다는 것을 밝혔다. 즉, 실험자의 부탁에 따라 교육비 인상 찬성에 관한 역-태도적 글을 적은 참가자들은 부조화로 인한 태도 변화를 경험했지만, 자기가치확인을 경험하고 난 후에는 이러한 태도변화가 감소했다. 이 결과는 인지부조화로 인한 자기개념의 위협을 자기가치확인이 완충하는 역할을 한다는 것을 의미한다.

이러한 결과가 후속 연구에서는 자기가치확인 경험이 참가자들의 비판적 경향성을 감소시켰기 때문이 아니라 자기가치확인을 하지 않았던 참가자들보다 논쟁의 질이나 강도에 따라 글을 정확하게 판단하고자 하였으며 덜 편향적인 행동을 보였기 때문이라는 것이 밝혀졌다(Corell et. al., 2004). 즉, 자기가치확인은 합리적인 근거가 없는 자신의 의견을 고집하고 보고서의 문제점을 찾아내려 하기 보다는, 논지의 타당성에 따라 글을 판단하고 자신의 잘못된 태도를 수정할 수 있는 심리적 자원을 제공한 것으로 볼 수 있다.

17 자기확증이론(self verification theory)

사회심리학에서 사람들은 자신을 칭찬하거나 좋아하는 사람을 좋아하고, 자신을 비판하거나 싫어하는 사람을 거부한다는 사실이 많은 연구들로부터 밝혀지고 있다(Berscheid & Reis, 1998; Kenny & Nasby, 1980). 호감은 일반적으로 상호 교환적 이어서 한 쪽이 상대에게 호감을 나타내면 상대도 역시 호감을 보임으로써 보답하게 된다(Berscheid & Walster, 1978).

그러나 자신을 칭찬하는 사람을 무조건 호의적으로 받아들이지는 않는다. 사람들은 일반적으로 칭찬보다 비판을 더 충심어린 것으로 생각한다(Coleman, Jussim & Abraham, 1987). 그리고 상대의 칭찬이 아첨과 같이 어떤 의도를 지닌 것으로 판단되면 호감이 증가하지 않으며(Gordon, 1996), 스스로 부정적으로 생각하고 있는 특성에 대해 타인으로부터 긍정적 평가를 받으면 그 대상에 대한 친밀감이 높아지지 않다는 결과(Swann, 1990) 등은 호감의 상호교환성(reciprocity)과는 일관되지 않는다.

이런 현상을 포괄적으로 설명하는 이론이 Swann(1983, 1990)의 자기확증이론(self-verification theory)이다. 이 이론은 사람들이 자신이 보는 바와 일치하게 자신을 평가하는 사람에게 친밀감을 느낀다고 제안함으로써 자신을 긍정적으로 평가하는 사람을 좋아한다는 기존 견해를 반박한다. 즉, 자기확증이론은 자기개념을 사실 그대로 확인시켜주는 평가를 선호하며 그런 평가자에게 호감을 갖는다고 주장한다.

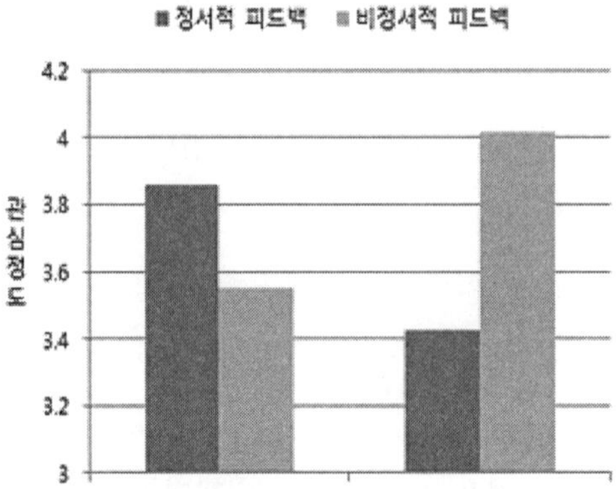

[그림 10-25] 자기 감시

자기확증이론은 사람들이 자신에 대한 무조건 적인 긍정적 정보보다 자신의 기대와 일치하는 정보를 선호하는 경향이 있다는 것을 강조한다. 예를 들어, 사람들은 대인관계에서 타인들이 자신을 자기가 보는 바와 일치되게 볼 때는 그들과의 관계를 원만하게 유지시킬 수 있는 반면에, 타인들이 자기가 보는 바와 다르게 자신을 보게 되면 혼란스러워진다. 즉, 사람들은 타인으로부터 자기개념과 일치하는 평가를 받으면 확신감(feeling of authenticity)을 느끼고 그것을 더 조리 있고 분별력 있는 정보라고 판단하는 반면에 자기개념과 불일치하는 평가를 받으면 당황스러워하게 된다. 따라서 자기확증적 평가를 하는 타인을 그렇지 않은 타인보다 더 좋아하고 친밀감을 느끼게 된다. 나아가서 사람들은 불확증적 평가를 피하고 확증적 평가를 유도하기 위하여 보다 적극적인 일련의 전략을 사용하기도 한다(Swann, 1983, 1987). 즉, 자기관점을 지지하지 않는 사람들보다 지지하는 사람들과 관계를 맺고자 하고 그 관계를 더 오랫동안 유지하고자 노력하는 등 선택적 상호작용을 한다. 또한 자신의 외모와 소유물 등을 통해 상대에게 자신의 개인적, 사회적 정체성을 의도적으로 드러냄으로써 자기확증 평가를 유도하기도 한다.

자기확증 피드백의 추구경향은 사람들의 상호간 인지활동에도 영향을 미쳐서 사람들은 자신의 견해를 확증하지 못하는 사람들보다 확증하는 사람들에게 더 주의를 기울이고(Swann & Read, 1981), 그들의 피드백을 선택적으로 부호화하며 더 쉽게 회상하는 경향을 보인다(Crary, 1966; Silverman, 1964). 결론적으로 자기확증 정보는 타인들이 자신의 정체성을 수용할 것이라는 자신의 기대를 충족시키고, 자기평가와 상대평가간의 일관성을 높임으로써 평가자와 피평가자 간의 사회적 상호작용을 원활히 한다(Swann, Stein-Seroussi & Giesler, 1992). 따라서 사람들은 심지어 부정적 자기개념을 가지고 있더라도 자기확증 평가를 원하게 된다. 자기확증이론을 검증한 연구들은 많지 않지만 주요 명제들은 대체로 지지되고 있다. 부정적인 자기를 가진 사람은 긍정적 자기를 가진 사람보다 비호의적인 평가를 더 선호하는 경향이 있으며(Swann, Hixon, Stein-Seroussi & Gilbert, 1990, Swann, Pelham & Krull, 1989, Swann & Read, 1981, Swann, Winzlaff & Tafarodi, 1992), 비호의적 평가자와 더 좋은 관계를 맺었다(Swann et al., 1990, Swann et al., 1989, Swann, Wenzlaff, Krull & Pelham, 1992). 그리고 부정적인 자기가 내재화되어 있는 사람들은 자신을 호의적으로 대하는 사람과 대면하게 될 때 부조화를 경험하고 불편해 하며 관계를 회피하려는 경향을 보였다(Swann, Hixon & Ronde, 1992).

실습하기 4 한국 사회의 성평등 지수를 알아보자

한국사회는 여러 부분에서 성평등 제도를 확립하기 위해 노력하고 있다. 그런데 그 결과 우리 스스로가 보는 한국사회는 어떤 수준일까? 이에 주관적으로 지각하는 성평등에 대한 사회적 태도를 측정한다는 것은 매우 중요하다. 그리고 기존의 척도들은 자신의 행동에 대한 평가문항을 구성하였기에 사회적인 시각이라고 보기 어려울 수 있다. 이에 여러분이 보는 한국에 대한 시각을 보는 시간을 갖도록 하자. 이 척도(허성호, 2012)는 총 6개의 하위 요인으로 구성되어 있다. 하지만, 본 실습에서는 세 가지를 중점적으로 실시해 본다. 첫째, 일상생활은 생활 전반에서 나타나는 성평등 행동들에 대한 평가입니다. 둘째, 경제활동 참여 및 기회는 직장에서 나타나는 성평등 행동들에 대한 평가입니다. 셋째, 안전은 사회 곳곳에서 도사리는 위험에 대해 나타나는 성평등 행동들에 대한 평가입니다.

평가방법

아래의 두 척도에 대해 평가 방법은 7점 Likert로 실시하며, 그 구체적인 방법은 다음과 같다. 각 문항에 대하여 "매우 그렇다"라고 생각하면 7점을 부여하고, 반대로 "전혀 아니다"라고 생각하면 1점을 부여한다.

전혀 아니다			보통이다			매우 그렇다
①	②	③	④	⑤	⑥	⑦

번호	일상생활에서의 성평등 문화 평가 문항	평가
1	여성에게 육아활동의 의무감이 공정하게 부여하고 있다.	
2	여성이 가사노동을 하는 만큼 그 가치를 존중받고 있다.	
3	가사노동에 참여하는 여성은 공정한 대우를 받는다.	
4	여성의 가정 내 의사결정권은 공정하게 인정되고 있다.	
5	동창회와 같은 사회활동의 기회가 여성에게 공정하게 적용되고 있다.	
6	자기 취미활동 개발의 기회가 여성에게 공정하게 열려 있다.	

총점수: ________ 점

번호	경제활동 참여 및 기회에서의 성평등 문화 평가 문항	평가
7	여성은 차별받지 않고 고용되는 실정이다.	
8	대졸자 여성의 취업률은 남성과 동등하다.	
9	직업 경력 연수의 기회에서 여성은 차별받지 않는다.	
10	전문 관리직으로 승진하는데 있어서 여성은 차별받지 않고 있다.	
11	직장 내에서 업무배치는 여성에게도 공정하게 적용되고 있다.	
12	재직중 직업 훈련에 참가할 수 있는 기회가 여성에게도 공정하다.	

총점수: ______ 점

번호	안전에서의 성평등 문화 평가 문항	평가
13	여성은 성희롱 내지 성폭력에 대한 예방책은 믿을 만하다.	
14	여성의 안전을 위해 야간보행에 필요한 조치를 취하고 있다.	
15	여성을 위한 가정폭력 피해자 방지 시스템이 잘 구축되어 있다.	
16	여성을 대상으로 하는 흉악범죄를 예방하는 시스템이 잘 되어 있다.	
17	이 사회는 여성의 범죄피해를 미연에 방지하기 위해 노력하고 있다.	
18	여성이라는 이유만으로 피해를 받는 것을 방지하는 제도가 든든하다.	

총점수: ______ 점

모든 척도가 6개의 문항으로 구성되어 있으며, 점수를 판단하는 기준은 30점이다. 즉, 30점 이상이 되면 각 영역에서 대처능력이 양호한 것으로 볼 수 있다.

	일상생활	경제활동 참여 및 기회	안전
점수			

논의 1

자기 자신이 실시한 결과를 토대로 우리 나라 한국사회의 성평등 지수에 대해 설명하고, 각 요소들이 실제 사회에서 어떻게 나타나고 있는지, 이에 해당하는 한국 사회의 구체적인 현상이나 사례를 들어 설명하시오.

단원개관

태도(Attitude)란 어떤 대상에 대해 지속적으로 호의적 또는 비호의적으로 반응하려는 학습된 사전적 견해(Predisposition)를 말하며, 태도는 특정한 사람이나 대상에 대한 인지적, 정서적 평가로, 행동반응에 영향을 주는 준비 상태를 가리키는 개념으로, 인지적, 정서적, 행동적의 3요소를 가지는 선호와 비선호의 표현이라고 할 수 있다. 태도의 기능은 다양하며 크게 다섯 가지로 요약할 수 있다. 첫 번째, 실용적 기능은 소비자가 바라는 욕구를 달성하는 데에 치중한다. 두 번째, 적응 기능은 외부환경과 관련하여 보상은 극대화하고 벌은 극소화하려고 한다. 세 번째, 자아방어적 기능은 불안, 걱정, 위협으로부터 자기를 방어하고, 자아가 분리되는 것을 막아 자아를 방어하는 역할을 한다. 네 번째, 가치표현적 기능은 자아 영상을 명료하게 하고 마음에 바라는 것에 근접하도록 개조한다. 마지막으로, 탐구적 기능은 주변의 타인, 사건을 이해하고 해석하는 기준을 제공하게 된다. 태도에 관한 대표적인 이론은 태도와 행동의 관계 및 태도변화에 대한 이론이 많다. 예를 들어, 인지부조화이론과 자기지각이론, 그리고 설득에 관한 여러 가지가 있다.

PATA

11

태도

1 태도의 출현

태도의 개념은 17세기 후반부터 연구되었다. 당시의 사회과학자들은 선천적인 유전형질이나 본능에 의해서 좌우된다는 기존에 생각에 대해서 회의적이었으며 행동을 설명할 수 있는 매개 요소로서 그 사람의 태도가 어떠한가의 문제를 전제하기에 이르렀다. 여기서 태도(Attitude)란 어떤 대상에 대해 지속적으로 호의적 또는 비호의적으로 반응하려는 학습된 사전적 견해(Pre-disposition)를 말한다. 다른 말로 말하자면 어떤 대상에 대해 일관성 있게 호의적 또는 비호의적으로 반응하게 하는 학습된 선유경향이라 할 수 있다. 그리고 사람들이 대상에 대하여 지니고 있는 마음의 자세, 양태라고 볼 수 있다.

[그림 11-1] 태도

20세기에 와서 Allport(1935)는 태도를 개인이 외적 사물 및 상황에 대해 반응하는데 있어 영향을 주는 정신적인 상태라고 했으며 이는 경험을 통해 형성된다고 보았고 태도에 관한 연구가 활성화되면서 Bettinghaus와 Cody(1987)는 사람들이 사물에 대해 느끼는 좋음과 싫음의 감정이라 하며 태도를 '좋다' 혹은 '나쁘다'로 감정적인 측면에서 정의했고, Fishbein과 Ajen(1975)은 대상물에 대한 개인들의 모든 평가적 신념"이라 하여 태도 대상과 태도 간에 성립하는 평가적인 측면을 강조했다. 또한 Bem(1970)은 태도를 사물, 사람, 또는 이슈에 대해 가지는 일반적이거나 지속적인 긍정적 · 부정적 감정으로 정의했다. 따라서 태도는 특정한 사람이나 대상에 대한 인지적, 정서적 평가로, 행동반응에 영향을 주는 준비 상태를 가리키는 개념으로, 인지적, 정서적, 행동적의 3요소를 가지는 선호와 비선호의 표현이라고 할 수 있다.

인지적 요소 인지적 요소는 태도 대상에 대해여 소지자가 갖고 있는 긍정적이거나 부정적인 또는 중성적인 상념과 지식 등을 말하며, 어떤 대상에 대한 우리의 지식, 생각 등

경험의 결과로 얻어지는 지식이며 자기 신념이다. 사실 그 자체가 아니라, 사실 위에 얹어 놓은 별 개의 것을 의미하기에 맞을 수도 틀릴 수도 있다. 신념의 부정확성에 관계없이 그것은 개인이 반응하는 데에 근거를 제공한다.

정서적(평가적) 요소 어떤 대상에 대한 느낌이나 정서의 정도로 태도 대상에 대한 전반적인 평가로서 좋은지 싫은지의 평가를 말한다. 인지 요소가 복잡성을 특성으로 하는 반면, 감정적 요소는 단순성을 특징으로 한다. 태도 대상에 대하여 알고 있는 인지 요소는 좋은 면과 나쁜 면을 모두 포함하고 있지만, 그 복잡성에도 불구하고 사람들이 느끼는 호오의 감정은 한 마디로 정의될 수 있다. 아울러 감정적 요소는 지속성을 특징으로 한다. 인지 요소가 망각된 후에도 감정적 요소는 지속되며(Anderson & Hubert, 1963), 행동에 더욱 큰 영향력을 발휘한다. 감정적 요소는 후광 효과적인 특성을 아울러 갖고 있어 태도 대상에 대해 전반적인 영향력을 행사한다.

행동적 요소 행동적 요소는 인간이 어떤 행동을 할 때 그 행동의 전초 단계로서 그 행동을 하려는 마음가짐을 태도의 행동적 요소라고 한다. 이는 태도 대상과 관련된 호의적 또는 혐오적으로 취하는 행동, 의향의 면을 말한다. 반핵 운동을 한다든가, 핵 감시 운동에 서명하는 등의 행동적인 측면이다. 흔히 태도가 행동을 결정하는 것으로 여긴다. 그러나 행동을 결정하는 요인은 여러 가지이며, 태도는 그 중의 하나일 뿐이다. 따라서 종종 우리는 태도가 행동에 대한 예측력이 적거나 없음을 경험한다.

[그림 11-2] 자기보호의 기능

아울러 태도가 어떤 기능을 할 수 있는가에 대한 설명방식은 다양하게 이루어 지고 있다. 하지만, 일반적으로 아래의 다섯 가지 안에서 설명할 수 있으며, 크게 자기보호적 기능과 표현적 기능을 시작으로 확산된 여러 기능들이 있다고 설명할 수 있다. 구체적으로 실례를 들어 설명한다면 다음과 같다. 사람들은 동일한 제품을 선호하더라도 태도는 다를 수 있다. 예를 들어 A는 단맛이 나는 탄산음료를 좋아한다. 하지만 B는 신맛이 나는 탄산음료가 보다 건강에 좋다고 생각할 수도 있는 것이다. 이러한 태도의 기능은 다양하며 크게 다섯 가지로 요약할 수 있다. 첫 번째, 실용적 기능은 소비자가 바라는 욕구를 달성하는 데에 치중한다. 예를 들면 핸드폰은 통화품질이 좋다는 기능성을 강조하기도 한다. 두 번째, 적응 기능은 외부환경과 관련하여 보상은 극대화하고 벌은 극소화하려고 한다. 즉, 사회적 적응에 도움이 된다. 세 번째, 자아방어적 기능은 (프로이트 심리학에 근거)불안, 걱정, 위협으로부터 자기를 방어하고, 자아가 분리되는 것을 막아 자아를 방어하는 역할을 한다. 네 번째, 가치표현적 기능은 자아 영상을 명료하게 하고 마음에 바라는 것에 근접하도록 개조한다. 다시 말해 개인의 자아개념과 가치체계를 표현하는 것이다. 마지막으로, 탐구적 기능은 주변의 타인, 사건을 이해하고 해석하는 기준을 제공하게 된다.

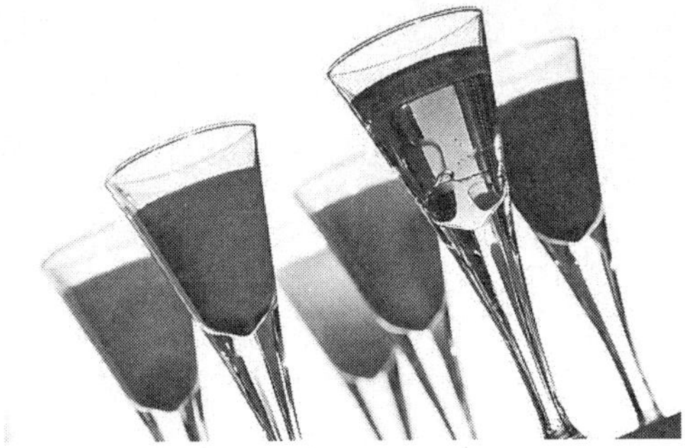
[그림 11-3] 자기표현의 기능

2 태도의 측정

태도를 측정하기 위해서 필요한 몇 가지 방식은 다음과 같다. 먼저, 첫째, 명시적 측정이다. 명시적 측정은 척도를 제작하여 사용하는 측정방법이며, 태도 척도 중에서 가장 흔히 쓰이는 유형은 Likert(리커트)형 척도가 그 예다. 이 척도는 태도 대상에 대한 진술문을 여럿 제공하고 각 진술문들에 대하여 응답자

[그림 11-4] 자기보고식 측정

가 동의 또는 반대하는 정도를 통상 5~11개의 배열된 점수들 중에서 하나를 택하게 하는 것이다. 이 방법을 쓰는 경우 유사한 진술문에 의한 응답을 종합하여 응답자의 태도가로 삼는다. 가장 잘 알려진 척도로 어떠한 대상에 대해서건 적용할 수 있는 의미차별척도가 있는데, 이 척도는 뜻이 상반되는 형용사를 양극에 놓고, 대상에 대하여 느끼는 감정의 정도를 문항별로 표시하는 것이다. 하지만, 응답자가 대상에 대하여 자신이 지닌 태도를 모를 수 있으며, 자신을 바람직한 사람으로 보려는 경향과 타인의 시각을 의식하여 스스로를 바람직한 사람으로 제시하려는 경향으로 솔직하게 응답하지 않을 가능성이 있다. 또한 단일차원의 태도척도는 태도 값을 단일 수치로 표현하기 때문에 대상에 대한 태도가 양가 적인 경우에 양가적 구조를 보여주기가 어렵다. 그럼에도 불구하고, 명시적 척도는 구성하기가 용이한 탓에 태도연구에서 가장 많이 쓰이는 측정방법이다.

둘째, 생리적 측정이다. 생리적 측정은 응답자가 자신의 태도를 의도적으로 꾸미기 어려운 자율신경계의 반응치를 얻어서 태도의 강도를 측정하는 방법이다. 대표적인 것이 GSR(Galvanic Skin Resistance)이다. 이는 피부에 흩어져 있는 정서반응용 땀샘에서 분비되는 땀의 변화량을 측정하여 반응자가 지닌 정서의 변화와 강도로 보는 것이다. 또한, 동공의 크기, 미세 안면 근육의 수축(EMG: electromyography) 등도 측정지표로 사용될 수 있다. 하지만, 태도의 방향성을 알려주지 못하며, 태도의 강도라고만 여길 수 없는 해석의 문제성을 가지고 있다. 또한 이런 생리지표의 측정을 위해서는 고가의 장비가 있어야 하고, 판독기술의 훈련이 필요하다.

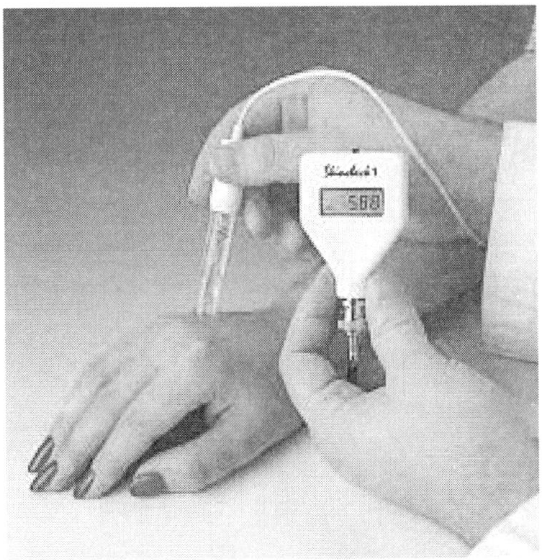

[그림 11-5] **생리적 측정**

셋째, 암묵적 측정이다. 암묵적 측정은 대상에 대한 명시적 태도의 측정치가 응답자의 의도에 따라서 영향을 받는다는 한계점을 극복하기 위해서 무의식적 수준에서 태도를 측정하는 방법이다. 측정의 논리는 서로 관련성이 높다고 여겨지는 것을 연관시키는 반응시간은 매우 신속하다는 것을 바탕으로 한다.

넷째, 행동의 관찰이 있다. 행동관찰에 대한 태도측정은 상대가 의식하지 못하는 상태에서 이루어질 수 있다는 이점 이 있으나 행동은 태도 이외의 다른 요인에 의해서도 나타날 수 있다는 취약점을 지니고 있다.

3 근접성과 태도

낯선 사람 둘이 만나게 되어 교류를 해 나가면서 깊은 관계를 발전시키는 과정은 둘 사이에 존재하는 근접성과 상호의존도의 영향으로 분석할 수 있다. 애초에는 아무런 상호 의존도가 없으나 서로가 영향력을 주고받는 교류를 진행시킴에 따라 관계에서 희비를 경험하는 빈도와 강도가 증가한다. 이렇게 되면 관계에 대한 상호의존도가 깊어진다.

상호의존도가 깊은 관계가 지닌 몇 가지 특징이 있다(Sears et al, 1991)우선 둘 사이의 교류가 장기성을 지닌다. 교류가 길어야만 상호 의존도가 높아지는 것은 아니다. 교분의 시간의 짧지만 급속히 친해지는 경우가 많다.

[그림 11-6] **근접성과 태도**

둘째는 밀접한 관계에 있는 사람은 다양한 활동을 같이 한다. 관계의 시작은 특정의 동아리 활동을 하면서 시작될지라도 나중에는 종교 활동 공부 취미활동 등으로 같이 하는 활동 영역을 넓혀 나간다.

셋째, 밀접한 관계에서는 상호간의 영향력이 크다. 백화점의 점원이랑 실랑이를 벌여 기분이 나빠진 경우에 우리는 이를 대수롭지 않게 여기고 기분을 돌릴 수 있지만 친구와 다툰 일은 여러 날 동안 우리의 기분을 언짢게 하고 어떤 행동을 취하게끔 한다.

넷째, 서로 긴밀한 사이에서는 상호 간에 강한 감정을 촉발 시킨다.상대방에 대한표현하기 힘든 흐뭇함, 따스함과 함께 증오, 질투 실망의 감정도 함께 지니게 한다. 둘 사이의 관계가 친밀하게 발전하는 것은 점진적인 과정으로 여겨져 왔다. 즉 소원한 상태에서 차츰차츰 친해지게 된다는 것이다.

그러나 최근에는 건너뛰는 듯한 계단적 변화가 친밀감의 심화과정을 더 잘 기술한다는 증거가 제시되고 있다. Barnlund(1989)가 미국과 일본의 대학생들을 대상으로 그들과 가장 가까운 15명의 사람들과의 관계를 순서를 매겨서 분석한 결과 가장 친한 사람과 하는 사회활동은 중간 정도 가까운 사람과 하는 활동과는 뚜렷한 차이는 있는 것으로 나타났다. 이러한 개념을 근접성으로 설명하였다.

[그림 11-7] 친숙성

근접성과 친숙성은 연결되는 부분이 많다. 근접성은 가까울수록 만나는 횟수가 늘어나 서로에게 익숙한 면을 만들어 주는데, 이렇게 해서 형성되는 친숙성은 단순히 반복적으로 노출되는 과정을 통해서도 이루어질 수 있다(단순노출 효과: Zajonc, 1968). 일명 에펠탑 효과라고 하는 것도 이와 동일한 해석이다. 실제로 철거위기에 있던 애물단지 에펠탑이 철거를 기다리는 시간이 길어지면서 사람들로 하여금 친숙함을 가지게 되었고, 지금은 명소가 되었다. 즉, 사람들이 대상물에 단순히 노출되는 것만으로도 대상에 대한 긍정적 태도가 형성될 수 있다는 것을 의미한다.

사람의 경우 상대방과 친숙해지면 그 사람에 대해 잘 알고 행동을 예측할 수 있다고 생각하게 되어 동시에 편안함을 느낄 수 있다. 근접성과 친숙성은 이 밖에도 여러 이유로 호감을 증가시킨다. 먼저, 가까이에서 지내면 서로가 필요할 때 도움을 줄 수 있다는 사실을 의식하지 않아도 알기 때문에 더 편하게 느끼게 된다. 합리적인 계산과 사회 교환 이론의 관점에서 보더라도, 가까이 있어서 언제든지 도움을 줄 수 있는 사람은 멀리 있는 친한 사람만큼 가치가 있고 그만큼 호감도가 상승하는 것이다. 그리고 인지적 일관성을 유지하려는 경향에 의해 가까이 있는 사람일수록 느끼는 매력이나 호감이 높을 수 있다. 자신의 옆집에 사는 이웃을 좋지 않게 생각하고 부정적인 평가를 하면 자신에게 오히려 인지적으로 불편한 감정을 일으킨다. 그러므로 자신의 주변에 있는 사람들에게 다른 사람보다 더 높게 호감을 부여함으로써 스스로의 인지적 일관성을 유지하려 한다. 또한, 근접성은 애초에 유사한 면이 있는 집단이나 사람들끼리 모이기 때문에 호감과 비례그림 하는 경우가 많다고 해석될 수도 있다. 게다가, 계속 만나고 접하는 사람들은 시간이 지날수록 유사성이 높아지는 면도 있어서, 결국 대인 관계에서 매력이 높아지는 효과를 가져 온다.

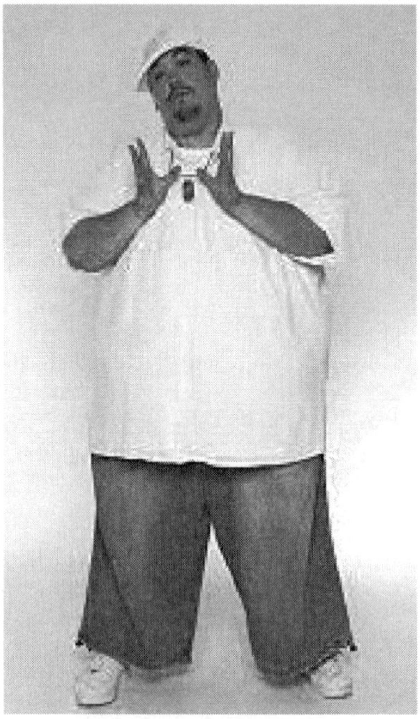
[그림 11-8] 이름 효과(빅죠)

예를 들어, 자신과 가장 많이 따라다니는 것이 이름이다. 그리고 자신의 이름에 대해 부정적인 단서가 있으며 부정적인 행동을 하는 경우가 많고, 반대로 긍정적인 단서가 있으면 긍정적인 행동을 하는 경우가 많다는 것이 이름효과(Name Letter Effect)라고 한다. 그러나 근접성과 친숙성이 항상 호감을 상승시키는 효과를 가져오는 것은 아니다. 애초에 부정적인 태도를 형성한 상대일 경우에는 이렇게 자주 마주치고 가까이 있는 것이 좋지 않은 면을 강조하게 된다. 또한 성격이나 기호 차이로 갈등이 존재하는 경우에는 근접성이 오히려 독이 되어서 그 갈등의 골을 깊게 만들기도 한다. 교우 관계에서 그냥 참을 수 있었던 갈등이, 그 친구와 항상 같이 다니게 되면서 더 크고 심각해지는 것이 대표적인 예이다. 더불어, 지속적이고 반복적인 만남과 노출은 지루한 감정을 불러일으켜서 매력을 반감시키기도 한다.

4 태도의 형성

[그림 11-9] 태도의 다양성

태도 형성은 다음과 같이 세 가지 수준에서 언급할 수 있다. 우선, 학습에 의한 태도 형성이다. 태도는 습관과 유사하게 학습을 통해서 형성될 수 있다. 학습에 의해 태도가 형성된다는 관점은 특정 태도의 결과가 유익하면 그 태도를 반복하여 그 결과 특정 태도가 강화된다고 본다.

첫째, 고전적 조건형성(association)이다. 고전적 조건화란 중성 자극이 무조건자극에 선행하여 중성자극과 무조건 자극이 짝으로 제시되는 것이 반복되면 연합의 원리에 따라 중성 자극이 무조건 자극의 특성을 획득하게 되는 과정을 말한다. 미녀의 화장품의 선전, 인기인의 음료수 선전이 노리는 광고의 효과는 이 학습 원리에 의존한 것이라 볼 수 있다.

둘째, 조작적 조건형성(reinforcement)이다. 보상받은 행동에 대해서는 긍정적인 태도를 형성하고 발생 빈도가 증가한다. 예를 들어 북한 공산당에 대하여 성토하는 포스터를 작성한 것이 선생님의 칭찬을 야기했다면 공산당에 대한 부정적인 태도를 지니기 쉽다. 공산당에 대하여 이미 지니고 있는 태도가 보상을 계속 받는다면 계속 유지되며 강도가 강화될 것이지만, 처벌을 받는다면 약화될 것이다.

셋째, 사회 학습이다. 타인(특히 좋아하거나 존경하거나 영향력이 있는 사람들)의 태도나 행동을 관찰하고 모방함으로써 자신의 태도를 형성한다. 사람들이 힘 · 영향력이 있고 존경받을 만한 사람을 모방하는 것처럼 태도도 모방으로 습득될 수 있다. 아동들은 부모의 태도를 자기 것으로 내재화하며, 청소년기에는 또래집단이 지닌 태도를 자기 것으로 취하거나 또는 대중 스타의 태도를 모방하기 쉽다. 대리학습 또는 관찰학습에 의해서 태도는 습득되기도 한다.

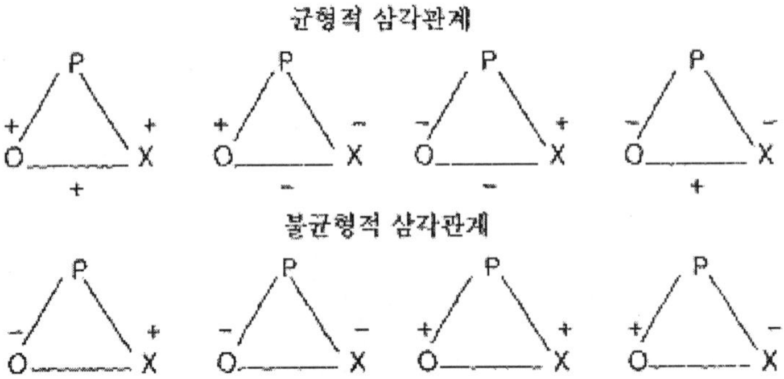

[그림 11-10] **균형이론**

일관성에 의한 태도 형성은 사람이 자신의 태도와 신념, 행동을 일관성 있게 유지하려는 경향이 있다는 것에 초점을 맞춘다. 균형이론, 인지-정서 일관성 이론, 인지 부조화 이론이 여기에 속한다. 일관성을 유지하기 위해 태도를 형성할 수도 있다. 먼저, 균형 이론에서 Heider(1946)는 사람들이 대상에 대하여 지닌 태도와 다른 사람과의 관계들 사이에 조화스런 균형을 유지하려는 동기가 있다고 제안했다. 두 번째, 인지-정서 일관성 이론에서는 사람들이 태도 대상에 대하여 자신이 갖고 있는 정서적 평가와 인지적 요소들 간의 일관성을 유지하려고 한다는 것이다. 마지막으로, 인지부조화 이론에서는 태도와 행동 간에 불일치가 있을 경우 인지부조화가 발생하며 이것은 부조화 감소 동기에 의해서 조화 또는 균형을 회복하는 방향으로 변화를 가져온다는 것을 강조한다. 그리고 조화의 회복은 행동을 바꾸거나 태도를 바꾸는 것 어느 것에 의해서도 가능하다.

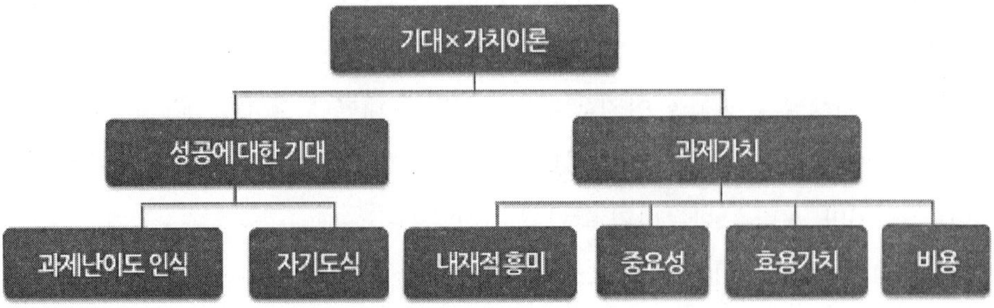

[그림 11-11] **기대가치이론**

손익 계산에 의해 태도가 형성된다고 보는 관점은 행위가 가져올 결과의 긍정적 측면과 부정적 측면을 고려하여 태도를 형성한다고 본다(Edwards, 1954). 이에, 실질적인 이익을 목표로 하여 태도가 형성되기도 한다.

첫 번째, 기대-가치 이론은 자신에게 미치는 결과(가치)들과 그 각 결과들이 발생할 확률(주관적으로 인식된 기대감)의 득실을 따져서 자신의 태도를 결정한다는 것이다. 이 이론은 인간을 적극적이며, 계산적인 합리적인 존재로서 상정하고 개인의 과거 경험보다는 현재 계산된 유인가에 의해서만 태도가 결정된 다고 본다.

두 번째, Fishbein(1967)은 이러한 기대-가치 이론을 보다 일반화시켜 태도 대상이 어떠한 속성을 가질 것이라는 주관적 확률로 정의되는 태도 대상에 대한 기대치와 각각의 속성에 대한 평가로 정의되는 신념들의 평가적 측면이라는 두 요인의 함수로 결정하고자 하였다. 즉, Fishbein(1967)은 태도가 태도 대상에 대한 신념으로부터 형성된다는 가정 하에서 신념이 태도의 원인으로 작용한다는 관점을 가지고 있다. 그리고 기대가치이론은 사람들이 어떤 태도 대상물에 대해 여러 정도들을 어떻게 조합하는지에 대한 통찰력을 제공해 주며, 설득메시지를 어떻게 만들어야 할 것인지에 유용한 함의를 제공한다. 반면에 학습이론은 인간을 수동적이며 환경에 의해 지배를 받는 보다 정서적인 존재로 상정하고 있다는 점에서 기대-가치 이론과 비교된다.

5 태도와 행동

[그림 11-12] Lapiere(1936)실험

태도는 행동에 영향을 미치는가? 대부분의 사람들은 태도는 당연히 행동에 영향을 미친다고 생각할 것이다. 하지만 널리 알려진 고전적인 연구결과에 의하면, 태도를 통해 행동을 예측하는 데는 분명 한계가 있음을 보여 준다. Lapiere(1936)는 두 명의 젊은 중국인 부부와 미국 각지를 여행하면서 251개의 식당과 호텔, 그리고 다양한 시설물들을 방문했다. 당시만 하더라도 동양인에 대한 미국인의 편견이 만연했었다. 그런데 중국인 부부가 방문한 곳 중에서 이들을 거절한 곳은 단 한 곳에 지나지 않았다. 이후에 중국인 부부가 방문했던 곳에서 설문조사를 다시 실시했다. 만약 중국인 고객이 방문하면 받아들이겠느냐는 질문을 했다. 그런데 응답자의 90% 이상이 거절하겠다고 응답하였다. 이들의 태도는 행동과 전혀 일치하지 않는 것이었다. 이 연구는 태도와 행동의 일관성에 의문을 제기하기에 충분했다. 초기 연구자들은 태도와 행동의 상관에 대해 매우 회의적이었다. 하지만 태도 연구의 메타분석(meta analysis) 결과에 의하면, 방법론적인 문제를 제거했을 때 태도와 행동 간의 상관은 79까지 증가함을 보고한다. 따라서 태도는 사회적 맥락을 충분히 통제 한다면 행동과 매우 밀접한 관련이 있다고 할 수 있다고 할 수 있다. 이러한 관점에서 행동을 근거하여 태도를 형성하는 원리에 관한 이론이 등장하게 된다. 크게 한 개인의 태도가 분명할 때와 분명하지 않을 때로 구분하여 이론의 적용점이 달라진다.

첫째, 태도가 분명할 때는 인지부조화에 의한 합리화 메커니즘으로 설명할 수 있다. 인지부조화 이론은 사람들이 기존의 태도에 반대되는 행동을 취하는 경우에, 이 행동을 상황 탓으로 돌릴 수 없게 된다면, 부조화라는 불편감을 경험하며, 이에서 벗어나고자 태도를 행동에 맞추어 변화시킨다고 본다. 이 이론에 의하면 태도의 각 요소들은 서로 세 가지 상태 중 하나의 관계에 있다. 상호 조화로운 관계, 상호 부조화 상태, 그리고 무관한 상태이다. 신념과 행동들이 부조화 상태에 있으면 불편하며, 이 경우 사람들은 조화로운 상태를 회복하려 든다. 이 불편감의 크기는 신념의 중요성이 클수록 커지며, 이에 따라 부조화 감소동기가 커진다. 아울러, 인지부조화 현상에 의한 태도변화의 기제는 3가지 정도가 있다. 먼저, 불충분한 정당화는 실험과제에 대한 흥미도를 측정하여 분석한 결과 불충분 정당화 조건(1달러)에서 사람들은 과제를 더욱 흥미 있게 여기는 것으로 나타났다. 이는 불충분 정당화 조건에서 자신의 행동에 걸맞게 태도를 변화시킨 결과라고 할 수 있다. 두 번째, 노력의 정당화는 무언가 열심히 했는데 얻은 것이 적다면 큰 부조화를 경험하게 될 것을 예측할 수 있다. 이 경우 부조화를 감소시키기 위해서 노력을 들여

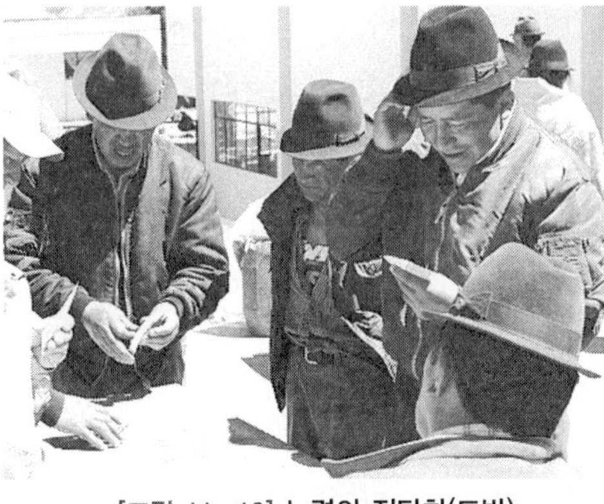
[그림 11-13] 노력의 정당화(도박)

달성코자 했던 목표를 더욱 긍정적으로 여기게 된다. 대표적인 예로는 도박중독과 사이비종교에 빠지는 행동을 들 수 있다. 마지막으로, 의사결정(선택) 후의 부조화는 스스로의 선택을 바꿀 수 없다면 그 결정을 합리화시키기 위해 취한 것을 더욱 좋게 보고 취하지 않은 것을 평가 절하 시키는 심리가 작용한다.

결과적으로 증가된 불편감은 부조화의 증가와 매우 밀접한 관련이 있으며, 이러한 부조화를 줄이는 방책으로는 직접적인 방책과 간접적인 방책이 있다. 직접적인 방책은 부조화를 줄이기 위한 인지요소나 태도의 변화를 통한 것, 부조화의 의미를 축소시키거나, 사소한 것으로 간주하는 것(불일치 중요성 격하), 반태도적 행동을 초래한 상황에 대한 책임을 회피하는 것(조화인지 추가)이다.

[그림 11-14] 조화인지

간접적인 방책은 불편함을 태도와 행동의 괴리로 돌리는 대신 다른 상황적 이유 탓으로 돌리는 것, 자신의 긍정적인 가치를 확인하는 것, 부조화를 잊기 위해서 다른 행동에 빠져드는 것 등이다. 이러한 현상은 자기가치확인 이론으로도 설명할 수 있는데 Steele(1988)이 자기의 개념을 인지부조화 이론에 도입한 이론이다. 이에 따르면 인지부조화는 자아의 가치를 확인할 수 있는 상황에서는 나타나지 않음을 보인다. 따라서 인지부조화 이론은 안정적이고 일관된 개인의 모습을 추구하는 서구사회의 인간관을 반영하고 있으나, 그 현상의 발현이 인간에게 국한되지 않는다는 연구들이 나타나면서 진화적 가치도 추론되고 있다. 동아시아에서도 부조화 현상을 관찰할 수 있으며, 어떤 상황에서 나타나는지에 대한 구명이 이루어지고 있다.

인지부조화 현상은 문화적인 차이가 있다. 특히, 문화적 특성이 개인이 귀인하는 방식에 영향을 미치기도 한다. Hoshino-Brown 등(2005)은 캐나다와 일본인 실험 참여자들을 대상으로 실험했다.

참여자들은 여러 요리에 대해 좋아하는 순서대로 10위까지 순위를 매긴 후, 5위와 6위, 즉 중간 순위에 해당하는 요리를 시식할 수 있는 쿠폰 두 장 중 한 장을 선택했다. 그런 다음에 다시 좋아하는 순서대로 요리에 순위를 매겼는데, 문화권과 누구를 위한 선택

인지에 따라 다르게 나타났다. 즉, 캐나다와 일본인 실험 참여자들 모두 처음 매긴 순위와 나중에 매긴 순위가 달라졌는데, 캐나다 참여자들은 자신을 위한 선택을 한 후에 순위에 대한 변화, 즉 인지 부조화를 해소하기 위한 태도 변화가 발생한 반면에, 일본인 참여자들은 자신을 위한 선택이 아닌 친구를 위한 선택을 했을 때 더 많은 인지 부조화를 경험하고, 이를 해소하기 위한 태도 변화가 더 많이 발생했다.

독립적인 자신을 중요시하는 서양 문화권의 사람들은 자신을 위한 선택에서 더 큰 인지 부조화를 경험한 반면, 상호의존적인 관계를 중시하는 아시아 문화권의 사람들은 상대방을 위한 선택일 때 더 큰 인지 부조화를 경험한 것이다. 이러한 연구 결과는 의사결정이나 행동을 한 후의 태도 변화에 대한 문화적 영향력을 보여 준다. 즉, 개인주의 문화권의 사람들은 집단주의 문화권의 사람들에 비해 근본 귀인 오류를 범할 가능성이 높다. 개인주의 문화권에서는 개인의 행동이 내적인 요인에 의한 결과라고 보는 경향이 있는 반면, 집단주의 문화권에서는 개인의 행동을 외적인 요인들로 귀인하는 경향이 높기 때문이다. 따라서 개인주의 문화권은 자신의 결정에 중요한 단서를 자기와 관련된 피드백에 주목하게 되고, 집합주의 문화권은 자신이 아닌 타인과 관련된 피드백에 주목하게 된다.

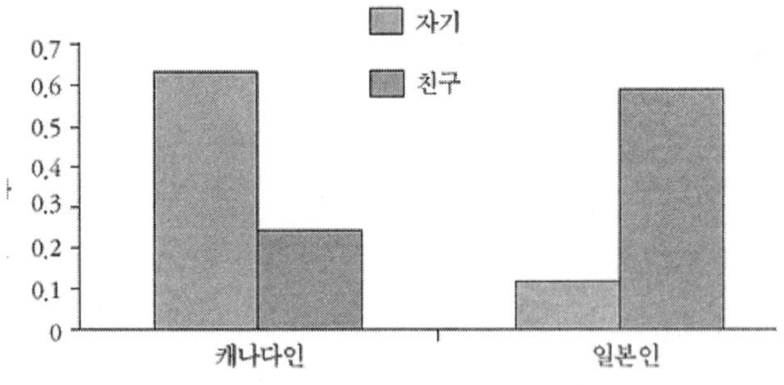

[그림 11-15] 인지부조화의 문화차이

둘째, 태도가 분명하지 않을 때는 자기지각 이론을 적용하여 설명할 수 있다. Bem(1967)은 인지부조화 현상을 내적인 부조화라는 보이지 않는 심적 기제를 빼고 행동주의적 입장을 취해서 재해석한 자기지각 이론을 제시하였다.

자기지각 이론은 자신이 지닌 태도가 애초에 불확실한 경우에 사람들은 자신의 과거 행동으로부터 자신의 태도를 유추한다고 설명한다. 따라서 자기지각 이론은 태도가 어떤지를 분명히 알고 있다면 상황분석이 필요 없을 것임을 주장하며, 원래의 태도를 확실히 부각시키면 태도변화는 나타나지 않으리라는 예측을 한다. 자기 지각 이론의 원리를 이용하여 문간에 발들이기 기법을 통해 행동의 변화를 유도할 수 있다.

문간에 발들이기 기법은 상대가 거절하기 힘든 작은 부탁을 한 다음에 점점 더 큰 부탁으로 이어져 결국 원하는 결과를 얻는 것이다. 이에 따르면 사람들은 과거에 자신이 들어준 부탁, 즉 과거에 했던 행동을 회상하면서 지금의 태도를 결정하고, 점차적으로 더 큰 부탁을 들어주는 행동으로 나아가게 된다(Freedman & Fraser, 1966).

6 합리적 행동 모형과 계획적 행동 모형

먼저, 합리적 행동이론(TRA)는 행위에 대한 태도(Attitude toward Behvior), 주관적 규범(Subjective Norm)이 행동의도(Behavior Intention)에 영향을 미치고 이는 행동으로 이어진다는 논리를 가지고 있다.

합리적 행동이론을 자세히 살펴보면, 개인의 어떤 행동을 예측하기 위해서는 행동의도(Behavior Intention)'를 측정하는 것이 중요하다고 본다. 대부분의 인간행동은 행위자의 의지에 따라 통제될 수 있기 때문에, 행동의 직접적인 결정요인은 행동에 대한 태도가 아니라 행동을 수행하려는 '행동의도'로 본다는 것이다.

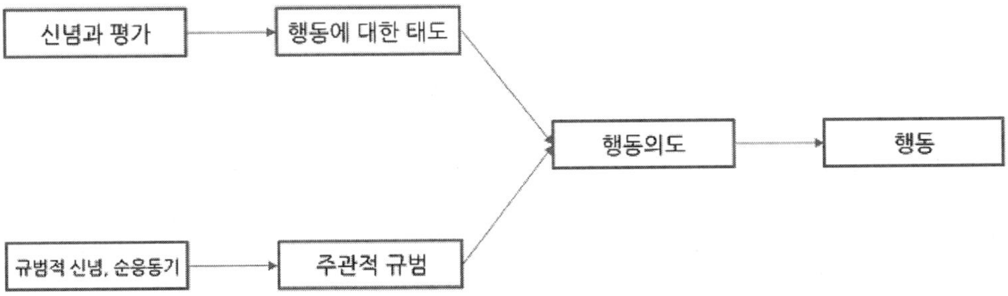

[그림 11-16] **합리적 행동 모형**

그리고 '행동의도'는 행위 수행을 통해 원하는 결과를 가져다 줄 것이라고 믿는 '개인의 신념(Behavioral Beliefs)'과 행동 결과에 대한 전반적인 '개인의 평가(Evaluations of Behavioral Outcomes)'가 영향을 미치는 '개인의 태도(Attitude toward Behavior)' 및 행위자가 중요하다고 생각하는 사람들이 특정 행동의 수행을 어떻게 느끼고 있는가에 대한 '규범적 신념(Normative Beliefs)'과 준거 집단에 순응하려는 '순응동기(Motivation to comply)'가 영향을 미치는 '주관적 규범(Subjective Norm)'에 의해 결정된다고 본다. 이러한 합리적 행동이론은 광범한 소비행동과 행동성과를 예측하는 유용한 모델(Sheppard et al., 1988; Madden et al., 1992)이며, 계획적 행동이론(TPB, Theory of Planned Behavior)과 기술수용모델(TAM, Technology acceptance model)의 이론적 토대를 제공하고 있다. 하지만, 이 이론에서 개인의 태도가 실제가 아닌 왜곡된 것일 수도 있다. 즉, 자신을 스스로 그렇게 믿고 판단하는 것과 실제로 그렇게 행동하는 것은 별개의 문제가 된다. 특히, 1980년대 미국에서 AIDS 확산을 막기 위해 이 이론을 적용했지만, 무용지물이었다. 수단적 조건으로 콘돔 사용을 강조했지만, 스스로 보여 주는 태도와 실제 행동과는 큰 차이가 있었다. 이에 이 이론을 좀 더 보강한 것이 계획된 행동이론이다.

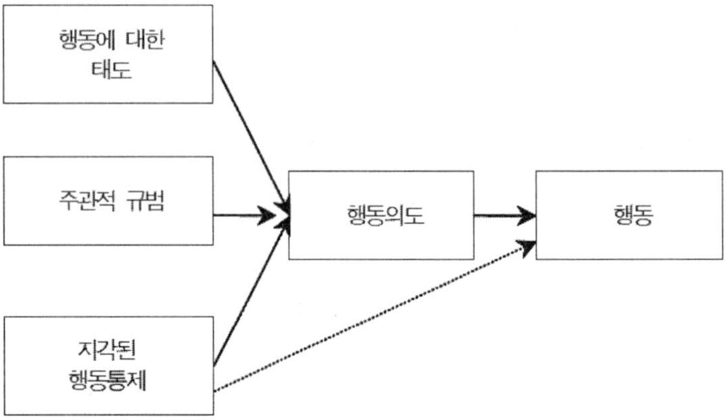

[그림 11-17] **계획된 행동 모형**

계획적 행동이론(TPB)에서는 합리적 행위이론에는 포함되어 있지 않는 '지각된 행동통제감(Perceived Behavioral Control)'이라는 개념을 추가해서 확장한 것이다. 기존의 합리적 행위이론은 개인이 자신의 행동을 통제할 수 있다는 전제 하에 제안된 것이지만, 현실적으로는 개인이 실제로 어떤 행동을 수행하기 위해서는 그러한 행동을 할 수 있는 상황(기회, 자원 등) 하에 있어야 한다(Lee et al., 2000)는 점에서 합리적 행위이론만으로는 설명하지 못하는 현상이 발생할 수 있다고 판단한 것이다. 개인이 어떠한 행동을 하고 싶어도 그럴 수 있는 상황 하에 있지 않다면, 행동의도가 실제 행동으로 이어질 가능성은 낮다고 할 수 있다(Kim et al., 2001). 실제로 많은 행동의 수행이 완전한 의지적 통제 하에 있지 않으며, 모든 행동의 선택은 어느 정도 불확실성을 가지고 있기 때문에, Ajzen(1991)은 기존의 합리적 행위이론에 지각된 행동통제감이라는 개념을 추가해서 계획적 행동이론을 제시한 것이다. 이는 태도, 사회적 규범, 행동의 지각된 통제가 행동을 이끄는 것이다. 행동에 필요한 요소들이 결정되면 각 요소들의 하중을 결정하고 행동방법을 결정한다. 또한 계획된 행동이론은 사람들은 또한 행동하기 이전에 행동의 가능성을 고려할 것이다. 행동의도는 몇 가지 합리적 사고에 의해서 발생한다. 이론에 의하면 이 때 세 가지 요소가 포함되는데, 이는 행동에 대한 자신의 태도, 행동에 대한 타인의 태도(주관적 사회규범들), 행동의 인지된 가능성(인지된 행동 통제)이 포함된다. 이러한 조합에서 이 세 가지 요인들은 행동이 나타나는데 영향을 미친다.

7 정교화 가능성 이론

태도변화는 두 가지 별개의 과정을 통해서 이루어질 수 있다. Petty와 Cacioppo(1986)는 정교화가능성 이론을 제시하여 중심경로 처리를 할 때와 지엽경로 처리를 구분하여 설명하고 있으며 Chaiken(1980,1987) 역시 체계적 처리와 어림법 처리를 구분하여 설명하고 있다. 두 이론이 지닌 유사성이 높기 때문에 여기서는 정교화 가능성 이론을 중심으로 다루겠다.

중심경로(체계적 처리)를 통한 태도변화 중심경로에 의한 태도변화가 나타나기 위해서는 전달내용이 우선, 주의를 끌어야 한다. 내용을 이해하면서 나타나는 인지적 반응은 단순히 내용에 동의하거나 반대를 하는 것에서 더 나아가 동의하거나 반대하는 생각 및 논리가 전개되는 인지적 정교화가 진행된다. 이 내용에 대한 인지적 정교화의 양상이 태도변화의 방향과 강도를 결정짓는다(내용에 대한 주의 → 이해 → 인지적 반응 → 인지적 정교화 → 태도변화). 중심경로에 의한 정보처리가 일어난 경우에 나타나는 태도의 변화는 지속성을 지니며, 새로운 설득에 대응하는 저항력을 지니고, 수신자의 자기관여와 능력이 있을 때 주로 이루어진다. 수신자의 자기관여는 두 가지로 구분되어 논의될 수 있다. 첫째는 자신의 입지이다. 이는 자신이 취하게 된 태도나 의견이 확고하며, 변할 수 없는 경우를 의미한다. 이 경우 태도와 반대되는 설득은 태도변화보다는 방어적 반응을 일으키기 쉽다. 또한 메시지와 내용에 대한 논점처리를 하면서도 자신을 방어하는 편파적 처리를 한다. 둘째는 논점관여다. 자신의 이해가 관련되어 있는 정도가 강할수록 논점관여가 심해지며, 정보의 내용에 깊은 관심을 보이는 처리가 나타난다. 그리고 주제에 대한 관여도가 높아 아무리 동기가 높더라도 수신자의 능력이 체계적 처리에 변수로 작용된다. 복잡한 쟁점을 이해할 수 있는 지적 능력이 있고, 논지의 취약점을 평가할 수 있는 능력이 있어야 체계적 처리가 가능하다.

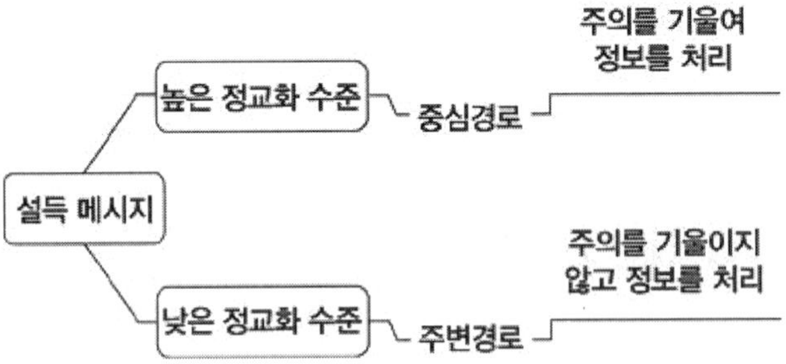

[그림 11-18] 정교화 가능성 이론

지엽경로(어림법 처리)를 통한 태도변화 사람들은 꼭 필요한 경우가 아니라면 많은 노력을 들이는 중심경로 처리를 하기보다 는 손쉬운 처리를 선호한다. 어림법을 사용하는 것을 말한다. 먼저, 우리편 어림법은 자신이 동일시하는 집단이 무엇이건 처해 있는 상황에서 제시되는 논점과 관련되어 동일시하는 집단은 준거집단으로써 작용하여 소속 성원의 태도결정에 큰 영향을 미친다. 이는 동조압력과 유사성 및 호감에 의한 일관성 원리가 함께 작용하기 때문이다. 두 번째, 전문가 어림법은 자신이 잘 모르는 영역이나, 경험이 없는 영역의 내용에 대하여는 전달자가 전문가인지 아닌지에 따라 내용의 수용 여부를 결정한다. 말하는 이가 전문가의 특징을 보이는 경우에 역시 이러한 어림법이 작동한다. 그래서 말을 잘하거나, 실력 이 있어 보이는 사람, 자신감 있는 어투, 전문가로서의 차림새나 외모를 지니고 있는 사람이 더 설득력이 있다. 세 번째, 메시지 어림법은 수신자가 메시지를 접했으나 논점을 이해할 만한 능력이 부족하거나 이해하려는 관심이 없을 때, 또는 다른 복잡한 일 때문에 주의를 충분히 기울일 수 없는 상황에서라면 논지의 강약은 문제가 안 되고 피상적인 틀(메시지에 담긴 주장의 길이, 배열의 길이 등)이 태도

변화의 영향요인으로 작용한다. 즉, 논점이 듣는 이의 관심사가 아닐 경우는 메시지를 길게 하고 많은 내용을 제시하는 것이 태도변화를 크게 유발한다.

8 태도변화에 관한 설득의 주제

[그림 11- 19] **정서의 공략**

태도변화는 곧 행동으로 이어질 수 있다. 이에 설득이라는 관점에서 볼 때, 우리는 설득의 전략의 여러 가지 방법들이라고 할 수 있다. 이에 크게 다섯 가지의 설득 방법을 제시하고자 한다.

첫째, 정서의 공략을 통한 설득이 있다. 정서의 두 가지 방향에 따라 설득의 맥락도 달라질 수 있다. 먼저, 긍정적 정서를 이용한 설득이 있는데, 사람들은 기분이 좋은 상태에서는 현상파악에 치밀함을 보이지 않고, 설득내용에 대한 체계적인 처리를 하지 않는 경향이 있다. 연구 결과 기분이 좋은 경우에 사람들이 정보에 대한 철저한 검토나 신경쓰기를 꺼리며, 대신 어림법 처리를 할 가능성이 높음이 보여 졌다. 반면, 부정적 정서를 이용한 설득에서는 불안이 심한 경우에도 상황에 대한 정보처리가 피상적으로 나타난다. 이러한 좋지 않은 정서를 이용한 설득이 효과를 거두려면, 유발되는 혐오 정서가 지나쳐서 방어기제를 작동시켜서는 안 되며, 나쁜 상태를 벗어날 수 있는 대안을 실천할 수 있다고 여겨져야 한다.

둘째, 면역효과가 있다. 현재 지닌 태도와 반대되는 설득메시지를 접했을 때 그것들에 저항하고자 한다면 반대되는 태도의 근거를 알고 이에 대비하는 논리(면역요법)를 지니고 있는 것이 효과적 이다. 추후의 연구에서도 입장을 지지하는 방법이 관점을 보충한다는 면에서는 효과적 이지만 전혀 새로운 반대주장을 접했을 때는 무력하며 면역요법이 효과적임을 보였다.

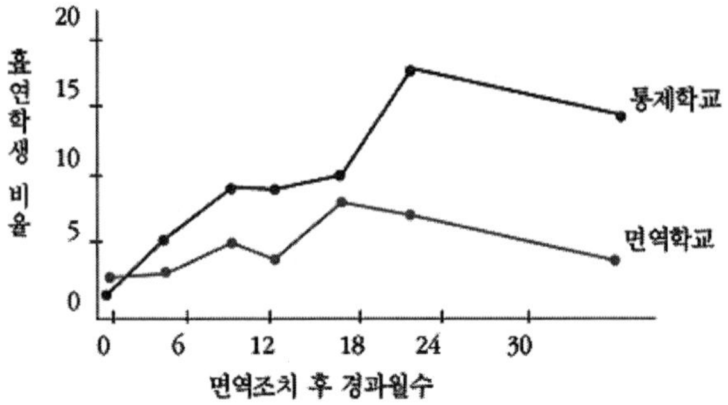

[그림 11-20] 면역효과

셋째, 반복적인 설득이 있다. 사람들이 똑같은 내용을 반복해서 접하게 되면 소위 노출 효과로 인해 친숙해지고 긍정적인 반응을 얻게 되지만 이 효과는 한계가 있다. 즉, 어느 정도 반복은 친숙도를 더하지만 적정수준을 넘어서면 지루함이나 반발심을 초래하기 때문에 곡선형의 효과를 지닌다. 따라서 같은 내용의 단순 반복보다 내용을 변화시켜 제시하는 것이 더욱 효과적이다.

넷째, 역하 설득이 있다. 사람들의 감각기관이 인식할 수 없는 약한 자극일지라도 반복적으로 노출되면 그 자극의 영향이 나타난다. 이러한 역하 자극은 태도형성에 영향을 미친다. 이러한 역하 반응은 식역 이하로 제시되더라도 계속 반복된다면 자극에 대한 식역 수준이 자동적으로 더 낮아지는 현상 때문에 일어난다. 그러나 역하 자극의 영향은 매우 제한적인 상황(주의가 매우 집중된 상황, 역하 자극 과 관심행동이 짧은 간격을 두고 벌어짐, 행위자의 무심한 행동에 영향을 미치지 의지와 반하여 작용하지 않음)에서 나타난다. 또한 효과가 미미하고 모호하기 때문에, 사람들이 의식적으로 확실히 알고 있는 것에 의해서 묵살되기 쉽다. 따라서 역하 자극으로 사람들이 의식적으로 원하지 않는 것을 하게 만들 수는 없다.

[그림 11-21] 식역학 반응

다섯째, 개인차(인지욕구) 반응으로의 설득이 있다. 생각하고 사고하기를 즐기는 경향에 있어서 개인차가 존재한다. 때문에 이것이 높은 사람은 낮은 사람에 비해 설득메시지를 논점 위주로 처리하려는 경향이 강해서 적극적으로 논지를 생각하며, 설득주제와 관련된 내용의 회상률이 높다. 인지욕구가 강한 사람들은 물건 구입하기 전에 사전 탐색을 많이 하고, 상품선택에 걸리는 시간이 길다고 여겨진다. 상품선택 시 고려하는 점도 많은 것으로 나타났다. 또한 인지욕구가 높은 사람들이 낮은 사람들보다 태도변화에 대한 저항이 크지만, 일단 형성된 태도의 지속성은 높은 것으로 나타난다.

9 설득의 기술

[그림 11-22] 전달자의 영향

설득은 전달자가 전달내용을 수신자에게 보내어 소기의 목적을 달성하려는 의사소통 행위 이다. 설득의 과정에 대한 이해를 위해서 전달자, 수신자, 전달내용의 3요소를 구분하여 각 요소의 영향이 어떻게 작용하는지를 살필 수 있다. 설득에 접하는 태도가 변하느냐 하는 것은 전달내용의 파악, 정선의 전이, 일관성 기제, 반론의 제시가능성이라는 네 가지 기제에 의해서 결정되며 이 네 가지 기제는 통상 복합적으로 작용한다.

먼저, 전달자 요소가 있다. 설득을 하려는 전달자가 매력적이거나, 호감을 주거나, 전문성을 인정받거나, 신뢰롭게 여겨질 경우에 그렇지 못한 설득자보다 설득효과를 더 지니고 있다.

두 번째, 전달내용 요소가 있다. 전달내용이 자신이 지니고 있는 태도와 괴리가 작을 때 보다 잘 수용되고, 괴리가 클 경우에 태도변화 이외의 다른 반응이 나타난다. 전달메시지가 강력한 것이라면 그렇지 못한 경우보다 일반적으로 설득력이 높다. 그러나 수신자가 메시지의 호소에 귀를 기울이고 관심을 보이지 않는 경우에는 강한 것이나 약 한 것이나 설득효과에 차이가 없다.

세 번째, 수신자 요소가 있다. 같은 내용이라도 듣는 사람의 특성에 따라 그 설득효과는 달라진다. 즉, 논점과 관련되어 자존심이 낮은 사람들은 불안이나 주의의 결핍으로 메시지 수용이 잘 이루어지지 않으므로 설득효과가 덜 나타나고, 자존심이 높은 사람들은 외부의 설득에 반발을 보이기 쉬우므로 설득효과가 덜 나타난다. 설득효과는 자존심이 중간 정도의 개인들에게 가장 크다. 아울러, 설득의 구체적인 기법을 대해 다음과 같이 기술할 수 있다.

Foot In The Door Technique 큰 요구를 그대로 드러내면 대체로 거절 당하고만다. 요구의 수위가 지나치게 높으면 상대는 아무 생각도 하지 않고 바로 거절해버리기 때문이다. 하지만 그 전 단계로서 작은 요구를 제시해서 상대방이 승낙을 하면, 그보다 더 큰 요구를 들어주게 하는 것이 가능해진다. 이것을 '풋 인 더 도어'기법이라고 한다. '풋 인 더 도어'는 한 발이라도 문 안으로 들여 놓을 수 있도록 동의를 구하면, 그 후에 보다 큰 요구를 해도 역시 승낙을 받아낼 수 있다는 것을 의미한다.

Door In The Face Technique 풋 인 더 도어 기법과는 반대로 먼저 말도 안 되는 큰 요구를 꺼내서 일부러 거절하게 만든 다음에 진짜 요구를 제안하는 설득기법이다. 사람은 일단 상대의 요구를 거절하면 이상하게 죄책감 같은 것을 느끼게 된다. 그 때문에 이어서 조금 더 작은 부탁을 하면 죄책감을 떨쳐내기 위해 그 부탁을 받아들일 가능성이 크다. 이러한 심리를 이용한 것이 '도어 인 더 페이스' 기법이다.

Low Ball Technique 먼저 상대가 작은 요구를 받아들이게끔 한 다음에 우연을 가장해서 불이익을 주는, 일종의 사기에 가까운 설득 테크닉이 있다. 이것을 '로우 볼' 기법이라고 한다. 예를 들면, "외제차를 5,000만원에 판매하고 있습니다"라고 한 다음에 고객이 사기로 결정하면, "죄송합니다. 제가 착각을 했는데 가격이 5,600만원이라고 합니다"라고 가격을 올리는 것이다. 이 경우 고객은 이미 사겠다고 마음을 먹었기 때문에 비싸졌으니까 사지 않겠다고 거절하기가 힘들어진다. 작은 요구를 한다는 점에서는 '풋 인 더 도어'기법과 비슷하지만, 그 후에 우연을 가장하여 큰 요구를 추가시킨다는 점에서 구별된다.

Even A Penny Technique "조금이나마 부탁드리면 안될까요?"하고 부탁하는 방법이 있다. 이것은 '이븐 어 페니'기법이라고 한다. 직역하면 '1페니라도 좋으니...'라는 의미다. 상대방의 선의를 이용하는 방법이다. 사우스캐롤라이나 대학의 피터 레인겐 박사가 '심장병 협회를 위해 1페니라도 좋으니 모금을 해주시지 않겠습니까?'라고 부탁한 실험에서는 34%의 사람이 모금에 응했고 한 사람당 평균 기부액은 6.5달러였다.

Role Play Technique 우리는 어떠한 역할이 주어지면 그 역할을 따르게 된다. 상대를 변화시키고 싶으면 변화시키고 싶은 방향의 역할을 맡기면 된다. 그렇게 하는 것이 말로 설득하는 것보다 훨씬 효과적일 수 있다. 상대에게 어떤 역할을 맡겨서 그 역할에 맞는 사람으로 만드는 기법을 '역할연기법'이라고 한다.

단 원 개 관

우리가 말하는 사회영향(social influence)이라 함은 특정 방향으로 타인의 행동 또는 태도를 변화시키기 위해 한 개인 또는 집단에 의한 사회 권력의 행사라고 정의 내릴 수 있다. 사회적 영향력으로 기능하는 것은 사회적 기대(social expectation), 사회적 규범(social norm), 사회적 역할(social role)의 세 가지를 들 수 있다. 또한, 이러한 유형의 행동들의 원인으로서는 동조, 복종, 집단행동 등의 심리적 요인들을 구분 지을 수 있으며 이에 대한 연구는 인간행동의 원인을 밝히고 그것을 통제 가능한 수준으로 이론적 바탕을 끌어올리려 했던 많은 학자들에 의해 연구되어졌고 지금까지도 계속해서 연구되어지고 있는 분야이다. 아울러, 사회적 촉진(social facilitation)은 사람들에 있어 타인의 존재가 과제 수행이나 업무 수행에 미치는 영향을 의미하며, 수행결과가 저하되는 것을 사회적 저해라고 명한다. 사회적 저해는 일반적으로 잘 하고 싶은 동기가 있는 상태이다. 그런데 사람들은 혼자 일할 때보다 집단에서 공동으로 일할 때 노력을 덜 해서 개인당 수행이 떨어지는 경향이 있는데, 이러한 현상을 사회태만(social loafing)이라고 한다. 그리고 집단의사결정 영역에는 집단 극화와 집단사고, 그리고 몰개성화를 들 수 있다.

PATA **12**

사회 집단

1 사회적 영향력

우리가 말하는 것 그리고 우리가 행동하는 방식은 모두 타인의 영향을 받는다. 우리는 타인이 우리를 좋아해 주길 원하고 있으며 사회와 조화하기를 원한다. 그 때문에 우리는 종종 우리의 진짜 생각을 감추고 타인의 찬성을 얻을 수 있는 방식으로 행동하려고 한다. 그런데 사회 심리학자들에 의해 수행된 연구들은 사회영향에 더 많은 요인들이 존재한다고 말하고 있다. 우리들 대부분은 우리가 생각하고 있는 것 보다 훨씬 많은 부분에 걸쳐서 타인의 영향을 받고 있는 것이다.

[그림 12-1] **사회적 영향**

이러한 차원에서 사회영향(social influence)이라 함은 특정 방향으로 타인의 행동 또는 태도를 변화시키기 위해 한 개인 또는 집단에 의한 사회 권력의 행사라고 정의 내릴 수 있다. 좀더 사회적 범위로서 확장하여 이 개념을 정의하면 다른 사람의 행동 및 의견을 변화시키기 위한 개인 또는 집단의 노력이라고 사회영향을 개념지을 수 있을 것이다. 즉, 사회집단이 결성되면 우리는 의도하든 그렇지 않든 간에 영향을 받게 된다. 그렇다면 사회적 영향력으로 기능하는 것은 어떤 요소들 때문일까? 크게 세 가지를 들 수 있다. 먼저, 사회적 기대(social expectation)이 있다.

사회적 기대는 한 개인에게 주변 모두의 사람들이 무언가를 요구하고 그렇게 행동하도록 압력을 가하는 맥락에서 이해할 수 있다. 가령 늘 조용하던 친구에게서는 우리가 그 친구에게 늘 조용한 행동을 할 것이라고 기대하게 된다. 만약 이 친구가 갑자기 화를 낸다면 우리는 "너 답지 않게 왜 그래?"라고 반발할 지도 모른다. 반대의 경우도 마찬가지다. 이렇듯 사람들은 한 개인에게 익숙한 행동 양상을 기대하는데 이것을 사회적 기대라고 한다. 둘째, 사회적 규범(social norm)이 있다. 사회적 규범은 한 개인이 아니라 모든 사람들에게 똑같이 적용하는 규칙과 같다. 우리가 결혼식장에 하객으로 참여할 때는 늘 정장을 선호하게 된다.

만약 청바지에 체육복 복장으로 간다면 아마 주변 사람들의 시선이 곱지 않을 것이다. 이러한 법칙은 일반적으로 모든 사람들에게 적용된다. 사실 자신이 좋아하는 옷이 체육복이어서 그렇게 입고 싶지만 우리는 자신의 태도보다 주변사람들의 평가에 더 민감하기 때문에 아마도 대부분은 정장을 선호하게 될 것이다.

셋째, 사회적 역할(social role)이 있다. 사람들에게는 자신의 역할을 잘 수행할 수 있는 역량이 가늠쇠가 될 수 있다. 하지만 우리가 생각하지 못하는 가운데 거의 대부분은 역량에 의해 역할이 규정되기보다 역할을 주면 역량이 형성되는 현상이 나타난다. 예를 들어, 누군가 공부를 열심히 해서 우등생이 되는 것도 있겠지만, 이 학생에게 열등하다는 자기 평가를 주입하게 되면 어떻게 될까? 실제로 "파란 눈과 갈색 눈"의 실험에서는 상당히 큰 효과가 있다는 것이 검증되었다. 특히, 추상적인 개념일수록 우리는 너무 구체적인 한 가지 단서로 역량을 평가하고자 한다. 예를 들어, 착한 사람이 되기 위해서 착한 행동을 선행하여야만 우리가 착한 사람의 역할을 부여하는 것이 아니다. 착한 사람이라고 스스로 역할을 부여하면 착한 행동을 할 가능성이 높은 것이다. 이러한 유형의 행동들의 원인으로서는 동조, 복종, 집단행동 등의 심리적 요인들을 구분 지을 수 있으며 이에 대한 연구는 인간행동의 원인을 밝히고 그것을 통제 가능한 수준으로 이론적 바탕을 끌어올리려 했던 많은 학자들에 의해 연구되어졌고 지금까지도 계속해서 연구되어지고 있는 분야이다. 그만큼 인간의 심리상태와 행동의 특징은 그 개개인이 가진 내적 특성에 의해 다양화되어 있기 때문에 다각도의 분석이 필요한 연구인 것이다.

2 동조

동조(conformity)란 집단의 압력을 받아 자신의 행동이나 의견을 바꾸는 것이라 정의할 수 있다. 다시 말하면 모든 다른 사람들이 어떤 행위를 하면 개인적인 기호나 신념을 양보하고 그 행위를 따라서 하는 것을 말한다. 그러므로 동조는 개인의 생각이나 의견과 집단의 기대 사이에서 발생하는 갈등을 의미한다. 동조는 크게 정보의 영향과 규범적 영향으로 구분하여 설명할 수 있다.

먼저, 정보에 의한 동조이다. Sherif(1936)에 의한 연구가 대표적이다. 이 실험에서 개개인의 남자 대학생들은 어두운 방에 앉아서 한 개의 광점을 보았다. 그들에게는 불빛이 움직이고 있으며 그가 할 일은 불빛이 얼마나 움직였는가를 추정하는 것이라는 지시가 주어졌다. 대부분의 참여자들은 불빛이 여러 가지 다른 속도로 그리고 다른 방향으로 움직이는 것처럼 보였기 때문에, 불빛이 얼마나 멀리 움직였는가를 추정하기가 매우 어렵다는 것을 발견했다. 실제로, 이 연구는 '자동운동 효과'로 알려진 하나의 시각적 · 지각적 착시(illusion)를 사용했다. 어두움 속에서 보이는 하나의 광점은 이것이 실제로는 정지되어 있을지라도, 움직이는 것처럼 보인다. 이와 같은 상황의 애매성으로, 참여자들은 자기 자신의 판단들에 대해 확신할 수가 없었으며, 그들의 처음 추정치들은 매우 차이가 있었다.

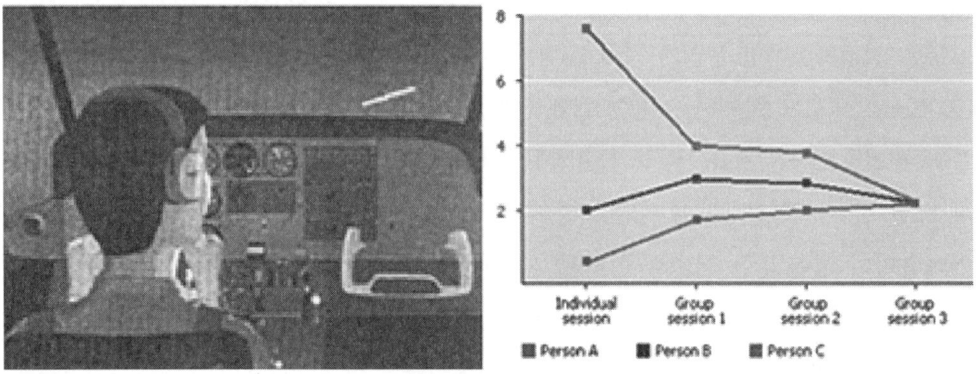

[그림 12-2] Sherif(1936)의 실험 명현현상

많은 사람들은 불빛이 단지 1 또는 2 인치만 움직였다고 생각한 반면에, 한 사람은 800피트나 움직였다고 생각할 정도로 큰 차이를 보인 것이다. 분명히 이 참여자는 실제로는 작은 방에 있었음에도 불구하고 자기가 실내체육관과 같이 넓은 공간에 있는 것과 같은 느낌을 받은 것이다. 일련의 실험에서, Sherif는 둘 또는 세 명을 집단으로 결합시켰다. 불빛이 주어졌고 각 개인은 자신의 평가를 소리내어 말했다. 첫 번째 시도에서, 참여자들은 대체로 아주 다른 대답들을 했다. 그러나 시간이 지나면서, 그들은 같은 상황에서 다른 사람들의 반응을 듣고 더 많은 판단을 함에 따라, 참여자들의 대답은 점점 더 유사하게 되었다. 거리를 측정하기 위한 객관적인 척도가 부족하여, 사람들은 집단에서 다른 사람들의 판단에 비중을 두었다. 이 실험 결과 Sherif는 명확함이 없으면 사람들이 동조하게 되고 그 결과로 사회적 규범이 생긴다고 하였다. 그리고 그는 자극을 애매하게

구성한 다음 자극에 대한 판단이 다른 사람에 의하여 어떤 영향을 받는지 알아보았다. 피험자들에게 암실에서 빛을 비친 다음 빛이 움직이는 방향과 거리를 판단하게 하였다. 피험자들의 반응은 서로 달랐다. 그 다음 4~5명을 한 집단씩 하여 같은 실험을 하였다. 그들은 서로 비슷한 판단을 하였다.

[그림 12-3] Asch(1956)의 실험

둘째, 규범에 의한 동조이다. 사람들은 많은 경우에 어떠한 행동을 취하는 것이 좋은지를 잘 알지 못한다. 이런 불확실한 상황에서 우리는 남들이 취하는 행동을 보고 올바른 행위가 무엇인지를 알게 된다. 즉, 객관적인 판단기준이 전혀 없는 상태에서 타인의 판단이 사회적 기준의 역할을 하게 되는 것이고, 정확하고 옳은 것을 알고자 하는 욕망을 반영한다. 이것은 Sherif의 실험으로도 설명할 수 있다. Sherif는 명확함이 없으면 사람들이 동조하게 되고, 그 결과 사회적 규범이 생긴다고 했다. 자극을 애매하게 구성한 후 자극에 대한 판단이 다른 사람에 의해 어떤 영향을 알아보는 지 실험을 한 것이다. 즉, 정보가 부족할 때, 타인이 정보원의 역할을 하기 때문에 동조현상이 일어난다고 볼 수 있다. 그러나 아주 명확한 상황에서도 집단적 의견에 동조하려는 경향이 있다. 이러한 동조는 집단으로부터 이탈되는 것을 두려워하는 심리적 특성에서 기인한다고 볼 수 있다. 이러한 관점을 가장 잘 설명해 주는 것이 Asch(1956)의 실험이다. 그의 실험에서 한명의 피험자와 다른 4명의 피험자(실제로는 실험조수)들이 지각판단이란 실험을 받기 위해 실험실에서 만난다. 긴 책상에 일렬로 앉히고는 2개의 카드(선분그림)를 약 3미터 떨어진 거리에 위치시키고. 실험자는 피험자에게 한 직선 A를 보여주고, 동시에 길이가 다른 세 개의 직선 1, 2, 3을 제시한다. 이 문제의 해답은 누구나 분명히 알 수 있다. 그러나 4명의 실험조수들이 동일한 오답에 반응하면 피험자들의 평균35%의 반응이 Asch의 조수가 말한 틀린 답에 동조하였다. Asch는 동조는 부정확하고 애매한 상황에서 일어나며, 만일 상황이 분명하다면 거의 또는 전혀 동조가 없을 것이란 가정 아래 실험을 하였다. 그러나 그는 많은 사람들이 너무도 분명한 사실에도 불구하고 타인의 의견에 동조함을 발견하였다. 놀랍게도 피험자의 60% 가량이 눈으로 보기에 명확한 차이가 남에도 불구하고 많은 피험자들이 다른 사람의 판단에 따라 결정하였다. 이러한 동조행동은 집단이 전문가로 이루어졌을수록, 자기 확신도가 적을수록, 집단의 응집성이 클수록, 집단의 크기가 커질수록, 만장일치일수록 동조의 경향성이 커진다. 집단의견의 일치성, 과제의 중요성 등이 작용하며, 그 사회의 문화도 작용한다. 집단주의 문화에서는 동조가 사회적인 덕으로 여겨지는 반면에, 개인주의 문화에서는 환영받지 못하기 때문에 동조율에 있어서 문화차이가 나타난다.

앞서 살펴본 것처럼 동조에서는 다수가 소수에게 미치는 영향은 매우 일반적이다. 그렇다면 소수가 다수에게 미치는 영향은 없는가? 사조의 변화나 이념의 변동처럼 역사적으로 중요한 변화는 소수가 주도하여 다수에게 영향을 미침으로써 이루어지는 경우가 많다. 이에 모스코비치(Moscovici, 1985)는 애쉬의 실험과제를 변형하여 소수가 다수에게 미치는 영향을 알아보았다. 6명의 집단에게 슬라이드를 보여주면서 그 색을 평정하도록 요구했다. 모든 슬라이드는 청색이었으며 그 밝기에서 차이가 있었다. 6명 모두 실제 피험자로 된 집단의 경우, 누구도 다른 색깔을 대지 않았다. 그러나 6명 중 2명을 실험협조자로 대치하여, 이들로 하여금 슬라이드를 녹색이라고 일관되게 답하도록 했다. 그 결과, 약 1/3의 피험자들이 한 번 이상 녹색이라고 대답했고, 이들이 대답한 전체 8%가 녹색이었다. 이러한 결과에 대해 모스코비치는 소수의 주장이 일관적이고 강력해야 한다고 제안한다. 즉, 소수집단이 흔들림 없이 자신의 입장을 주장할 때 그러하다. 다수는 이러한 소수의 행동을 자신감과 확실성의 신호라고 생각하고, 그럼으로써 자신의 견해를 의심하게 되어 궁극적으로 소수의 입장으로 전향하게 된다. 일반적으로 소수집단이 유능하고 집단을 위하려는 동기가 높

[그림 12-4] Moscovici(1985) 실험

다고 지각될수록, 다수집단에서 더 많은 영향을 미친다(Levine & Russo, 1987). 최근의 연구는 소수의 영향을 결정짓는 요인으로 이외에도 다른 요인들을 확인했다(Maass & Clark, 1984). 소수는 일관적이면서도 완고하지 않을 때, 즉 융통성이 있을 때 가장 효과적이었다. 또한 소수자가 현재의 사회적 추세에 일치하는 주장을 할 때 더 효과적이다. 예를 들어 성적인 보수주의가 팽배한 시대에서는 성의 허용을 주장하는 소수보다는 성적 제약을 주장하는 소수가 더 설득적이다. 그리고 소수의 영향으로 인한 태도변화는 다수의 영향으로 인한 태도변화보다 훨씬 더 강력하다. 왜냐하면, 소수의 영향으로 인한 동조는 외현적인 행위 뿐만 아니라 내면적인 태도까지 변화하기 때문이다.

3 복종

동조와 비슷하지만 다른 측면으로서 타인의 요구가 비윤리적이거나 비도덕적인 경우에도 권위를 가진 타인에게 복종하는 현상을 연구하기도 하였다. 상호작용이 진전된 지 거의 얼마 되지 않아서 권력과 영향력의 요소들이 작용하게 된다. 이에 어떤 행위가 합법적 권위에 의해 강하게 요구될 때 그 행위가 본인의 신념이나 가치와 모순된다고 하더라도 권위에 순종하는 행위가 쉽게 나타난다.

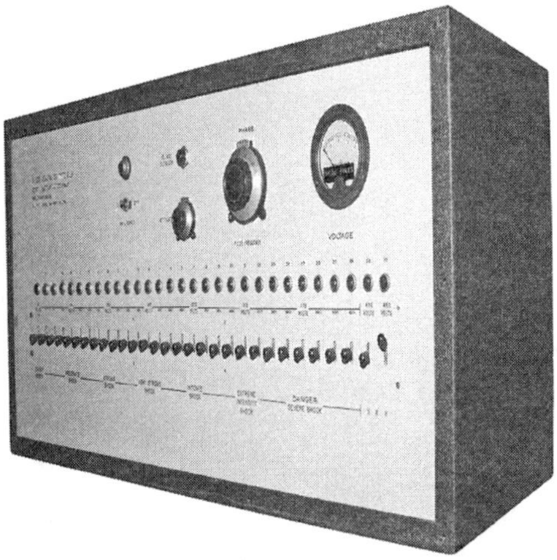

[그림 12-5] 전기충격기

권력자는 자신의 목표들을 진척시키려고 "다른 사람들의 동의 없이, 그들의 의지에 반해서, 또는 그들이 알거나 이해하지 못해도"(Buckley, 1967) 다른 사람들의 행위를 통제할 수 있는 것이다. 그들은 다른 사람들이 저항하려 할지라도 "다른 사람들에게 의도했던, 그리고 예상했던 효과들을 만들어 낼 수 있다” (Wrong, 1967). 제 2차 세계대전 당시 수백만 명의 유태인을 학살한 독일 군인들의 행동은 보통사람들의 권위에 대한 복종이 빚어낸 것이다. 특히, 밀그램의 실험에서 잘 나타나 있는데, 밀그램(Milgram, 1963, 1974)은 광고를 통해 다양한 직업과 연령대의 사람들을 참가자로 모집했다. 그들에게 처벌의 강도가 학습에 미치는 효과를 알아보기 위한 실험이라고 설명하고, 그들을 2인 1조로 편성하여 제비뽑기를 통해 한 명은 선생으로 다른 한 명은 학생으로 지정하였다.

진짜 피험자인 선생의 역할을 실험협조자인 학생이 외어야 할 단어 쌍을 큰 소리로 읽어주고 학습시킨 다음, 시험을 봐서 학생이 실수 할 때마다 전기 충격을 가하는 것이었다. 전기 충격기에는 30개의 스위치가 부착되어 있었는데, 15V에서부터 조금씩 증가하여 450V까지의 전기 충격을 줄 수 있도록 되어 있었다. 또한 이러한 숫자 옆에는 ‘약한’ ‘강한’, ‘극심한’, ‘위험’등의 언어적 표기도 부착되어 있었다. 선생은 학생이 처음 틀렸을 때 그에게 15V의 전기충격을 주고, 틀릴 때마다 그다음 수준으로 전기 충격의 강도를 높여 학생을 처벌하도록 되어 있었다. 학생은 실험자의 옆방에 있는 의자에 앉아 있었으며, 그의 팔은 의자에 끈으로 묶여 있었다. 선생과 학생은 서로 볼 수 없었으며 인터폰을 통해서만 소통할 수 있었다. 실험이 진행되는 동안, 학생은 미리 짠 계획에 따라 실수를 했고, 그때마다 선생은 전기 충격으로 그를 처벌했다. 실제 전기 충격을 받지는 않았지만, 전기 충격 수준에 따라 강도를 달리한 반응을 녹음해서 들려주었다. 예를 들어 120V에서 학습자는 전기 충격이 매우 고통스럽다고 소리쳤다. 150V에서는 “실험자, 여기에서 내보내 줘요, 나는 더 이상 실험에 참가하지 않겠어요, 계속하기를 거부합니다!”라고 학습자가 울부짖었다. 이러한 학습자의 반응에 선생이 망설이거나 더 이상 충격을 주지 않겠다고 하면, 실험자는 선생에게 “당신에게는 다른 선택이 없습니다. 계속해야 합니다”라고 말하면서 전기 충격을 계속 줄 것을 지시했다. 연구 결과는 예

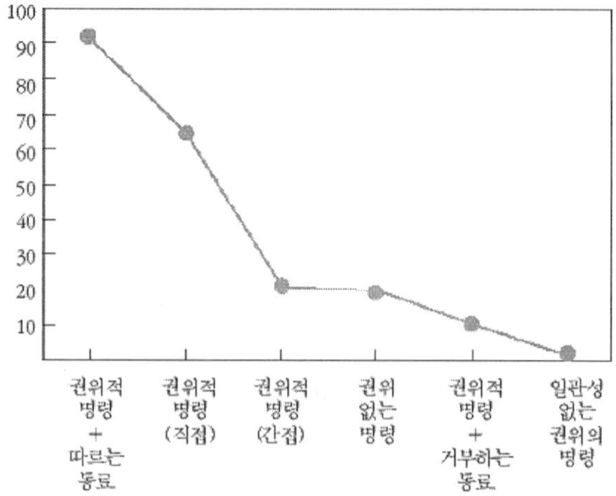

[그림 12-6] 다양한 권위에의 복종 실험

상 밖이었다. 선생의 역할을 한 참가자 40명 모두가 300V까지 전기충격을 주었고, 65%가 최고치인 450V까지 전기 충격을 주었다.

Milgram은 이 실험이 어떤 합법적인 권위로부터 강한 상황적 압력을 받았을 때 파괴적 행위까지도 하게끔 유도될 수 있음을 보여주는 것이라고 보았다. 이 실험은 인간이 타인의 사회적 압력에 어느 정도까지 복종하는지를 잘 보여준다. Milgram은 이 실험의 가장 중요한 교훈은 보통사람들이 아무런 동기나 이유 없이 참혹한 일을 하는 하수인이 될 수 있다는 것을 지적하였다. 이러한 실험이 다른 문화권에서 행해진다면 집단주의 문화권에서는 복종율이 더 높게 나타날 것이고 개인주의적 문화권에서는 더 낮게 나타날 것이라는 것을 예측할 수도 있다.

Milgram의 실험은 많은 반향을 불러일으켰다. 이는 실험결과가 개인의 자유의사에 심각한 한계가 있음을 드러낸 것이기 때문일 것이다.

이 연구는 정상적인 개인이 권위라는 사회적 압력에 굴복하여 납득하기 어려운 행위를 할 수 있다는 것을 보여준 것이다. 그렇다면 복종이 발생하는 이유는 무엇일까 크게 네 가지를 언급한다.

첫째, 책임감의 전가이다. 가혹하고 잔인한 지시는 책임 전가의 메시지를 포함하고 있었다. 즉, 모든 책임은 연구자인 교수님에 있다는 단서를 강조한 것이다. 이에 피험자들은 복종한 뒤 대부분은 '명령에 따랐을 뿐'이라고 변명을 하는 것이 보통이었다.

둘째, 권위의 단서이다. 본 연구에서의 교수는 실제로 상당한 권위를 보유하고 있는 것이 사실이다. 즉, 권위자들은 흔히 그들의 신분이나 권력을 나타내 보이는 배지나 표지, 전문적인 복장 같은 것들을 착용한다.(예: 특수 제복, 계급장, 공식적인 호칭) 이에, 피험자들은 명령자의 그런 모습을 보게 되면 저항을 꺼리게 된다.

[그림 12-7] 히틀러에 대한 복종

셋째, 명령의 점진성이다. 처음 일주일 동안의 명령은 비교적 적고 무해하지만, 곧이어 한 주가 지난 후에는 처벌의 범위를 점점 확대시킴으로써 위험하거나 못마땅한 행동을 요청하기에 이른다. 하지만, 이미 배태되어 있던 행동이었기에 처음부터 강한 자극을 지시할 때보다 점진적으로 강한 자극을 지시했을 때가 더 복종율이 높았다.

넷째, 명령에 대한 판단 시간이 매우 적었다. 즉, 명령을 내리고 인간적으로 판단하고자 생각을 하는 가운데서도 지속적인 지시가 서둘러 내려 졌고, 이에 판단을 하는 과정이 점차 사라지게 되어 맹목적인 수용적인 행동을 하게 된 것이다.

4 순응

[그림 12-8] **부탁하면 된다**

우리가 다른 사람들에게 영향을 미치는 기본적인 방법들 중 하나는 바로 다른 사람들에게 무엇인가를 하도록 요청을 하는 것이다. 이처럼 순응은 무엇을(어떠한 행동이나 행위를) 하도록 요청 받았을 때 그 요청에 따른 행위를 하는 것을 말한다. 이러한 순응에 대해 우리는 때때로 아무런 이유 없이 순응하기도 하고 또는 거부하기도 하는데 우리가 타인에게 한 어떠한 요청에 대해서 그것을 따를 가능성을 높이는 일에는 어떠한 방법들이 있는가에 초점을 맞출 수 있다. 예를 들어, Forgas(1998)는 우리가 슬펐을 때보다 행복했을 때 요구에 더 잘 따른다고 추측했다. 게다가, 그는 공손한 요구에 대비하여 무례하게 얼마나 반응하는가에 기분이 특히 중요하다고 추측했다.

한 연구에서, 대학 도서관에 있는 학생들은 세 가지 기분-유도 경험 중 하나에 노출시켰다. 일부는 유머러스한 이야기의 서술을 읽었다(긍정적 기분 조건). 다른 사람들은 암에서 온 죽음에 대한 슬픔 이야기를 읽었다(부정적인 기분 조건).

세 번째 통제 조건에서 학생들은 도서관에 대한 정보 책자를 읽었다. 학생들은 자극재료를 읽은 후에, 호의를 요청하는 낯선 학생(실제로 실험협조자)이 다가왔다. 공손한 조건에서, 협조자는 '실례합니다. 저는 숙제를 마칠 페이퍼 몇 장이 필요합니다. 빌려줄 수 있다면 10장만 빌려주시겠어요?'라고 요청했다.

중간의 공손 조건에서, 협조자는 "죄송합니다만 페이퍼 10장만 줄 수 있나요?"라고 요청한다. 무례한 조건에서, 협조자는 단순히 "종이 10장만 주세요"라고 말했다. 몇 분 후에, 두 번째 실험자가 페이퍼에 대한 초기 요청은 실제로 심리학 연구 중의 일부였고 그 요청에 평가하고 순응의 정도를 나타내길 요청한다고 순수학생들에게 말했다.

예측한대 로, 기분은 호의에 대한 요청 반응에 유의미한 효과를 가지고 있었다. 긍정적인 기분 조건의 학생들은 가장 호의적으로 요청을 평가했고 통제 조건에서의 학생들은 다소 덜 호의를 보였으며, 부정적인 기분 조건에서의 학생들은 요청에 대한 그들의 평가에 모두 가혹했다.

순응(요청자에게 학생들이 준 종이의 수)은 슬픈 조건의 학생들 간에 가장 낮았고 행복한 조건의 학생들 간에 가장 높은 유사한 패턴을 보여 주었다. 마지막으로 예측한대로, 기분 효과는 요청이 공손했을 때보다 무례했을 때 더 컸다. 행복한 사람들은 말해진 요청 방식을 무시하는 경향이 있었고, 슬픈 조건 사람들은 무례한 요청보다 공손한 요청에 유의미하게 더 상대적이었다.

5 방관자 효과

[그림 12-9] **방관자 효과**

방관자 효과는 '주위에 사람이 많을수록 어려움에 처한 사람을 돕지 않는 현상' 을 뜻하는 심리학 용어이다. 즉, 자신이 나서지 않더라도 남들이 도와줄 것이라 생각하며 방관하는 상태를 말한다. 대한민국에서도 스펀지와 EBS 다큐에서 실험한 적이 있는데 실제로도 누구 한 명이 나서기 전까지 아무도 움직이지 않았다. 연구 결과에 따르면 일반적으로 어려움에 처한 사람 주위에 사람이 많으면 많을수록 도와줄 확률은 낮아지고 도와준다고 하더라도 행동으로 옮기는 데까지 걸리는 시간은 더 길어진다. 방관자 효과는 종종 다원적 무지(pluralistic ignorance)와도 혼동되는데, 보다 정확히 말하면 다원적 무지 이론(Katz & Allport, 1931)이 방관자 효과를 일부 설명할 수 있다고 보면 된다. 다원적 무지는 어떤 집단의 구성원들이 자신이 어떤 주제에 실제로 취하는 입장이 타인들의 입장과 상반될 것이라고 착각하는 것을 말한다. 위급한 상황에서 한 개인이 타인의 반응을 살필 때, 타인 역시 서로서로의 눈치를 살피게 되고, 타인들은 자신과는 달리 그 문제에 소극적이라고 여겨서 결국 모두가 실제로 행동에 나서지는 않게 된다는 것이다. 자신의 태연한 행동은 정확히 이해하지만, 타인의 태연한 행동은 그들이 정말로 태연하기 때문이라고 잘못 이해한다는 것이 골자다. 그래서 연구결과에 따르면 이런 상황일 때 주위에 있는 사람을 특정해서 지적하고 그 사람에게 무엇을 해줄길 원하는지를 구체적으로 말하라고 한다.

방관자 효과로 설명했던 가장 최초의 사건은 1964년 미국의 뉴욕에서 발생한 키티 제노베스(Kitty Genovese) 살인사건이다. 키티 제노베스(Catherine Susan "Kitty" Genovese)라는 여인이 새벽 3시 30분경 뉴욕시 자기 집 근처에서 강도에게 강간과 살해를 당한 사건이며, 격렬한 저항으로 인해 35분간 강도와 사투를 벌이고 세 차례 공격받는 동안 주위 38가구가 그 소리를 들었지만 아무도 나오지 않아 결국 그녀는 살해당했다. 이 사건을 계기로 '방관자 효과'에 대한 연구가 활발해졌으며 방관자 효과를 '제노비스 신드롬' 이라고도 부른다. 또 이런 일도 있었다. 1983년 3월 6일 일요일 저녁 9시경, 21세 된 한 여자가 미국 메사추세츠 주의 뉴베드포드 공장 지역에 있는 바에 혼자 들어가 술을 마셨다.

그녀가 떠나려고 할 때, 어떤 남자가 출입문을 막고 그녀를 덮쳐 스웨터만 남기고 옷을 벗겨 버렸다. 그녀는 몸부림치며 소리지르고 다른 손님들에게 도와달라고 간청했다. 하지만 아무도 도와주지 않았다. 술집 지배인은 "한 손님에게 동전을 주면서 경찰을 불러 달라고 했지만 손님은 틀린 번호만을 돌렸다"고 말했다.

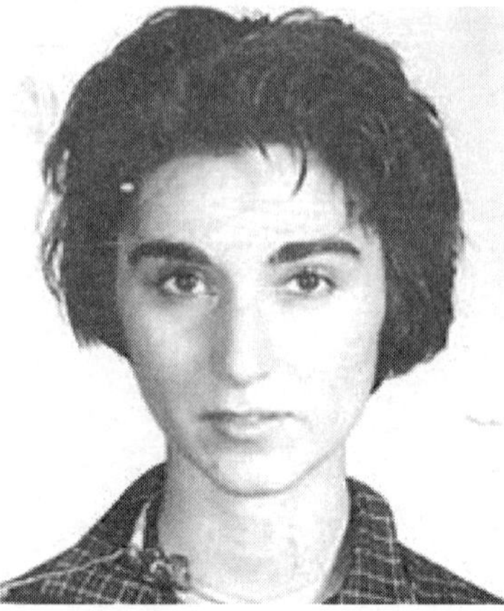
[그림 12-11] 키티 제노비스

이런 현상은 사람들이 도움행동을 주지 않는 극

단적인 경우이다. 정도의 차이는 있지만 우리도 이와 비슷한 상황을 자주 접한다. 여러 사람에게 뭇매를 맞고 있는 사람, 남자들에게 희롱당하는 여자, 길거리에 쓰러져 있는 사람…. 하루에도 몇 번씩 이런 상황에 접하지만 선뜻 나서기 힘든 경우가 허다하다. 라테인과 달리는 타인의 존재에 의한 사회적 태만을 위한 실험을 실시하였다.

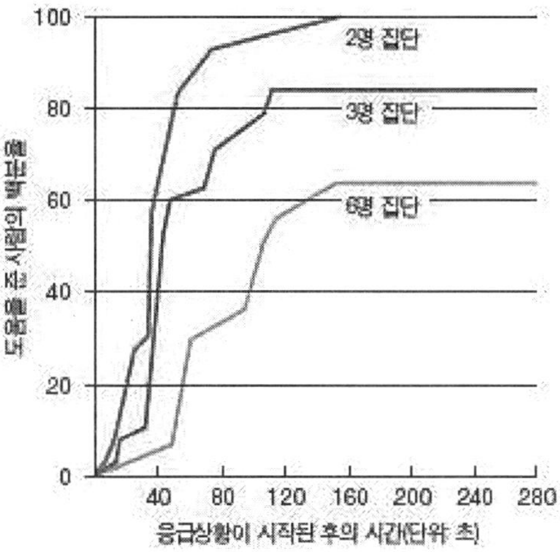

[그림 12-10] **방관자 효과 실험**

라테인과 달리는 실험에 참가한 남학생(피험자)들이 설문에 응답하는 동안 화재를 위장, 실험실 안으로 연기가 들어오는 상황을 꾸몄다. 피험자들은 혼자 있거나, 세 사람이 같이 있거나, 방관적 행위를 보이는 두 사람의 다른 피험자(실험 협조자)와 같이 있었다. 실험 결과, 혼자 있는 경우 75%의 사람들이 실험실 밖으로 나가 연기에 대한 보고를 했으나, 세 명인 경우는 38%, 두 명의 방관자와 같이 있던 경우에는 10%만이 보고를 하러 나갔다.

두 번째 실험에서는 피험자들을 독방에 들여보내고 인터폰으로 동료 피험자(실험 협조자)와 이야기를 나누도록 했다. 그리고 이야기 도중 상대방이 간질 발작을 일으키는 상황을 연출시켰다. 그 결과, 자신이 발작 소리를 들은 유일한 목격자일 때는 85%, 자기 말고 다른 사람이 또 하나 있다고 여길 때는 62%, 다른 사람이 네명 더 있다고 여길 때는 31%가 도움을 주려는 행위를 보였다. 유사한 실험에서도 동일한 결과를 가져 왔다. 즉, 응급상황이 시작한 후에 대상자를 도와주는 비율을 확인해 본 결과 놀랍게도 2명 집단에서만 100% 도움 행동이 나타났고, 점점 인원이 늘어날수록 확률은 줄어들었다. 도움 행동을 얼마나 빨리 주느냐를 측정하는 도움의 신속성에서도 혼자일 경우가 가장 빨랐다. 왜 이런 일이 생길까? 타인의 존재는 책임감을 분산시킨다. 이런 현상은 사람이 많을수록 강하게 나타난다. 그 결과 목격자가 많을수록 도움 행위는 줄어들게 된다. 대개 사람들은 그것이 '좋은 일'이기 때문에 가급적이면 남을 도우려 한다. 하지만 거기에는 부담이 뒤따른다. 그 때문에 도움행동을 무의식적으로 꺼리게 되기도 한다. 실제로, 사람들은 자신의 도움이 필요할 만한 상황을 적극적으로 피하는 경향이 있다.

6 사회적 촉진과 사회적 저해

한 마라토너가 TV화면 속을 외롭게 달리고 있다. 꽤 지치고 힘겨운 표정이다. 그때 뒤에서 좇아온 다른 마라토너가 그 옆에 다가선다. 힘겨워하던 마라토너의 눈에 불이 번쩍이더니 이를 악물고 속도를 내기 시작한다. 사이좋게 달려가는 두 마라토너. 그 위에 짧은 멘트가 떠오른다. "함께 뛰어야 기록이 좋아집니다" 정보통신기업인 D사의 TV광고 한토막이다. 업계의 후발주자인 D사는 이 광고를 통해 '독점보다 경쟁이 낫다'는 점을 어필하여 큰 효과를 거두었다고 한다. 경쟁자가 있으면 성적이 좋아지는 것은 육상경기 기록에서 이미 입증된 사실이다. 예컨대 100m 달리기만 해도, 0.01초를 다투는 경쟁자가 있고 없는 것은 우승자의 기록에 큰 영향을 주게 된다. Allport(1920)는 사람이 혼자 일을 할 때보다 집단 속에서 일을 할 때 과제수행의 능률이 더 증진된다면서 이를 사회적 촉진(social facilitation)이라고 정의했다. 즉 혼자서 달리기를 하거나 수학문제는 풀지 않고 여러 명이 같이 과제를 수행하면 더 빨리 달릴 수 있고 수학문제도 더 잘 풀 수 있다는 것이다. 물론 이는 꼭 사람에게만 나타나는 현상은 아니다. 쥐나 바퀴벌레, 잉꼬새도 여럿이 있으면 일을 더 잘 하고 먹이를 찾는 행동도 더 잘한다. 특히 개미는 혼자 있을 때보다 집단 속에 있을 때 세 배나 더 많이 땅을 팠다(Chen, 1937). 하지만 사회적 촉진이 사람에게 주는 의미는 쥐나 개미의 경우와는 차원이 다르다. 사람은 사회 속에서만 진정한 삶을 살아갈 수 있는 '사회적 동물'이기 때문이다.

[그림 12-12] **사회적 촉진**

사람들에 있어 타인의 존재가 과제 수행이나 업무 수행에 미치는 영향을 심리학에서 최초로 알아본 사람은 트라이플리트이다. 그는 사회심리학 최초의 실험이라고 할 수 있는 사회적 촉진 실험을 1989년에 실시했다. 트라이플리트는 사이클 선수들이 경쟁할 때 더 빨리 달리는 것을 보고 아이들을 대상으로 실험을 했다. 그는 다른 사람이 있을 때 아이들이 과제를 더 빨리 수행하는가를 알아보기 위해 낚시용 릴감기 실험을 고안했다.

아이들은 트라이플리트의 예상대로 혼자보다 집단 상황에서 낚시용 릴을 더 빨리 그리고 더 열심히 감아올렸다. 타인의 존재가 사회적 촉진을 일으킨 것이다. 사회적 촉진은 관중의 웃음 촉진효과도 설명하는 데 도움을 준다. 즉, 관중이 별로 없을 때는 보통 정도로만 재미있는 코미디가 관중으로 가득 찬 방에서는 훨씬 재미있는 것처럼 보인다 (Aielloemd, 1983; Freedman & Perlick, 1979). '좋은 공연장' 이란 관객으로 가득 찬 곳이라는 사실을 코미디언과 배우들은 잘 알고 있다. 관중이 촉발시키는 각성은 다른 반응도 증폭시킨다. 실험참가자들이 서로 가까이 앉게 만들면, 친한 사람들은 더 좋아하게 되고, 친하지 않은 사람들은 덜 좋아하게 된다(Schiffenbauer & Schiavo, 1976; Storms & Thomas, 1977). 현실적인 교훈은 만일 강의를 위해 교실을 선택하거나 모임을 위해 자리를 마련할 때는 가능한 한 빈 자리가 없도록 하라는 것이다.

[그림 12-] 관객의 힘

그러나 다른 사람이 있다고 항상 사회적 촉진이 일어나는 것은 아니다. 보다 어려운 과제에서는(예컨대, 무의미철자를 학습하거나 복잡한 곱셈문제를 푸는 것), 다른 사람이 존재하거나 똑 같은 과제를 수행하는 사람이 존재할 때 성과가 떨어졌다. 이는 사회적 억제라고 한다. 후속연구들은 타인의 존재가 어째서 때로는 도움이 되고 때로는 수행을 방해하는 것인지를 밝혀주었다(Guerin, 1986; Zajonc, 1965).

다른 사람이 우리를 관찰할 때는 각성된다. 이 각성이 가능성이 높은 반응을 쉬운 과제에서는 정확한 반응을 그리고 어려운 과제에서는 틀린 반응을 강화시킨다. 따라서 관찰을 단하고 있을 때, 잘 학습한 과제는 보다 신속하고 정확하게 수행하며, 숙달하지 못한 과제는 더 느리고 부정확하게 수행하게 된다. Michaels 등(1982)은 프로 당구선수들이 혼자 있을 때는 71%의 정확률을 보이지만, 네 사람이 들어와서 자신의 경기를 관람할 때는 80%의 정확률을 보인다는 결과를 얻었다. 혼자 있을 때 36%의 정확률을 보인 초보자가 관람자가 있을 때는 25%의 정확률만을 보여주었다.

열광적인 관중의 효과는 아마도 다양한 스포츠 팀들이 누리고 있는 홈경기의 이점에 도움을 주고 있을 것이다. Zajonc(1965; 1980)는 타인의 존재가 수행 그 자체가 아니라 추동이나 각성의 상태를 증대시킬 뿐이라고 제안한다. 따라서 감정적 흥분 혹은 각성상태는 수행능률을 증가시킬 수도 있고 감소시킬 수도 있다. 여기에는 과제의 난이도가 영향을 미친다. 만일 수행과제가 간단하거나 익숙한 것이라면 수행능률이 오를 것이다. 반대로 수행과제가 복잡하거나 생소한 것이라면 오히려 능률은 저하된다.

음악가나 연주자, 운동선수 등이 관중 앞에서 놀라운 기량을 발휘하는 것이 전자에 해당된다면 얼떨결에 노래자랑 무대에 오른 참석자가 평소보다 노래를 훨씬 더 못하는 것은 후자에 해당될 것이다. 그러나 높아진 충동이나 동기가 과제의 수행을 촉진시킬 것인지 억제시킬 것인지는 과제의 성격에 달려 있다. 왜 타인의 존재가 이렇게 상반되는 결과를 낳는 것일까? 정상적인 사람은 누구나 공감능력을 가지고 있기 때문에 개인은 군중의 감정에 동화된다. 흥분한 군중들 속에 있으면서 혼자 침착성을 유지하기란 그리 쉽지 않다. 따라서 군중의 존재는 개인의 감정을 고양시켜 심리적 긴장도 혹은 각성수준을 높이고 이것은 과제수행을 촉진하거나 억제하는 요인으로 작용한다. 또한 자기 자신과 동일한 목적을 공유하고 있는 군중의 존재는 '집단의 힘'에 대한 자각을 불러일으켜 개인의 심리적 에너지를 증가시킬 수 있다. 예를 들면 대규모의 집회나 시위에 참여한 개인들은 '야! 이렇게 많은 삶이 다 우리 편이구나. 우리가 못 해낼 일이 있겠는가?'라는 자각을 하게 됨으로써 평소에는 불가능했던 영웅적인 행동을 할 수도 있다.

[그림 12-14] **사회적 억제**

7 사회적 분투와 사회적 태만

사회적 분투(social striving)는 동기수준이 낮더라도 혼자 일할 때보다 집단행동을 할 때, 성과가 상당히 향상되는 현상을 의미한다(Matsumoto & Juang, 2009). 실제로 미국과 같은 서구에서는 이러한 현상이 매우 희소한 것이 사실이지만, 상대적으로 한국과 같은 동양권에서는 이러한 현상을 쉽게 찾아 볼 수 있다. 즉, 당사자가 매우 부정적인 태도를 가지고 있지만 않다면, 동기수준이 높지 않더라도 집단행동을 통해 수행 성과가 높아진다고 할 수 있다. 물론 동조의 일종으로 볼 수도 있지만, 종사를 한다거나 팀플레이를 하는 등의 관여도가 높은 수행조건이라는 점에서 일반적인 동조와 구분될 수 있다.

[그림 12-15] 사회적 분투와 사회적 태만

앞서 언급한 사회적 저해는 일반적으로 잘 하고 싶은 동기가 있는 상태이다. 그런데 사람들은 혼자 일할 때보다 집단에서 공동으로 일할 때 노력을 덜 해서 개인당 수행이 떨어지는 경향이 있는데, 이러한 현상을 사회태만(social loafing)이라고 한다. 이렇게 노력을 감소시키는 현상을 설명하기 위하여 여러 학자들은(Latane, 1981; Jackson & Williams, 1988)는 사회적 태만(social loafing)이라는 용어를 만들어냈다. 미국, 인도, 태국, 일본, 중국, 그리고 대만에서 수행한 78개 실험에서 보면, 사회적 태만은 다양한 과제에서 일어났지만, 특히 개인주의 문화의 남자들 사이에서 공통적으로 나타났다(Karau & Williams, 1993). Latane(1979)의 한 실험에서는 집단 속에 앉아 있으면서 눈을 가린 사람들이 헤드폰을 통해서 큰 박수소리나 고함소리를 들으면서 가능한 한 크게 박수치거나 고함을 질렀다. 다른 사람들과 함께 박수를 치거나 고함을 지르고 있다고 알려주었을 때, 실험참가자들은 자신의 행위가 확인될 수 있다고 생각할 때에 비해서 1/3가량 소리를 적게 내었다. 또 다른 한 연구(Weldon & Gargano, 1988)는 피험자들에게 여러 종류의 시간제 아르바이트를 평가하도록 한 결과, 유일한 평가자라고 알려준 피험자들이 16명 중의 일원이라고 알려준 조건의 피험자들보다 더 열심히 평가하였다. 사회태만의 가장 결정적인 원인은 집단 과제수행 장면에서 개인 수행 정도를 확인하거나 평가하기가 불가능하기 때문이다. 줄다리기나 고함지르기 같은 경우도 결과에 대한 책임이 자기에게 돌아오지 않고 전체 구성원에게 분산되기 때문에 집단속에서 사람들은 열심히 노력하지 않는다. 반대로 집단 과제라 할지라도 개인별 기여도가 확인되거나 평가 될 수 있는 경우에는 사회태만이 발생하지 않는다. 한 현장실험에서 조립생산라인의 노동자들은 개인별 성과가 확인 불가능할 때에 비해서 확인 가능할 때 생산성이 16%나 증가했다(Faulkner & Williams, 1996). 그렇다면, 사회적 태만의 원인은 무엇인가? 첫째, 집단의 일원으로 행동하는 사람은 책임감을 덜 느끼기 때문에 다른 사람이 어떻게 생각할 것인가에 대해서 걱정을 덜 한다. 둘째, 자신의 기여도가 그렇게 크지 않다고 생각할 수 있다(Harkins & Szymanski, 1989; Kerr & Bruun, 1983). 셋째, 일을 열심히 하고자 하는 동기가 존재하지 않는다. 많은 조직 리더들이 알고 있듯이 얼마나 공헌하였느냐에 관계없이 돌아오는 이득이 모든 구성원에게 동일할 때는 누군가 태만해질 수가 있다. 동기가 아주 높고 집단과의 동일시가 높지 않으면, 다른 구성원들의 노력에 무임승차하려고 한다.

8 집단 극화

집단은 개인의 의사결정에도 영향을 미칠 수 있는데, 그 대표적인 현상이 집단극화이다. 일반적으로 집단적으로 이루어진 의사결정이 개인적으로 한 것보다 좀 더 안전하고 중도적일 것이라고 생각할 수 있으나 심리학 연구를 보면 대개는 그렇지 않다. 스토너(Stoner, 1961)는 대학생들에게 한 전기기사의 이직 결정에 조언을 해 주도록 했다. 그 기사는 보수는 많지 않고 적당하지만 안정적인 현재의 직장을 고수할 것인지 아니면 성공하면 훨씬 많은 돈을 받지만 실패하면 아무것도 없는 벤처회사로 이직할지를 결정해야 했다. 이때, 벤처회사의 성공 확률을 5/10, 3/10, 1/10으로 달리하였다. 그 결과, 참가자들은 혼자서 결정할 때보다 집단으로 토론해서 결정할 때 더 모험적이었다. 이것을 모험적 이행(risky shift)이라고 한다. 그러나 집단의 의사결정이 개인의 의사결정보다 항상 더 모험적인 것은 아니다. 예를 들어, 사람들로 하여금 경마장에서 개인적으로 혹은 집단토론 후 말에게 돈을 걸도록 했다.(knox & Safford, 1976). 그 결과 집단토론을 한 후에 돈을 건 말은 개인적으로 건 말보다 더 흔히 우승 예상 말에 속해 있었다. 말하자면, 우승할 확률은 높지만 우승에 따른 배당액은 높지 않은 말로, 집단의 결정이 더 조심스러웠다. 이것을 보수적 이행(cautious shift)이라고 한다. 결국 집단의 결정이 개인의 결정보다 더 위험한 방향으로 되지 않고 반대로 더 조심스러운 방향을 택하는 경우도 있어 위험이행이라는 용어 대신 집단극화라는 개념을 사용하게 되었다. 다시 말해, 집단극화(group polarization)란 집단에서 의사결정을 하게 되면 집단의 성원들이 각자 선호하던 관점의 평균과 비교해서 방향은 동일하지만 더 극단의 선택이 이루어지는 현상을 말한다. 집단극화에 대한 실험에서는 보통 피험자에게 더 크거나 더 작은 위험을 선택하는 것이 가능한 일련의 문제에 대하여 개인적인 결정을 하도록 한 후 집단상황에서 똑같은 문제에 대해 집단결정을 하도록 한다. 그 결과 개인들에 의하여 원래 취해졌던 평균수준과 이후의 집단결정의 평균간에 차이가 있을 때 집단극화가 발생한 것이라고 할 수 있다. 집단극화가 발생한다는 것은 중요한 의사결정의 대부분이 집단 토의를 거쳐서 이루어지므로 중요한 문제이다.

[그림 12-16] **집단 극화 현상**

그렇다면, 왜 집단에서는 개인들의 반응이 온건해지지 않고 극단적이 되는가? 초기의 설명들은 대체로 집단에서는 자신들이 내린 결정에 대하여 덜 책임을 느끼고 모험적인 지도자에게 영향을 받는다는 가치가설(value hypothesis)을 받아들였다. 사람들이 집단에서 토의를 하게 되면 자신들이 속한 집단의 가치나 문화에 일치된다고 생각하는 쪽으로 움직인다(Clark, 1971; Myers & Lamm, 1975, 1976). 조심하는 것보다 모험적인 것이 보다 받아들여진다고 느끼면 토의 후에 더 모험 쪽으로 간다(Weigold & Schlenker, 1991). 대체로 자신들의 정부를 좋아하고 미국인들을 싫어하는 프랑스에서는 집단토의로 프랑스 정부에 대하여는 호의적이고 미국에 대하여는 더 부정적으로 태도가 바뀌었다. 마찬가지로, 편견을 가진 다른 사람들과 토의를 한 편견을 지닌 사람들은 더 편견지향적이 되었다. 그러나 편견 정도가 온건한 다름 사람들과 토의를 한 후에 온건한 편견론자들은 덜 편견적인 태도를 보였다(Myers & Bishpo, 1970). 문화적 가치 쪽으로의 변화에는 몇 가지 과정들이 개입될 수 있다. 사회비교이론이 시사하듯이 집단내의 성원들은 서로 연관된 두 가지 목표들을 토의 중에 달성하려고 한다는 것이다.

[그림 12-17] **토론의 기능**

첫째로 자신의 의견을 다른 사람들과 비교하여 그 정확성을 평가하고자 한다는 것이다. 둘째는 자신들이 집단 내에서 호의적인 인상을 보이려고 한다는 것이다. 이들 두 동기들이 합쳐질 때는 보다 극단적으로 자신의 입장을 나타내는 경향을 보이게 된다(Gorthalas & Zanna, 1979; Myers & Lamm, 1976; Myers et al., 1980; Sanders & Baron, 1977). 집단 극화의 원인에 대한 또 다른 이론으로는 설득적 논의이론(Persuasive arguments theory)으로서, 이 이론에 의하면 집단토의 동안에 들은 새롭고 설득적인 논의들이 선택이행을 초래한다. 즉 어떤 설득적인 논의들은 모든 성원들에게 처음에는 알려지지 않는데, 토의를 하는 동안에 이 알려지지 않은 논의들이 이것을 알지 못했던 성원들에게 소개되고, 이러한 새로운 논의가 이들의 견해를 바꾸도록 자극한다고 본다. Hinsz와 Davis(1984)는 논의의 수와 설득력이 중요하다고 보아 선택된 대안은 보통 수적인 면에서 더 많고 더 설득력 있는 논의라고 주장하였다.

9 집단 사고

[그림 12-18] **베트남 전쟁의 집단사고**

집단에서 이루어지는 의사결정의 또 다른 특성으로서 집단사고(group-think)가 있다. 이 용어는 Janis에 의하여 만들어진 것으로, 집단사고는 집단 성원들이 합리적인 결정을 할 수 없도록 왜곡된 사고의 양식이라고 하였다. 그는 집단사고를 "집단 성원들이 응집력이 강한 내집단에 깊이 관여되고, 만장일치의 분위기가 팽배하여 다른 대안을 현실성 있게 평가하려는 동기를 억압하여 생기는 사고의 양식" 이라고 정의하였다. 집단사고 동안에는 구성원들이 다른 사람들과 일치되려고 하기 때문에 다른 때 같으면 쉽게 피할 수 있는 실수나 오류를 범하게 된다고 보았으며 따라서 많은 경우 이는 잘못된 의사결정이 될 수 있다. 대표적인 한 예가 1961년 미국이 쿠바의 카스트로 정권을 전복하려고 시도했던 피그스만상륙작전 계획이다. 이 작전의 계획을 위해 당시 케네디 대통령을 보좌하던 유능한 국방전문가, 학자, 정치가들이 모여서 토의를 했고, 쿠바의 국내사정에 대한 정통한 정보를 갖고 있었음에도 불구하고 이 계획은 1,400명의 상륙부대 중 200명은 전사하고 1,200명은 포로가 되는 결과를 낳으면 완전히 실패하였다. 집단사고의 다른 예들로서 일본의 진주만 기습에 대비하지 않았던 Kimmel제독, 중공군의 한국전 불개입을 장담했던 Truman 대통령, 베트남 전쟁 개입의 실책을 범한 Johnson 대통령 등의 경우를 들 수 있다. Janis는 위기상황인 경우, 응집성이 높은 집단인 경우, 자질 있는 외부인의 판단과 비판으로부터 격리된

[그림 12-19] **트루먼의 오판**

경우, 집단이 처해 있는 문제에 대하여 자신이 선호하는 해결책을 적극적으로 추진하는 지도자가 있는 경우 등의 조건에서 집단사고가 발생할 가능성이 증가한다고 보았다.

일반적으로 언급되는 집단 사고의 징후는 다음의 특성을 지니게 된다. 먼저, 집단성원들은 자신의 집단이 완전무결한 집단이라고 생각하며 실패할 가능성에 대해 생각하지 않는다. 둘째, 집단성원들은 자신의 집단이 높은 도덕성을 갖고 있다고 본다. 셋째, 자신들의 결정을 합리화하려는 집단적 노력이 존재한다. 넷째, 각 성원은 다른 성원들이 동일한 의견을 갖고 있다고 생각하는 만장일치에 대한 착각을 갖는다. 다섯째, 반대되는 의견의 중요성을 최소화하려 하며 집단에 대한 동의로부터 일탈하지 않도록 자신을 검열한다. 여섯째, 집단의 의견에 동의하지 않는 것은 모든 집단성원들이 기대하는 것과 대비되는 것임을 분명히 하면서 집단의 생각에 반대하는 논쟁을 하는 성원에 대하여 직접적인 압력을 가 한다. 따라서 결국 집단사고가 일단 형성되고 나면 집단 구성원들은 자기 집단이 결코 잘못된 결정을 내릴 수 없는 완벽한 집단이라는 신념을 견지하게 된다. 나아가서 만약 자신들이 내린 결정과 상반되는 내용의 견해나 정보를 접하게 되면 그것을 무시해 버리거나 그것의 가치를 깎아내리는 등의 집단 합리화를 하게 되며, 이들은 또한 자기 집단이 능력 면에서도 우수할 뿐만 아니라 도덕적으로도 우월하다는 생각을 가지게 된다. 집단사고가 형성됨에 따라 구성원들 간의 응집력을 강화하고자 하는 집단압력도 더욱 강화된다.

[그림 12-] **맹목적인 집단사고**

그렇다면 집단사고를 줄이는 방법에는 어떤 것이 있을까? Janis에 의하면 다음과 같은 방법을 통하여 고도로 응집적인 집단에서도 집단사고가 일어나는 것을 방지할 수 있다고 한다. 먼저, 지도자는 성원들이 반대의견과 의심을 표현하도록 격려하고 모든 대안들을 고려하도록 격려한다. 둘째, 지도자는 공평해야 하며 자신이 좋아하는 바를 드러내지 않고 중립적이어야 한다. 셋째, 같은 문제에 대하여 토의하는 몇 개의 독립적인 하위집단을 만든다. 하위집단별로 토의 하게 함으로써 다양한 견해가 종합토론에 제시될 수 있도록 한다. 넷째, 제안에 대하여 자유롭게 비판하도록 권장한다. 다섯째, 한 명 이상의 성원으로 하여금 반대의견을 개진하는 역할을 담당하도록 한다. 여섯째, 경쟁 집단과의 관계에 대한 문제를 논의하는 경우 상대집단이 취할 수 있는 가능한 대안 들을 철저히 점검한다. 일곱째, 예비결정을 내린 후에 다시 한 번 성원 각자가 지닌 의혹은 깨끗이 하기 위한 절차를 취한다. 여덟째, 외부인사에게 집단의 결정사항을 제시하고 이를 반박하게 한다. 아홉째, 성원들에게 집단의 결정과정을 믿을 만한 사람들과 이야기하도록 하고 그들의 반응을 알려주도록 격려한다.

10 몰개성화

타인의 존재는 사람들을 각성시킬 수도(사회적 촉진 실험에서와 같이)책임감을 감소시킬 수도(사회적 태만 실험에서와 같이) 있다. 그런데 때로는 타인의 존재가 각성도 시키면서 동시에 책임감을 감소시키기도 한다. 그 결과로 식당에서 음식 쟁탈전을 벌이거나 농구시합 심판에게 야유를 보내는 것에서부터 예술문화의 파괴행위나 폭동에 이르기까지 충격적인 행동이 나타날 수가 있는 것이다.

집단의 위력 앞에 정상적인 억제력을 상실하는 것을 몰개성화(deindividuation)라고 부른다. 몰개성화 된다는 것은 집단 상황에서 자의식과 억제력을 상실하는 것이다. 몰개성화는 집단에의 참여가 사람들을 각성시키고 익명적이게 만들 때 발생하기 십상이다. 한 실험에서는 KKK단의 모자와 같은 것을 머리에 써서 몰개성화 시킨 뉴욕 대학교 여학생들이 정상적인 여학생들에 비해서 상대방에게 두 배 이상 강력한 전기 쇼크를 가하였다(Zimbardo, 1970). (거의 모든 실험에서 그렇듯이, 상대방이 실제로 전기 쇼크를 받는 것은 아니다.) 마찬가지로 얼굴 분장이나 가면 등으로 스스로를 몰개성화 시킨 부족의 전사들은 맨 얼굴의 다른 부족민들에 비해

[그림 12-21] 몰개성화

서 체포된 적군을 살해하거나 고문하거나 사지를 절단할 가능성이 훨씬 크다(Watson, 1973). 폭도이든, 록음악 콘서트이든, 운동시합이든, 아니면 종교집회이든, 자의식을 상실하는 것이(몰개성화 되는 것이) 집단행동의 일차적인 원인이 된다.

Zimbardo(1970)는 몰개성화(deindividuation)라는 개념을 확장시켰다. 이 개념은 집단 속의 한 개인이 독립된 개인으로서 자신에 대한 정체성을 상실하고 집단에 통합되어 있다고 느끼는 상태를 지칭한다. 높은 수준의 흥분과 익명성이 존재할 때, 이러한 상태가 발생할 가능성이 높다. 몰개성화는 평상시에는 억제 상태에 놓여 있는 충동적인 행동을 풀어놓는다. 몰개성화에 대한 한 연구에서, 여대생은 네 명으로 된 집단으로 실험에 참가하여 학습실험에 참가하고 있는 다른 여학생에게 전기 충격을 주도록 요구 받았다. 그들 중 반은 정체성을 느끼지 못하도록 큰 실험복 코트를 입고 두건을 썼다. 그리고 실험자는 그들을 집단으로만 불렀으며 어느 누구의 이름도 언급하지 않았다. 나머지 반의 여학생은 자신의 원래 옷을 입은 상태로 있었으며 큰 명찰을 달고 서로 통 성명을 했다. 참가자들은 학습자가 실수할 때 자기 앞에 있는 버튼을 눌러 전기 충격을 주도록 되어 있었다. 그 결과 몰개성화 된 집단이 그렇지 않은 집단에 비해 2배의 전기 충격을 가했다(Zimbardo, 1970).

스탠퍼드 감옥 실험(영어: Stanford prison experiment, SPE) 이 실험은 일명 루시퍼 이펙트(영어: Lucifer Effect)로도 알려져 있으며, 스탠퍼드 대학교의 필립 짐바르도 심리학 교수가 1971년에 한 심리학 실험이다. 70명의 지원자 중 대학생인 24명이 선발되어 죄수와 교도관역을 맡았으며 스탠퍼드 대학 심리학 건물 지하에 있는 가짜 감옥에서 살았다. 고용된 참가자들은 2주간 '감옥'에서 생활할 것이라는 말을 들었으며, 그 대가로 $15의 일당을 받도록 약속되었다. 역할은 무작위로 정했다. 짐바르도는 참가자들이 그가 원했던 방향감각상실(disorientation), 자아감상실(depersonalisation), 몰 개성화(deindividualisation)와 같은 것을 촉진할 수 있도록 특별한 상황을 마련했다. 최초의

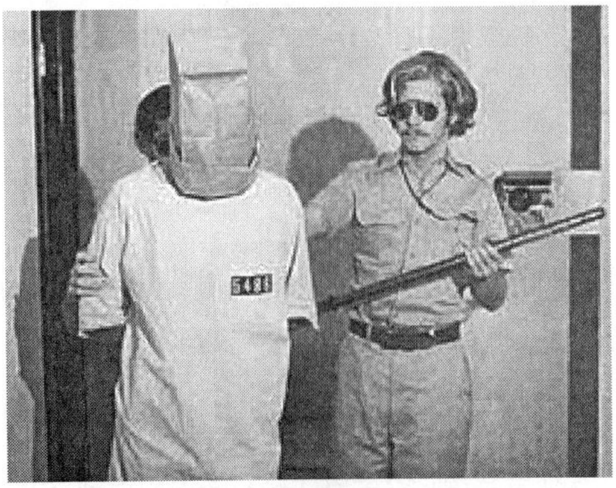

[그림 12-22] 스탠포드 감옥 실험

실험에서 24명의 선발인원 중 교도관 9명, 죄수 9명만이 참가하였다. 나머지 인원은 혹시나 일어날지 모르는 상황에 투입되기 위해 대기하였다. 교도관은 3명씩 3조로 나뉘어 하루 8시간씩 3교대 하였으며, 죄수들은 3개의 감방에 각각 3명씩 수용되었다. 실험 참가자들 중 교도관역을 맡은 사람은 무기(나무 곤봉), 셔츠 및 바지가 카키색인 가짜 교도관 옷을 받았다. 눈을 마주칠 수 없도록 하기 위해서 선글라스도 받았다. 교도관들은 수감자들을 이름 대신에 옷에 박힌 그들의 고유 번호로 불렀다. 별 탈 없이 첫날이 지나고 둘째 날에 반란이 일어났다. 교도관들은 원래보다 더 진지하게 자신들에 역할에 몰두했으며, 상관인 연구 직원들의 허가 없이 소화기로 수감자들을 공격해서 반란을 진압했다. 겨우 36시간이 흐른 후, 필립 짐바르도가 말하기로는 한 수감자가 "미친 짓"을 하기 시작했다고 했다. #8612는 통제가 불가능할 정도로 소리 지르고 저주하고 격노하는 등 "미친 짓"을 하기 시작했다. 그가 매우 두려움에 떨고 있었다는 것을 확신하는 것에 대해 조금 시간이 걸렸고 연구원들은 그를 풀어줘야만 했다. 교도관들은 수감자들이 그들이 배운 방법대로 죄수 번호를 반복해서 부르라고 강요했으며 그것이 자신들을 증명하는 새로운 것이라는 것에 대한 생각을 강화시켰다. 교도관들은 머지않아 이 번호 세기를 수감자들을 괴롭히는 또 다른 방법으로 이용했으며 죄수 번호를 틀린 자에게는 평소보다 더욱 오래 기합을 주는 등의 신체적 고통을 주기도 했다. 급격히 위생상태가 악화되었으며 이로 인해 교도관들은 수감자들이 생리적 현상을 못하도록 만들기도 했다. 교도관들은 수감자들이 그들의 변기통을 비울 수 없는 벌을 주기도 했다. 한편 매트리스는 이러한 엄격한 감옥에서는 보물이었으며 교도관들은 매트리스를 뺏어서 콘크리트 위에서 재우는 등의 벌을 주기도 했다. 몇몇 수감자들은 벌거벗은 채로 다니도록 강요받기도 했으며 남색(男色)을 흉내 내는 등의 성적 모욕을 받기도 했다. 짐바르도는 그의 실험에 점점 몰두 했으며 적극적으로 이 감옥 실험에 참여했다. 실험이 진행되면서 몇몇 교도관들은 폭력적으로 변했다. 실험자들은 교도관 중 3분의 1이 진짜로 잔학한(sadistic) 경향을 보여주었다고 말했다. 짐바르도의 여자 친구인 크리스티나 마슬락(Christina Maslach)이 이 실험에 초대 받았을 때 감옥의 엄청난 실

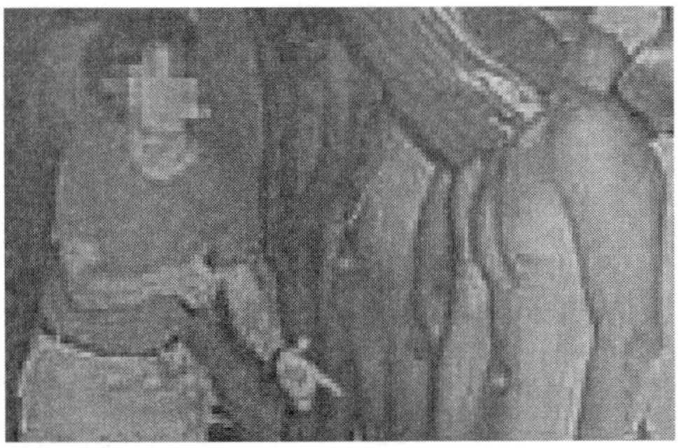

[그림 12-23] 바그다드 만행 1

상을 본 후에 당장 이 실험을 그만두라고 짐바르도에게 얘기했으며 짐바르도는 실험을 끝냈다. 짐바르도는 이 감옥에 대해 본 50명 이상의 사람 중에 도덕에 대한 질문을 던진 것은 마슬락 혼자였다고 말했다. 2주 동안 할 것으로 예상되었던 스탠퍼드 감옥 실험은 불과 6일 만에 끝이 났다. 스탠퍼드 감옥 실험은 14일로 예정되었던 실험을 1971년 8월 20일에 6일 만에 끝났다. 심 리 학에서 이 실험의 결과는 귀인 이론을 지지하기도 했다. 다르게 말하자면 이 상황은 그들 각자의 개인적 성향보다는 참가자의 행동에 의해 야기되었다는 말이 된다. 이것은 평범한 사람이 시험관의 명령에 의해 타인을 충분히 감전 시킬 수 있는 전류를 내보내는 또 다른 유명한 실험인 밀그램 실험(Milgram., 1963, 1974)과도 양립할 수 있다. 나중에 실험이 끝나고 나서 산 쿠엔틴 형무소와 아티카 형무소에서 끔찍한 반란이 일어났으며 짐바르도는 그가 실험에서 얻어낸 것을 미국 하원 사법부 위원회에 제출했다. 아울러 실험 이후 이와 유사한 사건이 실제로 발생한 경우도 많이 발견되었다. 대표적인 것이 이라크 포로수용소이다.

[그림 12-24] 바그다드 만행2

11 군중

LeBon은 '군중(1895)'에서 "군중이 어떠한 종류의 사람으로 구성되어 있든 그들이 하나의 군중이 되었다는 사실은 그들이 혼자서 생각하고, 느끼고, 행동하는 것과는 완전히 다른 방식으로 생각하고, 느끼고, 행동하게 만드는 일종의 집단의식을 갖게 만든다"고 말하였다. 그는 일단 사람들이 군중이라는 심리적 지배에 들어가면 집단의식이 지시하는 대로 행동한다고 보았다. 그는 군중행동이 발전함에 따라 나타나는 상황적 기제들이 군중의 의식을 통합한다고 제안하였다. Le Bon은 행동과 감정이 군중의 한 지점에서 시작되어 나머지 전체로 파급되는 경향성에 크게 충격을 받았다. 이러한 현상을 익명성과 전염성, 그리고 암시성의 개념으로 설명하였는데, 그는 이런 확산의 형태가 한 사람으로부터 다른 사람에게 본의 아니게 전염되어, 나중에는 부근의 모든 사람에게까지 전염되는 전염병과 비슷한 것으로 보았다.

[그림 12-25] 군중 속에서의 전파

그는 집단성원들이 비슷한 방식으로 행동하는 경향성을 이러한 전염과정으로 설명하였다. 집단 내 전염의 발생은 아주 흔하다. 그것을 집단성원의 피암시성 증가, 사회적 촉진, 모방 등으로 다르게 설명하기도 하지만, 또 다른 접근방법은 전염을 겪는 집단의 순환반응과 그렇지 않은 비전염 집단의 해석적 반응을 비교하는 것이다. 해석적 상호작용 중에는 집단성원들이 타인의 행동의 의미를 심사숙고하고 어떤 행동을 하거나 어떤 논평을 하기 전에 타당한 해석을 찾아내려 한다. 그러나 순환반응 중에는 집단성원들이 타인행동의 의미를 주의 깊게 찾지 못하고 상황을 잘못 이해한다. 이러한 오해에 근거하여 행동하면, 집단 내 다른 사람들도 상황을 잘못 해석하기 시작하여 순환과정은 전반적인 행동전염이 될 때까지 계속된다. 예를 들면, 집단 내 어느 한 사람이 흥분하고 적대적이며 겁에 질린 행동을 해서 전염시키기 시작한다. 이것은 익명성의 문제가 아니라 그 상황이 만들어낸 국지적 규범이 발생했기 때문이며, 일반적으로 규범부상이론으로 설명할 수 있다. 맨 처음 사람이 공황을 느끼면 근처에 있는 사람들도 "무슨 일"이 일어났다고 생각하게 되고 그들도 불안해한다. 처음 공황을 느낀 사람은 다른 사람의 반응을 보고 더 당황하게 되고 타인은 다시 맨 처음 공황을 느낀 사람의 반응에 더 자극받게 된다. 이와 같은 격앙된 반응의 순환은 전체 집단에 걸쳐 증폭되어 규범을 인식하게 되고 모든 집단성원들이 공황에 휩싸일 때까지 계속된다. 실제로 관여되지 않은 방관자들도 이에 말려들게 되는데 이는 전염이 때로 "처음에는 떨어져 있었던 무관심한 구경꾼, 방관자까지도 전염"시키기 때문이다. 처음에는 사람들이 단지 특정행동에 관심을 갖거나 호기심을 가질 것이다. 그러다가 흥분된 분위기를 알게 되거나 그 행동에 주목하게 됨에 따라, 그들은 더욱 그 행동에 몰입하게 된다.

12 집단 간 갈등

집단의 갈등은 어떻게 발생할까? 가장 간단한 방법을 소개한 것은 Tajfel의 연구이다. 이 연구는 최소집단 상황에서조차 체계적인 내집단 편향이 있음을 보여 주었다. 피험자들은 서로 모르고, 앞으로도 함께 일하지 않을 것이며, 소위 집단 속에 있다는 소속감도 개인적 또한 대인간 함축을 갖지 않는 것이었다. 그럼에도 불구하고 피험자들은 자기집단 성원들에게 더 많은 돈을 주려고 했을 분만 아니라, 다른 집단 성원들이 돈을 갖지 못하도록 적극적인 행동을 보이기도 하였다. 어느 한 집단으로의 배정이 무선적이었고, 외집단에 돈을 주는 것이 내집단 성원들에 어떤 금전적인 손실을 주지 않는다는 것을 장황하게 설명한 뒤에도 내집단 선호는 계속되었다. 그리하여, 단지 외집단이 존재한다는 사실만으로도 집단 간의 경쟁이나 내외 집단의 차별적 행동을 가져온다는 것이다(Tajfel, 1986,; Billig & Tajfel, 1973; Tajfel, 1978). 이 현상을 최소집단 패러다임이라고 한다.

[그림 12-26] 최소집단 패러다임

갈등에 관해 Sherif(1966)는 집단 간 갈등을 발생시키고 감소시키는 조건을 밝혀내기 위하여 현장실험을 실시하였다. 백인소년들을 대상으로 한 이 실험에서 소년들은 2주 동안 두 집단으로 나뉘어져 여름캠프에 참가하였다. 실험은 몇 단계로 구성되었는데, 첫 단계는 집단 내에 고도의 응집성을 만들기 위한 것으로서 약 1주일간 계속되었다.

소년들은 두 대의 버스로 캠프에 도착하여 정착한 후 여러 가지 활동에 참여하였다. 대부분의 활동들은 상호의존적이고 협동적인 노력을 요하는 것이었다. 소년들은 요리하고 카누를 옮기고 여러 가지 게임을 하였는데, 함께 일함에 따라 각자가 할 일과 놀이를 분담하였다. 이러한 과정을 통하여 결과적으로 각 집단에 있는 소년들은 고도의 집단응집성을 발달시켰다. 두 집단은 각각 집단을 상징하는 이름과 깃발을 만들었으며 위계체계와 행위규범을 발달시켰는데, 이러한 집단의 형성은 실험자의 격려 없이 발생하였다. 두 번째 단계에서 실험자는 두 집단 간에 갈등을 유도하였다. 그러기 위하여 몇 개의 경쟁적 상황을 구성하였는데, 야구, 축구, 줄다리기, 보물찾기 등의 게임을 하여 오직 이긴 집단에게만 상을 주었다. 이러한 과정에서 시간이 지남에 다라 집단상호 간에 좋은 감정이 사라지고 적대감이 강화되었으며 상대방을 뱀과 거짓말쟁이라고 부르고 위협과 난투, 오두막 습격 등이 빈번해졌다.

[그림 12-27] **갈등 심화**

실험자가 개개인의 성격을 평가하도록 했을 때 많은 소년들이 다른 집단의 모든 소년들에게 부정적인 점수를 주었으며 경기가 끝났을 때 두 집단의 성원들은 서로 아무 것도 같이 하려 하지 않았다. 세 번째 단계에서는 갈등을 감소시키기 위한 다양한 전략들을 사용하였는데, 두 집단에 의하여 가치 있게 여겨지고 성취를 위하여 집단 간 협동이 요구되는 목적을 도입함으로써 갈등을 감소시킬 수 있었다. 집단 간 갈등은 갈등에 참여하는 집단에 영향을 주게 되는데, 우선 집단응집성을 증대시키는 효과가 있다. Sherif의 실험에서 보면 경기에 참여하여 갈등이 고조됨에 따라 각 집단은 내적으로 더욱 응집적으로 되었고, 외적으로는 더 적대적이 되었다. 집단 간 갈등이 집단 내 응집성을 제고시키는 이유는 갈등이 심화됨에 따라 성원들이 갈등의 원인에 추가적인 중요성을 부여하고 갈등에 개입하게 되는데 이것이 더 높은 응집성을 유도하며, 또 외집단에 의한 위협이 공동의 적에 대한 적대감을 강화시키고 이것이 집단의 응집성을 높인다. 또한 집단 간 갈등은 집단의 규범에 영향을 준다. 갈등상황에서는 집단규범이 변화되어 경쟁에서 이기는 것에 더 관심을 두고 성원 개개인의 권리와 자유에는 관심을 덜 갖기 쉬우며 집단 전체를 돕는 행동을 더 강조한다. 집단규범이 강화되고 규범을 어기는데 대한 처벌이 증가하며 동의하지 않는 성원은 배격하려고 하는 등 동조에 대한 압력이 증가하는 것이다.

한편, 집단 간 갈등을 제거 또는 감소시키는 방법에는 여러 가지가 있다. 이러한 관점들 중에 범주화 기법을 이용한 감소 전략이 있으며 크게 세 가지로 나눌 수 있다. 첫째, 탈범주화이다. 캠핑이 거의 끝나갈 무렵에는 소년들의 집단에의 정체감이 소멸되기 시작하였다. 일부 소년들은 자신들이 방울뱀 팀이라는 생각보다는 특정한 관심과 기술, 그리고 능력을 지닌 개인들로서 보게 되었다. 이러한 집단 성원들의 탈범주화(decategorization), 또는 개인화는 외집단원들을 전형적인 집단 성원들이 아닌 개인들로 봄으로써 집단 간 갈등을 줄였다(Brewer & Brown, 1998). 연구자들은 한 연구에서 별도의 두 집단들을 합쳐서 해결할 문제를 주어 외집단을 개인화시켰다. 구성원들의 일부에게는 과제에 주목하게 하였고 다른 사람들은 서로 친숙해지도록 하였다. 이러한 조변은 내집단/외집단 편향을 완전히 없애지는 못했지만 편견의 강도를 줄여주었다(Bettencourt, Brewer, Croak, & Miller, 1992). 외집단의 이질성을 지각을 변화시켜서도 개인화를 증가시킬 수 있다. 집단원 들에게 외집단의 한 사람이 집단 간 갈등이 있을 때, 그가 속한 집단과 강하게 반대를 하였다고 들려주면 내집단/외집단 편향들은 약해졌다(Wilder, 1986). 사람들은 외집단이 단합된 집단이 아닌 개인들의 집합으로 보았다(Wilder, Simon, & Faith, 1996). 둘째, 재범주화이다. 갈등관계에 있는 집단들을 해체하여 하나의 집단으로 하여서도 내외집단 편향을 통제할 수 있다. 구성원들의 개체성을 강조하지 않고 상위집단이나 범주로의 소속감 공유를 강조하는 것이다(Gaertner, Rust, Dovidio, Bachman, & Anastasio, 1994). 재범주화(recategorization)는 사람들이 집단성을 정의하는데 쓰는 지각적 단서들을 체계적으로 조변하여

[그림 12-28] 탈범주화(개인화) 전략

이를 수 있다. 한 연구에서 연구자들은 경쟁하는 구성원들에게 단일한 이름을 붙이고, 성원들 간의 공간적 거리를 최소화하며 성원들 간의 협동적인 상호의존을 하게 하였다. 이러한 단서들은 구성원들이 통일된 의식, 또는 집단 실체성을 갖게 하여 내외집단 편향을 줄였다. 집단 간 갈등은 보다 직접적으로 내집단과 외집단 간의 뚜렷한 유사성을 강조하고 비유사성은 약화시켜서도 줄일 수 있다(Worchel, Axsom, Ferris, Samaha, & Schweitzer, 1978). Sherif는 1949년 연구에서 두 집단의 성원들이 외부에서 야영 중인 다른 팀과 소프트볼 게임을 하게 하여 재범주화를 시도하였다(Sherif & Sherif, 1953). 이러한 공동의 적 접근방법은 게임 동안에 서로 격려하고, 홈팀이 승리했을 때는 집단소속과 무관하게 자축을 하여 성공적이었다. 제3자를 도입함으로써 공동의 적을 쓰는 방법은 소년들로 하여금 단일한 집단정체성을 공유하도록 자신들을 다시 정의한 것이다.

[그림 12-29] 재범주화(공동화)

셋째, 교차범주화이다. 갈등의 초점이 되는 집단의 정체성에 추가하여 다른 구분이 명료해질 때도 내외집단의 편향은 최소화될 수 있다. 모든 사람들을 하나의 범주 안에서 단결시키거나 새로 재편성하지 않고 교차범주화(cross-categorization)로 내외집단의 긴장을 덜 일으킬 최소한 하나 이상의 대안적 소속감에 주목하게 하여 문제의 집단정체성을 약화시킬 수 있다. Sherif들은 롸버스 케이브에서 이러한 전략을 썼더라면 최소한 하나 이상의 범주를 도입하고 방울뱀팀과 독수리팀을 두 개의 새로운 집단들로 나눌 수 있었을 것이다. 예를 들어, 소년들은 오클라호마시티의 남부와 북부에서 왔으므로 주거지에 따라 새로운 범주로 재편성을 할 수 있었을 것이다. 그리하여 전의 더 친숙한 독수리-방울뱀의 구분에 매이지 않고 가끔 소년들이 부정적인 기분보다 긍정적인 기분에 있을 때 교차범주화를 도입하였더라면 소년들의 "인지적 부담"을 줄일 수 있었을 것이다(Miller, Urban, & Anman, 1998).

13 고정관념

고정관념(stereotype)은 신념의 일종이다. 고정관념은 특정 집단이나 사회적 범주의 구성원들의 자질이나 특성들에 대한 인지적 일반화이다. 즉, 어떤 사회집단에 대하여 사람들이 갖고 있는 지식과 신념을 의미하며 구성원들이 어떤 특성을 갖고 있다고 믿는 것을 말한다. 여러 면에서 고정관념은 우리로 하여금 다른 사람들이 소속되어 있는 바에 따라서 그를 신속하게 판단할 수 있게 해 주기 때문에 인지적 노력을 줄여주는 기능을 한다(McCauly, Stitt, & Segal, 1980; Miller, 1982). 고정관념은 내집단 구성원들 대부분에 의하여 널리 받아들여지고 있기 때문에 개인적인 기대라기보다는 공유된 사회적 신념들이다(Simon, Glaessner -Bayerd, & Stratenwerth, 1991).

인간은 특정의 성, 나이, 인종, 민족, 출생, 지역, 직업 등에 대하여 고정관념을 가진다. 고정관념은 편견과 달리 긍정적인 내용도 포함한다. 예를 들어 미국의 백인들은 흑인과 유태인에 대하여 서로 다른 고정관념을 갖고 있으나 양자 모두 동일한 편견의 대상일 수 있다. 그러나 대체로 고정관념은 외집단을 정확하기보다는 과장하여, 긍정적이기보다는 부정적이므로 다른 개인을 만나도 고정관념을 수정하지 않으려는 경향성을 보인다(Linville & Rosenfield, 1982). 고정관념은 입수된 정보를 처리하는 방법에 영향을 미친다.

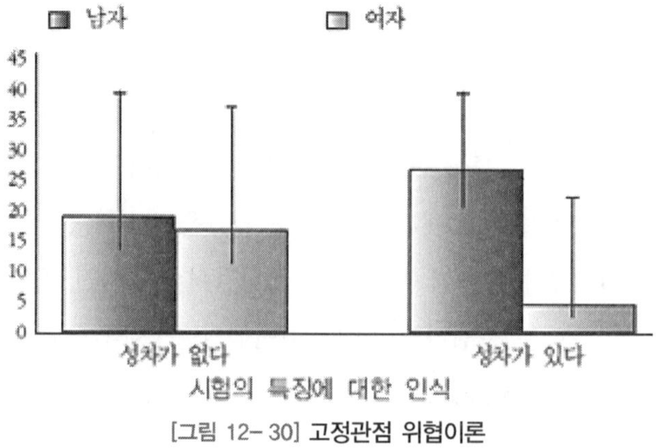

[그림 12-30] 고정관점 위협이론

고정관념과 관련된 정보는 그렇지 않은 정보보다 더 빨리 처리되며 더 잘 기억된다. 또한 고정관념은 이것을 가진 사람으로 하여금 기존의 고정관념과 일치하는 정보에 주목하게 만들고, 반면에 고정관념과 다른 정보가 들어오면 이를 반박한다. 그러므로 고정관념은 생각을 편협하게 만든다. 그리고 고정관념은 그 자체만으로도 대상자에게 큰 영향을 미친다. 예를 들어, 남성과 여성들에게 수학성적에 관한 고정관념을 제시한 후에 수학시험을 치르게 하면 결국 여성이 고정관념의 영향으로 인해 수학 점수가 부진하게 나올 가능성이 높다. 즉, 이 시험의 과정에서 남성보다 여성이 수리 능력 면에서 미흡하다는 고정관념을 발생하는 순간 그 대상으로 여성들은 남성들에 비어 인지적 과부하를 경험하게 될 가능성이 높다. 왜냐하면, 여성들의 입장에서 자신이 수학 시험을 못 치게 되면 고정관념이 기정사실화되기 때문이다. 따라서 여성들은 수학 문제도 풀어야 하고 고정관념에 대해 고민도 해야 하는 이중 부담을 안기 때문에 실제로 고정관념 자체만으로도 영향을 미치게 되는 결과를 초래하게 된다. 이것을 고정관념 위협이론이라고 한다.

한편, 집단 간 교류에서 나타나는 주요 특징 중의 하나는 상대집단 및 그 성원들에 대하여 사람들이 지니는 편견이다. 이러한 편견은 집단 간 갈등을 보다 악화시키는 요인이 된다. 편견은 타인이 지닌 집단적 속성에 근거하여 그에 대한 성격적인 평가를 하는 것으로서 대체로 부정적인 평가를 하는 것을 말한다. 이는 좋거나 싫은 정서를 갖는 평가를 포함하는 개념이다. 특정집단에 대한 편견이 광범위하게 퍼져 있다는 것은 바람직하지 못하며 사회 전체에 부정적 영향을 미친다.

편견은 대인교류와 집단 간 교류에 영향을 미친다. 어떤 외집단에 대한 편견을 가진 개인은 그 집단성원들에 대한 정보를 다른 집단성원들에 대한 정보를 처리하는 것과는 다른 방법으로 처리하는 경향을 보인다. 일반적으로 편견과 일치되는 정보는 더 잘 기억하며 따라서 편견은 점차 강화된다. 편견은 태도의 세 가지 구성요소인 감정적, 인지적, 행동적 요소를 지닌다. 감정적 요소란 자신이 편견을 갖고 있는 집단의 성원을 대할 때 느끼는 부정적인 감정을 포함하여, 인지적 요소는 편견의 대상인 집단성원에 대한 저보가 처리, 저장, 회상되는 방법을 포함하며, 행동적 요소는 편견대상이 된 집단에 대하여 부정적인 방법으로 행동하려는 경향을 포함한다. 편견을 설명하는 초기이론으로는 그 원인을 개인의 성격, 인성 탓으로 보는 이론이

[그림 12-31] 권위주의의 영향

있다. Freud의 영향을 받은 Adorno는 정신분석학자는 좌절에 의하여 촉발되는 공격성향은 기성권위 대신에 안전한 표적을 찾게 되고, 그러한 대상으로서 약자나 열등한 자를 선택한다. 이런 대상이 되기 쉬운 자는 그 사회에서 힘없는 소수집단성원들이다.

이러한 공격성향을 가진 자들은 표적이 된 소수집단에 대하여 자신들의 적개심이나 공격적 행위를 정당화시켜주는 부정적 편견을 갖고 이를 퍼뜨리며 기성권위에 대해서는 무조건적 순종을 하는 권위적 성격을 갖게 된다. 이것이 권위주의적 성격이론이다. 권위주의적 성격은 권력과 지위가 높은 사람에게 존경심을 갖고 전통을 존중하고 명령에 복종하고 권위적 강요에 따라 행동하는 성격이다. 권위주의적 성향이 높은 사람은 소속집단에 대한 우월의식을 갖고 내집단 중심주의적이다. 상대방을 파악할 때도 출신지역이나 계층을 많이 따지고 사회통념적인 집단구분에 의한 구성원으로서 파악하는 경향이 강하다. 그러나 이러한 이론은 편견의 원인을 개인의 인성에 둠으로써 사회문화적 요인을 간과하고 있다는 비판을 받으며, 사회에서의 광범위한 편견의 단일성을 설명하기 어렵다는 문제점이 있다.

편견이 인성의 개인적 차이에 의하여 설명된다면 한 사회의 대다수 사람들이 어떻게 동일한 편견을 가질 수 있는 지를 설명하기가 어려우며, 갑작스러운 편견의 발생과 소멸을 설명하기 어렵다. 특정사회에서 어느 특정집단에 대한 편견의 내용이 시대에 따라서 달라지는 것도 설명하기 어렵다. 그러므로 오늘날에는 편견의 원인으로서 성격보다 사회문화적 요인을 중요시한다. 편견에 대한 또 다른 이론으로서 현실적 집단갈등이론이 있다. 이 이론은 두 집단이 한정된 자원의 획득을 사이에 두고 경쟁할 때 서로 간에 적개심이 생기고, 이것이 상대집단에 대한 부정적인 평가를 유발한다고 주장한다. 이러한 부정적 평가가 집단 내에서 공유될 때 편견이 되는 것이다. 이처럼 현실적 집단갈등이론은 현실적인 집단 간 갈등이 편견의 원인이라고 본다.

사회적 학습이론에 의하여 편견을 설명하기도 한다. 즉 편견은 학습된다는 것으로서, 인간은 부모, 친구, 교사, 기타 주위사람들로부터 편견적인 태도를 배운다는 것이다. 인지이론에 의하여 편견을 설명하기도 한다. 인지이론에 의하면 인지적 구두쇠인 인간은 상대방을 파악할 때 가능한 한 인지적 노력을 덜 들이려고 하는데, 이를 위해서는 상대방을 그 사람이 지닌 현저한 특성, 즉 성, 나이, 출신지역, 직업, 인종 등에 따라서 범주화시켜서 파악하는 것이 편하다. 이러한 사회적 범주화는 편견을 포함하는 경우가 많다. 또한 외집단에 속한 성원들이 서로 비슷한 성향을 지녔다고 지각하는 경향이 외집단 동일시현상과, 자신이 속한 집단을 긍정적으로 평가하는 내집단편향으로 인하여 외집단에 대한 편견이 발생한다. 집단성원들이 공유되는 동조에 대한 압력이 작용하여 편견을 보이기 쉽다. 편견을 갖게 되면 그러한 편견의 내용과 상반되는 정보가 있는 경우에도 이를 무시하고 정보를 왜곡할 수 있으며, 애매모호한 정보를 접했을 때 기존의 편견과 일치하는 것으로 해석하게 된다. 편견의 내용과 일치하는 사건은 그렇지 않은 사건보다 더 잘 기억되고 그 발생빈도가 과다하게 추정된다.

편견에 근거하여 상대방에 대한 부당한 행위가 나타나므로 효과적으로 편견을 해소하는 방법을 개발하는 것이 중요하다. 편견을 감소시키는 효과적인 방법 중의 하나는 두 집단 간에 직접적인 접촉을 증가시키는 것이다. 효과적인 접촉이 되기 위해서는 최소한 다음과 같은 네 가지 조건 구비 되어야 한다. 첫째, 장기적이고 긴밀한 접촉이 필요하다. 접촉이 비공식적이어야 하며 일대일의 토대위에서 상대방과 사귀어야 한다. 둘째, 두 집단성원간의 관계가 상호협조적인 의존관계가 되어야 한다. 즉 두 집단이 공동목표를 지니고 이를 달성하기 위하여 협조해야 하는 경우에 편견이 감소된다. 셋째, 접촉하는 집단은 사회경제적 지위면에서 동등해야 한다. 넷째, 집단성원간의 평등을 당연시하는 사회규범이 존재하고 분쟁의 조정역할을 하는 사람 간에 합의가 존재해야 한다.

[그림 12-32] **편견의 해소**

단 원 개 관

스트레스(stress)라는 개념은 실제로 학자들 사이에서도 서로 다른 정의가 나타나고 있다. 먼저, 개인에게 가해지는 자극 그 자체를 스트레스로 보는 관점이다. 두 번째는 변화나 사건에 대해 반응하는 우리의 생리적 반응을 스트레스로 보는 관점이다. 세 번째는 스트레스를 개인과 자극간의 상호작용의 결과로 보는 관점이다. 아울러, 스트레스에 대한 적응을 다루는 관점에 있어서 일반 적응 증후군이 있다. 이는 세 단계로 구성되며, 첫 번째 단계는 경보반응단계(alarm reaction stage)로서 스트레스의 초기에는 경고 반응이 나타난다. 이어 스트레스가 경고 단계에서 해소되지 않고 더 지속되면 저항단계(resistance stage)에 이른다. 그리고 저항단계에서는 분비성 과립이 매우 풍부하게 된다. 스트레스에 대한 여러 가지 관점들 중에 긍정심리학이 있다. 긍정 심리학은 심리학자들로 하여금 인간이 지니는 잠재력, 동기 그리고 능력을 좀 더 열린 마음으로 높이 평가하는 관점을 취하도록 촉구하는 노력이다. 긍정 심리학은 매우 광범위한 주제에 관심을 지니지만, 그것은 긍정 상태(positive states), 긍정 특질(positive traits), 긍정기관(positive institutions)으로서 긍정 심리학의 세 기둥이라고 불린다.

PATA 13

스트레스

1 스트레스의 이해

[그림 13-1] 자극으로서의 스트레스

오늘날 일상생활 속에서 익숙하게 사용하는 스트레스(stress)라는 개념은 실제로 학자들 사이에서도 서로 다른 정의가 나타나고 있다. 스트레스는 스트레서(stressor)라는 용어로도 사용하는데 말 그대로 스트레서란 무언가를 야기시키는 원인이 되는 자극이라고 할 수 있다. 그렇다면 스트레스는 무엇으로 간주해야 하는가? 이러한 물음에 대하여 학계에서는 크게 세 가지로 구분하여 설명하고 있다. 먼저, 개인에게 가해지는 자극 그 자체를 스트레스로 보는 관점이다. 이 관점에서는 생활 속에게 개인이 접하게 되는 다양한 자극들, 즉 스트레서(stressor)를 스트레스로 본다.

이 관점은 스트레스를 객관적으로 보려한다는 점에서는 긍정적으로 생각될 수 있지만, 기본적으로 스트레스 경험은 대부분 주관적이라는 점과 성격과 같은 개인의 특성이 스트레스에 대한 적응에 있어서 차이를 가져올 수 있다는 점을 간과하고 있다는 단점이 있다. 두 번째는 변화나 사건에 대해 반응하는 우리의 생리적 반응을 스트레스로 보는 관점이다. 심박수가 오르거나 흥분하는 등의 각성 상태가 야기되는 것을 예로 들 수 있다. 세 번째는 스트레스를 개인과 자극간의 상호작용의 결과로 보는 관점이다. 자극에 대한 반응을 스트레스로 보는

[그림 13-2] 반응으로서의 스트레스

관점에서처럼 우리는 어떤 자극에 대처하기 위한 신체적 또는 생리적 반응을 보이게 되지만, 중요한 것은 당사자들이 결과적으로 스트레스를 받게 될 지 아니면 적은 스트레스를 받게 될 지의 여부는 개인성에 따라 차이가 있다는 사실이다. 따라서 특정한 상황에 처하여 어떤 신체적 반응을 보이게 될 지는 개인이 상황을 스트레스로 지각하는지 아니면 스트레스로 지각하지 않는 지에 의해 결정된다. 이처럼 개인과 환경간의 상호작용의 결과로 스트레스가 결정되는 과정에는 환경의 특성과 함께 그에 대한 개인의 지각, 인지 및 대처능력 등과 같은 다양한 변인들이 관련되어 영향을 미치게 된다. 그렇다면, 스트레스는 개인이나 환경(자극) 가운데 어느 한쪽 측면에서만 이해될 수 있는 것이 아니라 양자 간의 상호작용의 결과라는 관점에서 이해하는 것이 보다 더 타당할 것이다. 실제로 오늘날 스트레스를 설명하는 관점들 중 가장 영향력이 있는 것은 세 번째 관점, 즉 Richard Lazarus에 의해 제안된 상호작용적 관점이다. 이 관점에 기초하여 스트레스를 정의하면, 스트레스란 "개인이 자신의 적응과 안녕에 위협이 된다고 지각하는 환경(자극)에 대한 반응"이라고 정의할 수 있다.

[그림 13- 3] **상호작용으로서의 스트레스**

그렇다면 스트레스는 부정적인 것일까? 스트레스는 순기능과 역기능을 동시에 가진다. 생의 활력을 주는 순기능과 건강을 파괴하고 정신적으로 황폐화시키는 역기능이 있다. 먼저, 순기능 중에 실제로 어떤 경우에는 오히려 스트레스가 자극이 되어 개인이 자신을 통제하고 활동하는데 도움을 주면서 그가 최선을 다할 수 있게 해준다. 즉 스트레스가 너무 적을 경우 활력이 없어서 결국 일정한 경쟁에서 최선을 다하지 않는다. 시험공부에 별로 의욕이 없는 학생 또는 경기에 별로 승부욕을 보이지 않는 운동선수를 예로 들 수 있다. 그리고 순기능에서 스트레스가 자극이 되어 도움을 준다지만 그렇지 않은 경우에 스트레스는 반

[그림 13- 4] **긍정적 결과**

대의 결과를 낳는다. 능률은 떨어지고 개인은 지나친 자극으로 인해 고통스러워진다. 실제로 스트레스와 능률 간의 관계에서 중요한 것은 바로 이 배분의 문제이다. 즉 스트레스가 너무 많을 경우 동기 부여와 활력이 지나치게 강화되어 당사자가 감당하지 못할 정도가 되면 오히려 능력을 발휘하기 힘들어진다. 학생은 너무나 불안한 나머지 마비 증상을 보이고 운동선수는 공격성이 강해지고 자기 통제력이 약해진다. 따라서 이상적인 스트레서의 양은 자극이 될 만큼 충분히 너무 지나쳐서 마비를 초래하지는 않는 적당한 선이 되어야 한다.

처리해야 할 일의 성격 또한 중요하다. 일거리가 복잡하면 상대적으로 낮은 수준의 스트레스가 필요하고 단순한 일거리를 맡은 경우에는 좀 더 강도 높은 활력이 좋은 결과를 가져온다.

2 일반 적응 증후군(General Adaptation Syndrome)

사람들은 지속적인 스트레스를 받으면 일단 신체적 증상을 나타낸다. 스트레스 반응으로 나타나는 이런 신체적, 생리적 반응들을 '일반 적응 증후군'이라고 한다.이 증상들은 세 단계로 나타난다(Selye, 1936). 첫 번째 단계는 경보반응단계(alarm reaction stage)로서 스트레스의 초기에는 경고 반응이 나타난다. 이때 카테콜라민과 같은 호르몬의 영향으로 인해 흔히 입과 혀가 헐고, 두통, 미열, 피로, 식욕 부진, 무력감, 근육통, 관절통 등의 증상이 나타나며 심신의 저항력이 떨어진다. 이 단계는 다시 2개의 하위단계로 나누어진다.

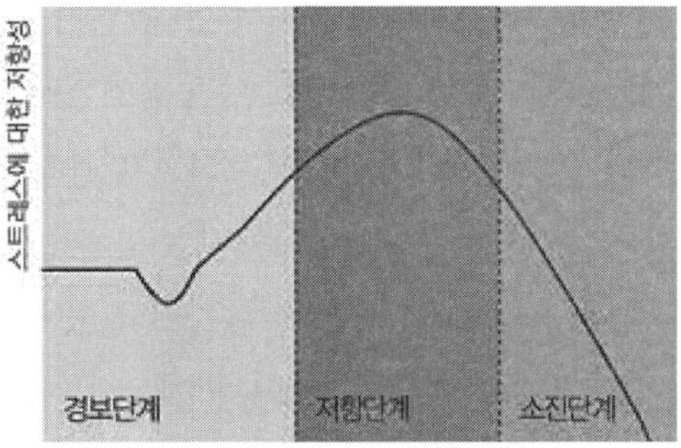

[그림 13-5] 일반 적응 증후군

초기는 충격기(shock stage)로서 스트레스 자극에 대하여 유기체가 일시적으로 위축

되는 시기이다. 후기는 역충격기(counter shock stage)로서 스트레스 자극에 대하여 유기체가 갖고 있는 적응 에너지를 사용하여 반격이 시도되는 기간이다. 구체적으로는 신체 내부에 있는 아드레날린과 코르티솔의 분비로 인하여 혈압, 심장박동, 호흡, 포도당 등이 증가되고 내장기관이 위축되는 현상 등이 나타난다. 단기적 스트레스의 경우에서처럼 만약 방어체계가 성공적으로 작동하면 신체는 정상적 수준으로 돌아간다. 따라서 대부분의 단기적 스트레스는 첫 단계에서 종료된다. 하지만 스트레스가 경고 단계에서 해소되지 않고 더 지속되면 저항단계(resistance stage)에 이른다. 이 단계에서는 카테콜아민의 기능으로 뇌하수체에서 부신피질자극호르몬(ACTH)과 부신에서 부신피질호르몬(Steroid)이 분비되어 스트레스 반응을 완화시키려 한다. 이때에는 스트레스에 대한 저항력이 높아지고 스트레스 초기에 나타났던 증상들이 사라진다.

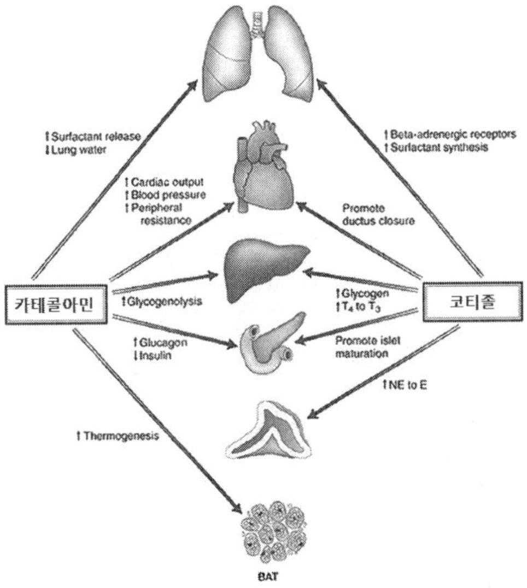

[그림 13-6] **카테콜아민과 코티졸**

이 단계에서 유기체는 첫 번째 단계와 다르거나 전혀 반대의 양상으로 나타난다. 예컨대 경보단계에서는 부신피질의 세포가 저장했던 분비성 과립을 혈류에 방출함으로써 코르티코이드가 포함된 지방질이 고갈된다. 반면에 저항단계에서는 분비성 과립이 매우 풍부하게 된다. 저항단계에서의 특징은 유기체가 스트레스 자극에 대하여 나름대로 적절한 대처를 하게 됨에 따라서 신체적으로 특별한 반응상태가 나타나지 않으며 겉으로 보기에는 유기체가 스트레스 상황에 잘 적응하고 있는 것처럼 보인다.

이 단계에서도 스트레스 자극이 사라지면 유기체는 다시 정상적인 수준으로 복원이 된다. 하지만 만약 스트레스 상황이 지속되면 유기체는 마지막 단계인 탈진단계에 이르게 된다. 세 번째 단계 즉 탈진은 적응기전 소모의 결과로 스트레스원에 대한 방어가 없다면 신체는 휴식해서 방어기전을 정상으로 회복하거나 반대로 전체적인 탈진에 도달해서 죽게 된다. 비록 경각단계가 단기간이라 하더라도 저항과 탈진의 길이는 매우 다양하며 스트레스원의 심각성과 기간, 그 사람의 평상시 건강에 달려 있다.

3 스트레스의 원인

일반적으로 스트레스의 원인으로는 좌절감, 압박감, 대인관계, 해슬, 주요생활사건, 외상적 사건, 갈등, 과잉부담 등이 있고, 다음과 같이 기술할 수 있다. 먼저, 좌절감이다. 좌절은 자신이 원하는 욕구나 목표가 어떤 방해요인이나 장애물로 인해 성취되지 못할 때 발생한다. 이때 흔히 스트레스를 받게 된다. 생각보다 낮은 학점, 입시나 입사시험에서의 실패, 승진실패나 실직, 낙선, 소중한 사람의 질병이나 사망 등이 대표적인 예이다. 둘째, 압박감이다. 사람들이 스트레스를 경험하게 되는 또 다른 요인으로 압력을 들 수 있다. 개인에게 가해지는 부모나 형제 또는 중요한 사람으로부터의 어떤 기대나 요구를 압력이라 한다. 이 때 흔히 압박감을 경험하게 되는데, 이는 그러한 기대나 요구에 맞추어 행동해야 한다거나 특정 목표를 달성해야만 한다는 부담감이라고 할 수 있다. 셋째, 대인관계이다. 인간의 삶은 다른 사람과의 관계를 떠나서 생각하기 어렵다. 흔히 인간의 생물학적, 심리적 및 사회적 욕구를 충족하기 위해서는 다른 사람들과의 관계와 상호작용이 불가피하다. 이처럼 인간관계가 삶에서 큰 비중을 차지하는 만큼 그 과정에서의 갈등이나 문제는 개인에게 큰 스트레스를 초래하게 된다. 넷째, 해슬이다.

[그림 13-7] 좌절

우리는 일상생활에서 사소한 일 때문에 짜증나는 경우가 많이 있다. 교통정체로 인해 약속시간이 늦어지는 상황, 사소한 말다툼, 더운 날씨, 갑작스런 소나기 등. 이것은 비록 큰 사건은 아니지만 우리를 짜증나게 하고, 불쾌하게 만들고, 화나게 만든다. 이러한 것들이 모두 스트레스 사건인 것이다. 이를 지칭하여 해슬 또는 '일상생활의 사소한 골칫거리(daily hassles)'라 한다. 생활 속에서 일어나는 큰 스트레스 사건들 이면에는 그 사건들을 전후해서 발생하는 작은 문제들이 있는 경우가 많다. 이는 생활 속의 사소해 보이는 사건이 큰 결과로 이어질 수도 있다는 것으로 말해준다. 사소해 보이는 사건이라도 결코 가볍게 보아서는 안 되는 이유가 여기에 있다. 다섯째, 주요 생활사건(major life events)이다. 삶의 과정에서 피할 수 없는 중요한 사건들이 있다. 여기에는 자신이나 가까운 사람들이 겪는 질병, 사고, 별거, 이혼, 죽음 등과 같이 슬프고 괴로운 부정적인 사건들뿐만 아니라 아기의 출생, 졸업, 이사, 취업, 승진, 결혼, 회갑 등과 같이 흔히 사람들이 기뻐하고 축하해주는 긍정적인 사건들까지도 포함된다. 이러한 사건들은 모두 생활 속의 큰 변화(과정)를 포함하고 있기 때문에 그 사건을 경험하는 개개인들에게 그에 대한 적응을 요구한다. 그 적응과정에서 사람들은 자연히 스트레스를 겪게 된다.

[그림 13-8] **교통체증(해슬)**

스트레스 연구의 또 다른 개척자인 홈즈(Holmes)와 그의 동료 라헤(Rahe)는 그들이 개발한 사회재적응평정척도(social readjustment rating scale; SRRS)를 통해 주요 생활사건 하나하나보다는 일정 기간 동안 경험하는 전체사건들의 종합적인 영향, 즉 전체 생활변화량(Life-Change Unit: LCU)이 개인의 건강과 안녕에 중요하다고 보았고 이러한 생활변화량을 통해 스트레스와 관련된 질병들을 예측할 수 있다고 주장하고 있다. 이러한 홈즈 등의 연구와 주장은 스트레스 연구에 큰 영향을 주었지만, 몇 가지 이유에서 비판을 받기도 하였다. 첫째, 그들의 연구가 미국 문화에서 진행된 것이기 때문에 그 결과 해석 및 적용과정에서 한국 문화와의 차이 가능성을 고려해야할 필요가 있다. 이는 같은 유형의 사건을 경험하더라도 그 상황에서 어떻게 반응하고 행동하며 어떤 영향을

[그림 13-9] **이혼(생활사건)**

받게 될지는 문화에 따라 다를 수 있다는 것이다. 둘째, 그 내용면에서, 결혼한 사람들에게 해당되는 내용이 많기 때문에 결혼을 하지 않은 사람들에게 적용할 때 편파적일 수 있다.

셋째, 각각의 생활사건들에 대한 중요도가 개인마다 다를 수 있기 때문에 사회재적응 평정척도에서 제시하고 있는 각각의 사건들에 할당된 점수를 모든 개인들에게 획일적으로 적용하는 것은 적절하지 않을 수 있다. 즉, 개인차가 있다는 말이다. 마지막으로 위에 열거한 긍정적인 사건들도 그 적응과정에서 스트레스 유발과 함께 건강에 부정적인 영향을 미칠 수 있지만, 이 점에 있어서는 부정적인 사건들의 영향이 더 크다고 보는 것이 타당하다는 주장이다. 여섯째, 외상적 사건이다. 대참사(catastrophes)라고도 하는 외상적 사건(traumatic events)은 우리들의 일상생활에서 접하기 어려운 극히 위험하거나 충격적인 사건이나 사고를 말한다. 전쟁이나 테러, 큰 규모의 지진이나 태풍 또는 해일, 큰 화재나 범죄, 큰 교통사고 등을 겪게 되는 경우를 말한다. 이러한 외상적 사건을 경험한 사람들은 대부분 일련의 심각한 심리적 반응이나 장애를 나타내게 된다. 그 전형적인 예가 '외상후 스트레스 장애(posttraumatic stress disorder: PTSD)'이다.

[그림 13-10] **지진**

이 장애는 외상적 사건을 경험한 후에 나타나는 다양한 신체적 및 정신적인 증상들을 총체적으로 지칭하며, 주요 증상들로는 수면장애, 잦은 악몽, 고통스런 과거회상 및 해리 등이 있다. 대표적인 '외상적 사건'의 예를 들면, 삼풍백화점 붕괴사고, 대구지하철 화재사건 등을 들 수 있다. 일곱째, 갈등이다. 두 가지 이상의 동기가 서로 상충하여 이렇게 하기도 어렵고 저렇게 하기도 어려운 상태를 갈등(conflict)이라 한다. 이러한 갈등상황은 사람들에게 스트레스를 유발하는 또 하나의 요인이 된다. 직업 또는 직장을 선택할 때, 물건을 살 때, 두 가지 업무의 우선순위를 정할 때,

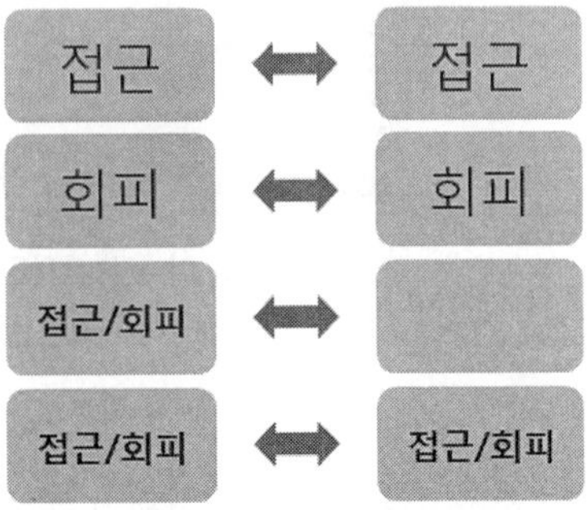

[그림 13-11] **갈등의 구분**

기타 일상생활의 많은 일들을 처리하는 과정에서 갈등이 발생한다. 갈등은 몇 가지 유형으로 구분할 수 있다. 먼저 욕구와 압력에 따라 갈등 유형을 구분하면, 서로 다른 내적 욕구들 간의 갈등, 서로 다른 외적 압력을 받을 때 경험하는 갈등, 그리고 내적 욕구와 외적 압력이 상충할 때의 갈등 등으로 나누어 볼 수 있다. 또한 접근 경향과 회피 경향에 따라서도 갈등을 구분할 수 있는데, 여기에는 접근-접근 갈등, 회피-회피 갈등, 접근-회피 갈등, 그리고 이중 접근-회피 갈등 등이 포함된다. 과잉부담 또한 중요한 원인으로 작용할 수 있는데, 이는 이수할 수 없는 과중한 업무와 관련된 연구에서 많이 다루어지고 있다.

4 스트레스와 신체적 건강

현대사회의 변화에 적응하며 살아가야 하는 현대인들은 자신의 능력을 초과하는 모든 일들로부터 스트레스를 경험하게 된다. 우리의 삶은 변화가 심하고, 경쟁이 치열하고, 바쁘고, 복잡하기 때문에 누구나 매일 스트레스를 경험한다. 이러한 스트레스는 식욕부진, 요통, 복통, 위궤양, 고혈압, 심장병, 당뇨병, 암, 간질과 같은 신체적 질병을 유발시키는 중요한 원인이 될 뿐만 아니라 우울감, 분노감, 불안감과 같은 각종 심리적인 장애를 유발시키는 원인이 되기도 한다. 통계에 따르면 심장병의 경우 75%가 스트레스와 관련이 있다. 이밖에 당뇨병, 고혈압, 천식, 소화성궤양, 과민성대장증후군, 비만, 우울증, 수면장애, 공포증, 신경성피부염, 암 등이 스트레스 관련 질병으로 꼽힌다. 과도한 스트레스는 단백질, 칼륨, 인 등의 배설이 증가하고 칼슘 저장이 줄어들며, 비타민 C는 스트레스 상태에서 부신에서 소모되어 나중에 비타민 C가 부족하게 된다. 또한 스트레스로 인한 내분비계통의 호르몬 분비, 과도한 자유 유리기(free radical)의 분비는 세포나 면역기능의 이상을 유발할 가능성이 크다. 인체의 질병에 관한 연구들을 보면 병리 생리적 과정의 진행과 민감성에 사회 심리적 요인이 많은 작용함을 알 수 있다. 즉 면역방어기전을 변화시키는 세균, 앨러지, 자가면역질환 등 예를 들면 호흡감염, 천식, 관절염, 연쇄상구균감염에도 사회 심리적 요인들이 작용한다. 동물 실험에서 보면 행동조작이나 스트레스 요인이 여러 종류의 질병에 대한 민감도에 영향을 준다는 것을 알 수 있다. 또한 같은 질병에서도 스트레스 요인의 종류에 따라 감염의 민감성은 각기 다르게 나타나기도 한다. 스트레스는 궤양을 유발하기도 한다.

:: 스트레스와 관련된 질병

1. 심혈관계	빈맥, 부정맥, 고혈압, 협심증, 심근경색증 등
2. 소화시계	식욕부진, 신경성 구토, 위경련, 가슴앓이, 딸국질 위궤양, 십이지장궤양, 변비, 설사, 과민성 대장증후군, 궤양성 대장염 등
3. 호흡기계	신경성 기침, 건초열, 기관지 천식, 과호흡 증후군 등
4. 내분비계	당뇨병, 비만증, 갑상선 질환 등
5. 비뇨생식기계	빈뇨, 발기부전, 불감증, 조루증, 월경불순, 불임증 등
6. 신경계	긴장성 두통, 편두통, 수전증, 뇌졸중 등
7. 근육계	근육통, 만성적 요통, 류마티스성 관절염 등
8. 면역계	저항력 감소, 자가면역성 질환
9. 피부계	여드름, 두드러기, 습진, 원형탈모증, 가려움증, 신경성 피부염, 다한증 등
10. 정신계	불면증, 우울증, 불안증, 약물남용, 알코올 중독, 신경증, 정신분열증, 자살 등
11. 기타	피로 및 무기력, 각종 암, 손상, 돌발적인 사망 등

[그림 13-12] **스트레스와 질병**

환경적 스트레스 조작은 원통을 사용하는 구금법, 전기충격, 활동바퀴사용, 추위에 노출, 진동환경 등이다. 활동 바퀴 장에 흰 쥐를 넣어 운동시키면서 하루에 1시간만 먹이를 주고 사육하였더니 실험 9일 동안 10마리 중 6마리가 실험 중 사망하였고 9마리는 위궤양이 발생하였다고 보고하였다.

구금법을 사용 하였을 때 구금공간이 좁아지면 좁아질수록 위궤양이 더 많이 발생하였고 음식을 장시간 박탈하는 제한 급식을 시키면 궤양을 일으키기도 하였다. 사회 심리적 스트레스가 중추신경계를 자극하면 신경내분비의 반응이 나타나서 조직의 기능이 변화하여 질병이 생긴다. 지속적 또는 간헐적 스트레스에 의하여 만성적인 심한 스트레스 반응이 일어나고 교감신경계 활성이 증가하면 코디졸의 분비가 늘어난다. 예를 들어 동맥경화증과 심장병의 발생 과정에서 교감 신경계의 활성이 증가하면 지방저장고에서 지방산을 용출하여 간에서 콜레스테롤 합성을 증가시키고 혈액 내 콜레스테롤 수준을 늘린다. 또한 심장을 자극하여 수축력을 늘리고 단위시간당 펌프 하는 혈액량을 증가시키면 대부분의 적은 혈관은 수축하며 큰 동맥에서 작은 혈관으로의 혈류를 방해한다. 따라서 혈압이 높아져서 고혈압이 된다. 그러므로 동맥경화증과 대동맥심장질환의 두 가지 위험요소인 혈액 내 콜레스테롤의 증가와 고혈압이 생겨서 이 질환에 걸릴 가능성이 증가한다. 게다가 에피네프린 수준의 증가로 혈액 응고가 늘어나서 혈관 벽이 좁아지게 된다. 교감신경계는 또한 혈관을 직접적으로 수축시키는 작용이 있어서 심장의 손상이 나타난다.

[그림 13-13] 스트레스와 당뇨병

당뇨병도 스트레스가 크게 작용하는 질병이다. 부신에서 분비된 코디졸은 간에서 포도당의 생성을 쉽게 하고 포도당의 세포로의 유입을 막아서 혈액 내 포도당 수준을 높인다. 단기간의 강한 신체적 사회 심리적 스트레스가 당뇨증세를 악화시키기도 하는데 이는 코디졸뿐만 아니라 스트레스 중에 방출되는 에피네프린, 글루카곤, 성장호르몬이 혈액 내 포도당을 증가시키기 때문이다. 혈중 코티졸 수준이 증가하면 단백질 분해가 또한 늘어나는데 따라서 수술과 같은 심한 신체적 스트레스를 받을 때는 단백질 분해로 인한 조직량이 감소하여 근육이 약화되고 골격이 손상을 입는다. 외과적 수술을 받아야 하는 환자를 산소소모량에 따라 스트레스 여부를 판정하여 비교하였는데 스트레스를 받고 있는 환자가 조직의 이화작용이 많아서 단백질 소모가 더 많았다는 연구결과가 있다(이선희. 1994).

5 스트레스와 정신적 건강

스트레스는 우리 신체의 각성을 일으키게 되고 이로 인해 정신적인 영향을 미치는데 대표적인 것이 불안과 공포라고 할 수 있다. 흔히 사람들이 스트레스 상황에 처했을 때 나타내는 반응이 불안(anxiety)과 공포이다. 불안은 긴장, 근심, 걱정 및 두려움의 감정 상태로, 공포(fear)와 비교하여 그 의미가 유사하면서도 차이가 있다. 즉, 두 가지 모두 두려움의 상태라는 점에서는 공통적이지만, 흔히 공포가 구체적인 대상(동물이나 사건 혹은 상황)에 대해 일으키는 두려움의 반응이라면, 불안은 특정 대상이 아닌 구체적이지 않고 애매모호한 상황이나 그와 관련된 위험에 대해 나타내는 두려움의 반응이라고 볼 수 있다. Freud의 정신분석이론에서는 인간의 성격을 구성하는 세 가지 구조를 가정하는데, 여기에는 원초아(id), 자아(ego) 및 초자아(superego) 등이 포함된다.

정신분석이론에서는 기본적으로 자아가 위험성이 있다는 것을 느낄 때 발생하는 것이 불안이라고 보며, 불안을 일으키는 위험 요인의 근원에 따라 3가지 유형의 불안(현실불안, 신경증적 불안 그리고 도덕적 불안)으로 구분한다. 한편, 생활에서 흔히 인간들은 불안을 일으키는 대상을 파악하기가 쉽지 않다. 그 결과 막연한 상태에서 불안이 지속되는 경우가 많다. 두 번째가 분노다. 사람들이 스트레스를 겪을 때 나타내는 흔한 반응들 가운데 또 다른 하나가 분노(rage)이다. 분노는 성취하고자 했던 목표를 이루어 가는 과정에서 어떤 대상(혹은 장애물)에 의해 좌절되었을 때 그 대상에 대해 분개하여 성을 내는 상태로, 흔히 공격성을 유발한다.

[그림 13-14] **홧병**

우리는 살아가는 동안 다양한 상황에서 분노를 느낀다. 어떤 일을 열심히 했는데 결과가 없거나 상대방이 약속을 어길 경우 등 다양한 상황에서 분노를 경험한다. 흔히 분노를 일으킨 대상에게 공격감정을 갖게 되기 쉽고 그 결과는 다양한 형태의 공격행동을 하게 될 가능성을 증가시킨다. 문제는 분노를 일으킨 대상을 공격하는 것이 늘 가능하지 않을 뿐더러, 그렇게 하는 것이 바람직하지도 않다는데 있다. 분노를 일으킨 대상을 공격하기가 어려운 경우에는 애꿎은 만만한 상대를 찾아 분노를 표출하는 경우도 흔하게 발생한다. 이 경우에는 엉뚱한 피해자를 내거나 또한 인간관계에서 불필요한 불화를 초래하기 쉽다. 그렇다고 분노를 속으로 삭이기만 한다고 해서 바람직한 것만은 아니다. 분노의 억제는 한국의 민속증후군(Korean folk syndrome)으로 분류되고 있는 화병(hwa-byung)을 초래할 수 있기 때문이다.

그렇다면 분노 상황에 어떻게 대처하는 것이 좋을까? 이에 대해서는 이 장 후반부의 '스트레스에 건강하게 대처하는 방법' 부분에서 다루기로 한다. 세 번째는 우울이다. 우울은 흔히 불행감과 관련이 있고 심리적 및 생리적인 측면 모두에서 비정상적으로 침체된 상태를 말한다. 가장 자주 나타나는 증상으로는 식욕이나 성욕의 저하, 슬픔이나 특정한 대상 또는 경험에 대한 관심의 상실, 그리고 자살관념이나 자살시도 등을 들 수 있다. 살아가다 보면 자신의 의도나 노력과 달리 일이 잘 풀리지 않거나 소중한 사람이나 물건을 잃게 되는 경우가 있다. 이러한 상황에 처한 사람들은 더 이상 희망이 없는 느낌과 함께 우울해지기 쉽다. 이처럼 사람들은 누구나 일시적으로 침체될 수 있지만 곧 의욕이 생겨 정상으로 되돌아온다. 하지만 사람들 중에는 이러한 우울 상태가 지속되고 더 악화되어 병적 우울 상태(흔히 '우울증'이라고 표현함)로 고통 받는 경우가 있다.

병적 우울 상태에 있는 개인은 직업이나 일에 대한 의욕을 잃고, 대인관계에서의 어려움을 겪거나 자살을 생각하고 시도하는 등 생활 전반에서 부적응 상태를 보이기 쉽다. 병적 우울 상태에서 벗어나기 위해서는 가까운 가족이나 친구들의 관심과 지지, 그리고 긍정적 사고와 합리적인 행동방안의 선택 등의 노력이 요구된다. 네 번째는 인지적 손상이다. 사람들은 스트레스를 받게 되면 흔히 지적인 활동 즉, 인지활동에 손상을 입기 쉽다. 그 결과, 현재 처리해야 할 일이나 과제에 대해 주의를 기울이기가 어려워지고 논리적 사고와 판단 및 조직화하는 인지활동이 방해를 받기 쉽다. 그 결과는 자연히 과제수행(능력)과 업무성과에서의 손실로 이어지기 쉽다.

6 스트레스의 완충 요인

사람들이 동일한 스트레스 상황에 처해 있지만 모두 같은 경험을 하는 것은 아니며 또한 같은 반응을 하는 것도 아니다. 이러한 스트레스 경험과 반응에서의 차이는 개인에 따라 차이를 보이는 다양한 요인들에서 비롯되는데, 여기에는 성격요인, 스트레스에 대한 통제가능성과 예측가능성, 사전경험과 친숙성, 인지적 평가와 해석, 사회적 지지, 그리고 신체 및 건강과 같은 요인들이 포함된다. 먼저 성격요인을 살펴보자. 스트레스 영향의 차이를 가져오는 성격 요인들로는 낙관성, 강인성, A형 성격, 모호함에 대한 감내성, 감각추구 성향 등이 있다. 먼저 스트레스 영향의 차이를 가져오는 성격요인의 하나로 낙관성(optimism)을 들 수 있다. 낙천성 또는 낙관주의라고도 하는 낙관성은 앞으로 진행될 일에 대해 긍정적인 기대를 하는 경향을 말한다. 낙관주의적 경향이 높은 사람들은 이와 반대되는 경향인 비관주의적인 사람들에 비해 스트레스 상황이 긍정적으로 진행될 것으로 기대하기 때문에 상대적으로 스트레스를 적게 받고, 나아가 스트레스 상황에 대해 효과적이고 건설적인 방법으로 대처해 가는 경향이 있다. 강인성(hardiness)이란 강한 스트레스에 대하여 저항하고 의미 있게 관여하며 나아가 도전하고 통제하는 성향으로 특징지어지는 증후군을 말한다. 강인성 수준이 높은 사람들은 그렇지 않은 사람들에 비해 스트레스 상황에서 이를 더 잘 극복하면서 건강을 유지하는 경향이 있다. 이들은 자신의 능력을 믿고 스스로 유능하다고 생각하며, 생산적으로 행동하는 경향이 있다. 또한 변화를 즐기며, 어떤 어려운 과제가 주어지면 이를 도전의 기회로 받아들이는 경향이 있다. 또 다른 스트레스 관련 주요 요인인 A형 성격에 대해 살펴보자. 두 심장병 의사인 프리드먼(Friedman)과 로젠만(Rosenman)은 스트레스가 심장병 발생에 미치는 영향을 연구하는 과정에서 A형 성격과 B형 성격의 차이를 발견하였다. A유형 성격을 가진 사람

[그림 13-15] 낙관성

들은 B형 성격을 가진 사람들에 비해 관상동맥성 심장병에 취약한 것으로 나타났는데, 이들이 나타낸 성격특성으로는 강한 경쟁심과 승부에 대한 집착, 공격적이고 적대적인 경향, 시간에 쫓기고 짧은 시간 동안 많은 성과를 올리려는 경향 등이었다. 반면에 A형 성격과 반대되는 B형 성격에 속하는 사람들은 항상 느긋하고 태평하며, 시간에 쫓기지 않고, 업적이나 성취보다는 자신의 일에 더 많은 관심을 보였다.

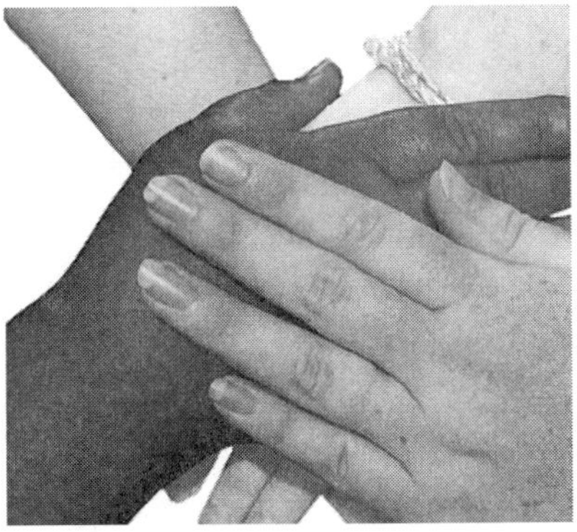

[그림 13-16] **사회적 지지**

한편 이외에도 스트레스 영향의 차이를 가져오는 요인들 가운데는 모호한 상황에 대한 감내성, 감각추구성향(sensation seeking), 자아존중감(self-esteem) 등이 알려지고 있다. 둘째, 사회적 지지가 있다. 사회적 지지(social support)란 한 개인에게 있어서 중요한 타인, 즉 부모, 형제자매 및 가까운 친척, 친구, 이웃, 교사 및 사회생활을 통해 접하는 동료와 같은 사람들로부터 제공받는 긍정적인 자원을 말한다. 이러한 사회적 지지가 스트레스의 영향에 차이가 가져오는 중요한 변인 가운데 하나로 밝혀지고 있다. 연구에 따르면 사회적 지지는 전반적인 스트레스를 완화시켜주고 나아가 스트레스에 대한 대처 및 극복과정에도 긍정적인 영향을 미치는 것으로 나타나고 있다. 사회적 지지는 그 특성에 따라 여러 유형(정서적 지지, 정보적 지지, 평가적 지지 및 경제적 지지)으로 구분될 수 있다. 셋째, 인지적 평가가 있다. 스트레스 상황을 어떻게 생각하고 평가하는지에 따라 개인의 반응에서 큰 차이를 보이게 된다. 예를 들면 학교에서 내주는 과제물을 새로운 지식 탐구와 발전의 기회로 생각하는 학생에게는 과제물이 즐겁고 보람된 것이 되겠지만, 부정적으로 생각하는 학생에게는 고통스런 스트레스 경험이 되고 말 것이다. 이처럼 우리들이 경험하는 스트레스 수준은 스트레스 상황에 대한 개개인의 인지적 평가에 의해 큰 영향을 받는다. 넷째, 예측력과 통제력 지각이 있다. 스트

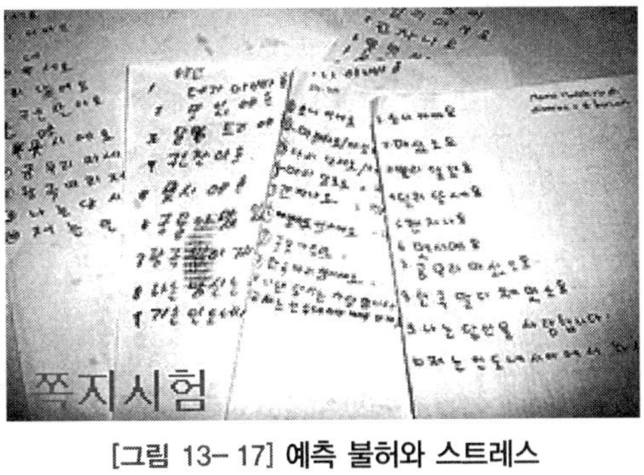

[그림 13-17] **예측 불허와 스트레스**

레스 발생에 대한 개인의 예측력과 통제력 지각에서의 차이는 스트레스 영향에 큰 차이를 가져온다. 즉 앞으로 발생할 스트레스 상황과 시간에 대해 예측할 수 있는 사람은 그렇지 못한 사람에 비해 스트레스를 적게 받는다. 마찬가지로 스트레스 상황을 자신이 통제할 수 있다고 지각하는 사람은 그렇지 않은 사람에 비해 스트레스를 적게 받는다. 이러한 통제감의 효과는 스트레스에 대한 심리적인 반응뿐만 아니라 신체적(생리적) 반응에도 적용되어 신체적인 건강과 질병의 발병 및 회복에까지 영향을 미친다. 이외에도 스트레스 상황에 대한 경험 여부, 신체적 및 심리적 건강상태 등이 스트레스 영향의 차이를 가져오는 중요한 변인이 되는 것으로 알려지고 있다.

7 스트레스 대처

사람들은 누구나 인생을 살아가면서 스트레스 상황을 맞닥뜨리게 된다. 삶을 통해서 꿈을 이룬다든가 욕구를 충족시켜 간다든가 하는 것들이 모두 다 제한된 자원이나 기회를 가지고 경쟁을 하거나 또는 제한된 자원이나 기회를 넘어 새로운 자원과 기회를 창출해 가는 노력과정을 통해 달성되는 것이기 때문이다. 따라서 노력하고 경쟁하는 과정과 그 과정에서의 긴장과 좌절 등의 스트레스 상황은 끊임없이 발생할 수밖에 없다. 더욱이 예상하지 못했던 좌절상황과 사건의 발생 가능성까지 고려한다면 우리의 삶이란 스트레스(상황)의 연속이라고 하는 것이 더 적절한 표현일 수도 있다. 우리가 살아 있는 동안은 스트레스를 피할 수 없다는 말이다. 그렇다면 이제 우리가 취할 수 있는 최선의 선택은 무엇일까? 그것은 삶을 살아가면서 불가피하게 맞닥뜨리게 될 스트레스 상황을 지혜롭게 해결해 가는 것이다. 이를 학술적으로 말할 때 흔히 '스트레스 대처'란 표현을 사용한다. 스트레스 대처(stress coping)란 스트

[그림 13-18] **스트레스 대처**

레스 상황을 해결하기 위해 투입하는 일련의 노력 또는 활동을 말한다. 현재 알려져 있는 스트레스 대처 방법은 매우 다양하고 또 새로운 방법들이 연구되고 있다. 먼저 스트레스 대처유형을 크게 건설적인 대처와 비건설적 대처로 구분한 후, 그 세부적인 방법들에 대해 살펴볼 수 있다. 엄밀히 말하면 모든 사람들이 서로 다른 대처방법을 사용하고 있다고 말하는 것이 정확한 표현이 될 것이다. 하지만 사용하는 방법이 무엇이든 그것이 가진 합리성, 현실성 및 적응성의 측면에서 판단할 때 대체로 건설적인 것인지 아니면 비건설적인 것인지를 판단할 수 있다.

먼저 비건설적인 대처 방법에는 낯설지 않은 다양한 것들이 포함된다. 자기비난하기, 포기하기, 도피하기, 화내기, 욕하기, 싸우거나 때리는 것과 같은 공격행동하기를 포함한다. 그리고 폭음하기, 담배 피우기, 과식 또는 폭식하기, 불법적인 약물(마약 등) 사용, 게임이나 도박 등과 같은 쾌락적인 활동 탐닉하기 등이 포함될 수 있다. 하지만 여기서 한 가지 유의해야 할 점은 위에 열거한 방법들이 모든 경우에 비건설적이라고 일방적으로 말하는 것에는 무리가 있다는 사실이다. 왜냐하면, 우리가 스트레스에 대처한다고 할 때 어떻게 하는 것이 건설적이고 어떻게 하는 것이 비건설적인가 하는 문제는 개인과 그에게서 발생한 스트레스 상황이 무엇이냐에 따라 달라질 수 있기 때문이다. 따라서 위에 열거한 행동들 가운데 어떤 것은 경우에 따라 그 개인과 그가 처한 특정 상황에서 나름대로 어느 정도의 긍정적 효과를 나타낼 수도 있고, 또 경우에 따라서는 그 방법이 최선의 선택인 경우도 있을 수 있다. 그렇지만 합리성, 현실성 및 적응성의 측면을 고려하여 판단할 때 위의 방법들은 대체로 건설적인 측면보다는 비건설적인 측면을 더 많이 내포하고 있다고 말할 수 있다. 이외에도 정신분석학 분야에서 많이 사용해온 개념인 방어기제는 주로 무의식적으로 진행되는 심리과정으로 부정적 감정을 경감시켜준다는 점에서 일시적 또는 부분적으로 스트레스 해소에 도움이 될 수 있지만, 근본적으로는 문제의 해결이나 개인의 발전에 별 도움이 되지 못하는 경우가 많다는 점에서 비건설적인 대처방법으로 분류하기도 한다. 대표적인 방어기제로는 부정(denial), 합리화(rationalization),

[그림 13-19] **비건설적 대처**

억압(repression), 투사(projection), 반동형성(reaction formation), 이지화(intellectualization), 동일시(identification), 전위(displacement), 승화(sublimation) 등이 있다.

건설적 대처 방법은 결과적으로 대부분 긍정적인 양상과 관련이 된다. 즉, 스트레스에 대한 건설적인 대처란 합리성, 현실성 및 적응성의 측면을 고려하여 판단할 때 그 해결을 위한 노력 과정이 비교적 건설적이고 생산적인 경우를 지칭한다. 하지만 앞에서 비건설적인 대처를 설명하면서 언급했던 것처럼 스트레스에 대처한다고 할 때 어떻게 하는 것이 건설적이고 어떻게 하는 것이 비건설적인가 하는 것은 개인과 스트레스 상황에 따라 달라질 수 있기 때문에 지금 소개하려 하는 방법이 항상 건설적인 대처 방법이라고 말하는 것은 어렵다고 할 수 있다. 다만 합리성, 현실성 및 적응성의 측면을 고려하여 판단할 때 보다 더 건설적이라고 말할 수 있는 것이다. 따라서 가장 적합한 건설적인 대처 방법을 찾는다면 이는 개인과 그 개인이 맞닥뜨린 스트레스 상황을 고려하여 판단해야 할 것이다. 흔히 건설적인 대처 방법을 세부적으로 구분할 때, 문제중심적 대처, 평가중심적 대처, 그리고 정서중심적 대처로 나누는 경우가 많다.

[그림 13-20] **건설적 대처**

8 건설적 대처 방법

먼저 문제중심적 대처에 대해 알아보기로 한다. 문제중심적 대처란 개인이 처해 있는 문제, 즉 스트레스 상황에 초점을 맞추어 이를 해결하려는 일련의 노력이라고 말할 수 있다. 현실적으로 개인이 스트레스를 경험하고 있는 것은 스트레스를 유발하고 있는, 다시 말하면 문제가 되고 있는 상황 때문이다. 따라서 문제 상황을 해결하려는 노력은 가장 적극적인 스트레스 대처 방법이라고 할 수 있다. 문제중심적 대처에 포함되는 구체적인 방법들로는 '체계적으로 문제해결하기', '합리적이고 효율적으로 시간사용하기', 도움(또는 사회적 지지) 요청하기 등이 있다. 이 중 가장 대표적인 방법이라 할 수 있는 '체계적으로 문제해결하기'방법의 대략적인 절차를 소개하면 다음과 같다. 먼저 문제 명료화하는 단계로, 지금 스트레스를 유발하고 있는 문제가 무엇인지를 구체적으로 명확히 하는 것이다. 다음은 이 문제를 해결하기 위해 취할 수 있는 행동방안들의 목록을 만든 다음, 그 행동방안들 하나하나의 장·단점을 평가하는 것이다. 그런 다음 그 중에서 가장 효과적이라고 판단되는 행동방안을 선택한 후 이를 실천하는 것이다. 표현 그대로 스트레스를 일으키고 있는 문제 상황을 체계적인 절차를 통해 해결해 가는 대처 방법이라고 할 수 있다.

[그림 13-21] **문제중심적 대처**

둘째, 평가중심적 대처란 문제(스트레스 상황)에 대한 개인의 평가 또는 생각에 초점을 맞춘 대처방법을 말한다. 이 대처 방법은 우리들이 경험하는 스트레스의 많은 부분은 스트레스 상황에 대한 우리들의 생각 또는 평가에서 비롯된다는 관점에 기초하고 있다. 다시 말하면 우리가 접하는 어떤 상황에 대해 부정적이고 비관적으로 생각하면 그 상황은 우리에게 스트레스를 유발하게 되지만, 이와는 달리 그 상황을 긍정적이고 낙관적으로 바라보면 그 상황은 더 이상 우리에게 스트레스를 유발하지 않게 된다. 상황을 어떻게 바라보고 해석하느냐에 따라 스트레스 여부가 좌우되는 것이다. 이런 면에서 본다면 스트레스는 외부 상황에서 비롯되는 것이 아니라 우리 자신의 마음에서 비롯되는 것이라고 볼 수 있다. 이러한 사실은 우리가 살아가면서 접하는 스트레스 상황을 어떻게 생각하고 평가하는 지가 참 중요하다는 것을 말해준다. 평가중심적 대처를 대표하는 방법으로 알버트 엘리스(Albert Ellis)의 'ABC 접근'이 있다. 엘리스는 이 접근에서 스트레스 상황에 대한 개인의 부정적인 생각(평가)을 긍정적으로 변화시킴으로써 스트레스를 줄일 수 있다고 주장한다.

이 접근에서 말하는 A는 Activating event(선행사건)의 약자로 스트레스를 유발한 사건을 말하고, B는 Belief(생각 또는 신념체계)의 약자로 선행사건에 대한 개인의 생각 또는 신념체계를 말한다. C는 Consequences(결과)의 약자로 스트레스 경험의 정도를 말한다. 흔히 우리는 A로 인해 C가 초래된다고 생각하기 쉽다. 하지만 엘리스는 A가 C를 초래하는 것이 아니라 A에 대한 개개인의 생각(B)이 C(스트레스 정도)를 초래하게 된다고 본다. 따라서 이 관점에서 본다면 B가 가장 중요한 변인이라고 할 수 있다.

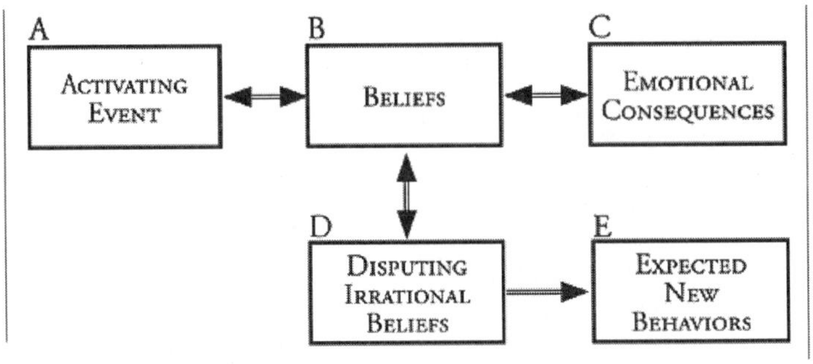

[그림 13-22] **평가중심적 대처**

다시 말하면 어떤 상황에 처했을 때 그 상황에 대한 B가 부정적이면 우리는 많은 스트레스를 경험하게 될 것이고, 긍정적이라면 우리는 훨씬 적은 스트레스를 경험하거나 아니면 전혀 스트레스를 받지 않아도 된다는 말이다. 이를 위해 이 접근에서는 ABC 이외에 D와 E를 설정하고 있다. D는 Dispute(논박)의 약자로 스트레스를 일으키고 있는 부정적인 B(생각, 신념체계)가 비합리적이고 부적절하다는 점을 반박하는 과정을 말한다. 그에 따라 E가 초래되는데, E는 Effect(효과)의 약자로 부정적이고 비합리적인 B(생각 또는 신념체계)가 긍정적이고 합리적으로 바뀌게 되는 것을 말한다. 조금만 주의를 기울여 생활에 적용한다면 많은 도움이 될 수 있는 유용하고 중요한 대처 방법이라고 할 수 있다.

마지막으로, 정서중심적 대처는 스트레스 상황에서 경험하는 정서적 긴장 또는 부정적인 정서를 줄이거나 개선하기 위해 사용하는 노력을 말하는 것으로, 여기에는 요가, 선 등과 같은 명상법, 바이오피드백, 이완훈련, 운동, 웃음, 용서, 여가활동 등의 방법이 포함된다. Beck의 인지치료 방식으로 접근하는 것이 어느 정도 중첩된다고 할 수 있다. 먼저, 벡은 우울증이 정서적 대처

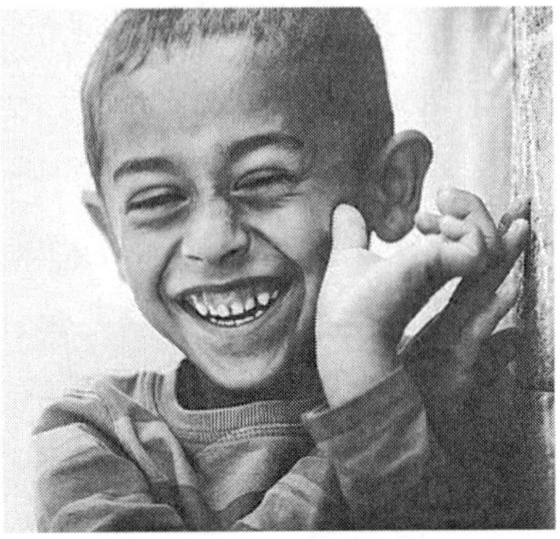

[그림 13-23] **웃음의 효과**

의 가장 주목해야할 부분으로 강조했다. 특히, 자기에 대한 생각, 미래에 대한 생각, 그리고 이 세상에 대한 생각을 너무 부정적으로 한다면 정서적으로 매우 불안한 상태에 이르게 되고 건설적인 대처가 어려워 질 것으로 판단했다. 이에 이 세 가지에 대한 인지적 전략을 거쳐 정서적인 안녕을 기대할 수 있다고 하였다.

9 긍정심리의 관점

긍정 심리학은 '평범한 사람들'에게 있어서 그들이 잘 기능하고, 올바르게 행동하며, 그들의 삶을 향상시키도록 만드는 것이 무엇인지를 찾아내려는 것이다. "타고난 적응능력과 학습한 기술들을 성공적으로 활용하면서 효율적으로 잘 살아가는 사람의 특징은 무엇인가? 여러 가지 역경에도 불구하고 목적의식을 가지고 의연하게 살아가는 많은 사람들의 삶을 어떻게 심리학적으로 설명할 것인가?" 하는 물음을 탐구한다. … 이런 점에서 긍정 심리학은 심리학자들로 하여금 인간이 지니는 잠재력, 동기 그리고 능력을 좀 더 열린 마음으로 높이 평가하는 관점을 취하도록 촉구하는 노력이다. '긍정' 심리학이라는 용어로 인해서 다른 심리학자들이하고 있는 일을 자칫 '부정' 심리학으로 간주하게 만들 수 있는 위험성이 있다. 그러나 그렇게 간주하는 것은 이분법적인 잘못이다.

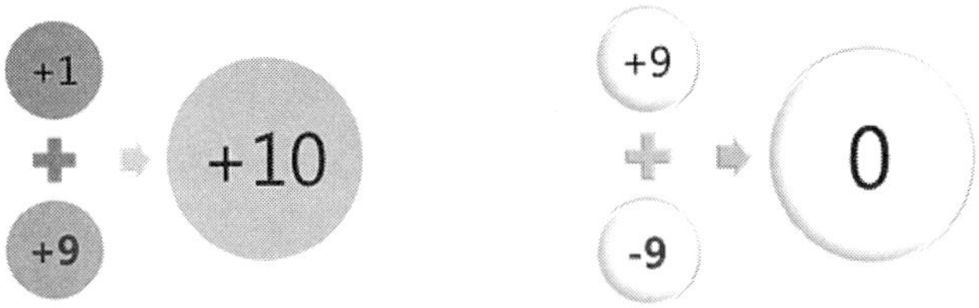

[그림 13-24] 긍정심리학의 이해

대다수 심리학자들이 인간의 긍정적 측면과 부정적 측면을 연결하는 연속선상에서 다양한 활동을 하고 있으며, 부정적 측면의 제거보다는 긍정적 측면의 향상에 더 많은 관심을 지닌다. 예컨대, 인간의 적응상태를 수치로 표현한다면, 긍정 심리학은 −9의 상태를 0의 상태로 변화시키는 일보다 +1의 상태를 +9의 상태로 변화시키는 일에 더 많은 관심을 지닌다. 그동안 심리학이 부정적 측면의 제거에 많은 관심을 기울여온 데 비해서 긍정적 측면의 향상에는 상대적으로 소홀했기 때문에 이러한 측면에 대해서 좀 더 많은 관심을 기울이는 노력이 필요하다. 그러므로 긍정 심리학은 사람들이 정상적으로 해내는 것이 무엇이며 어떻게 그것을 해내는지를 연구한다. 이것은 사람들이 그들 자신과 가족, 그리고 지역 사회를 위해 하는 일을 포함한다. 또한, 긍정 심리학은 사람들이 자신과 다른 사람들을 위해 더 많은 것들을 수행할 수 있게 만드는 특질들을 계발할 수 있도록 돕는다.

긍정 심리학에서 다룰 수 있는 관심사의 범위는 상당히 넓다. 그러나 이 새로운 분야를 개괄적으로 정의하기 위해 몇몇 넓은 차원에 준하여 살펴볼 수 있다. 타고난 재능을 양성하고 삶을 더욱 풍요롭게 하기 위해, 긍정 심리학은 인간경험의 세 가지 영역에 초점을 맞추는데(Siligman & Chikszentmihalyi, 2000), 이 영역들은 긍정 심리학의 범위와 향할 방향을 정의하는 데 유용하다. 긍정 심리학은 매우 광범위한 주제에 관심을 지니지만, 그것은 긍정 상태(positive states), 긍정 특질(positive traits), 긍정기관(positive institutions)으로서 긍정 심리학의 세 기둥이라고 불린다. 먼저, 긍정 심리학은 인간이 주관적으로 경함하는 다양한 긍정적 심리상태를 연구한다.

[그림 13-25] **긍정적 주관 상태 추구**

주관적인 수준에서 긍정 심리학은 긍정적인 주관적 상태(Positive subjective states) 또는 행복, 사랑, 친밀감, 만족감과 같은 긍정적 정서를 살핀다. 긍정적인 주관적 상태는 자기 자신과 미래에 대한 건설적인 생각, 즉 낙관주의, 희망 등을 포함한다. 긍정적인 주관적 상태는 정력감, 활기, 확신 또는 웃음과 같은 긍정적 정서의 효과 등을 포함하기도 한다. 이러한 긍정상태의 구성요소, 유발요인, 삶에 미치는 효과, 증진방법 등을 밝히고자 한다. 둘째, 개인적인 수준에서 긍정 심리학은 긍정적인 개인적 특질(positive individual traits) 또는 계속적으로 사람들에게서 관찰되는 더 영속적이고 일관된 행동 양식에 대한 연구에 초점을 둔다. 긍정 특질이란 일시적인 심리상태가 아니라 개인이 지속적으로 나타내는 긍정적인 행동양식이나 탁월한 성품과 덕목을 의미한다. 긍정

심리학자들이 관심을 지니는 긍정특질로는 창의성, 지혜, 끈기, 진실성, 겸손, 용기, 열정, 리더십, 낙관성, 유머, 영성 등이 있다. 이러한 연구는 개인적 특질을 포함할 것이다. 즉, 긍정 심리학은 역사상 "성격적 강점(character strengths)" 또는 덕성이라고 정의되어 온 긍정적 행동과 특성들에 관한 연구를 포함한다. 또한 심미적 감각을 발달시키는 능력을 포함할 수 있고, 또한 창의적 잠재능력이나 탁월성을 추구하려는 욕구에 대해서 다루기도 한다. 마지막으로, 집단이나 사회적 수준에서 긍정 심리학은 긍정적인 조직과 기관들(positive institutions)의 개발, 창조, 유지에 초점을 맞춘다. 이 영역에서 긍정 심리학은 시민으로서 필요한 덕성 발달, 건강한 가족의 형성, 건강한 직업 환경에 대한 연구, 긍정적 지역사회 등 관한 이슈들을 다룬다. 긍정 심리학은 구성원의행복과 자기실현을 지원하는 긍정적인 기관에 대해서 관심을 지닌다. 인간은 자신이 속한 조직의 영향을 받을 수밖에 없다.

10 긍정 정서

긍정 심리학은 인간의 긍정 정서와 부정 정서가 서로 독립적이라는 사실을 중시한다. 과거의 심리학은 부정 정서를 제거하면 자동적으로 긍정 정서가 생겨날 것이라고 가정했다. 우울증과 같이 고통스러운 정서에서 벗어나면 자연적으로 행복한 긍정적 정서로 전환될 것이라고 생각했다. 부정 정서의 제거는 그 자체로 소중한 것이지만, 그 결과로 얻게 되는 것은 중립적인 정서일 뿐 긍정 정서가 자동적으로 유발되는 것은 아니다. 이미 오래전에 장기적인 연구(Bradburn, 1969)를 통해서 긍정 정서와 부정 정서가 서로 독립적인 관계를 지닌다는 사실이 입증된 바 있다. 긍정 정서와 부정 정서는 서로 다른 심리적 과정과 신경학적 기제에 의해서 유발될 뿐만 아니라 그 진화적 기능도 다르다. 또한 부정 정서의 감소와 긍정 정서의 증진은 매우 다른 독립적인 과정이다. 긍정 정서와 부정 정서에 영향을 미치는 요인들이 다르기 때문이다. 예컨대, 비관주의를 약화시키면 부정 정서는 감소하지만 긍정 정서가 증가하지는 않는다(Peterson, 2000; Peterson& Steen, 2002). 긍정 정서는 낙관주의 강화에 의해서 증가되었다. 행복감을 증진하려면,

비관주의를 약화시켜 부정 정서를 감소시킬 뿐만 아니라 낙관주의를 간화하여 긍정 정서를 고양시켜야 했다. 이처럼 부정 정서를 중립 정서로 변화시키는 방법과 중립 정서를 긍정 정서로 변화시키는 방법은 다르다. 행복감과 불행감을 느끼는 심리적 과정은 상당히 독립적이며, 불행감을 제거하는 방법으로 행복감을 증지하기 어렵다. 행복과 성장을 증진하기 위해서는 기존의 심리치료와 다른 개입방법이 필요하다.

[그림 13-26] **칙센미하일리**

긍정 심리학은 인간이 경험하는 긍정 정서의 다양성을 인정한다. 긍정 정서는 색조, 강도, 지속기간, 유발요인 등에 있어서 매우 다양하다. 긍정 심리학은 사람들의 기분을 일시적으로 좋게 만드는 쾌락지향적인 노력이 아니다. 그보다는 지속적인 행복감 속에서 성장과 자기실현을 이루는 삶을 지향한다. Csikszentmihalyi(1990)는 인간이 경험하는 긍정 정서를 크게 쾌락과 즐거움으로 구분하고 있다. 쾌락(pleasure)은 음식, 성행위, 휴식에 대한 생물학적 욕구나 타인의 칭찬과 같은 사회적 욕구가 충족될 때 느끼는 긍정 정서를 말한다. 이러한 쾌락은 유쾌한 심리상태지만 항상 심리적 성장이나 발달로 이어지지 않을 뿐만 아니라 쾌락을 지속하기 위해서는 반복적인 경험이 필요하다. 반면에 즐거움(enjoyment)은 추구하는 목표의 달성, 기대의 충족, 뜻밖의 심리적 체험이나 창의적 성과에 의해서 경험되는 긍정 정서를 의미한다. 이러한 즐거움은 그 자체로 성취감과 생동감을 주며 그 영향이 지속적일 뿐만 아니라 우리의 가능성과 잠재력을 확장시켜 새로움 것을 창조하는 데 기여한다. 따라서 Csikszentmihalyi는 사람들로 하여금 쾌락과 더불어 좀 더 생산적이고 성장 촉진적인 즐거움을 많이 체험하도록 하는 방법을 연구하는 것이 긍정 심리학의 중요한 관제라고 주장한다. 쾌락과 즐거움의 구분은 쾌락주의적 행복과 자기실현적 행복의 구분과 연결될 수 있다. 쾌락주의적 입장에서는 쾌락 경험을 많이 하는 것이 행복한 삶이라고 여긴다. 그러나 일시적인 쾌락을 추구하다가 자신과 타인을 불행에 빠뜨린 사례는 수없이 많다. 쾌락주의에서 지향하는 행복은 긍정 정서를 지속적으로 경험할 수 있는 풍요로운 삶을 사는 것이라고 볼 수 있다. 반면에, 자기실현적 입장에서는 개인이 지닌 잠재력을 충분히 발현함으로써 진정한 자신의 모습을 구현하는 것이 행복의 중요한 요건이라고 여긴다. 개인이 지니는 강점과 미덕을 계발하고 발휘함으로써 잠재력을 최대한 구현하는 삶이 행복한 삶이라고 보는 것이다. 이러한 자기실현 과정은 쾌락을 수반할 수도 있고 그렇지 않을 수도 있다. 쾌락주의적 행복과 자기실현적 행복은 고대 그리스 시대 이래로 행복한 삶의 본질에 대한 두 기둥이 되어왔을 뿐만 아니라 오늘날 긍정 심리학자들이 행복에 대해 취하는 관점과 측정방법에도 영향을 미치고 있다.

11 긍정 심리학의 행복관

행복은 사람마다 각기 다른 관점에서 볼 수 있기 때문에 절대적인 정의가 존재할 수 없다. 그러나 긍정 심리학자들은 행복에 관해 나름대로의 견해를 제시하고 있다. 긍정 심리학의 창시자인 Seligman(2002b; Seligman, Rashid, & Parks, 2006)은 다음과 같은 세 가지 측면에 주목하여 행복한 삶의 조건을 제시하고 있다. 그 첫 째는 즐거운 삶(pleasant life)이다. 과거, 현재, 미래에 대해서 긍정적인 감정을 느끼며 살아가는 삶이다. 과거의 삶에 대해서는 수용과 감사를 통해서 만족감과 흡족함을 느끼고, 현재의 삶 속에서는 '지금 이 순간'의 체험에 대한 적극적 참여와 몰입을 통해서 유쾌함과 즐거움을 경험하며, 미래의 삶에 대해서는 도전의식과 낙관적 기대를 통해서 희망감과 김대감을 느끼며 살아가는 삶이다. 즐거운 삶은 긍정 정서를 최대화하고 부정 정서를 최소화 하는 삶으로서 행복에 대한 쾌락주의적 입장을 반영하는 것이라고 할 수 있다. 행복한 삶의 두 번째 측면은 적극적인 삶(engaged life)이다. 매일의 삶에서 자신이 추구하는 활동에 열정적으로 참여하고 몰입함으로써 자신의 성격적 강점과 잠재력을 최대한 발휘하며 자기실현을 이루어나가는 삶이다. 과학으로서의 긍정 심리학은 모든 사람이 삶의 궁극적 목표로서 반드시 행복을 중시해야 한다거나 특정한 성품을 갖추어야 한다거나 어떤 가치가 최선이라고 주장하지 않는다. 그보다는 특정한 성품과 가치관을 지녔을 때 나타나는 삶의 결과를 탐구한다. 행복의 마지막 세 번째 측면은 의미 있는 삶(meaningful life)이다. 우리의 삶과 행위로부터 소중한 의미를 발견하고 부여할 수 있는 삶을 말한다. 즐거움 속에서 열정적인 삶을 영위했지만 의미를 발견할 수 없는 경우에는 진정한 행복감을 느끼기 어렵다. 삶의 의미는 자신보다 더 큰 것과의 관계 속에서 발견될 수 있다. 자신만을 위한 이기적인 삶보다는 자신보다 더 커다란 어떤 것을 위하여 공헌하고 있다는 인식으로부터 도출될 수 있다. 의미 있는 삶은 가족, 직장, 지역사회, 국가 또는 신을 위해 봉사하고 공헌함으로써 자신의 존재가치를 느낄 수 있을 때 가능하다. 인간은 사회적 맥락 속에서 살아가는 존재이기 때문에 이기적인 행복 추구만으로는 진정한 행복을 얻을 수 없다. 즉, 긍정 심리학은 개인과 사회의 밀접한 관계를 중시한다. 개인은 타인과 사회를 위해 봉사하고 기여할 때 더 큰 행복을 경험할 수 있을 뿐만 아니라 사회적 환경의 개선을 통해서 자신의 행복이 증진될 수 있음을 강조한다.

12 몰입

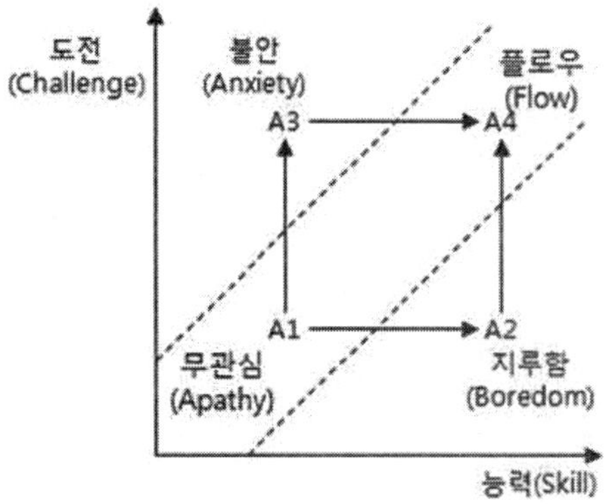

[그림 13-27] 몰입

Csikszentmihalyi (1975)가 몰입이라는 개념을 처음 제안한 이후 많은 학자들이 몰입개념을 도입하여 연구를 진행해 왔으며 자신의 관심영역에 따라 개념적 혹은 조작적 정의가 폭넓게 이루어지고 있다. 몰입(flow) 상태에 있을 때란, 사람들이 어떤 활동자체에 몰두하다 보면 일반적으로 경험하게 되는 상태를 의미한다. 이때 의식이나 지각을 한 곳에 집중하게 되고 자의식을 잊게 되며, 명확한 목표와 피드백에만 반응하게 되며, 또한 주위 환경에 대한 통제감을 경험하게 된다. 그 결과 자신이 집중하고 있는 일이나 활동과 무관한 사고나 지각을 하지 않게 된다. 사람들이 특정 활동을 수행하는 주된 이유는 바로 몰입(flow)경험에 기인한다(Csikszentmihalyi,1977) 내재적인 즐거운 경험으로 정의되는 몰입(flow)은 최상의 경험이나 최고의 수행과 비슷하며, 최상의 경험에 대한 즐거움과 최고의 수행을 했을 때의 행동으로 나타날 수 있다. 몰입(flow) 그 자체는 최상의 즐거움이나 수행 중 어느 하나로 단정 짓기보다는 두 가지 중 한 가지 경험을 의미할 수도 있고 둘 다 포함하기도 한다.

긍정심리학 분야의 권위자 중 한명인 Gardner는 몰입(flow)에 대해 이렇게 정의한다. 몰입(flow)은 즐거움 또는 행복감과 같은 개념으로 생각하기도 한다. 우리는 몰입상태를 경험하게 될 때 그 사실에 근거해서 행복하다고 판단하게 된다. 또한 계속 그 상태로 남아 있기를 원한다. 그러나 몰입은 단순한 기쁨이나 열중할 때의 느낌이라기보다는 완벽한 인지적 몰두라고 표현하는 것이 더 정확할 것이다. 몰입상태는 행복한 사건들, 맛있는 음식, 자식이 부모를 행해 짓는 행복한 웃음 등에 더해지는 심리적 보너스라기보다는 오히려 오랜 기간 동안 연마해 온 자신의 기술을 통해서 얻게 된 노력의 산물이다(Gardner, 1993). '몰입, 이렇게 하라(flow, do it in this way)' 저자 김용옥은 현재 몰입이 가장 활발하게 전개되는 곳은 미국의 실리콘 벨리이다. 실리콘 벨리에서 보통 3일이 걸려야 끝낼 수 있는 일을 몰입상태에 들어가 불과 3시간 만에 결과물을 척척 내기 때문에 몰입이 경쟁력을 높이는 가장 좋은 방법임을 알고 있다. 무한경쟁 시대를 살아가는 오늘날, 몰입은 기업뿐 아니라 개인, 정부 조직 등 모든 사람, 모든 영역에서 반드시 필요한 연금술이다(김용욱, 2009).

[그림 13-28] 가드너

실습하기 5 자신의 역경지수를 알아보자

우리는 살아가면서 수많은 장애요소를 접하게 된다. 그럴 때마다 포기하거나 미련을 버리기보다 도전하고 시도해서 그 역경을 극복하고자하는 자신을 발견하게 된다. 그렇다면 자기 스스로 평가해 보았을 때, 자신은 얼마나 역경을 극복하려고 하는 역량이 강한가? 이러한 질문에 대해 점검할 수 있는 것이 바로 역경지수이다. 이 번 시간에는 자신의 역경지수를 점검하고, 검사결과에 대해 기술해 보자. 이 척도는 허성호(2002)가 개발한 척도이며, 자기관여역량(Involvement competency) 척도, 관계관여역량(Engagement competency) 척도, 대처역량(coping competency) 척도의 세 가지 하위 척도로 구성되어 있다. 이 중 대처역량을 제외한 자기관여역량과 관계관여역량을 이용하고자 할 것이다. 그리고 자기기관여역량에는 극복성과 효능감의 두 가지 하위 요인이 있고, 관계관여역량에는 사회적지지와 공동체의식의 두 가지 하위 요인이 있다. 이제 이 4가지 요인을 활용하여 자신의 역경지수를 점검해 보자.

평가방법

아래의 두 척도에 대해 평가 방법은 7점 Likert로 실시하며, 그 구체적인 방법은 다음과 같다. 각 문항에 대하여 "매우 그렇다"라고 생각하면 7점을 부여하고, 반대로 "전혀 아니다"라고 생각하면 1점을 부여한다.

전혀 아니다			보통이다			매우 그렇다
①	②	③	④	⑤	⑥	⑦

아울러, 평가방법 과정에서 역척도에 대한 처리 방법이 포함되어 있다. 역척도의 처리 방식은 우선 태도 점수를 부여하고 일부 역척도로 구성된 문항의 점수는 점수를 역화하여 산정한 후 검사에 적용해야 한다. 예를 들어 "나는 훌륭하지 않다"라는 문항이 있다고 가정하자. 만약 6점에 체크를 하였다면, 총점을 계산하기 전에 이 문항의 점수는 2점으로 수정해서 계산을 해야 한다.

모든 척도가 16개의 문항으로 구성되어 있으며, 점수를 판단하는 기준은 80점이다. 즉, 80점 이상이 되면 각 영역에서 대처능력이 양호한 것으로 볼 수 있다.

	공감적 대처	해결적 대처	수용적 대처
점수			

논의 1

자기 자신이 실시한 결과를 토대로 자신의 역경지수에 대해 설명하고, 이에 해당하는 자신의 구체적인 행동을 언급하거나 사례를 들어 설명하시오.

번호	자기관여역량 평가 문항	역척도 문항	역화
1	실패나 고난을 통해서도 배울 것이 있다고 생각한다.		
2	내가 지금 겪는 어려움들이 결국엔 내게 도움이 될 것이라고 믿는다.		
3	어떤 일에 실패했을 때 나는 크게 실망한다.	●	
4	스트레스를 회피하는 것은 당연하고 생각한다.	●	
5	나는 어렵고 힘든 상황에서도 잘 견딜 수 있다.		
6	힘든 시기에도 쉽게 낙담하지 않는다.		
7	지금 나의 실패는 나를 더욱 좌절시킬 것이다.	●	
8	나에게 닥친 어려운 상황을 극복하는 것이 나에게 의미가 있다.		
9	내가 최선을 다해도 안 되는 일은 많다.	●	
10	내가 노력하면 대부분의 일들을 잘 할 수 있다.		
11	내가 잘 할 수 있는 일들이 많다.		
12	내가 해결하기 어려운 문제는 피하는 것이 좋다.	●	
13	내가 기대하는 대로 일이 이루어지지 않을 것이다.	●	
14	내가 하는 일은 대체로 좋은 결과를 가져온다.		
15	나는 대부분 내 목표를 이룰 수 있을 것이다.		
16	나는 한 인간으로서 능력 있는 존재이다.		

총점수: ________ 점

번호	관계관여역량 평가 문항	역척도 문항	역화
17	내가 어려울 때 도와줄 수 있는 사람이 있다.		
18	내가 무슨 일을 잘 해냈을 때 칭찬해주는 사람이 있다.		
19	가족 외에 내가 신뢰할만한 사람이 없다.	●	
20	내가 슬플 때 나를 위로해 주는 사람이 있다.	●	
21	나의 동료들은 내가 하는 일에 관심을 갖고 있다.		
22	내 주변 사람들은 내가 할 말이 있을 때 내 말을 들어 준다.		
23	내 고민을 잘 들어 주려는 친구가 없다.	●	
24	내게 좋은 일이 생기면 함께 기뻐해주는 친구가 없다.		
25	나는 자원봉사 활동이나 후원 모임에 참여한다.	●	
26	지역 사회 및 단체를 통하여 사회적 활동을 한다.		
27	우리 사회를 더 좋게 변화시키기 위해 많은 의견을 제시한다.		
28	회의에 참석해서 다양한 안건에 대하여 나의 의견을 말한다.	●	
29	나는 다양한 취미활동 및 동호회에 참여하지 않는다.	●	
30	나는 다른 동료들과 함께 일하는 것을 좋아하지 않는다.		
31	나는 집단 의사결정에 자발적으로 참여하려고 한다.		
32	지역사회에 문제가 발생하더라도 내가 직업 관여하고 싶지는 않다.		

총점수: ________ 점

단 원 개 관

임상심리학은 인간의 이해를 통해 그들이 겪고 있는 이상행동을 평가하고 치료하는 전문 분야이다. 가장 기본적인 개념이 이상행동인데 이상행동의 준거기준으로는 분야마다 다양한 관점을 가지게 된다. 이상행동을 설명하는 가장 근본적인 관점은 인간의 고유 능력과 관련되어 있다. 즉, 인간이 가진 인간성 자체에 이미 심리학적 상상력이 매우 중요한 기능을 하고 있는데, 객관적인 정보들로 인해 이러한 상상력이 개발될 수 없다면, 아마 인간 이하의 상황으로 자신을 몰고 가게 될 것이다. 생리학적 모델은 의학적 모델 또는 질병이라고 부른다. 이 모델은 이상행동을 신체적 역기능으로 설명하고자 하며 일종의 질병으로 간주한다. 정신분석적 모델은 결정론적 입장(determinism)을 취한다. 이 관점에서는 성격의 세 가지 구조(원초아, 자아, 초자아)의 불균형으로 이상행동이 발생한다는 관점이다. 행동주의적 입장에서는 인간의 모든 행동은 환경과의 상호작용 속에서 학습되어지는 것으로 설명하며, 마찬가지로 이상행동도 학습된 것으로 설명한다. 통계학적 모델은 개인의 성격 특질이나 이상행동이 평균으로부터 얼마나 일탈되어 있는가를 정상분포곡선 차원에서 이해하려는 모델이다. 인본주의심리학적 모델은 모든 인간이 자아실현을 향한 능동적인 힘을 가지고 있다고 가정하여, 인간이 정상적으로 살아가기 위해서는 인간의 자유의지가 올바로 발휘될 수 있고, 스스로가 자신을 존중할 수 있으며, 자신이 이상으로 생각하고 있는 목표를 향해 나아갈 수 있어야 한다고 주장한다.

PATA **14**

이상행동

1 이상행동의 개념

임상심리학은 인간의 이해를 통해 그들이 겪고 있는 이상행동을 평가하고 치료하는 전문 분야이다. 때문에 이러한 치료 분야로서의 중요한 점을 꼽자면 진단 기술과 치료 방법을 들 수 있는데 임상심리학은 인간에 대한 기본적인 전제를 중심으로 하는 여러 가지 이론 및 치료법을 개발 시켜 왔다. 이러한 이론들은 인간의 성숙과 정신건강의 문제를 어떻게 볼 것인가에 대해 기본적인 참조들을 제공함으로써 임상심리학의 근간을 유지하는 역할을 하고 있는 것이다. 그러므로 임상심리학자들의 개념화는 풍부한 수련과 경험에 근거하지만, 그들의 견해는 이론적 지향의 영향을 지대하게 받는다. 이론적 지향 또는 심리학적 모델은 지식을 체계화하는 틀을 제공하고 인간 현실에 관한 엄청난 분량의 자료를 이해할 수 있게 해준다. 또한 임상 심리학에서 이론적 지향은 치료적 개입의 적절한 방법과 목표가 무엇인가에 관한 지침도 어느 정도 제공해 준다.

[그림 14-1] 이상행동 준거기준

이상행동의 준거기준으로는 분야마다 다양한 관점을 가지게 된다. 사회적 정의에서는 일생생활에서 용납될 수 없는 행동은 정신적 질병에 의한 것으로 간주되며, 다른 사람에게 위험을 주는 행동이나 쉽게 이해될 수 없는 행동은 일탈행동으로 간주되고, 사회적 규범을 어기는 행동도 이상으로 간주된다. 통계적 정의에 따르면, 이상은 곧 기준이나 혹은 평균에서의 일탈을 의미한다. 그러므로 이상은 그가 속한 집단에서 발생빈도가 그렇게 높지 않다는 것을 의미한다. 가장 정상적인 사람이란 통계적으로 정의한다면 다른 사람과 많은 부분에서 비슷한 사람을 말한다. 의학에서는 증후와 질병이 전혀 없는 상태를 정상이라 하고, 정상상태가 파괴된 상태를 이상이라고 한다. 정신분석의 입장에서는 의식과 동기의 관계를 크게 강조하고 있다. 의식적 동기가 큰 영향을 줄 때에는 정상으로 간주되지만, 무의식적 동기가 큰 영향을 줄 때에는 이상으로 간주된다. 법률적 기준에서 이상행동을 규정할 때에는 심리적 장애의 근거와, 무엇 때문에 재판을 받느냐 하는 것이 매우 중요하다. 목적에 따라서 법률적 기준이 달라진다. 정신의학적 치료의 입장에서는 정신의학적 치료를 받은 사실이 있으면 이상으로 간주한다. 이상행동을 이와 같이 정의할 때 몇 가지 문제에 직면하는데, 다른 사람에게 불쾌감을 주거나 괴롭히는 사람도 정신과 의사의 눈에 뜨이지 않으면 전혀 문제가 되지 않는다. 또한 치료자 및 치료 시설이 극히 한정되어 있어서 진단에도 문제가 있다. 부적응의 관점에서는 사회 환경에 적응하지 못하면 이상으로 간주한다. 하지만 사회의 구조와 문화의 특성에 따라 서로 다른 기준들이 있기 때문에 여기서는 적응의 기준이 문제가 된다. 또한, 정신의학적 진단이 이상행동의 진단기준이 된다. 정신의학의 교과서에 나와 있는 증후들이 나타나면 곧 이상으로 간주된다. 문제는 진단자의 눈에 뜨이게 되는 것이다. 무엇보다도 정신과의사나 전문가의 눈에 띄어야 하는 것이 중요하다. 진단자간에 서로 의견이 일치하지 않는다는 것 또한 문제가 된다. 한편, 이상행동을 심리학적 평가나 정신과적 진단 방법에 의해 판단하는 것을 말한다. 이것은 심리학자나 정신과 의사와 같이 심리 진단에 대한 전문적인 훈련을 받은 전문가들의 판단을 기준으로 이상행동여부를 판가름한다는 개념이다. 다시 말해서 특정행동이 그들의 전문적인 식견에 의하여 이상행동 이라고 판단될 때 그 행동을 이상행동이라고 할 수 있다는 것이다. 물론 이러한 전문적 준거가 성립하려면 전문가의 전문성이 전제가 되어야 할 것이다. 결론적으로 객관적 심리 검사에 대한 요구도가 증가하고 있으며 이상행동의 여러 가지 준거 기준은 사실상 편차가 너무 크다. 이 편차를 줄이기 위해 객관적인 검사 도구를 이용해야 할 필요성이 있다. 객관적 심리 검사는 검사 과제가 구조화되어 있어, 평가되는 내용이 검사의 목적에 따라 일정하게 준비되어 있고 일정한 형식에 따라 반응된다. 개인의 독특성보다는 개인마다 공통적으로 지니고 있는 특성이나 차원을 기준으로 하여 개인들을 상대적으로 비교하려는 목적을 갖는다.

2 이상행동의 이론적 모형

이상행동을 설명하는 가장 근본적인 관점은 인간의 고유 능력과 관련되어 있다. 즉, 인간이 가진 인간성 자체에 이미 심리학적 상상력이 매우 중요한 기능을 하고 있는데, 객관적인 정보들로 인해 이러한 상상력이 개발될 수 없다면, 아마 인간 이하의 상황으로 자신을 몰고 가게 될 것이다. 대표적인 예로 아이들에 대한 Seligman의 실험을 보면 알 수 있다. 먼저 A 집단 아이들에게 고장난 장난감을 주고 놀이 시간을 주어졌을 때, 이 아이들은 인형의 다리가 없거나 자동차의 바퀴가 파손되었음에도 불구하고 매우 신나게 만족스런 놀이 시간을 가졌다. 그리고 나서 다른 집단 B를 등장시키고 이 집단의 아이들에게는 동일한 유형의 장난감인데 모두 새 것으로 주어져 놀이 시간을 가지도록 하였고, 서로 간의 이동은 불가능하지만 서로 관찰이 가능한 상황을 재현하였다. 얼마 되지 않아 A 집단 아이들은 울음을 터뜨리고 이내 불행한 듯한 표정을 짓는다. 그렇다면 우리는 이 A 집단 아이들에게 무슨 짓을 한 것일까? 바로 인간에게 있어서 가장 강력한 무기인 심리학적 상상력을 박탈시킨 것이다. 즉, 상대적 발달감으로 인해 자신의 것보다 타인의 것이 기준이 되어 자신을 불행하게 만들어 버린 것이다. 이러한 관점은 우리 주변에서 흔히 발견할 수 있다. 이에, 좀 더 심리학자들의 연구적 이론 모형에 대해 알아 보고자 한다.

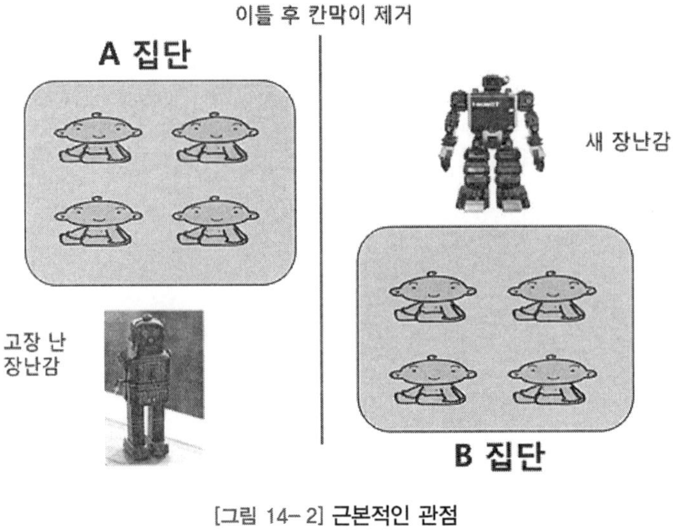

[그림 14-2] 근본적인 관점

먼저, 생리학적 모델이 있다. 생리학적 모델은 의학적 모델 또는 질병이라고 부른다. 이 모델은 이상행동을 신체적 역기능으로 설명하고자 하며 일종의 질병으로 간주한다. 생리학적 모델은 이상행동의 원인을 네 가지 측면(세균, 유전적 요인, 생화학적 이상, 뇌의 역기능)에서 찾는다.

첫째, 세균에서 이상행동의 원인을 찾는 것은 16세기에 유행하던 심리적 장애가 매독균에 의해서 일어난다는 것을 입증함으로써 성립되었다. 둘째, 원시시대에나 현대에나 정신분열증 환자는 같은 증상을 보인다는 사실에 입각해서 생리학적 모델은 심리적 장애가 유전적으로 전해지는 질병이라고 설명한다. 셋째, 생화학적 이상에서 이상행동의 원인을 찾는 것은 정신분열증의 경우에서 찾아볼 수 있는데, 정신분열증에 대한 가설 중의 하나는 이 증상이 체내의 불균형한 생화학적 요인에 의해 일어난다는 것이다. 넷째, 이상행동이 뇌의 특정한 영역의 역기능에 의해서 초래된다고 본다. 이상행동의 원인에 대한 네 가지 설명에 입각해서 생리학적 모델은 이상행동의 치료를 신체적 질병의 치료와 같은 방식으로 추구해야 한다고 본다. 그리고 약품에 의해서 이상행동을 치료하고자 하는 시도는 실제로 우울증이나 정신분열증, 불안장애 등에서 상당한 효과를 보였다. 이상행동에 대한 육체적 치료는 몇몇 특정한 장애에 대해서는 효과적이나 부작용을 동반하는 경우가 있다.

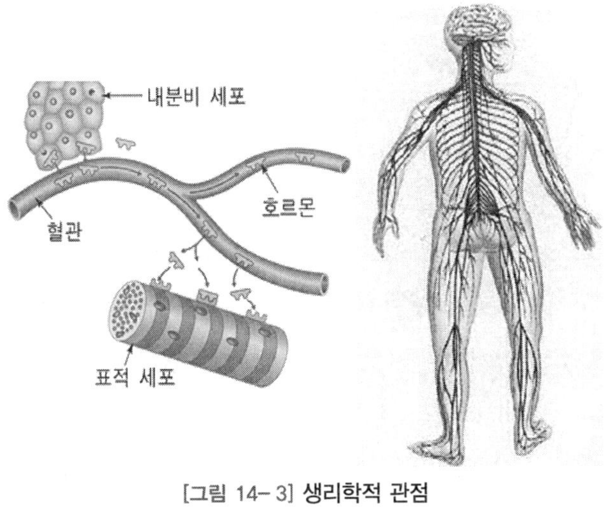

[그림 14-3] 생리학적 관점

둘째, 정신분석적 모델이 있다. 프로이드는 병원에서의 임상 경험을 기초로 정신분석 이론을 정립하였다. 특히 제 1차 세계 대전에 참여한 군인들을 대상으로 한 치료 경험은 프로이드의 생애와 이론에 중대한 영향을 미쳤을 뿐만 아니라, 정신병리학의 다양성을 넓히는 계기가 되었다.

가장 큰 특징은 크게 네 가지가 있다. 먼저 첫째, 결정론적 입장(determinism)을 취한다. 정신분석 이론은 마음속의 사건들이 무작위적 우발적 우연적이거나 서로 무관한 것이 아니며, 사고 감정 충돌들 또한 개인이 이전에 겪었지만 지금은 무의식에 있는 경험들의 결과라고 본다. 둘째, 무의식의 힘이 개인의 행동에 미치는 영향이 매우 크다고 본다. 셋째, 역동적 견해를 취한다. 인간의 생물학적 자질의 일부인 리비도적이고 공격적인 추동들의 상호작용을 중시한다. 넷째, 발생학적 genetic 견해이다. 이는 인생 후기의 갈등, 성격특성, 신경증적 증상 및 심리적 구조의 근원이 아동기의 중요한 사건과 소망 그리고 그것들이 만들어낸 환상에 있다는 것이다. 이 관점에서는 성격의 세 가지 구조(원초아, 자아, 초자아)의 불균형으로 이상행동이 발생한다는 관점이다. 즉, 정신 분석 이론의 핵심은 불안상태에 관한 개념이다. 불안상태는 받아들일 수 없는 원초아의 충동이 의식 속으로 슬며시 들어오려고 위협할 때 야기된다. 그래서 자아가 충동을 자각하게 되고 그 위협을 막을 방법을 찾게 된다. 자아가 원초아의 충동으로부터 자아 자신과 마음의 의식적인 부분을 지키기 위해 사용하는 전략을 방어기제(Defense mechanism)라고 일컫는다.

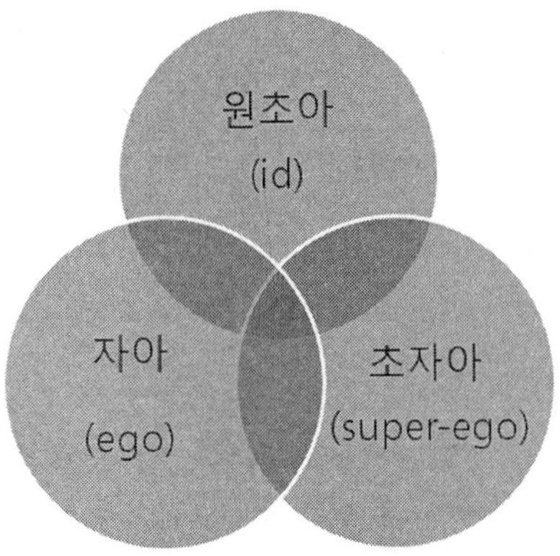

[그림 14-4] 정신분석적 관점

모든 방어기제의 주요 목적은 받아들일 수 없는 충동을 억압하는 것이다(Giovacchini, 1983). 신경증 또는 정신 병리의 다른 형태들은 받아들일 수 없는 충동과 싸우기 위해 어떤 유형의 방어기제들이 사용되었는가에 따라 결정 될 수 있고, 또 그 개인이 어떤 수준의 심리성적 발달 단계에서 기능하고 있는가에 따라 결정될 수도 있다.

본능이 충족되지 않은 것과 관련된 정신적 갈등에 대한 반응으로, 개인은 그 자신이 편안함과 평형을 유지할 수 있는 이전의 심리성적 발달 단계로 퇴행한다. 특정한 형태의 정신 병리는 특정한 심리성적 발달 단계나 특정한 방어기제에 관련된 것으로 보인다. 예컨대 강박정인 사람은 항문기로 퇴행한 것으로 보이며, 반동형성과 주지화 같은 방어기제를 전형적으로 사용한다.

셋째, 행동주의적 입장에서는 인간의 모든 행동은 환경과의 상호작용 속에서 학습되어지는 것으로 설명하며, 마찬가지로 이상행동도 학습된 것으로 설명한다. 이상행동 역시 환경으로부터 잘못된 학습에 기인한 것이며, 이상행동의 치료는 환경으로부터 잘못된 학습에 의해서 치료될 수 있는 것으로 간주했다. 행동주의적 심리학자들은 새로운 행동을 학습하게 되는 원리와 과정을 많은 실험적 연구를 통해서 다양한 학습 원리를 제시하고 있다. 이러한 행동주의적 접근은 정신분석이나 인본주의 이론 모형뿐만 아니라 생물학적 모형에 반발하여 태동한 이론이다. 정신분석이나 인본주의 이론 모형은 주관적이고 측정할 수 없는 내적 개념을 근거로 이론을 만들었다는 점에서 비판받았고 생물학적 모형은 인간의 복잡한 행동의 발달이나 학습을 이해할 수 없다고 비판받았다. 이러한 비판을 토대로 1950년대에 미국을 중심으로 새롭게 일어난 행동주의는 정신 병리에 관한 공식적인 모델을 발달시켰다. 그러나 행동치료의 이론적 가정에 대한 전반적 기술에는 혼돈의 여지가 있다. 왜냐하면 이 모델에는 서로 관련되지만 서로 다른 몇 가지 관점들이 함께 포함되어 있기 때문이다. 대체로 행동치료 안에서의 다양한 강조점들은 사고패턴이나 자기 진술과 같은 인지적 사상에 부여되는 중요성에 있어서 서로 차이가 있다.

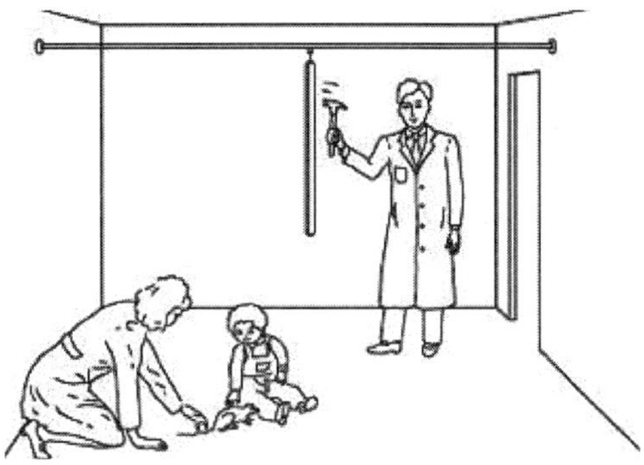
[그림 14-5] **행동주의 관점**

넷째, 통계학적 모델은 개인의 성격 특질이나 이상행동이 평균으로부터 얼마나 일탈되어 있는가를 정상분포곡선 차원에서 이해하려는 모델이다. Eysenck 등을 비롯하여 성격특질, 행동특성 그리고 이러한 특성의 '분포'에 관심을 가지고 있는 학자들이 채택한 모델이기도 하다. 예를 들어, 기질 특성을 통계학적 모델에서 본다면 정상인들은 정

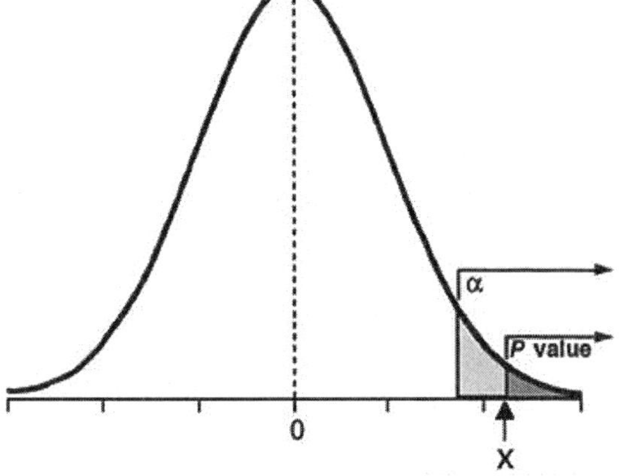

[그림 14-6] **통계학적 관점**

상분포곡선상의 평균범위에 위치하는 반면, 이상행동을 하는 사람은 평균으로부터 큰 편차를 보인다는 것이다. 이 모델은 삶을 매우 즐겁게 사는 사람이나 매우 행복한 사람은 정상분포곡선의 정적(+) 극단에 위치하지만 그 배경을 설명하는데 어려움이 있다. 또한 이상행동이 나타나는 근원이 무엇인지를 설명하지 못하는 단점이 있다.

다섯째, 인본주의심리학적 모델은 제임스(James), 올포트(Allpot), 매슬로(Maslow), 로저스(Rogers),그리고 펄스(Perls)등의 이론을 기초로 발달한 것이다. 인간의 자유의지, 존엄성 및 세계에 대한 주관적인 경험을 강조한다. 이 모델은 모든 인간이 자아실현을 향한 능동적인 힘을 가지고 있다고 가정하여, 인간이 정상적으로 살아가기 위해서는 인간의 자유의지가 올바로 발휘될 수 있고, 스스로가 자신을 존중할 수 있으며, 자신이 이상으로 생각하고 있는 목표를 향해 나아갈 수 있어야 한다고 주장한다. 그래서 이상행동은 이러한 욕구들이 충족되지 못하고 자아실현이나 성장을 향한 경향성이 좌절되는 상황에 처했을 때 나타난다. 인본주의의 대표적인 이론가 매슬로우는 인간의 삶에 의미와 만족을 주는 일련의 선천적 욕구들이 충족되지 못하면 자아실현의 기회가 주어지지 못하고, 좌절된 기본 욕구를 충족시키기 위해서 동기화될 뿐, 궁극적인 자아실현이 어렵게 된다고 보았다. 따라서 자신이 체험을 확장하고 풍부한 삶을 살고자 하는 성장 동기를 가질 수 있는 기회가 적어지기 때문에 우울이나 불안과 같은 정서적인 문제를 보이거나 자신에 대한 가치감을 상실하게 된다. 또 대표적인 이론가 로저스는 인간은 선천적으로 유기체를 실현하고 유지, 향상시키려는 자아실현 경향성이 있다고 보았다. 부적응행동은 이러한 욕구가 좌절되어 체험을 자기구조 속에 받아들이지 못하고 괴리가 생길 때 나타났고, 자기와 체험 사이에 불일치가 많으면 많을수록 우울감이나 무가치감이 더 크게 나타난다고 하였다. 또한 모든 개인은 자신의 자아실현을 이루고자 하는 능동적 힘이 있다고 가정한다. 정신병리적 행동이나 이상행동은 자신의 이상을 실현시키려는 욕구들이 예기치 않은 좌절상황에 부딪쳤을 때 주로 나타나는 것으로 본다.

[그림 14-7] **인본주의적 관점**

여섯째, 실존주의 심리학적 모델은 인본주의 심리학자들이 주장하는 것과 매우 비슷하나, 인본주위 심리학적 모델과 다른 점은 이들이 인간을 그렇게 낙천적으로만 보지 않고 인간의 본질적 비합리성을 강조한다는 점이다. 실존주의에서 인간은 세계를 지각하고 구성하며 의미를 부여하는 존재이며, 각자는 유일하고, 자신의 행동과 운명의 주인이다. 또한 인간은 그가 실현하려는 다양한 현존재의 선택과 관련된 가능성을 의식적으로 선택할 수 있다. 예를 들어, 심리학에서는 신경증적 불안 이외에 삶과 죽음, 고립, 의미, 자유와 같은 실존 때문에 발생하는 실존적 불안(existential anxiety)를 가정했다. 인간은 살아 있는 한 누구나 불안을 느끼는 존재라고 본다. 하지만, 신경증적 불안이 정신장애로 연결되는 부정적인 불안이라면, 실존적 불안은 경우에 따라 긍정적으로 사용할 수도 있다. 특히, 실존(existence)의 본질(essence) 추구를 기본 과제로 삼고 있는 것이 가장 큰 특징이기에 인본주의 관점에서 나타나는 정상신화가 나타나지 않는다. 즉, 실존주의자들은 개인적 의미를 추구하며(will-to-meaning), 또 가치를 추구하는 의미는 사람마다 다르기 때문에 자기의 가치유형을 추구해야 한다. 실존주의 심리학적 모델은 하이데거(Martin Heidegger, 1889~1977), 야스퍼스(Karl Jaspers, 1883~1969), 키에르케고르(Soren Aabye Kierkeggaard, 1813~1855) 및 사르트르(Jean Paul Sartre, 1905~1980) 등과 같은 유럽 철학자들의 사상에 바탕을 두고 있다.

[그림 14-8] **실존주의적 관점**

한편, Sullivan은 성격은 대인관계, 특히 친밀한 사람들과의 관계에 의해 일생에 걸쳐 형성되기 때문에 성격발달의 토대가 되는 유아에서 청소년 초기에 발달된 성격이 광범위하고 보편적인 틀을 형성하며, 성격은 고정불변하지 않는다고 생각했다. 이에, 심리 상담 치료 과정의 초점을 개인의 대인관계와 사회 및 문화적 환경이 그의 안녕과 행복에 미치는 영향에 맞춰야 한다고 주장했다. 또 대

[그림 14-9] **대인관계의 관점**

인관계와 관련된 모든 행위가 개인의 자존감을 획득 및 유지하고 불안을 회피하려는 필요에서 비롯된다고 제안했다.

3 이상행동 진단 도구

일반적으로 이상 행동(abnormal behavior)은 객관적인 관찰과 측정이 가능한 개인의 부적응적인 특성을 말하며, 정신장애(mental disorder)는 특정한 이상행동의 집합체를 의미한다. 이러한 이상행동에는 인간의 다양한 심리적 측면, 즉 인지, 정서, 동기. 행동 그리고 생리적 측면에서 개인의 부적응을 초래하는 특성이 포함된다. 이상행동과 정신장애를 정의하는 기준은 다양하며 일관되고 명확한 정의를 하기는 어려운 일이다. 정신의학적으로는 정신장애의 증상과 장애를 구별하는 편람이 있지만 그 준거를 적용하는 과정은 쉽지 않고 정신장애를 설명하기 위해서 사용하는 용어나 평가자의 훈련, 적용이론, 문화적 배경에 따라서 그리고 평가자의 상황에 따라서 다를 수 있기 때문이다.

[그림 14-10] DSM-5

이러한 상황에서도 객관적인 분류기준을 제시하고자 하는 노력이 계속되었다. 그리고 미국에서 질병 통계를 내자, 정신질환의 경우는 통계 수치를 잡을 수가 없었다. 정신병원이나마 진단명 정도만 파악할 수 있었고, 그마저도 병원마다 판이했다. 1908년 미국통계국에서는 공식적으로 정신과 학회에 질병분류위원회를 조직할 것을 요청했고 1918년에 국가정신건강위원회와 공동으로 첫 번째 정신질환분류인 '광인 치료시설에서 사용하기 위한 통계 요람(Statistical manual for the use of institutions for the insane)'을 만들었다. 시작은 중증정신질환으로 사회생활이 불가능하며 수용소에 입원한 환자라도 제대로 분류하고 통계를 내는 것이 목적이었다. 한편으로 의학계 전반을 아우르는 질병 분류에 대한 논의도 함께 진행해서 1933년 『질병 표준 분류 명명법(A standard nomenclature of disease)』이 발간되었고, 정신의학회가 주도한 정신질환 분류가 포함되었다. 그러나 이 분류체계는 여전히 중증 정신질환만 포함하고 있었기 때문에 1940년대 이후 발견되기 시작한 가벼운 우울증, 불안장애, 전쟁 후 병사들이 경험한 외상후스트레스장애 등은 진단을 내릴 근거가 없는 상태였다. 이에 제2차 세계대전이 끝난 후 1948년 미국정신의학회는 경증 정신질환을 포함한 포괄적인 분류법을 개발하기로 결정하고 위원회를 만들었고, 1952년 『정신질환의 진단 및 통계 편람(The Diagnostic and Statistical Manual for Mental Disorders; DSM)』을 발간했다. 위원회는 전문가들이 아니더라도 적절한 훈련을 받은 사람이라면 누구나 이 진단체계를 보고 진단할 수 있도록 최대한 객관적으로 구성하고 체계성과 정확성을 기했다. DSM의 등장은 치료방법의 선택, 질환의 양상과 진행을 예측하는 데 있어서 가장 기본이 되는 진단체계를 처음으로 객관적이고 신뢰할 수 있는 체계로 만들어냈다는 점에서 정신의학에 가해지던 주류 의학계의 비판을 극복하고 그 범주 안으로 들어갈 수 있는 기반이 되었다. 또한 DSM으로 객관적 타당도를 가질 수 있게 되면서 안정적으로 진단할 수 있게 되었다. 이를 기반으로 생물학적 원인을 찾는 연구나 약물치료 연구가 지난 30년간 광범위하게 이루어질 수 있었고, 이를 통해 정신의학의 치료방법은 과거와 비교할 수 없는 큰 발전을 이룰 수 있었다.

4 조현병(schizophrenia)

조현병은 정적증상이나 부적증상이 최소한 6개월 이상 지속되고 사회적 · 직업적으로 명백한 역기능을 보이며, 분열 정동장애나 기분장애 등으로 설명될 수 없는 장애이다. 정적 증상이란 정상적인 기능이 왜곡된 것인데, 사고내용의 왜곡을 시사하는 망상, 지각 왜곡을 시사하는 환각, 언어와 의사소통의 장애, 긴장형 행동과 같은 행동조정의 어려움 등을 말한다. 부적 증상이란 정상적인 기능이 감소하거나 상실된 것으로 정서표현의 강도나 범위가 위축된 것, 사고나 언어의 유창성과 생산성이 저하된 것, 목표지향행동의 시작이 어려운 것 등을 말한다. 정신분열증의 하위유형에는 망상과 환청을 주된 증상으로 보이는 망상형, 와해된 언어와 행동 및 부적절한 정동을 보이는 혼란형, 경직된 행동, 묵언증, 반향어증을 보이는 긴장형, 특정한 하위유형에 포함시키기 어려운 미분화형, 정신분열증상을 보였다가 증상이 완화되었지만 무반응적인 정동, 언어의 빈곤, 의욕의 저하 등 부적 증상이 남아있는 잔여형이 있다.

[그림 14-11] 조현병

정신분열증의 원인으로는 유전적 요인으로, 가계조사, 쌍생아 연구, 입양아 연구 등의 결과에서 정신분열증이 유전되는 것은 아니지만 유전적인 영향이 40~50% 정도 존재하는 것으로 추정되고 있다. 정신분석이론의 관점에서는 어린 시절 부모와의 의사소통, 정서적 관계 양상을 중요한 요인으로 보았으며 특히 어린 시절 부모와의 관계에서 심각한 정서적 충격의 경험이 있었을 때 그 아이가 성장 후 정신 분열에 걸릴 가능성이 높은 것으로 보았다. 스트레스 이론에서는 지나친 과로, 갈등, 다양한 내 외적인 스트레스가 정신분열증의 발병과 관련이 있는 것으로 믿고 행동주의적 관점에서는 사회적 자극에 적절하게 반응하는 것을 학습하지 못한 것으로 설명하고 있다. 정신분열증의 치료는 입원치료를 받는 것이 바람직하다. 치료에서 양성 및 음성증상의 완화를 위해서 항 정신병 약물이 사용되며, 항 정신병 약물에는 진정성 항 정신병 약물, 항 결핍성 항 정신약물, 항 생산성 항 정신병 약물이 있다. 약물은 정신분열증의 증상을 완화시키지만 손떨림, 입마름, 침흘림, 변비, 식욕저하, 혈압저하 작용 등의 부작용이 있을 수 있다. 이 외에 신체 치료로서는 전기충격치료(ECT:electrocovulsive therapy)와 외과적 수술방법이 있으나 최근 약물의 발전으로 거의 사용되지 않는다.

5 기분장애(mood disorder)

[그림 14-12] 기분장애

기분장애는 일상에서 느끼는 지속적인 기분의 조절에 문제가 있는 장애다. 우울하거나 들뜨는 기분의 변화는 정상인에게도 나타나지만, 심하지 않고 짧은 기간에 기분이 조절되어 일상생활을 유지할 수 있다. 그러나 어떤 기간에 우울하거나 들뜨는 기분이 장기간 지속되고 이와 관련된 증상들이 동반되는 경우 우울장애로 진단된다. 기분장애는 수면, 식욕, 성욕, 운동 활발 등 신체적 기능에 변화가 올 수 있으며 가정과 직장 등의 사회적 기능에도 장애가 올 수 있다. 그리고 심한 기분장애는 자살적 사고나 자살행동을 유발할 수도 있고 망상이나 환청이 동반되어 현실감에 혼란이 올 수 도 있다. 기분장애는 우울증(depression)과 조증(mania)의 두 가지 양상으로 나타나며 DSM-Ⅳ에서는 기분장애(mood disorder)를 우울장애(depressive disorder)와 양극성 장애(bipolar disorder)로 분류하고 있다. 우울 장애는 주요 우울장애(major depression)와 감정 부전장애(dysthymic disorder), 그리고 달리 분류되지 않는 우울장애(depressive disorder NOS)로 분류했고 양극성 장애는 양극성 장애Ⅰ, 양극성 장애Ⅱ, 순환성 장애(cyclothymic disorder) 그리고 달리 분류되지 않는 양극성장애 Ⅱ(bipolar disorder NOS)로 분류하고 있다.

기분장애의 원인은 다양하며, 압력적 환경요인, 심리적 요인과 생물학적 요인사이의 복잡한 상호작용으로 설명할 수 있다. 정신분석 또는 정신 역동적 관점은 우울증 환자는 초기 구강기에 고착되어 있는 매우 의존적인 사람이라고 가정하고, 이들이 부모나 배우자등의 대상과 이별, 사별한 후에 상실한 대상에 대한 감정 중 적개심이 무의식적으로 자신에게 돌려져 자신을 공격하고 그 결과 우울해진다고 설명한다. Aaron Beck은 우울한 사람은 자신에 대한 부정적 관점, 현재에 대한 부정적 관점, 미래에 대한 부정적 관점

등의 세 가지 유형의 부정적인 인지 틀을 갖고 있다고 주장했다. 학습된 무기력으로 우울증을 설명하고 있는 Seligman은 개인이 반복되는 실패를 경험한 후에 자신이 환경에 대한 통제력이 부족하다는 무기력을 학습하는데 이러한 무기력이 학습된 상태가 우울증과 유사하다고 보았다(Seligma, 1975). 우울증과 유전의 유관성은 쌍생아 연구를 통해 보고되었다. 양극성 장애의 연구 결과를 보면 양극성 장애자의 가까운 친척중에서 기분장애의 발병률은 일반인보다는 높은 수준이며 일란성 쌍생아의 경우 양극성 장애의 일치율이 72%인 반면, 이란성 쌍생아의 경우에는 14%에 불과하기 때문에 약하지만 유전적 요인에 영향을 받는다는 결과로 볼 수 있다. 기분장애의 치료는 그 원인에 따라서는 자연적으로 시간과 상황의 변화에 따라서 치료적인 접근이 없어도 개선 및 치유될 수 있다. 특히 환경적 압력에서 기인한 기분장애는 환경적 압력요인의 감소나 개선으로 자연스럽게 개선 및 감소될 수 있다. 기분장애의 치료는 주로 환자로 하여금 보다 적극적으로 모든 사회 활동에 참여하고 주변사람과의 대인관계를 개선하도록 돕는다. 주로 자기주장훈련, 역할연습, 모델링 등의 기법을 활용한다.

6 불안장애(anxiety disorder)

불안은 인간이 어떤 위협을 당할 때 일어나는 생물학적이고 정서적인 정상적 반응이며 혈압의 상승, 심계항진, 발한, 동공의 확대, 소변 마려움 등 신체반응이 동반된다. 그러나 부적절한 상황이나 대상에 대한 불안이나 불안의 정도가 심하고 오래 지속되어 생활에 지장을 줄 때는 불안장애로 진단된다. 불안장애에는 공포증이 대표적인 이상행동인데, 공포증(phobia)에는 특정 공포증(specific phobia), 광장 공포증(agoraphobia), 사회 공포증(social phobia)이 있다. 먼저, 특정 공포증(specific phobia)은 특정 대상이나 상황에 직면하거나 그러한 대상 또는 상황이 예상될 때 비합리적이고 현저하고 지속적인 불안이 유발된다. 개인은 자신의 불안이 지나치고 비합리적인 것을 알고 있으며 공포상황을 회피하거나 불안이나 고통을 참고 견딘다. 이러한 공포는 개인의 정상적인 생활과 직업 또는 학업 등의 활동에 심각한 지장을 주고 6개월 이상 지속된다. 둘째, 광장 공포증(agoraphobia)은 넓은 장소에 대한 공포가 있으면 혼자 있거나 여행에 대한 공포로서 자신이 안전지대를 떠나거나 안전한 곳으로 되돌아 올 수 있는 길이 힘들어진 상황에서 공포를 느낀다. 이러한 환자는 공포 대상의 장소(예; 슈퍼, 백화점 극장 등)를 피하며 공포대상에 노출되면 두려움으로 인한 여러 가지 신체적인 변화가 동반된다. 셋째, 사회 공포증(social phobia)은 한 가지 또는 그 이상의 사회적 상황이나 활동 등 다른 사람의 존재와 관련된 지속적이고 비합리적인 두려움 혹은 자신이 수치스럽거나 당혹스런 방식으로 행동할까 두려워하며 그러한 사회적 상황에 노출이 되면 불안이 유발된다. 사회공포증에는 대인공포증과 일반화사회공포증이 있으며 낯선 사람과 만나거나 자신이 평가받을지도 모르는 특정 상황 또는 사회적 상황에 노출되면 두려움을 느끼고 회피가 불가능하다고 생각하며 그 상황에 직면할 것을 각오하면 예기 불안이 유발된다. 공포증 이외 공황장애, 일반화된 불안장애. 강박장애, 외상 후 스트레스 장애 그리고 급성 스트레스 장애가 있다.

[그림 14-13] 거미공포증

공황장애(panic disorder)의 필수 증상은 예기치 못한 반복적인 공황 발작이 최소한 2번 이상, 그리고 1개월 이상 지속된다. 공황 발작(panic attack)은 갑작스럽고 극심한 염려감, 두려움, 공포감이 비정기적으로 일어나는 것으로서, 곧 죽을 것 같은 느낌이 동반된다. 이러한 발작이 있는 동안에는 숨이 가쁘고, 심계항진이 있으며 가슴의 통증이나 답답함, 질식할 것 같은 느낌, 그리고 미칠 것 같은 두려움과 자신을 조절할 수 없을 것 같은 두려움 등의 증상이 나타난다. 공황장애의 원인은 유전적 소인 가능성이 있는 것으로 보이며 생물학적 이론에서는 noradrenergic 계통, 특히 소뇌의 신경핵(청반)의 과잉활동과 관련이 있다는 것과 과잉호흡과 관련이 있다고 제시하고 있다. 또한 '두려움'에 대한 두려움, 공공장소에서 공황발작을 일으키는데 대한 두려움과 관련이 있는 것으로 보인다. 공황 발작에 대한 약물치료는 항 우울제 및 진정제 등을 사용하나 약을 중단하면 재발 가능성이 크다.

일반화된 불안장애(generalized anxiety disorder)는 어떤 사건이나 활동에 대한 불안이나 걱정이 적어도 6개월 이상 지속되며 불안 조절이 어렵고, 안절부절, 긴장감의 고조, 집중곤란, 과민한 기분상태, 근육긴장 등 3가지 이상의 증상이 동반된다. 일반화된 불안장애의 원인에 대해서 정신분석적 관점에서는 자아와 이드간의 무의식적 갈등으로 발생하며 환자의 불안은 특정한 상황이나 대상으로 치환될 수 있지만 적절한 방어를 발전시키지 못했기 때문에 항상 '불안'이 떠다니는 불안(free-floating anxiety)으로 보았다. 인지-행동적 관점에서는 외부자극에 대한 고전적 조건형성의 결과로 본다. 통제할 수 없는 고통스러운 자극에 직면하면 불안이 초래된다고 보았으며 인지이론에서는 특정자극을 통제할 수 없다는 개인의 인지 결과로 보았다. 생물학적인 관점에서는 유전요인이 있음을 시사하고 감마 아미노 낙산(GABA) 계통의 결손과 관련 있는 것으로 본다.

강박장애(obsessive-compulsive disorder)는 강박적 사고와 강박적 행동 증상이 포함된다. 강박적 사고는 부적절하고 불합리한 어떤 생각이나 심상이 반복적이며 지속적으로 떠오르고 부적절하고 불합리한 생각인줄은 알지만 통제할 수가 없는 증상이다. 강박적 행동은 강박적 사고의 반응으로 반복적 행동(예; 손씻기, 정돈하기, 확인하기 등)과 정신적 행동(예; 기도하기, 숫자세기, 속으로 반복말하기 등) 등을 몇 번이고 되풀이하는 증상이다. 강박적 사고의 유형은 강박적 의심, 강박적 사고, 강박적 충동, 강박적 공포, 강박적 심상 등이 있고 강박적 행동에는 주로 복종적 강박 행동, 통제적 강박행동 등이 있다(Akhter & 그의 동료). 강박적 사고는 스트레스와 관련이 있을 수 있고, 원치 않는 생각에 저항하려는 시도이며, 강박 행동의 결과는 불안을 감소하는데 있다.

[그림 14-14] **저장강박증**

강박장애 증상에 대한 생물학적인 요인으로는 전두엽부위의 활동 증가와 운동 행동의 통제와 관련된 계통인 기저 신경절이 강박적 행동과 관련이 있고 또한 세라토닌과 연결된 신경전도체에 의해 유발된다는 가설이 있으며, 유전적 소인이 있다는 증거도 있다. 강박장애의 치료에 대한 정신분석치료는 공포증 및 일반화된 불안장애 치료와 동일하며, 억압된 무의식적 충동 및 갈등에 초점을 둔다. 행동요법으로는 반응 제지법이 효과적이며, 약물 치료는 세라토닌 재흡수 억제제와 삼환제를 사용한다. 강박장애는 치료 유형과 관계없이 완치의 어려움이 있고 증상의 호전은 있으나 강박적 성향은 지속되는 것이 보통이다.

외상 후 스트레스 장애 및 급성 스트레스 장애(post traumatic stress disorder)는 극심한 외상성 스트레스 사건에 노출 된 후에 일어나는 특징적 증상으로 실제적이거나 위협적인 죽음, 심각한 상해, 개인의 신체적 안녕을 위협하는 사건을 직접 목격했을 때, 타인의 죽음, 가족이나 친지의 예상치 못한 죽음이나 상해 및 이들이 경험한 죽음이나 상해를 알게 되었을 때 그러한 사건에 대한 반응으로 극심한 공포, 무력감, 두려움이 일어나는 증상이다. 환자는 극심한 외상에 노출된 후에 그 사건을 지속적으로 재 경험하고, 그 사건과 관련된 자극을 지속적으로 회피하는 등의 증상이 지속되며 이러한 양상이 1개월 이상 나타나고 사회적, 직업적, 기타 중요한 기능 영역에서 장애와 고통이 초래된다. 외상 후 스트레스 장애의 치료는 이완요법을 활용하는 것이 효과적이며, 외상경험에 대한 심상을 통해 경험을 공유한 사람들과 상호지지 및 위로를 받고 억압했던 사건으로 인한 영향에 대하여 서로 직면하면서 충격을 줄여나간다. 약물요법으로는 항 우울제와 진정제 등을 사용하며 환자에 대한 사회적 지지가 중요하다.

7 성격장애(personality disorder)

[그림 14-15] A군 성격장애

개인이 가지고 있는 성격 특질이 융통성이 없고 부적응적이며 사회적, 직업적 기능상에 중대한 손상이나 주관적 고통을 야기시킬 때 성격 장애로 분류한다. DSM-Ⅳ에서는 성격장애의 특성을 군집A(특이하고 괴짜의 행동패턴), 군집B(극적이고 감정적이며 변덕스러운 행동패턴), 군집C(불안하거나 두려워하는 특성) 등 세 군집으로 분류하고 있다. 군집 A형의 성격장애에는 남을 의심하고 불신하며, 잘못을 남의 탓으로 하고, 매사에 과민하고 정서가 제한되어 있는 편집성 성격장애(paranoid personality disorder), 사회적으로 위축되어 있고 인간관계를 불편해 하며, 사회적으로 무관심하고, 정동은 협소하고 고립되어 있는 정신분열성 성격장애(schizoid personality disorder), 마술적 사고와 비현실적 사고, 괴짜경향이 있는 정신분열형 성격장애(schizotypal personality disorder)가 있다.

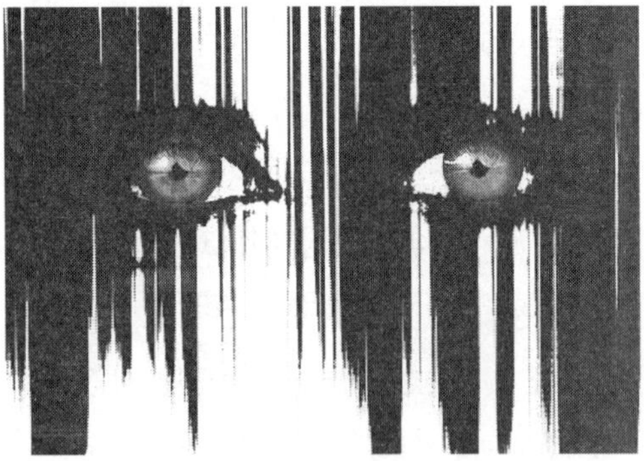
[그림 14-16] **싸이코패스(B군 성격장애)**

군집 B형의 성격 장애에는 사회적응의 여러 면에서 계속적이고 만성적으로 반사회적 또는 범죄적 경향이 있는 반사회적 성격장애(antisocial personality disorder), 정서, 행동, 대인관계가 불안정하고 자아상이 불안정하며 충동적인 특성이 있는 경계선적 성격장애(borderline personality disorder), 극적인 정동을 보이고 자기에게 관심을 끌려하며, 타인과의 지속적이고 깊이 있는 대인관계가 어려운 성격 특성이 있는 연기성 성격장애(histrionic personality disorder), 자신의 재능이나 특출성에 대해서 과대적 느낌을 갖고 자신의 중요함을 지나치게 강조하는 성격특성을 가진 자기애성 성격장애(narcissistic personality disorder)가 있다. 그리고 군집C의 성격장애에는 거부와 배척에 극단적으로 예민하여 사회적 활동을 억제하고 철수하는 경향이 있고 부끄러움이 많은 성격특성의 회피성 성격장애(avoidant personality disorder), 감정을 억제하고, 질서정연, 완고, 정확성, 완벽주의 그리고 융통성이 결여된 성격 특성이 있는 강박성 성격장애(obsessive compulsive personality disorder), 자신이 없고 복종적이며 의존적이고 혼자 있으면 괴로움을 느끼는 성격특성이 있는 의존성 성격장애(dependent personality disorder)가 있다.

[그림 14-17] **C군 성격장애(불안)**

성격장애의 원인은 다양하기 때문에 단일 요인으로는 설명하기가 어려우며, 이론의 관점에 따라서 강조하는 성격장애의 원인에 차이가 있다. 정신분석적 입장에서는 심리성적 발달단계와 충동과 욕구, 만족과 불만 및 결핍과 관련된 그 시기의 고착이 성격 특성을 형성하여 다양한 장애를 나타내게 된다는 무의식적 과정과 동기로 설명하고 있다. 인지-학습이론적 관점에서는 발달과정에서 바람직하고 적응적인 행동패턴을 학습하지 못했거나 부적응적인 학습패턴을 학습하였기 때문에 성격장애가 발생한다고 보았으며, 또한 발달과정에서 중요한 타인관계를 통해서 기본적인 인지도식이 형성된다고 보았다. 생물학적인 관점에서는 유전적 요인(쌍생아 연구에서 일치율이 높다)과 태내 환경요인, 그리고 기질 등을 성격장애의 주요한 요인으로 가정하고 있다. 성격장애의 특성으로 충동적 공격성은 뇌의 세로토닌 수준이 현저하게 감소된 경향이 있고, 외향성-내향성, 신경증, 완거성 특질이 생물학적 요인에 기초한다는 주장도 있다. 성격장애의 치료는 성격장애를 가진 사람이 자발적으로 자신의 성격문제를 치료하겠다는 의식이 결여되어 있고, 안정적이고 오랫동안 지속되는 성격특성과 관련된 장애이기 때문에 치료의 효율성이 매우 낮은 것으로 알려져 있다. 정신분석치료에서는 근본적인 성격유형의 변화보다는 부적응적이고 유통성이 없는 성격특성을 적응적으로 변화시키거나 일상적이고 의미 있는 대인관계에서의 기능손상을 감소시키는 것을 치료 목표로 하고 있다. 대상관계 치료에서는 치료과정에서 따뜻한 공감적 관계를 형성하도록 하고, 신뢰관계를 기반으로 하여 전이관계를 형성하고, 분리된 대상을 통합하도록 하는 치료적 접근을 하며 지지적 심리치료에서는 현실 생활문제나 내담자의 자아기능을 강화시켜 대인관계나 사회적 관계를 향상시키는 치료기법을 활용하고 있다. 인지적 접근에서는 성격장애가 완고하고 비합리적이며, 비논리적 인지유형에서 비롯될 수 있다고 보기 때문에 성격장애의 치료는 행동-인지적 기법을 효과적인 치료로 본다. 강박적 성격장애는 합리적 정서치료 기법의 사고정지기법을 사용하고, 의존적 성격장애는 자기주장훈련과 사회적 기술훈련 기법, 회피성 성격장애는 주장훈련, 사회적 기술훈련, 체계적 탈감법, 그리고 경계선 성격장애는 특정 기법보다는 내담자가 드러내는 실제자료에 충실하게 대응하는 기법 등이 효과적인 것으로 알려져 있으며, 약물치료와 심리치료를 병행하는 것이 더욱 효과적이다.

8 물질 관련 장애(substance related disorder)

[그림 14-18] **알콜 중독**

물질관련 장애는 주로 중추신경계에 영향을 미치는 약물을 상습적으로 사용한 결과로 직업 등 사회적 기능에 장애가 발생한 것을 말하며 물질 관련 장애는 물질 남용(substance abuse)과 물질 의존(substance dependence)으로 구분된다. 물질 남용은 지속적으로 물질을 사용하고 끊을 수 없으며 이런 상태가 한 달 이상 지속될 때를 말하고 이로 인해 가정과 직장에서 책임을 완수하지 못하고 남에게 해를 끼치거나 경제적으로 파산에 이르는 경우를 말한다.

물질 남용은 범죄를 저지를 수도 있고, 물질 남용이 오랜 기간 지속되면 물질의존으로 진행되는데, 물질 의존 상태가 되면 생리학적 현상들이 나타난다. 물질사용에서 자신이 원하는 효과를 얻기 위해 점차 필요한 물질의 용량이 증가하는 내성(drug tolerance)과 그 물질을 끊었을 때 물질에 적응된 신체가 비정상적인 상태가 되어 금단증상(drug withdrawal)과 같은 생리적 의존이 수반되는 경우를 말한다. DSM-Ⅳ에서는 물질의존은 내성, 금단증상, 의도한 것보다 더 많은 양을 사용하고 더 오랫동안 사용함, 물질사용을 줄이고 통제하려는 지속적 노력의 실패, 많은 시간을 물질을 얻고 물질효과에서 회복하는데 보냄, 중요한 사회적, 직업적, 여가활동 등이 물질사용 때문에 포기되거나 감소됨, 물질사용 때문에 신체적, 심리적 문제가 생기거나 악화되는 것을 알면서

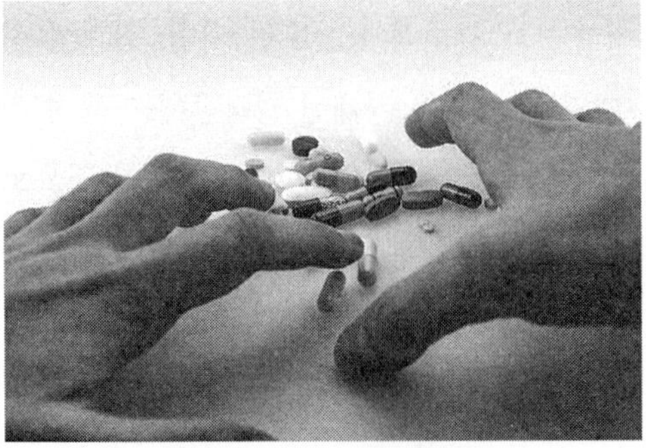
[그림 14-19] **약물 중독**

도 약물 사용을 계속함 등의 7가지 증상 중에서 적어도 3가지 이상이 해당될 때 진단한다. 물질 남용은 첫째, 반복적인 물질 사용으로 직업, 학교, 가정에서 부과된 임무를 완수하지 못하는 생활 둘째, 운전이나 기계작동 등 신체적으로 위협이 따르는 활동 상태에서 물질을 사용하는 것 셋째, 무질서한 행동으로 체포되는 것 같이 물질사용으로 인해 법적인 문제를 일으키는 행동 넷째, 배우자와의 싸움 등 물질의 영향으로 인한 반복적인 사회적, 대인 관계적 문제가 발생함에도 불구하고 지속적으로 물질을 사용하는 등의 4가지 사항에서 한 가지 이상이 일치할 때 진단된다.

물질관련 장애의 원인으로는 성격요인, 생물학적 요인, 물질에 존재하는 요인으로 구분해 볼 수 있다. 성격요인으로 정신분석적 입장에서는 구강기의 고착이 구강의존적 성격을 형성하게 하여 후에 음주나 흡연 같은 물질사용 문제를 야기하는 것으로 설명한다. 또한 청소년기의 행위 장애 또는 반사회적 성격장애를 가진 사람의 행동들이 물질사용 상황에 노출될 가능성이 높고, 물질을 사용해 볼 기회가 많기 때문에 물질사용을 초래하는 것으로 보고 있다. 생물학적 요인으로는 알코올 중독과 같은 물질관련 장애의 연구에서 알코올중독 부모에서 태어난 사람은 그렇지 않은 사람보다 알코올중독이 될 가능성이 4배나 높았고, 입양자 연구에서도 이러한 인과관계가 성립되었다. 물질에 관련된 요인으로는 물질 의존성을 유발하는 물질이 있으며 그러한 물질의 속성을 첫째, 물질을 사용했을 때 유쾌한 상태를 가져오는 속성 둘째, 내성이 존재 셋째, 금단증상의 존재 등의 세 가지 속성으로 나누었다. 따라서 물질에 중독된 사람은 물질이 주어지지 않으면 심각한 육체적, 정서적 증세를 경험하기 때문에 시간이 지나면서 즐거움을 얻기 위해 물질을 사용하려는 동기에 의해 물질을 사용하고 물질을 중단했을 때 발생하는 금단현상을 피하기 위해서 계속 사용하게 되는 것으로 설명할 수 있다. 물질장애 또는 약물에 중독되는 물질은 알코올, 흥분제(코카인과 암페타민 류 등), 환각제(마리화나, LSD 등) 아편, 신경안정제, 니코틴 등이 있다. 이러한 물질관련장애의 치료적 접근에서는 주로 재활 프로그램을 통하여 이루어지며 이 외에도 집단치료, 혐오요법 등을 통해 치료가 이루어진다.

9 정신신체화 질병

정신시체화 질병은 정신적인 충격으로 인해 신체화 질병으로 이어지는 경우를 의미한다. 가장 대표적인 사례라 파라디스의 증상이라고 할 수 있다. 파라디스는 5세 피아노 연구가이다. 당시 모차르트의 열풍으로 인해 많은 아이들이 피아노를 배우게 되었고, 쓰러져 가는 파라디스 가문에서 이 아이에게 피아노를 치도록 훈련시켰다. 그런데 이 파라디스는 다른 아이들과는 다르게 맹인이었다. 이에 모든 이들의 관심을 한 몸에 받았고, 급기야 모차르트가 이 파다디스를 위해 작곡을 하기에 이르렀다. 한편, 오스트리아 한 지역에서는 사이비교주이자 의사인 매스머가 만병통치법을 개발했다고 소문이 자자했다. 이에 그 방법이 무엇인가 확인하였더니 다름 아닌 전자석이었다. 이 일화는 아직까지 전세계에 남아있는 자석요, 자석 방석, 자석 목걸이 효과와 같은 고정관념을 만든 사례이기도 하다. 물론 사기극이었고, 훗날 매스머리즘이라는 용어를 탄생시키게 된다. 하지만, 매스머의 환자들은 대부분 완치되었고, 그 효과에 대한 신비주의가 그를 매우 강력한 권위자로 만들게 되었다. 그 가운데, 파라디스는 눈을 뜨기 위해 매스머에게 치료를 받게 된다. 하지만, 눈을 회복세를 보이자 주변의 가족들이 이를 반대하게 된다. 그 이유는 가문의 부활에 대한 맹인 피아니스트의 역할이 매우 필요하다고 판단했기 때문이었다. 결국, 파라디스 가문에서는 매스머를 사기꾼으로 고발해 추방시켰고, 파라디스의 치료는 중단되었으며, 파라디스는 죽을 때까지 눈을 뜨지 못한 채 생을 마감하였다

파라디스의 일화들 두고 다양한 관점이 나타나게 된다. 즉, 실제로 파라다스가 호전되고 있었던 상황이었기에 매스머의 어떤 처치가 치료의 기능을 했는가 하는 관점에 모두 초점을 모으고 있었다. 한 학자는 이 효과를 플라시보 효과로 설명하였다. 하지만, 그 당시 다른 의사들도 이러한 치료방법을 이미 사용하고 있었기에 큰 변별력은 없었다. 이에 다른 학자들이 주장한 것이 피그말리온 효과였다. 하지만 이 또한 여느

[그림 14-20] 라포형성의 단계

환자들이 자신의 질병을 고치고 싶어 하는 갈망은 여전할 것이기 때문에 변별이 되지 않았다. 훗날 이 현상을 가장 잘 설명한 학자가 융이다. Jung은 라포라는 개념으로 설명했다. 즉, 매스머는 다른 의사들처럼 사무적인 소통이 아닌 환자 중심의 대화를 먼저 풀어나간 후에 진료를 했다는 것을 의료기록지를 통해 밝혀낸 것이다. 이 발견은 정신신체화 질병을 치료하는 관점에도 크게 영향을 미쳤다. 즉, 정신신체화 질병을 앓고 있는 환자에게는 첫째, 약물 치료 뿐만 아니라 정신적인 치료를 병행해야 한다. 여기에 해당하는 것이 플라시보, 피그말리온, 라포 등이라고 할 수 있다. 둘째, 환자의 스트레스를 관리해야 한다. 단지 처방이나 시술이 문제가 되는 것이 아니라 정신적인 충격에 대해 관리해야 한다는 관점이다. 셋째, 피암시성을 고려해야 한다. 환자들은 자신이 치료될 수 있다는 믿음을 가지도록 해야 한다는 것이다. 하지만, 일부 의료진에서는 부적절한 망상적 기대감으로 오염될 수 있다고 경고하고 있다. 결국, 피암시성은 의사의 책임에 대한 문제로 바뀌게 되었고, 현재로서는 서로 다른 입장이 존치하고 있는 실정이다.

[그림 14-21] **피그말리온 효과**

단 원 개 관

교육심리학은 보통 교과서에 포함된 내용인 지각, 감각, 기억, 학습, 인지과정 뿐만 아니라 발달심리, 개인차, 측정, 평가 등을 포함하는 영역이다. 이에, 교육심리학도들은 관심 영역으로 학습과 교수, 지각, 사회 행동, 인간발달, 개인차, 상담 그리고 측정, 평가 등을 들고 있으며, 용어와 개념의 분화에는 차이가 있으나 대체로 이러한 범위 내에서 교육심리학을 연구하고 있다. 긍정 심리학은 잘 되게 하는 것, 정상적인 것, 유익한 것을 알아내고자 "보통 사람"을 재조명한다. 그래서 긍정 심리학은 심리학자들로 하여금 인간의 잠재성, 동기, 그리고 능력에 대한 열린 시각과 관점을 갖게 만든 한 가지 시도이고, 사람들이 정상적으로 해내는 것이 무엇이며 어떻게 그것을 해내는지 연구한다. 페미니즘(feminism)이란 여성억압의 원인과 상태를 기술하고 여성해방을 궁극적 목표로 하는 운동이나 이론을 뜻한다. 이러한 것은 인류 사회가 역사발전이래 남성중심적으로만 조명되어 왔기 때문에 그동안 은폐되고 왜곡되어 온 여성의 활동과 삶을 우선적으로 부각시키기 위한 것으로 궁극적으로는 남녀가 평등한 사회를 지향하기 위한 것이다. 문화 심리학(cultural psychology)은 문화적 사상을 다루는 심리학으로서 문화에 의해 인간의 행동이나 심성이 어떤 영향을 받는가, 인간은 어떻게 해서 문화를 만들어내는가, 인간의 생득적 성능과 문화의 과정은 어떤 상호 영향을 끼치는가, 등의 제문제의 심리학적 연구를 말한다.

PATA

15

응용분야

1 교육심리학

교육심리학은 학문으로서 성년에 다다른 느낌을 갖는다. 그러나 대부분 학문의 발전 과정이 그렇듯이 교육심리학은 그 성격에 대한 합의점에 이르지 못하고 있다. 이러한 개념의 난해성은 Journal of Educational Psychology(1910)의 첫 발행 논문집에서도 분명히 나타나 있다. "교육심리학은 보통 교과서에 포함된 내용인 지각, 감각, 기억, 학습, 인지과정... 뿐만 아니라 발달심리, 개인차, 측정, 평가 등을 포함한 것으로 보인다(Begley, Seashore, & Whipple, 1910). 이 정의에서 보면 교육심리학은 교유한 성격의 틀이나 방법이 없는 듯하다. 그러나 지난 1세기 가까운 동안 교육심리학은 심리학과 교육학의 중간에 위치해서 학문적으로 두 학문의 중재 역할을 했다고 볼 수 있다. 최근에 교육심리학도들은 관심 영역으로 학습과 교수, 지각, 사회 행동, 인간 발달, 개인차, 상담 그리고 측정, 평가 등을 들고 있으며, 용어와 개념의 분화에는 차이가 있으나 대체로 이러한 범위 내에서 교육심리학을 연구하고 있다. 논의된 대부분의 개념들은 심리학에서 교유한 개념으로 다루어지고 있는 것들이다. 여기서 하나의 자율적인 학문은 그 나름대로의 독립된 개념적 체제와 방법론을 확보해야 한다고 볼 때, 교육심리학은 과연 그러한 요건을 갖추었는지 의문을 갖게 된다. 그래서 현재 이에 대한 대답을 찾는 노력이 교육심리학자들 사이에서 교육심리학적 개념과 방법을 찾는 일로 확산되고 있다. 이는 곧 교육심리학적 가치의 실현에 대한 문제로 귀착된다. 이러한 학문적 가치가 교육심리학적 현상을 어떻게 설명하는냐의 문제는 계속된 우리들의 관심사다. 그러나 한편으로는 교육심리학의 발전과정은 응용과 실제적 측면에서 찾을 수 있다. 인간을 이해하고자 하는 노력은 모든 학문의 질문이자 연구 과제라고 볼 수 있다. 그 중 심리학은 인간의 내면세계에 대한 원리와 법칙을 찾고자 도전장을 던져 놓고 있는 학문이다. 그러면 교육심리학은 어떠한가? 교육심리학을 어떻게 정의하느

[그림 15-1] 교육심리학

냐에 따라 다양하게 논의될 수 있다. Wittrock(1970)은 "교육심리학은 심리학적 원칙을 교육에 응용하는 것이라는 케케묵은 개념화를 뛰어넘어, 이제 우리는 교육심리학이 교육장면에서 인가의 행동을 과학적으로 연구하는 학문이라는 해방된 개념을 지칭할 시기를 맞이하였다."라고 하였다(장상호, 1983). 이 논의는 독립된 학문으로서 교육심리학의 학문적 성과에 대한 기대다. 다른 측면으로 교육심리학은 심리학의 인간행동에 관한 보편적 원리와 법칙을 교육에 응용하는 학문이라고도 볼 수 있다. 이런 시각에서 볼 때 교육심리학은 교육상황에서 개개 학습자의 행동 변화에 따른 심리현상에 관심이 있다고 할 수 있다. 즉, 인간행동의 변화를 모색하기 위한 심리학적 법칙의 적용이라고 할 수 있다. 교육심리학은 인간행동이 변할 수 있다는 전제에서 출발한다. 이 변화에 기여하는 심리적변인은 과연 무엇인가의 문제는 우리들의 중요한 관심사다. 황정규 (1984)는 "교육 및 교사가 가져야 할 신념은 비록 과학적 증거의 99%가 유전에 따라 결정되고 환경에 따라 결정될 가능성은 1 · %밖에 없다고 할지라도, 이 1%환경의 힘으로 99%의 불가능을 극복하려는 인간의 프로메테우스적 노력을 인지한다면 변화관에 대한 신념이 과학적 증거 이전에 택해야 할 의사결정이라는 것을 알 수 있을 것이다."라고 하였다.

2 교육과 심리학의 관계

일반적으로 보면, 심리학은 개인의 행동과 인지-기억의 과정에 관심을 두고 있기 때문에 교육과 밀접한 관련이 있다. 학교교육은 학령기 학습자들을 대상으로 이들의 행동, 태도, 가치지향, 의식구조, 지적인 성취, 그리고 정의적/심리운동적 기능 성취 등을 건전한 방향으로 개발시키고, 그 효과를 극대화시키려는 과정으로서, 교수-학습의 과정에서 심리학적 지식을 가능한 한 활용하고 있다. 이것은 교수-학습의 효과를 높이려는 건전한 수단으로써 인접학문 가운데, 특히 심리학의 이론과 정보를 수용하고 있다. 이와 같은 맥락에서 보면, 교육과 심리학은 깊은 관련이 있다. 그러나 심리학적 사실과 지식은 거의가 동물실험을 통해 얻어진 연구결과이다. 따라서 학습자들이나 개인들의 상호작용 과정인 교수-학습 과정에 적용한다는 것은 적절하지 못하다는 비판이 높았다. 어떤 의미에서 보면, '교육에 관한', '교육을 위한' 또는 '교수-학습을 위한' 심리학적 연구는 순수한 심리학의 연구와는 차이가 있다. 따라서 교육과 심리학은 각기 연구의 방법, 대상, 절차, 환경 및 처지가 가치적 차원에서 다른 점이 있다. 교육은 교육족적이라는 가치적인 요소와 인간형성이라는 가치 측면에서 보면, 심리학은 가치중립적 입장을 취하고 있다. 이미 언급한 바와 같이, 심리학은 교육목적의 달성을 위해서나 교수-학습의 효과 증진을 위한 수단의 차원에서 언제나 동원되기 때문에 교육과 관련을 맺고 있다. 특히 교육은 교육적 사실 · 원리 · 법칙을 도출하고 학교교육 현상을 기술 · 예측 · 통제하기 위한 연구설계에서 엄격한 통제와 실험처지가 불가능하다. 또한 교육은 심리학의 지원을 받아야 하고, 심리학적 지식을 수용하지 않을 수 없는 한계가 있다. 계획적이든 비의도적이든 교수-학습의 과정과 활동이 전개되는 상황에서는 항상 교육은 심리학과 관련이 있다. 이러한 이유는 심리학이 개인의 행동 · 발달 · 학습 · 인지과정 · 잠재가능성에 관심을 두고 있기 때문이다. 따라서 교육심리학은 교육과 심리학 양자의 학문적 차원을 총화 한 이상의 것으로 이해하는 것이 적절하다.

3 교육심리의 목적

교육심리학의 첫 번째 목적은 교육과 관련된 심리학적 현상을 기술하는 것이다. 기술이란 어떤 주어진 교육의 심리학적 현상을 있는 그대로 정확히 관찰 보고하는 것을 말한다. 기술에는 교육의 심리적 현상의 상태나 구조에 대한 기술과 그 현상의 과정 또는 기능에 대한기술이라는 두 가지 종류가 있다. 상태기술이란 " 길동의 IQ가 125이다."라든지, "순이는 보존개념을 아직 획득하지 못했다", 또는 "우리 선생님의 수업은 강의중심 수업이다." 같이 명시하는 것을 말한다. 그리고 교육에 관련된 심리학적 현상의 과정기술은 변인들 간의 상관관계와 인과관계 또는 특정 현상의 변화과정을 명시하는 것을 말한다. 예컨대, "IQ와 학교성적 간에는 정적 상관관계가 있다." 혹은 "인지발달은 감각운동기, 전조작기, 구체적 조작기 형식적 조작기의 순서로 이루어진다." 라고 명시하는 것을 말한다. 결국 교육심리학의 기술적 목적은 교육심리학적 변인들을 찾아내어 그 값을 기술하고 그 변인들 간의 관계를 기술함으로써 교육의 심리학적 현상을 이해하는 것이다. 두 번째 목적은 설명이다. 주어진 현상에 대한 기술이 끝나면 그 현상에 대한 원인이나 이유를 설명하게 된다. 교육심리학 연구에서 어떤 현상을 설명한다는 것은 왜 그와 같은 현상이 발생하게 되었고 그 원인이 무엇인가에 대해 설명하는 것을 의미한다. 따라서 그 현상을 일으키게 한 결정요소나 선행요인을 발길 수 있어야만 그 현상에 대한 설명이 가능해 진다. 이때 결정 요소들은 어떤 현상에 앞서 나타나거나 도는 동시에 발생하는 것이 특징이다. "수업목표를 미리 제시하면 제시하지 않은 경우에 비해 학업성취도가 높아진다."는 것을 기술했으면, 왜 수업목표의 제시가 학업성취도를 향상시키는가를 밝혀내어 수업목표를 제시하면 학생의 주의집중을 유도하는 식으로 그 이유를 설명해야 한다. 세 번째 목적은 예측이다. 교육심리학이 교육과 관련된 심리학적 사실이나 현상을 '기술' 이라고 하고 그 인과관계를 '설명'하는 것을 기초적이고 수단적이며 소극적인 목적이라고 한다면, 교육과 관련된 심리학적 사실과 현상을 '예측'하는 것은 응용적이고 궁극적이며, 적극적인 목적이라고 할 수 있다. '예측'이란 특정의현상과 관련하여, 그 독립변인이나 또는 조건을 어떻게 변화시키면 어떤 결과가 나올 것이라고 미리 서술하는 것을 의미한다. 예를 들면, 실증적 연구들에 의해 유아기의 발달자체가 이후의 발달에 부정적인 영향을 미친다는 사실을 확인함으로써 우리는 "유아기에 문화실조환경에 노출이 되면, 아동기와 청소년기의 신체발달과 인지발달을 포함한 전반적인 발달에 큰 손상이 초래될 수 있다."라고 예측할 수 있게 된다. 또한, "특정의 행동에 대하여 보상이 주어지게 되면, 그 행동의 발생빈도는 증가될 것이다."라는 예측도 가능하다. 네 번째 목적은 통제이다. 교육심리학의 도 다른 목적은 교육과 관련된 심리학적 사실과 현상을 통제하는 것인데, 이러한 목적은 앞에서 언급한 세 가지 목적들에 비해 가장 적극적이며 궁극적인 목적이라고 할 수 있다. '통제'란 '예측'의 단계를 넘어서서 교육에 관련된 심리학적 사실이나 현상을 바람직한 방향으로 유도하는 것을 말한다. 다시 말하면, 교육과 관련된 사실이나 현상에 영향을 미치는 요인이나 조건을 제거하거나 보강하는 등의 적절한 조작을 통해 바람직한 최선의 변화를 유도하는 것을 말한다. 따라서 교육심리학의 목적은 교육과 관련된 심리학적 사실과 현상에 대한 '기술'과 '설명' 및 '예측'에 두는 것은 교육심리학을 교육학의 기초학문으로 간주하는 견해로서 학자(이론가)들의 관심대상이라고 한다면, 이와 대조적으로 교육심리학의 목적을 학자들의 연구결과들을 실제 현장에 적용하여 교육과 관련된 심리학적 사실과 현상에 대한 '통제'를 통하여 최선의 결과를 얻고자 하는 데 두는 것은 이를 응용학문으로 간주하는 견해로서 바로 교육실천가나 현장교수자들의 관심대상이라고 할 수 있다.

4 긍정심리학

긍정 심리학이란 무엇인가? 그것은 평범한 사람들의 강점과 잠재능력에 대한 과학적인 연구를 말한다. 긍정 심리학은 잘 되게 하는 것, 정상적인 것, 유익한 것을 알아내고자 "보통 사람"을 재조명한다. 긍정 심리학의 질문은, "능률적으로 기능하는 인간존재, 즉 진화된 적응 기제들과 습득한 기술들을 성공적으로 적용해내는 사람들의 본성은 무엇일까? 대부분의 사람들이 수많은 난관에도 불구하고 존엄하고 목적을 지닌 삶을 살아나간다는 사실을 심리학자들은 어떻게 설명해 낼 수 있을까?" 등이다. 그래서 긍정 심리학은 심리학자들로 하여금 인간의 잠재성, 동기, 그리고 능력에 대한 열린 시각과 관점을 갖게 만든 한 가지 시도이다. 그러므로 긍정 심리학은 사람들이 정상적으로 해내는 것이 무엇이며 어떻게 그것을 해내는지 연구한다. 이것은 사람들이 그들 자신과 가족, 그리고 지역사회를 위해 하는 일을 포함한다. 또한, 긍정 심리학은 사람들이 자신과 다른 사람들을 위해 더 많은 것들을 수행할 수 있게 만드는 특질들을 계발할 수 있도록 돕는다. Sheldon, Frederickson, Rathunde, Csikszentmihalyi와 Haidt(2000)는 또 다른 관점을 제시하였다: 그들의 정의에 따르면, 긍정 심리학은 "인간이 해낼 수 있는 최선의 기능에 대한 과학적 연구이다. 그것은 개인, 지역, 사회, 그리고 사회가 번성하고 번영할 수 있게 해 주는 요인들을 발견하고 증진시키는 목적을 가진다." 긍정 심리학은 인간의 긍정적인 심리적 측면을 과학적으로 연구하고 인간의 행복과 성장을 지원하는 학문이다.

5 긍정심리학의 특성

긍정 심리학은 근본적으로 행복과 성장을 추구하는 존재라는 가정에 근거한다. 인간은 누구나 행복하기를 원한다. 편안하고 즐거우며 만족스러운 삶을 추구한다. 또한 인간은 자신의 잠재능력을 계발하고 발휘함으로써 성장하려는 욕구를 지닌다. 인간의 근본적 동기에 대해서 다양한 주장이 제기되고 있다. Freud는 성적인 욕구를 가장 근본적인 동기로 보았으며, 대상관계 이론가들은 타자와의 관계형성 욕구를 가장 기본적인 것으로 여긴다. 이 밖에도 자기실현, 의미 추구, 자기초월 등이 인간의 근본적 동기라고 주장되고 있다. 이러한 동기들은 인간을 움직이는 중요한 욕구이지만 행복추구라는 근본적 동기의 하위 요소라고 할 수 있다. 진정한 행복을 위해서는 이러한 욕구들이 균형있고 조화롭게 충족되어야 하기 때문이다. 인간의 가장 기본적 성향은 쾌락을 추구하고 고통을 회피하는 것이다. 인간은 누구나 편안하고 유쾌한 긍정적인 정서를 지향하는 반면, 불편하고 불쾌한 부정적인 정서는 회피하려 한다. 아울러 자신을 좀 더 유능하고 효율적인 존재로 성장시키기 위해서 노력한다. 이러한 성장의 노력은 긍정적 정서를 좀 더 지속적이고 강렬하게 경험하기 위한 것이기도 하다. 자신의 역량을 계발하여 타인 또는 환경과의 상호작용을 좀 더 원활하게 함으로써 만족스럽고 행복한 삶을 영위할 수 있기 때문이다. 성장동기는 과거에 인본주의 심리학자들이 주장한 바 있는 자아실현 동기와 밀접한 것이다. 인간은 자신의 잠재력을 충분히 계발하고 표현함으로써 자기실현을 이루려는 동기를 지닌다. 쾌락 추구와 성장 추구는 일시적으로 서로 괴리될 수도 있으나 장기적으로는 수렴되는 것이다. 인간이 불행해지는 이유는 이러한 동기를 효과적으로 추구하지 못하거나 부적절한 목표와 잘못된 방법을 통해서 추구하기 때문이다. 행복에 대한 잘못된 생각은 부적절한 목표를 추구하게 만든

[그림 15-2] **긍정심리의 이해**

다. 예를 들어, 돈을 많이 벌면 반드시 행복해질 것이라는 생각은 잘못된 것이다. 소득이나 재산에 비례하여 행복도가 증가하는 것은 아니다. 물론 가난 상태를 벗어나기까지는 소득이 중요하지만, 그 상태를 넘어서면 소득이 행복에 미치는 영향을 미미하다(Diener, Horwitz, & Emmons, 1985). 오히려 물질적인 가치를 지나치게 중시하며 추구하는 사람들의 행복도는 그렇지 않은 사람들에 비해서 낮은 것으로 밝혀진다(Kasser & Ryan, 1993; Sirgy, 1998).

긍정 심리학자에 따르면, 행복은 효율적인 역할수행, 긍정적인 인간관계, 삶에 대한 목적의식, 성장의 변화인식, 자율성과 자기수용과 같은 다양한 구성요소로 이루어져 있다(Ryff, 1989). 또한 행복한 삶을 위해 적절한 목표를 추구한다 하더라도 그러한 목표를 실현할 수 있는 접근방법이 효과적이지 못하면 불행과 좌절의 늪에 빠져들 수 있다. 예를 들어, 친밀한 인간관계를 추구하지만 과도하게 자기중심적인 방법으로 관계를 영위하게 되면 갈등과 고립을 초래하게 된다. 과거의 심리학은 인간을 성욕이나 공격성에 의해 휘둘리는 존재로 여기거나 어떠한 내면적 지향성도 없이 환경적 영향에 의해 결정되는 존재로 간주하기도 했다. 또한 인간은 타고난 기질과 유년기 경험에 의해 형성되는 무의식적 갈등이나 습관적 행동의 노예가 되어 살아간다고 가정하기도 했다. 물론 인간에게 이러한 측면이 없는 것은 아니다. 그러나 인간은 자신의 삶을 끊임없이 개선하기 위해 노력하는 존재이다. 긍정 심리학은 많은 사람들이 인생의 여러 난관과 역경을 극복하고 성공적인 삶을 성취한다는 점에 주목하면서 이들의 성취과정을 밝혀내고자 한다. 이처럼 긍정 심리학은 인간의 행복과 성장에 관여하는 심리적 요인을 탐구한다. 나아가서 행복과 성장을 증진할 수 있는 효과적인 방법을 모색한다.

6 긍정심리학의 목적

긍정심리학자들은 왜 어떤 사람들이 다른 이들보다 더 행복하진 그 이유와 관련된 다양한 개인차를 연구한다. 특질론적 설명을 선호하는 주된 이유 중의 하나는 사람들의 개관적 삶의 특징들이 여향을 미친다는 것이다.(Lyubomirsky, Sheldon, & Schkade, 2005). 긍정적 특질(traits)에는 성격, 정서, 신념, 그리고 가기개념과 연관된 다양한 개인적 특성이 포함되어 있다. 이 용어들은 모두 비교적 지속적인 개인적 성향을 지칭하는데, 이런 성향은 다양한 상황에서의개인의 사고와 감정 및 행동방식을 나타낸다. 웰빙에 영향을 주는 대부분의 특질은 시간에 걸쳐 상당히 안정성을 보이는데, 이는 특질의기초가 된다. 예를 들어, 많은 성격 특질이 전 생애 동안 아주 안정적인데, 특히 30세 이후에는 더욱 그렇다(McCrae & Costa, 1990; Roberts & Delvecchio, 2000; Terracciano, Costa, & McCrae, 2006). 특질은 세상을 어떻게 보고 어떻게 해석할지를 좌우하는 내적 성향이다. 특질은 생애 사건에 의미를 부여하고, 무엇을 선택할지, 무슨 목표를 정할지, 그리고 어떤 행위를 취할지에 영향을 준다. 이는 Diener(1984)가 웰빙에 미치는 '상-하 방식'영향이라고 칭한 것으로, 우리의 내적 성향(상)은 건강과 행복에 영향을 주는 삶의 많은 측면(하)에 안정적이고 전반적인 영향을 미친다는 것이다. 용어 간에 개념적 구분이 있을 수 있지만, 많은 개인적 특성이 서로 연결되어 있고 중복되는 의미를 공유하고 있다. 예를 들어, 성격 특질은 정서(McCrae & Costa, 1991; Watson, 2002) 및 자기에 관한 일반화 된 신념(Rovinson & Clore, 2002)과 밀접하게 연관되어 있는 것으로 간주되어 왔다. 여기서는 포괄적 용어인 '특질'을 사용할 것인데, 이는 웰빙에 영향을 주는 것으로 확인된 다양한 개인적 특성을 지칭한다. 인간 행동은 매우 복잡하고 평가 기준이 다양하기 때문에 긍정 특성과부정적 특성을 구분하는 것이 매우 어렵다. 긍정심리학자들은 이러한 어려움을 인정한 최초의 사람들일 것이다(Aspinwall & Staudinger, 2003).

명확한 구분에 대한 시도가 어려운 것에는 맥락, 문화적 차이, 발달적 변화, 그리고 긍정적 자질과 부정적 자질의 상호작용이 포함된다. 그 예를 쉽게 찾을 수 있다. 외상 후 성장은 중요한 긍정적 교훈이 어떻게 부정적 경험에서 나올 수 있는지를 보여준다. 개인의 포부를 '포기하는 것'은 달성할 수 없는 목표를 쓸데없이 추구하지 않을 수 있기 때문에 긍정적 적응이 될 수 있다. 일부 특질은 어느 한 상황에서는 바람직한 효과를 나타낼 수 있으나 다른 상황에서는 바람직하지 않은 효과를 낼 수 있다. 예를 들어, 성공하는데 필요한 여러 가지 개인적 자질(예, 경쟁력)이 가족과의 삶의 질을 저하시킬 수 있다. 긍정과 부정을 구분하는 명확한 지침을 개발하는 것이 긍정심리학에 관한 미래 연구에서 중요하나 한 주제가 된다. 지금으로서는 웰빙 연구자들이 긍정적 질과 부정적 질을 구분하는 데 사용하는 네 가지 일반적 기준을 제시할 수 있다. 첫째, 웰빙의 쾌락적 개념화에 따르면, 주관적 안녕감(SBW) 연구자들은 특성이 개인의 행복 수준을 고양시키는가 아니면 감소시키는가를 살핀다. 주관적 안녕감의 세 가지 가지 요소를 보면 , 긍정적 질을 갖는 것은 긍정적 정서 경험을 증진시키고, 부정적 정서를 감소시키며, 삶의 만족을 증진시킨다. 주관적 안녕감 측정치는 긍정심리학 연구에서 가장 흔히 사용되는 것이기 때문에, 주관적 안녕감에 미치는 효과는 긍정적 질을 규정하는 가장 일반적인 기초가 된다. 둘째, 웰빙의 행복론적 관점은 긍정적 질을 평가하는 데 앞의 기준과 관련되지만, 아직은 서로 구분되는 기준이 있다. 행복론 연구와 이론은 정서적 건강, 긍정적 사회관계, 삶의 의미와 목적의 발견 및 효율적인 대처와 적응에 초점을 둔다. 긍정적 질은 정신건강을 증진시키고, 타인과의 관계 질을 높이고, 인생의 많은 도전에 잘 대처하는데 도움이 되는 것 이다. 이 관점에서 행복은 어떤 특질을 긍정적으로 평가하는 핵심 준거도 아니며 유일한 준거도 아니다. 행복은 증가된 행복론적 웰빙에 의해 증진될 수 있다. 그런데 건강을 증진시키는 많은 자질들이 개인의 행복을 증진시키지 못할 수도 있다. 인생에서 힘든 것을 극복하는 용기를 갖는 것, 자식에게 '안 돼'라고 마하는 것처럼 대인 갈등을 극복하는 것, 그리고 잘못된 관계를 끊는 것은 자신과 타인의 정서적 건강을 위해서 좋다. 그러나 적어도 단기적으로는 인생의 즐거움을 감할 수 있다. 셋재, 많은 연구자들은 다양한 심리적 특질이 신체 건강에 미치는 장점과 단점에 초점을 맞춘다. 신체적 건강 지표에는 수녀 연구처럼 수명, 심각한 질병(예, 심자병) 발병수준, 질병증상, 병이나 치료(예, 수술)로부터 회복률, 스트레스 수준 및 건강 유지를 위한 운동의 효율성 등이 포함된다.

7 여성심리학

페미니즘(feminism)이란 여성억압의 원인과 상태를 기술하고 여성해방을 궁극적 목표로 하는 운동이나 이론을 뜻한다. 그 용어 자체는 여성과 여성적인 것을 나타내는 female이라는 단어를 어원으로 하고 있어 여성중심적, 여성성지향으로 여성존중의식을 내포하고 있다. 이러한 것은 인류 사회가 역사 발전이래 남성중심적으로만 조명되어 왔기 때문에 그동안 은폐되고 왜곡되어 온 여성의 활동과 삶을 우선적으로 부각시키기 위한 것으로 궁극적으로는 남녀가 평등한 사회를 지향하기 위한 것이다. 그러나 요즘은 Feminism이라는 편파적인 용어에서 오는 저항감을 없애기 위해 영어권에서는 이 용어의 대안적 입장으로 생물학적 성(sex)이 아닌 사회적 성을 나타내는 gender라는 단어를 사용하여 genderstudies (성연구)라는 이름을 붙이기도 한다.

8 성의 역사

인간의 남녀 구분의 관점이 적용되는 것은 태고적이라고 할 수 있으며, 원시시대의 인간이 이 지구상에 처음 나타났을 때 먹고살기 위해 할 수 있는 일은 채집생활이었고 여기서 부터 여성에 대한 연구가 시작될 수 있다. 당시 열매나 나무뿌리 등이 없어지면 다른 지역으로 이동해야 했다. 그러나 도구가 발달하면서 투창이나 활을 사용한 사냥방법이 등장하였고, 수렵이 인간 생활에서 중요한 위치를 차지하게된 것이다. 남성과 여성의 생리적 차이로 인하여 수렵은 주로 남자가 맡고 여자들은 식물의 채집과 집안일을 맡았다. 당시의 남녀관계는 오늘날과는 많이 달랐다. (수렵활동과 같은 노동력을 제공해주는) 인간을 낳을 수 있는 여자들의 권한은 막강했기 때문에 이들 중심의 씨족사회가 번창하였다. 처음에는 수렵중심의 생활이었기 때문에 농업은 주로 여성의 몫이었다. 그 당시 농경생활의 수준은 아주 낮은 것이어서 여자들은 들에 씨앗을 뿌리고 수확 철이 되면

뿌린 씨앗 중 자라난 것들만 거두어들이는 정도였다. 하지만, 점차 기술이 발달되고 도구가 좋아짐에 따라, 농업이 차지하는 비중이 수렵보다 높아지면서 정착생활이 시작되었다. 적은 인원이 협력해도 먹고 살 수 있게 되면서 공동체 내에서 가족의 역할도 점점 더 중요해졌다. 씨족 중심의 모계사회에서 혈연중심의 부계사회로 변화하는 것이었다. 또한 수렵활동을 통해 얻은 가축의 일부를 사육하여 그 힘을 농사에 이용하기 시작하면서 남자들은 자연스럽게 농업을 담당하게 되었다. 이로 인해 남자의 지위가 결정적으로 높아지게 된다. 여자들은 생산의 현장에서 점차 베를 짜고 곡식을 저장하고 아이들을 보살피며 부엌일을 담당하게 되었다. 이때부터 사회 속에서의 지위 , 역할분담에서 서로 평등했던 여성과 남성의 관계는 사라지고, 여성은 남성보다 열등하고 사회생활 능력이 뒤떨어지며 보호받아야 하는 존재가 되어버린 것이다.

9 푸코의 페미니즘

푸코의 페미니즘은 세 가지 정도의 함의가 있다. 첫째, 주변성의 정치학의 기반되었고, 아래로부터의 미시적, 관계적 권력개념을 주장하였다. 푸코가 페미니즘에 주는 첫 번째 이점은 중심/주변의 이분법을 허물고 여성이슈와 페미니즘을 사회의 중심이슈와 중심사상으로 만들어 주변성의 정치학의 기반을 형성하는 데 도움을 주었다는 점에 있다. 이러한 이론의 중심에는 푸코의 권력개념이 위치한다. 푸코는 이제까지 중시되던 국가나 공적 기구에 의해 행사되는 위로부터의 권력개념 대신 사적 관계 속에서 작용하고 있는 아래로부터의 수평적, 관계적 권력개념을 주장하면서 주변적 주체의 정치화를 가능하게 했다. 둘째, 역동적 현실 포착가능한 비본질주의(구성론적)접근하였다. 푸코는 비본질주의적(구성론)접근을 통해서 역동적 현실을 포착할 수 있게 했다. 이것은 고정된 주체에 기반해서 여성주체를 단일한 여성의 이해를 중심으로 묶인 단일한 집단으로 개념화했던 이전의 페미니즘 논리를 수정하게 했다. 실제로 여성적 정체성은 본질적으로 이미 만들어진 여성주체가 있는 것이 아니라, 사회에서의 여성적 경험을 통해 여성으로 되어가는 것이며, 그녀가 어떤 경험을 하느냐에 따라 여성적 정체성이나 여성의 이해를 가질 수도 갖지 않을 수도 있다. 즉 여성을 고정화된 이해에 기반한 단일한 집단으로 묶는 것은 다양한 경험을 가지고 있고, 다양한 조건 속에 놓여있는 여성의 실제 현실을 단순화할 우려가 있다.

푸코의 이론은 계급, 인종, 연령, 세대, 결혼 등 여성들 사이에서 각기 다른 여성적 정체성을 가지고 있고 각기 다른 여성이해를 보이는 여성들 내부의 다양성과 차이에 대한 설명을 가능케했다. 이러한 비본질주의적 접근은 나아가 여성뿐 아니라 남성들도 여성으로서의 경험여부에 따라 여성적 정체성을 가질 수 있으며, 여성의 이해를 가질 수 있다는 가능성을 열어놓는다. 이를테면 반드시 생물학적으로 여성이 아닌 주체인 남성들도 페미니즘운동에 참여할 수 있는 길을 페미니즘 사상의 근본원리로부터 열어놓는 것이다. 셋째, 신체, 성, 섹슈얼리티에 대한 관심이 많았다. 푸코는 신체, 성, 섹슈얼리티에 대한 사회적 관심을 환기시킴으로써 페미니즘 정치에 공헌하고 있다.

[그림 15-3] **미셸 푸코**

페미니즘에서 신체, 성, 섹슈얼리티 영역은 지속적인 주요한 관심영역으로 여성이나 페미니스트 학자들이 이에 대한 문제제기와 대안 마련을 위해 노력해왔지만 그동안 남성학자들의 무관심과 소홀함 속에서 이 분야의 사회적 의미는 축소되어왔다. 그러나 푸코는 섹슈얼리티를 인간 해방투쟁에 있어 핵심지점으로 파악하면서 신체, 성, 섹슈얼리티 영역에서 중요한 이론적 방법론적 틀을 세움으로써 현대사회에서 그동안 중요한 영역임에도 불구하고 사적영역이나 여성의 영역으로 인식되어 소홀히 여겨졌던 영역을 현대사회의 중심적 분석에 올려놓고 현대사회를 올바르게 이해하는데 도움을 주었다. 또한 푸코는 성이 여성이건 남성이건 간에 상관없이 생물학적 기능, 감각, 쾌락체계에서 일관성과 통합의 픽션을 부과하는 정체성의 원칙으로 작동하고 성체제 아래에서 모든 쾌락은 성의 징후가 되며 성 그 자체는 쾌락의 생물학적 토대나 원인으로 작동할 뿐만 아니라 그것의 방향성을 결정하는 것으로 작동한다고 보고 있는데 이것은 그동안 억눌려 있던 여성의 성과 쾌락의 의미를 연관시키는 데도 큰 도움을 준다.

10 포스트모더니즘과 페미니즘

전반적인 포스트모더니즘의 영향력은 다음과 같이 설명할 수 있다. 먼저, 이분법의 극복과 페미니즘의 정당화가 가능해졌다. 페미니즘의 측면에서 볼 때 포스트모더니즘이 가져온 가장 긍정적 측면이 있다면 모더니즘적 사고 속에서 우선시되어 왔던 이분법적 사고를 해체시켰다는 점이다. 이분법적 사고는 현실의 상호작용과 역동성을 간과했으며 각각의 개념이 변화될 가능성을 무시했다. 이의 해체로 인해 감성도 이성만큼 중요하고 주변적인 것도 중심적인 것 이상으로 가치가 있다는 점을 새로이 인식하게 만들었다. 이러한 사고의 전환은 페미니즘 외부에는 페미니즘의 중요성을 인식시켰고, 그 내부에는 여성들에게 자부심과 긍지를 가져다 주어 여성주의의 가치와 여성들의 경험을 중시하도록 했다.

둘째, 다차원적 사고와 '여성들 간의 차이'에 주목하고 있다. 포스트모더니즘은 또한 다차원적 관점을 가질 수 있게 했다. 그동안의 모더니즘적 인식하에서는 복합적인 현실의 다양한 측면을 누락시키고 어느 한 요소의 강조 속에서 다른 요소들을 폄하시켜왔으나 포스트모더니즘은 반드시 발전론적이거나 진보론적인 사고를 '최고의 선'으로 보지 않으며 다양한 요인이 다차원적으로 결합되어 특정현실이나 사물을 형성한다고 한다. 무페가 말하는 '접합'. '주체의 복수성', '이슈의 등가성' 등 다차원적 사고에 의하면 사회적 행위자는 복수(複數)이며 다양한 주체위치에 의존하고 있다는 것이다. 그동안 남녀집단 간의 차별현상에 초점을 맞추어 왔던 페미니즘을 변화시켜 여성들 내부의 다양한 차이를 인식하도록 했다. 이것은 나아가 한명의 여성주체 안에 어머니이자 아내이자 딸이자 노동자일 수 있다는 복수적 주체, 여성이라는 호명 속에 복합적인 속성을 내포한 주체가 있음을 인식시켰다.

셋째, 문화, 정신분석학적 접근이 부각되었다. 포스트모더니즘은 또한 경제패러다임에서 문화 패러다임으로의 관심을 확대시켰다. 산업화시대에는 경제 패러다임에 집중되었지만 탈산업화사회에서는 문화적인 것의 비중이 점차 커져가고 있다. 포스트모더니즘은 문화 페미니즘, 정신분석학적 페미니즘의 발전에 중요한 영향을 끼쳤다. 정신분석학적 측면에서 보면 또다른 가부장적 보편적 담론일 수 있으나 이것을 통해 정신분석학적 대안들을 찾아나갈 수 있고 언어분석적 접근을 통해 중립적인 것으로 포장되는 가부장적이고 남근적인 언어의 환상을 벗겨낼 수 있다는 것이다. 성은 단순히 생물학적인 것만이 아니라 문화적인 쟁점이 될 수 있다는 가능성을 보여주었다. 넷째, 주체구성에 대한 인식이 나타났다. 포스트모더니즘은 또한 주체에 대한 구성적 인식을 가능하게 하며 결정론적이고 본질주의적 사고를 회피하게 해준다. 모더니즘적 사고 하에서는 남녀의 성 정체성이 태어날 때부터 고정된 것이고 생물학 해부학적으로 결정된 것이며 이에 의해 남녀는 각기 다른 심리적 속성을 지니는 것으로 간주되었다. 그러나 포스트모더니즘적 사고에서는 여성성, 남성성이 고정화되어있는 것이 아니라 끊임없이 변화하고 구성되어가는 과정 중에 있다고 미첼, 크리스테바, 식쑤 등이 주장하였다.

11 성도식 이론

성도식 이론에서의 도식(scheme)은 피아제 인지발달이론의 기본 개념으로 유기체가 가지고 있는 '이해의 틀'을 말하며, 이 도식(또는 구조)은 유기체가 생태적으로 가지고 태어나는 것이 아니라 환경과의 접촉에서 반복되는 유기체의 행동과 경험에서 형성되는 것이다. 인간은 그의 지식체계 내에 형성되어있는 도식을 바탕으로 외부자극을 지각하고 그리고 반응한다. 그러나 기존의 도식과 연결되지 못하거나 잘못된 도식과 연결된 정보들은 제대로 이해되지 못한다. 성도식 이론가들은 인지적 범주로서의 성차에 관심을 갖고 유기체의 지식체계 내에 성도식(gender schemes)이 존재한다고 가정한다(Markus 등,1982).

인생초기에 학습되기 시작하는 성도식은 개인이 성역할 정체감을 획득하고 성 유형화될 수 있도록 인도하는 역할을 한다. 성도식 이론가들에 의하면, 개인에 따라 성도식의 발달 정도에는 차이가 있다. 이론적으로 잘 발달된 성도식을 지니고 있는 사람들은 남성이나 여성 중 하나의 성에 지극히 유형화되고 세상을 이해하기 위해 적극적으로 성도식을 활용한다. 대조적으로 잘 발달되지 못한 성도식을 지니고 있는 사람들은 성유형화의 정도가 약하기 때문에, 세상을 이해하기 위해 성도식이 아닌 다른 도식에 의존해야 한다.

그러나 현실적으로 개인의 성도식은 대단히 풍부하고 다양하기 때문에 성도식의 활용은 단지 정도의 문제일 것으로 생각된다.

마틴과 할버슨(Martin & Halverson, 1981)은 성도식으로 일반도식(in-group-out-group scheBe)과 고유도식(own-sex scheme)을 가정하였다. 일반도식은 남녀의 성별에 적절한 것이 무엇인가를 알려 주는 역할을 하고 고유도식은 자신의 성에 적절한 행동이나 정보를 알려 주어 행동계획을 세울 수 있도록 돕는 역할을 한다. 특정한 성에 강하게 유형화된 사람과 그렇지 않은 사람들은 성차를 포함하는 인지적 정보를 처리할 때 차이를 나타낼 것으로 기대된다. 한 실험(Frable & Bem, 1985)에서 연구자들은 연구대상자들을 성도식 집단과 비성도식집단으로 나누고 집단토의를 하게 한 후, 누가 무슨 말을 했는가를 기억하도록 하였다. 예상한 대로, 성도식 집단의 사람들이 동성의 이야기를 더 많이 혼동한 반면, 비성도식집단의 사람들은 그와 같은 경향을 나타내지 않았다. 이와 같은 결과는 성도식 집단은 지극히 성 유형화된 사람들이기 때문에, 그들이 지니고 있는 성도식을 바탕으로 마음속으로, 구성원들을 남성과 여성의 두 가지 범주로 이미 분류하였다는 것을 의미한다. 성도식 이론가들은 성인들이 성별로써 세상을 구분하도록 아동에게 가르치고 있으므로, 아동은 성유형화 된다고 제안한다.

12 양성성이론

고대 신화에서 그 뿌리를 찾을 수 있는 양성성(androgyny) 개념은 희랍어의 남성(andro)과 여성(syne)에서 유래된 단어이다. 즉 두 단어의 결합은 남성이 갖는 특성과 여성이 갖는 특성이 균형을 이루거나 혼합되어 있다는 것을 의미한다. 양성성 개념을 처음으로 심리학에 활용한 사람은 융(Jung, 1971)이

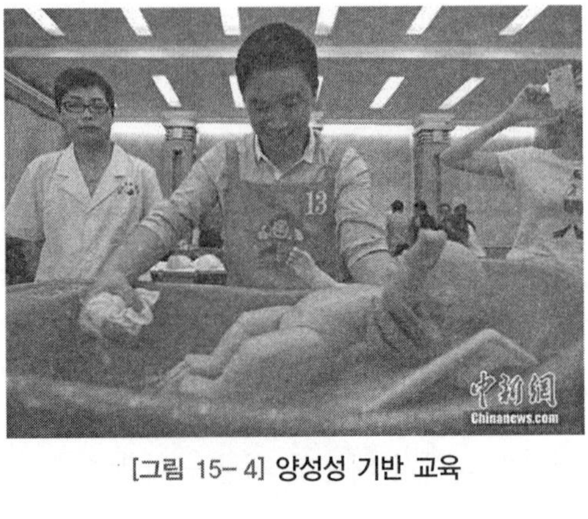

[그림 15-4] 양성성 기반 교육

다. 그는 남성의 자아 속에 내재되어 있는 여성적 특성을 아니마(anima)라고하고 여성의 자아 속에 내재된 남성적 특성을 아니무스(animus)라고 명명하였다. 융에 의하면, 개인의 자아가 완전해지기 위해서는 개인 내부의 아니마와 아니무스가 통합되어 있어야 한다. 융 이후 페미니즘적 입장을 취하는 심리학자들이 양성성의 중요성을 재발견하게 되었다. 그들은 여성을 열등시하는 전통적 성격이론에서 벗어나서 여성의 성역할 정체감을 논의할 수 있는 개념을 필요로 하였기 때문에, 양성성은 그들의 욕구를 충족시켜 줄 수 있는 유용한 개념이었다. 그렇다고 해서 양성성이 여성의 사회적 역할에 대한 자유주의적 태도와 유사한 의미로 해석된다는 것은 아니다.

특히 심리적 양성성(psychological androgyny)에 대해 깊은 관심을 가진 벰과 스펜스 등(Bem, 1975; Spencer & Helmreich, 1983)은 양성성에서의 개인차를 측정하기 위한 검사 도구를 개발하였다. 양성적인 사람은 독립적, 공격적, 모험적 등의 전형적인 남성적 특성과 함께 감정 이입적, 정서적, 수동적 등의 전형적인 여성적 특성을 공유하는 개인들이다. 두 성의 특성을 함께 지니고 있기 때문에, 논리적으로 양성적인 사람들은 남성적인 특성이나 여성적인 특성만을 지닌 개인들보다 광범위하게 다양한 상황에서 적응을 잘 할 것으로 기대된다. 양성적인 사람들은 동조나 일치를 강요하는 상황에서는 남성 동료들과 같이 행동할 것이고 타인에게 관심을 가지고 보살펴 주어야 할 상황에서는 여성 동료들과 같이 행동할 것이므로 그들의 행동은 대단히 큰 융통성을 지닐 것이다. 대조적으로 남성적 특성이나 여성적 특성만을 지닌, 강하게 성유형화 된 사람들은 그들의 성역할 유형에 적합한 상황에서만 편안하고 적응적일 수 있다. 그들은 자신의 성에 적합하지 않다고 생각되는 상황에서는 불편함을 느끼고 그 상황을 회피하려고 하기 때문에, 심리적 안녕감을 경험하지 못하고 그들의 잠재적 능력도 제대로 발휘하기 어렵다.

그러나 Bem이나 Spencer의 주장과는 상이하게 양성성의 바람직한 효과를 확인하지 못한 연구들도 많이 있다(Signo,ells & Jamison, 1986). 오히려 남성적인 사람들이 양성적이거나 여성적인 사람들보다 다양한 과제의 수행에서 높은 자기신뢰를 바탕으로 더 잘 수행하였고 더 높은 자아존중감과 더 바람직한 심리적 적응을 나타내었다(Whitley, 1983). 우리 사회는 여성적 특성이 가정과 사회의 유지와 발전에 절대적으로 필요하다는 것을 인정하면서도 남성적 특성에 더 큰 보상과 사회적 힘을 부여한다. 그러므로 양성적인 사람들이 성유형화 된 사람들보다 더 잘 적응하는 것처럼 보이는 것은 그들이 지니고 있는 남성적 특성의 결과일 것이라는 것이다.

13 문화심리학

문화 심리학(cultural psychology)은 문화적 사상을 다루는 심리학으로서 문화에 의해 인간의 행동이나 심성이 어떤 영향을 받는가, 인간은 어떻게 해서 문화를 만들어내는가, 인간의 생득적 성능과 문화의 과정은 어떤 상호영향을 끼치는가, 등의 제문제의 심리학적 연구를 말한다. 문화 심리학의 기본전제는 인간 의식의 과적이 점 세계의 여려 문화권에서 동일하지 않다는 것이다. 예컨대 인도의 남편을 따라 죽는 관습(Suttee)은 매우 희귀하고 정상을 벗어난 행위이지만, 힌두교의 도덕세계에서는 남편과 아내의 영원한 결합을 보장하는 의미 있는 행위이다. 즉, 우리의 개념과 다른 사람들의 다른 개념은, 각각 나름대로 합리적이며 정당화 되어질 수 있어야 한다. 남편을 따라 죽는 관습이 이해되기 위해서는 시간의존적이고 공간의존적인 진리의 개념을 인용해야 하며, 결국 지금 여기서 진실한 것이, 시공을 초월하여 반드시 진실한 것일 필요는 없다는 것이다. 또한 낭만주의는 과학에 상반되는 것이 아니며, 낭만적인 학문분야로서 문화심리학은 기호과학과 자연과학이 혼합된 형태이다.

[그림 15-5] 문화심리학

문화심리학에서는 사람들이 이 세상에서 다르게 살아갈 때, 그들은 다른 세상에 살고 있다고 가정한다. 그러므로 우리가 다양한 문화를 통해 사고할 때, 실존적인 경이를 경험할 수 있으며, 다양한 세계를 진정으로 수용할 수 있게 된다는 점을 지적한다. 문화심리학은 특별한 의도적인 세계에서의 인간의 기능에 관해 연구하는 학문이다. 문화심리학의 원리, 즉 의도적인 세계의 원리에서 보면, 하나의 의도적인 세계에서 참된 것이 모든 의도적인 세계에서 반드시 보편적으로 참된 것은 아니다. 따라서 플라톤적인 인간 정신에 보편적인 중앙처리기제의 존재를 가정하고, 이러한 중앙처리기제를 서술하는 것을 목적으로 한다. 중앙처리기제를 추상적 보편적 속성으로 간주하기 때문에 일반심리학은 플라톤철학에 기초하고 있다. 비교문화심리학은 민족간 수행의 차이에 관심을 가지며, 인간 정신의 보편성을 가정하는 일반심리학의 하위 학문이다. 심리인류학은 인류학의 한 영역으로서, 인간 정신으로부터 주어진 보편적이고 선천적인 중앙처리 기제를 가정하고 그것이 영향을 미치는 사회문화적인 환경에 관심을 갖는다. 정신의 보편성에 대한 전제가 없는 심리인류학을 문화심리학이라고 한다면, 민족심리학은 정신이 전혀 없는 문화심리학이다.

민족심리학은 마음, 자기, 정서에 대한 민족 고유의 표상, 민족의 다양성을 연구하나, 심리적인 기능과 특정 문화에 살고 있는 사람들의 주관적인 삶에 대한 관심을 덜 가진다. 문화심리학은 일반심리학, 비교문화심리학, 심리인류학, 민족심리학의 장점을 통합하면서, 이들의 결점에서 벗어나려고 한다. 추상적이며 변하지 않는 변하지 않는 인간 본성에 대한 연구를 하는 개인의 특성을 배제한 심리학과, 구체적인 사회문화적 제도, 관습, 신념에 관한 역사적 민족학적 변화를 다루고 인간과 정신에 전혀 관심을 갖지 않는 인류학의 학문적 편협성은, 문화적 심리학의 관심사가 되는 현상들과 의도적인 세계에 대해 무관심하게 하였다. 문화심리학은 정신적 삶의 원리가 보편적이거나 추상적이라고 가정하지 않고, 오히려 의도성을 가정한다.

의도성이란 정신의 삶이 의도적인 인간이 변화한다고 가정한다. 문화심리학에서는 문화와 정신이 서로를 구성한다고 봄으로, 심리학에서의 순수 심리적인 것, 불변적 추상적 형식주의를 배제한다. 따라서 문화심리학에서는 새로운 해석의 틀이 필요하며, 이를 통해 새로운 방식으로(실재를 구성하는) 정신과 문화(적으로 구성된 실재)에 대한 탐구가 가능하다고 본다.

문화는 의도적인 세계를, 정신은 의도적 인간을 의미하며, 이 둘은 상호의존적이다. 또한 의도적인 활동과 관습은 의도적 인간과 세계의 산물이며, 동시에 그것들을 구성한다. 문화심리학의 목표는 문화와 정신의 사회적 상호작용에서 계속적으로 일어나는 여러 사실들을 검토하는 것이다. 의도적 개인과 의도적인 세계 사이에는 상호역동적인 관계가 있으며, 이러한 관계는 자기 변형적이고 변증법적이다. 또한 문화심리학은 해석적 학문이며, 의도적인 세계와 삶에 대한 해석에서 실제로 우리가 하는 것은 다른 사람을 통해 이해하기이다.

14 문화 절대성 및 보편성(etic)

현대 심리학의 창시자인 분트(Wundt)는 1879년 독일의 라이프치히(Leipzig) 대학에 심리학 실험실을 설립하였다. 사실 그 전에도 수많은 사람들이 인간의 마음에 대해서 알기 위한 여러 가지의 노력들을 했지만, 그럼에도 불구하고 1879년을 심리학의 탄생 년도로 보는 이유는 바로 인간의 마음을 연구하는데 있어서 개인의 영역을 뛰어 넘어 대학이라는 제도권 안에서 실험실을 통하여 과학적인 방법으로 접근하였기 때문이다.

분트는 인간에게는 고등정신기능이 있기 때문에 고등정신기능에 해당되는 사회 문화 심리현상을 연구해야 한다고 생각하였다. 그래서 자연과학적 연구에서는 실험적 방법론을 사용하고, 사회문화적 심리학에서는 예를 들면 신화, 언어, 풍습, 민속 등과 같은 소위 문화에 대한 연구를 해야 한다고 주장하였다. 하지만, 이러한 분트의 심리학이 북미로 전파되어 기능주의를 거쳐 행동주의로 이어지는 과정에서 인문과학적인 전통을 무시하고 자연과학적인 전통만을 이어 실험심리학이 전개되었다. 따라서 초기의 심리학에서의 인간을 보는 관점은 자연과학적인 방법을 통하여 개인, 사회, 문화, 시간 역사의 경계를 초월한 객관적이며 보편타당한 법칙이 있을 것이라고 생각하게 되었고 그것을 발전시키고자 노력하였다. 그래서 초기 심리학은 그들의 문화가 가지고 있는 토대 위에 형성된 생각으로 개념들을 만들어 나가기 시작하였고, personality, self와 같은 다양한 개념과 이론들이 등장하게 되었다. 물론 이들은 자신의 이론과 법칙들이 어느 곳의 사람들에게도 적용되는 하나의 보편적 진리라 믿었다.

15 문화의 다양성 및 특수성(emic)

심리학에서 문화 상대주의가 등장 하게 된 배경은 이렇다. 1960년대~1980년대 많은 동양권 학생들이 미국으로 유학을 오게 되었다. 서구의 학자들은 자신들의 이론과 맞지 않는 태도와 행동을 보이는 그들을 보고 문화차에 대해 서서히 관심을 가지게 되었다. 동양권 학생들도 또한 그곳에서 공부를 하고 다시 모국으로 돌아왔을 때, 자신들이 미국에서 배웠던 심리학적 이론이 자신의 모국 사람들과는 너무 맞지 않음을 알게 된 것이다. 인간의 심리라는 것은 환경과 문화를 배제할 수 없음을 알게 되면서 심리학자들은 문화에 관심을 가지기 시작하였다. 심리학에서 문화 상대주의에 관심을 가지기 훨씬 이전부터, 인류학에서는 인간의 삶에 다양성에 관심을 가지게 되었다. 여기서 인류학에 대해서 언급하는 이유는 초기 인류학의 발전과정에서 나타난 것과 유사하게 초창기 비교문화심리학자들도 문화 상대주의를 알아보는 데 있어서 진화론적인 시각으로 연구를 하였고 인류학에서의 그 과정을 그대로 답습하였기 때문이다(이 부분은 다음 '문화의 유형론'에서 자세하게 다룰 것이다.). 이것은 문화· 비교문화심리학에서 인류학과 진화론이 미친 영향들을 간과할 수 없음을 뜻한다. 인류학에서 진화론적 관점과 도식들이 등장하게 된 이유를 살펴보면 이렇다.

인류학의 등장과 발전에서 제일 큰 공헌을 하였던 것은 제국주의라는 그 당시의 시대 상황이 있었다. 제국주의가 팽배하던 그 시대에 강대국은 피지배국을 효과적으로 통치하기 위해서 인류학자들의 연구 자료들을 효과적인 통치 수단으로 사용하였다. '최적자 생존', 과학의 진보(우열과 열등의 시각을 가지게 됨), 맬더스의 '인구론'을 바탕으로 한 다윈의 진화론은 진화론적 도식이 나올 수 있는 이론적 토대를 제공해 주었으며 정부와 많은 사람들은 목적을 위한 수단으로 이런 결과와 도식들을 무비판적으로 수용하였다. 즉, 약소국(피지배국)은 미개하며 더 진화하고 발전하여야 하는데, 이것을 강대국이 그들을 지배하여 보다 빨리 문명의 진화를 만들어줘야 한다는 침략과 지배의 당위성을 가지게 해 준 것이다. 진화론적 도식이란 단선론적이며 일차원적인 도식으로 문명이 발달한 서구(자기들)의 문명은 피라미드의 가장 정점에 있으며 피지배국은 상대적으로 열등한 문명을 가지고 있음을 나타낸다. 이때의 문화 상대주의의 관점은 수평적인 차원으로 문화를 보는 것이 아니라 수직적인 차원에서 문화를 바라보았기 때문에 다분히 정치적인 목적을 가지고 있었다고 볼 수 있다. 또한 19세기에 등장한 산업혁명은 농촌의 사람들과 타국의 다양한 사람들을 도시로 불러 모으게 하였다. 이러한 역사적인 흐름에 여러 나라에서, 혹은 여러 국가에서 도시로 모여든 사람들은 시간이 갈수록 문화적 차이를 느끼게 되었다. 산업화에 맞는 시스템의 변화는 많은 사람들의 갈등을 불러 일으켰고, 학자들은 문화 상대주의의 관심을 가지게 되었다. 이와 동일하게 체제 유지를 위해서 정부의 자유방임이라고 불리는 경제정책이 기업가들의 주도하에 발전하였고, 이로 인해 부르주아와 프롤레타리아라는 계급이 나오게 되었으며, 전반적인 경제적 정치적 불평등은 사회적인 불안으로 이어졌다. 이런 상황을 해결하기 위해 헤겔의 변증법적 관념론과 다윈의 자연도태 개념을 연결한 마르크스의 계급투쟁이론이 나오기도 하였다. 이러한 생태론적 시각과 유물론적 시각은 진화론적 관점에 비해서 문화적 다양성을 잘 설명해 주는 하나의 설명체계가 되었다고 할 수 있다. 우리가 첫 주 수업시간에 공부했었던, 마빈 해리스의 음식문화와 수수께끼(신성한 소, 혐오스러운 돼지고기)와 여성할례에 관한 글을 보아도 생태학적인, 토대를 바탕으로 상부구조가 발생한다는 유물론적인 설명은 진화론적 설명보다는 설득력이 있어 보인다. 하지만 생태 유물론적 해석만으로는 당시의 사회 현상을 설명하기에는 부족한 부분들이 있었다.

16 문화 이론

문화 상대주의에 관심을 가지고 한 초기의 연구들은 많은 사람들에게 문화적 다양성, 문화적 차이에 관심을 가지게 만들었다. 하지만 여러 가지 문제점과 반발이 제기되면서 학자마다 또한 각자의 문화권마다 여러 가지 활발한 움직임이 일어나게 되었다. 크게 두 가지로 나누어서 생각해 볼 수 있는데 하나는, 초기 연구들의 부족함과 피상적인 해석에서 나타난 움직임이다. 이것은 그들의 눈으로 관찰된 문화적 차이가 피상적인 맥락요소로 간주되어 지나친 단순화와 설명력 부족의 비판을 받게 되면서 기존 연구 결과들을 새로운 방식으로 접근하거나 해체하는 작업이 이루어짐을 나타낸다. Oyserman과 동료는 기존의 개인주의-집단주의의 지나친 일반화를 비판하고 기존의 개인주의와 집단주의에 대한 기존의 논문들을 정밀히 살피고, 문화차 연구에 있어 문화 조사의 축적된 연구의 포괄적인 통합을 시도하였다. 또한 메타분석을 통해 기존의 European American들이 개인주의의 절대적 지표라는 것을 반박하였다. Brewer와 동료는 집단주의에 집단이 없다고 주장하고, 기존의 개인주의-집단주의를 측정하는 데 자주 사용된 척도의 항목에 대한 내용분석을 통해서 개인주의와 집단주의의 새로운 모델을 제시하였다. 그들은 개인주의-집단주의의 구별은 잘못된 것이고 3분법(social self, relational, collective self)을 사용할 것을 주장하였다. 또 다른 하나는, 아시아를 중심으로 방법론적인 부분에서의 비판에서 나온 움직임이다. 기존의 비교 문화적 차이에 대한 심리학적인 연구는 행동주의의 영향을 받은 서구주류심리학이 강조하는 실증주의적 관점(자연과학적 관점)에 따라 내용보다는 비교 방법론에 의해서 정의되었으며, 이것에 반발한 여러 학자들이 문화 심리 연구에 있어서 자신들의 방법으로 연구하여야 한다는 움직임이 있었다.

이 시기에 토착심리학이 나오게 되는데, 토착심리학이란 내부자적 입장에서 자문화에 기반을 둔 심리학을 만들고 이후에 가능하면 보편적인 심리학을 만드는 것을 주장한다. 또한 방법론에 있어서도 서구의 실증주의적 방법론뿐만 아니라 그 문화나 연구자의 이론 방법론의 방식에 따라 연구할 것을 주장한다. 여기에 관해서 최상진, 한규석은 인간의 심리와 문화는 떨어뜨릴 수 없는 것인데 서구의 심리학의 자연과학적 방법론은 그것을 간과하였음을 비판하였고, 또 그들이 말하는 객관성과 보편성의 문제에 대해서도 진정한 객관이 있을 수 없음을 지적하였다. 덧붙여 아시아의 비교문화 연구들을 몇 가지 살펴본다면, Bond는 Hofstede처럼 아시아를 대상으로 문화의 차원을 다시 찾았는데, 기존의 5가지(권력거리, 개인주의-집단주의, 남성주의-여성주의, 불확실 회피성형, 다시 추가된 장기지향성)에 유교적 역동성이 추가시킨다. 조긍호는 동아시아 집단주의적 심성 및 행동 특징의 배후에는 공통된 문화 배경으로 유학사상이 있음을 동아시아인의 행동 특징에 관한 실증적인 자료와 유학 경전에서 도출된 인간관과 인간 심성에 관한 이론 체계를 바탕으로 독특한 논리를 구성하였다.

[그림 15-6] Hofstede

단 원 개 관

본 장에서는 지금까지의 심리학 연구 소재들을 가지고, 실제로 연구를 진행하는 대표적 사례를 소개하고 있다. 먼저, 정보보안은 컴퓨터중심의 연구영역이 아닌 인간행동이나 의식 중심의 연구영역을 소개하고 있다. 즉, 많은 연구에서 결국 인간의 위반사례가 앞으로 정보보안의 주된 관심사로 등극하고 있기에 이러한 점에서 필요한 연구의 쟁점들을 소개하였다. 그리고 고령사회의 문제는 지금 현재 한국 사회에서 매우 시급한 연구 소재이다. 아마 한국사회에서 이보다 더 시급한 연구를 꼽으라면 어려울 정도로 긴박하며 절실하다. 이에, 많은 심리학 연구 측면을 소개하고 있다. 이러닝이 급속도로 증가하면서 동시에 언급되는 자기조절학습에 대한 연구도 부상하고 있다. 이것은 한국의 교육사관과 매우 밀접한 연관이 있을 수 있으며, 아직도 많은 관련자들은 자기조절 학습에 대한 많은 연구를 필요로 하고 있다. 아울러, 연구방법 중에 뇌파연구를 소개하고 있다. 불과 몇 년 전까지만 해도 뇌파 연구는 비용이나 분석방법에 있어서 매우 생소하거나 낯설어 일반적인 연구와 거리가 먼 연구방법이었지만, 이제 기술의 발달로 인해 연구 방법으로 다양하게 적용될 가능성이 높아졌다. 이에 그 구체적인 방법과 다른 연구방법들과의 혼합 설계에 대해 소개하고 있다.

PATA **16**

연구사례

심리학 디자인의 관점에서 본 연구 사례
(Research cases focus on psychological design)

허성호·이려화

이 저서는 2017년 대한민국 교육부와 한국연구재단의 지원을 받아 수행된 연구임 (NRF-과제번호)(NRF-2017S1A5A8021221)

1 정보 보안

현재 정보 보안에 대한 접근은 의례적으로 컴퓨팅 기술에만 지나치게 의존하는 경향이 있다. 이에, 정보보안의 개념적 접근을 검토하고, 적용되는 자세한 실태를 파악하여, 인간의 요소에 해당하는 주요 안들을 제시할 필요성이 대두된다. 즉, 사용자는 보안 개념의 가장 핵심이 된다. 인간의 행동에 주목하여 사이버 보안 위험을 완화하고 방지하는 것은 여러 단계로 구현되어야하며 행동 과학에서는 웹 시스템의 설계, 개발 및 유지 관리 단계에서 중요한 시사점을 안고 있다(Padayachee, 2012). 사용자는 사이버 사건에 대한 적절한 대응이 없을 때 보안의 장애 요소로 간주한다. 보안 구현에 어려움을 겪고 보안을 잘못 해석하거나 불신하거나 무시할 수 있다는 의미이다(James, 2012). 즉, 사용자의 태도와 저항 행동은 필수 암호 변경에 직면 했을 때 유동적인 특성을 지닌다.

연구자들은 그러한 유동적 태도가 의도적으로 지연되고 불필요한 침해로 이어진다는 것을 지적하고 있다. 암호에 대한 보안의식이 약화되면 심각한 결과를 초래할 수 있지만 사용자의 보안 정책 구현에 대한 태도는 쉽게 바뀌지 않는 경향이 있다(Stanton, Stam, Mastrangelo, & Jolton, 2005).

의도적으로 혹은 부주의로 사용자는 정보 보안 행동을 게을리 하게 되고, 이것은 심각한 주요 문제인 조직의 정보 보안을 위협하는 결과를 초래할 수도 있다. 지금도 사회 및 경제 생활에서 IT 기술의 급속한 발전과 폭 넓은 적용은 사람들이 네트워크 정보 시스템에 대한 의존성을 더욱 강력하게 만들고 네트워크 정보 보안 기술의 요구가 점점 더 강력 해지고 있다. 이에, 정보 보안의 성공여부는 사회적 기술 시스템의 일종 인 정보 보안 기술 시스템이 성공을 거둘 수 있을지 여부는 발전과 전문성에 따라 결정될 뿐만 아니라 사용자의 인식과 수용 태도에 달려있다는 점을 인식해야 한다. 이에 본 연구는 사용자의 행동 관점에서 정보 보안 기술의 적용 요소를 세 가지 관점에서 조직적 요소와 사용자 행동 간의 관계를 파악하며 정보 보안 기술의 설계 및 실제 사용에 매우 중요하다는 점을 제시하였다.

이에 본고에서는 정보 보안을 위해 인성적 요소에 주목해야 한다는 점을 강조하고, 앞으로 정보 보안 기술 연구 측면에서 볼 때, 정보 보안 기술의 인간 요소의 영향력 요인에 주목해야 하며 다음의 몇 가지 논의 점을 제시한다.

첫째, 지각 된 정보 보안의 유용성을 제고해야 한다.

지각 된 유용성은 사용자에게 유용하고 경제적 인 한 가지 기술을 사용하여 의도를 가져 오는 것을 주관적으로 평가 한 결과이다(Furong, 2010). 이는 주관적인 판단에 의해 결정되는 부분이기 때문에 인식된 정보 보안의 유용성 수준이 높을수록 사용자의 정보 보안 행동은 증가할 것으로 예측할 수 있다.

둘째, 인식 된 정보 보안 행동 사용 편의성을 고려해야 한다.

실제 사용자가 사용하기 쉽다는 것이 인식되면 기술이 개별 사용자에게 긍정적인 행동 전략 양식을 수용되고 이는 결과적으로 정보 보안 기술을 선택할 가능성을 높일 것이다.

셋째, 사회적 영향력이 있다는 점을 간과해서는 안 된다.

사용자의 가족, 친구, 동료, 네트워크 포럼 및 네트워크 사회와 같은 주변 그룹 및 환경이 개인의 정보 보안 행동에 영향을 미칠 수 있다. 즉, 친밀한 대상 누군가에 의해 보안 위반 행동이 유도 될 수도 있는 것이다. 따라서 정보 보안 행동은 개인의 조건부 의식화 전략이 놓치는 부분을 고려할 때, 사회적 영향력의 요인에 주목할 필요가 있는 것이다.

넷째, 조직이 제공하는 정보 보안 기술을 신뢰하는 태도를 형성하는데 관심을 가져야 한다.

정보 보안의 기술적 효과는 사용자가 느끼는 특정 기술의 실행과 그 효율성을 의미한다. 정보 보안 기술의 뚜렷하고 효과적인 기능을 제공하는 정보 보안 기술을 선택할 때 기술 효과가 포함되며 사용자는 조직적 지원에 대한 적극 수용의지가 필요한 것이다(Venkatesh, Morris, & Davis, 2003). 따라서 인지적 필요성의 증가로 사람들은 기술에 대해 요구도가 높아지고, 실제 제공되는 기술의 유용성의 인식이 긍정적일수록 사용자의 정보 보안 행동 의도는 증가하게 될 것이다.

다섯째, 컴퓨터를 사용할 때 적용되는 컴퓨터 자기효능감의 정도를 고려해야 한다.

컴퓨터 자기효능감이란 컴퓨터를 사용하여 목표를 달성하는 능력에 대한 자기 인식을 의미한다. 즉, 정보 보안은 대부분 컴퓨터를 활용하는 상황이 많다. 이에, 컴퓨터 자기효능감이 보안 기능을 광범위한 작업 분야에 사용할 수 있는지 여부에 대한 긍정적인 판단과 관련이 있다.

여섯째, 인지적으로 추산된 물적 심적 비용을 낮추어야 한다.

경제 및 비용 의도는 항상 정보 기술 채택 연구의 중심이며 비용은 대개 채택 행동의 주요 영향 요인 중 하나이다. 사용자는 정보 보안 기술 서비스 공급 업체가 제시 한 심리적 비용에 대해 서로 다른 태도를 취하고 있는지를 파악하고, 이를 해소하는 전략을 구사해야 한다.

마지막으로 개인 혁신적 태도를 함양하도록 독려한다.

개인 혁신은 새로운 생각을 받아들이고 혁신의 결정을 내리는 개인 사용자의 수준이며, 사회 시스템에서 다른 사람들보다 먼저 채택되는 개인 혁신 능력을 의미한다(Honghong, Dongling, & Jili, 2010). 따라서 개인의 혁신은 개인에게 새로운 기술 수단을 배우고, 이 기술을 사용하여 더 많은 기술적 인 기능을 찾고, 습관을 이용하여 개발하는 데 유익하며, 개인 혁신이 높을수록 대중적인 정보 보안 기술의 적용이 용이하게 될 것이다.

2 고령사회 연구

한국은 이미 고령사회에 접어들어 이제는 초고령사회에 직면하고 있다. 이에 성공적 노화에 관한 다양한 관점들이 주목받고 있는데 그 가운데 가장 일반적으로 강조되는 연구영역은 다음과 같다.

첫째, 신체적 측면이다.

생물학적 측면에서의 성공적 노화를 이해하기 위해서는 질병이나 장애 존재 여부에 상관없이 일상생활을 영위할 수 있는 역량을 지니고 있는지를 확인하는 것이 필요하다. 왜냐하면 노년기에 접어들면서 일반적으로 신체적 노화의 진행으로 인해 수행기능이 저하

되는 것은 지극히 자연스러운 현상이기 때문에 이러한 측면에서 그 기능적 측면이 어느 정도 가능한가에 대한 평가가 필요하다. 즉, 신체적 측면에서 성공적 노화의 개념은 일상적인 사적 활동을 독립적으로 할 수 있는 신체적 기능수준을 유지하는 능력이며, 신체적 활력(vitality)을 보유하는 상태로 일상수행능력에 적응력 있게 노화하는 것을 의미한다.

이는 기존의 성공적 노화와 관련된 개념 중 건강한 노화(healthy aging)에 가장 근접한 성공적 노화의 영역이라고 할 수 있다. 특히, 신체적 노화는 신체적 기능과 체계의 구조가 시간의 경과에 따라 부정적으로 변화하는 것을 반영하는 의미를 내포하고 있으며, 노년기의 기본적인 욕구가 신체적으로 건강한 삶을 영위하기 위한 것을 포함한다는 점에서 신체적인 측면은 성공적 노화의 지표를 충분히 반영하고 이다고 해석할 수 있다.

이러한 관점에서 Rowe와 Kahan(1987)은 질병률을 비롯하여 질병에 의한 장애위험이 없다는 사실은 정신적, 사회적, 문화적으로도 높은 기능을 유지하여 적극적인 인생참여를 가능하게 할 가능성이 높아 결과적으로 성공적인 노화를 이룰 가능성이 높다고 하였다. 다시 말해서 일상생활에 필요한 행동 수행 동작을 독립적으로 수행하지 못할 경우에는 무력감과 우울증이 나타나므로 신체적 건강상태는 다양한 심리적 건강상태에 영향을 미치는 중요한 선행요인으로 고려된다고 할 수 있다.

둘째, 심리적 측면이다.

심리적 측면에서 성공적 노화는 삶의 목표의식이 뚜렷하고, 건강한 인지기능을 유지하며, 자신을 수용하고 통제하며 능력에 대해 신뢰하고 성장을 도모한다. 또한 환경적 요구에 대처하고 적응하면서 주관적으로 만족스러운 삶을 영위하는 상태를 의미한다. 이러한 심리적 노화의 영역에서 기존의 개념과 근접한 것은 없지만 성공적 적응적 노화(adaptive aging)라 할 수 있다.

심리적 노화는 축적된 경험에 의한 행동, 감각, 지각기능, 자아에 의한 등이 시간의 흐름에 따라 변화하는 것을 의미하는 것으로, Erikson(1964)은 인생발달이론에서 노년기의 발달단계를 자아통합 대 절망으로 설명하고 있다.

자아통합의 특성은 지금까지의 인생을 긍정적으로 받아들이고 자신의 한계성을 인정하며 다가올 죽음까지도 수용하는 태도를 지니며, 노인들이 자아통합의 특성을 유지할 때 만족스러운 노후생활을 영위할 수 있다고 하였다.

Havighursl(1973)은 보다 구체적으로 노후에 직면해야 할 발달과제들을 가정하고 있으며, 감소된 신체적 강도와 건강에 대한 적응, 퇴직과 감소된 소득에 대한 적응, 친지의 죽음에 대한 적응, 동년배 집단과의 관계정립, 사회역할에 대한 유연한 적응 등이 포함된다. 성공적 노화와 관련한 심리 · 정서적 측면에서는 자기효능감, 독립성, 수용, 긍정적 사고, 적응성, 적극적 사고, 진취적 사고, 종교, 임종 등의 요인들이 포함된다고 하였고, 자기효능감은 성공적인 노화에 많은 영향을 미치는 것으로 나타났다.

인생에 대한 만족은 기본적인 욕구지만 성공적인 노화는 좀 더 수준 높은 욕구로서 자기이해, 남을 돕는 것, 스스로 중요하다고 느끼는 것을 포함한다. 심리적 측면으로는 자신이 가치가 있는 소중한 존재이며, 성과를 이루어낼 수 있다는 개인적 성취감, 자아존중감, 자기효능감 등이 향상될 수 있다. 또한 사회적 관계망 확대를 통해 적극적인 태도와 능동적인 미래를 지향하므로 성공적 노화의 수준이 높이는데 도움이 된다.

셋째, 사회적 측면이다.

사회적 영역에서 가족, 친구, 이웃, 동료와의 사회관계망을 유지하고 이를 강화해 나간다면, 경제적으로 안정된 생활을 할 수 있는 정도의 노후소득 준비를 충분히 하고, 은퇴 이후에도 경제활동 또는 사회발전에 기여할 수 있는 생산적 활동에 활발하게 참여하는 상태를 견고하게 한다는 사실을 의미한다. 이러한 사회적 영역의 성공적 노화는 기존의 성공적 노화와 관련된 용어 중에서 활기찬 노화(active aging)또는 생산적 노화(productive aging)에 근접한 개념이다.

Rowe와 Kahn(1987)에 따르면 사회적 측면의 노화는 생활주기를 통하여 일어나는 규범, 기대, 사회적 지위 및 역할의 변화 등을 의미하며, 사회적 측면의 성공적 노화는 사회적 지지의 상호교환은 신체적 정신적 기능의 많은 측면에 긍정적인 영향을 미치기 때문에 사회적 지지를 많이 제공받는 노인들의 성공적 노화 수준이 높게 나타난다.

사회적 측면은 인간이 사회에서 살기 위한 노력에서 나타나는 욕구를 충족시키기 위해 제공하는 공식적이거나 비공식적인 활동과 관계되는 것을 말한다. Silverstein(1994)은 노인의 건강 및 역할상실로 인한 사회적 고립을 예방하고 의사표현 기회를 가지며 환경과의 상호작용을 유지하는 것이 필요하다고 강조하였다. 이를 위해서는 관심, 지지, 수용, 정보제공, 교육 등을 제공하는 상담과 집단프로그램, 여가활동, 새로운 것을 배우는 학습의 기회에 참여 등의 사회복지 프로그램이 노인에 삶의 만족에 영향을 미친다고 하였다. 따라서 노년기의 사회적 활동은 안정된 심리적 상태, 사회분위기에 공동체의식과 자기 참여의 확인, 관계적 건강유지 효과, 사회적 소외와 고독감의 해소 등과 같은 긍정적 효과를 지니고 있으며, 노년기에 삶의 만족도를 증진시키는 주요 요인으로 작용한다고 볼 수 있다.

넷째, 경제적 측면이다.

성공적 노화의 재정적 측면에서 언급되는 경제적 요인은 경제적 안정을 의미한다. 경제적 안정이란 경제적인 생활조건이 충족되는 것을 포함하고 나아가 경제적인 자립의 의미를 내포하고 있다(강인, 2003). 실제로 Chou와 Chi(2002)의 연구에서도 경제적 안정이 성공적 노화의 주요한 지표라는 것이 증명되었고, 경제적 요인은 단지 물질적인 차원을 넘어 노인의 자존감과 생활만족도에 직접적인 영향을 주는 것으로 나타났다(Mannell & Dupuis, 1996). 물론 경제적 안정이 노인의 생활만족도를 항상 보장하는 것은 아니지만, 대부분의 경제적 안정은 노인의 다양한 삶의 활동 기회를 높여주고 성공적 노화를 이루는데 기본적인 생활만족에 큰 도움을 줄 수 있다(박경희, 2006).

만약, 경제적으로 불안정하게 되면 노인의 입장에서 심리적으로도 위축 되어 당장 인간관계에 어려움을 겪을 가능성이 높고 기본적인 자신의 삶에 대해서도 부정적인 태도를 갖게 될 확률이 높다(김애련, 한내창, 1997).

한편, 경제적 자립의 의미를 가장 잘 반영할 수 있는 지표는 경제활동의 여부이다. 현실적으로 노년기의 경제활동은 안정된 소득의 확보를 비롯하여 사회발전에의 기여감과 자기 유용감의 확인하는데도 큰 도움이 된다. 이러한 경제활동은 건강유지 효과와 더불어 사회적 소외와 고독감의 억제 등과 같은 긍정적 효과를 지니고 있으므로, 노년기의 전반적인 삶의 만족도를 증진시키는 매우 중요한 요인으로 작용할 수 있다(권중돈, 조주연, 2000). 일부 연구자들의 입장에서 볼 때는 노인들의 경제활동 수입은 성공적인 노화와 무관하고, 본인소득의 유무는 사회계층을 결정하는 데 매우 중요한 요인일 것으로 생각되는데도 불구하고 성공적인 노화에 영향을 미치지 않는 것으로 나타난 연구결과에 비해 대부분의 연구에서는 높은 수입과 경제적 안정이 노인의 성공적 노화와 생활만족도를 높이는 데 크게 기여한다는 연구결과(곽만석, 2004)를 제시하고 있다.

마지막으로, 사회문화적 측면이다.

성공적 노화의 구성요인 중 사회문화적 요소에는 사회적 지지를 비롯한 부부관계, 가족관계(Vaillant & Mukamal, 2001; 이지선, 2008)등의 요인들이 포함된다. 먼저, 사회적 지지란 개인이 대인관계로부터 얻을 수 있는 다양한 형태와 기능의 도움(Dunst, Trivette, & Deal, 1988)을 말하는 것으로 어려울 때 도와 줄 자세가 되어 있는 주변 사람들이 있다는 사실에서 그 도움의 긍정적인 결과를 기대할 수 있는 요인(Wethington & Kessler, 1986)을 의미한다. 즉, 사회적 지지는 스트레스의 해로운 영향으로부터 개인의 정신건강을 보호하는 기제로도 중요한 기능을 하며, 사회적 통합, 지지망, 상호작용과 같은 사회관계의 다양한 측면을 의미하는 다차원적인 개념이기도 하다(김윤정, 최혜경, 2000).

결과적으로 노년기의 성공적 노화를 위해서는 노인들을 지지해 줄 사회적 지지체계가 형성될 필요성이 있으며,이는 건전성과 같은 인문학적 가치도 포함된다. 특히 노인들은 자신이 살아온 인생에 의미를 부여하고 발견하는데 있어서 가족이나 친구들과의 친밀한 관계를 맺는 것이 중요하기 때문에 사회적 지지는 개인에게도 매우 중요의 삶의 의미를 제공해 준다(Krause, Croft, & James, 2007). 또한 노인들은 친구 또는 친척, 이웃과 함께 여가 및 사회활동을 같이한다면, 동료들과의 연계를 통하여 다양한 물질적 정신적 지원을 받을 수 있으며, 이러한 사회적 지원을 통하여 바깥세계와 확장된 생활을 유지할 수 있고, 그 결과 역할상실로 인한 정체감의 위기를 적응력 있게 극복할 수 있다(조경욱, 2002).

한편, 서구는 성공적 노화의 중요 요소를 개인의 목표, 성취, 자율성(Fisher, 1995; Neugarten, 1994; Ryff, 1989)등으로 보고 있으나, 특히 한국 노인들은 다른 사람들과 관계를 통해 자신의 존재 의미를 찾고자 하는 노력이 강하며, 가족을 포함한 폭넓은 사적인 관계망이 결국 자신의 노후 삶의 가치를 검증해 주는 기준이 되는 요소로 부각되고 있다(백지은, 최혜경, 2005).

이러한 측면에서 볼 때, 사회적 지지는 노인들의 신체적, 정서적 안녕감을 유지하는 데 매우 중요한 역할을 하고(Chi, 1995; DeLeaire, 1994), 노인들의 질병률과 사망률을 감소시키며 심리적 긴장이나 인지적 손상 등을 감소시키는 것으로 알려져 있다(Sugisawa, Liang, & Lin, 1994). 이러한 결과들에서 비추어 볼 때, 반대로 사회적 지지가 부족하면, 자아존중감이 낮아지고(Fiore, Coppel, Becker, & Cox, 1986), 우울증에 걸리게 쉬운 상태가 될 수 있다(Dean, Lin, Tausing, & Ensel, 1980). 특히 여성노인에게 친구와 같은 사회적 지지는 삶의 만족도에 매우 중요한 영향을 미치고 있다(송혜자, 2009).

따라서, 선행연구의 대부분에서 사회적 지지의 상호교환은 노년기 신체적 혹은 정신적 기능의 다양한 측면에서 긍정적인 영향을 미치기 때문에 사회적 지지가 높이게 되면 노인의 성공적 노화 수준이 높아진다는 일관된 견해를 보이고 있다(박선영, 2009; Rowe & Kahn, 1997).

3 자기조절학습

자기조절 학습은 학습자가 자신의 목표 성취에 초점을 맞춰 자신의 사고, 감정, 그리고 행동을 체계적으로 사용하는 과정을 말하며, 학습에 대한 자기조절의 적용은 성인과 아동의 자기 통제 발달에 관한 심리 연구의 결과물에서 시작된다. 자기조절에 대한 초기 연구는 병원을 배경으로 실시되는 경향이 강했고, 그곳에서 연구자들은 공격성, 중독, 성적 장애, 대인 가들, 그리고 가정과 학교에서의 행동 문제와 같은 문제적 행동을 바꾸기 위해 참여자들을 학습시키면서 등장하는 개념이 바로 자기조절 학습이었다.

한편, 지난 수년동안 연구자들은 학습과 성취를 다루기 위해 그들의 관심을 확대해왔다. 특성상, 자기조절은 학습자의 선택과 관련이 있다. 자기조절 학습에 참여하는 학생들은 참여를 해야 할지 말지, 자신들이 사용하는 방법은 어떤 것인지, 그들이 추구해야할 성과는 무엇인지, 그들이 학습할 수 있는 사회적 물리적 환경은 어떤 것인지와 같은 자신이 이용할 수 있는 몇몇 선택을 해야만 한다. 그리고 자기조절은 행동과도 관련이 있다. 왜냐하면 개인들은 자신들의 목표 성취를 위해 자신의 행위를 조절하기 때문이다.

개인들은 또한 자신의 인지와 영향력을 조절한다. 참여자들이 학습에 참여하는 동안, 학생들은 학습에 대한 자기효능감을 유지하고, 학습에 가치를 부여하고, 학습의 결과로서 긍정적인 성과를 얻기 위한 기대를유지하고, 목표 진행 상황을 평가하고, 그들의 전략이 얼마나 효과적인가를 결정하고, 필요에 따라 전략을 변경하고, 긍정적인 감정 분위기를 유지함으로써 스스로 인지와 영향력을 조절한다. 이에, 학습자들은 자기조절 과정과 전략을 일반적인 학습의 다양한 형태를 적용하는 영역과 특정적인 단지 학습의 특별한 형태만 적용하는 영역으로 적용할 수 있다. 목표 설정과 목표 진행 상황 평가와 같은 자기조절 과정은 다양한 학습 형태인 학문적 기술, 운동 기술에 적용될 수 있다. 반면, 다른 것들은 업무의 특정 내용 영역인 수학 공식, 문법 규칙에만 적용된다.

자기조절은 학습에 대한 다양한 이론들에 의해 다루어져 왔다, 행동 이론은 학습자가 반응하는 자극과 조건의 설정을 강조하고, 그 후에는 자신의 노력으로 강화된다고 강조했다. 주요 행동 하위 프로세스는 자기 감시, 자기 지도, 그리고 자기 보강이다. 학습자는 조절할 행동을 결정하고, 발생에 대한 차별적 인 자극을 설정하고, 필요시 지시에 참여하고, 성과를 모니터링하고, 표준과 일치 할 때 강화를 관리한다. 행동 원칙은 자율 조정에 유용하지만인지 및 정서적 과정을 무시함으로써 가능한 자체 규제 범위에 대한 설명이 불완전 할 수 있다. 자기조절에 대한 고전적 사회 인지 이론의 설명은 자기 관찰, 자기 찬단, 자기 반응의 세 가지 하위 과정으로 구성된다고 볼 수 있다.

학생들은 지식과 기술 획득, 과제 완료와 같은 다양한 목표를 가지고 학습 활동에 들어간다. 마음속에 이러한 목표를 가지고 그들이 인지한 목표 진척 상황을 관찰하고, 판단하고 대응한다. 이러한 고전적인 관점은 자기조절의 주기적인 성격을 강조하기 위해, 업무 참여 전후 화공을 포함하기 위해 확대되었다. 이러한 주기적인 과정은 개인적, 행동적 요인과 사회적/환경적 요인 사이의 상호작용을 강조하는 사회적 인지를 반영한다.

사전 숙고 단계는 실제 수행에 앞서 일어나고 목표 설정, 전략 결정 및 학습에 대한 자기효능감 평가와 같은 행동에 대한 전략을 설정하는 과정을 말한다. 수행 통제 단계는 학습하는 동안에 일어나는 과정과 연관 있고 전략을 적용하고 진행상황을 감시하는 것과 같은 관심과 행동에 영향을 미친다. 쉬는 시간 동안과 업무 완료 후에 일어나는 자기 성찰 단계동안 학습자들은 새로운 목표를 설정하고 그들의 전략을 조정하고 성과에 대한 귀인을 결정함으로써 그들의 노력에 반응한다.

한편, 정보처리이론은 자기조절이 초인지 의식을 반영한다고 강조했다. 자기조절은 학업 요구, 개인적 자질, 그리고 학업 완수를 위한 전략을 이해하는 학습자를 필요로 한다. 또한 초인지 의식에는 절차적 지식이 포함한다. 구성주의 이론은 기억, 계획, 평가, 그리고 통합과 같은 정신적 기능의 조정과 관련이 있다고 주장한다. 학습자는 내용과 상황, 맥락에 대한 의미를 구성하기 위해 언어와 상징같은 그 자신들의 문화 도구를 사용한다. 자기 규제 과정에서의 핵심적인 특징은 내재화이다. 비록 학습자들이 자신들의 환경으로부터 자기조절 전략을 습득했을지라도, 학습자들은 자신들의 개인적인 자기조절 시스템에서 자기조절 전략을 사용하기 위해 그것들 변경하고 선택할 것이다. 자기조절은 동기와 연관되어 있다. 목표 설정, 자기 효능감과 같은 그러한 과정, 그리고 성과 기대는 자기조절에 영향을 미치는 동기적 변수에 중요하다.

결국, 성공적인 자기조절학습에 참여하는 것은 새로운 목표를 설정하고 학습을 지속하도록 동기부여를 할 수 있다. 연구자들은 성취 환경에서의 자유의지의 역할에 대해 갈수록 검토하고 있다. 특히 자유의지는 자기조절과 관련이 있으므로 다른 동기적 변수는 가치, 목표 지향성, 자기 도식, 그리고 도움추구를 포함한 가지 조절과 관련이 있다. 결과적으로 이들 변수는 학습자가 내용, 장소, 시기, 그리고 학습 성과와 관련된 선택에 참여할 때, 성취 행동이 얼마나 실시되고 지속되는가를 결정하는데 도움이 될 것이다.

다른 기술들처럼, 학습자들은 자기조절 기술을 배울 수 있으며, 보다 나은 자기조절학습자가 될 수 있다. 교사가 자기조절 전략을 설명하고 증명하는 견본을 만드는 것과 같은 효과적 교수 모델은 사회적 환경적 영향력에서 시작된다. 학생들은 실천하고 보다 기술을 갖출 때 그들은 이러한 사회적 영향력을 특이한 방식으로 바꾸고 자신들을 자신의 개인적인 자기조절 시스템에 내재화한다. 자기조절지도는 그것이 학문적 내용과 연관될 때 가장 효과적이다. 자기조절 원칙은 학문적 연구, 쓰기, 그리고 수학과 같은 영역에 적용될 수 있다.

4 뇌파 적용 연구방법

심리학에서는 뇌파가 뉴런의 전기적인 활동으로 만들어진 신호라는 점에 주목하여 인간행동의 가장 미시적인 신경생리적인 반응 단위로 분석하는 것이 일반적이다. 이에 뇌파를 활용한 연구의 측정의 기본 원리는 다음과 같다. 뇌의 전위는 이온의 분포로 결정되며 수십억 개의 뉴런에서 일어나는 이온의 움직임이 뇌파로 기록된다. 그리고 세포막의 이온 펌프를 통해 일정한 휴지 전위를 유지하던 뉴런은 자극이 전달되면 이온 통로를 열어, 이온들의 분포가 바뀌면서 전위에 변화가 생긴다. 이때 일어나는 이온 분포의 변화는 주위에 있는 이온에 전기적인 척력을 가하고, 이러한 움직임이 연쇄적으로 일어나면서 전기 신호가 전파된다.

전기 신호가 두피에 도달하면 부착된 전극의 전위를 바꾸고 그 결과가 뇌파로 기록된다. 하지만 뇌파가 모든 뇌의 활동에 대한 정보를 가지고 있는 것은 아니다. 공간으로 퍼져 나가는 뇌파의 세기는 거리의 제곱에 비례해 떨어진다. 따라서 대뇌 피질에 위치한 뉴런의 활동만이 뇌파의 주된 성분이 된다. 또한, 뉴런 하나의 변화는 그 세기가 너무 미약해 두피에서 측정할 수 없다. 따라서 뇌파 연구에서 뇌파라고 측정하는 결과는 수십만 개의 뉴런 활동이 합쳐진 결과로, 뇌파에 나타나는 전위의 변화는 가까운 위치에 모여 있는 뉴런이 동시에 활성화될 때 이루어지게 된다. 하지만, 지금까지 심리학에서는 개인이 사회와 분리된 실험실 상황 속에서 대부분의 연구가 진행되었기 때문에 현실 속에서 사람들과의 상호작용은 무시한 연구였다. 따라서 본고를 통해 사람들 속에서 행동하는 인간의 뇌 과학적 정보처리와 그 수행결과를 분석하는데 큰 연구적 의의가 있다는 점을 강조하고자 한다.

한편, 최근 인간행동 연구에서 활용되는 뇌파 분석의 특성은 다음과 같다.

먼저, 연구에 활용하는 뇌파 측정기기는 간편하고 시간 해상도가 매우 높다는 강점이 있다. 거대한 의료 기기가 없어도 전극만 머리에 부착하면 뇌파 정보를 얻을 수 있기에 피험자에게 거부감이 없고 가격도 저렴하다. 또한, 뇌파 측정의 시간 해상도는 fMRI, PET, 등 뇌의 활동을 측정하는 기술 중 가장 높다. 1초에 20,000개의 데이터를 축적할 수 있기 때문에 뇌가 활성화되는 부위의 변화를 밀리 초 단위로 추적할 수 있다. 특히, 여러 사람들과 함께 과업을 수행하면서도 측정이 가능한 기기이다. 따라서 뇌파는 자극에 대한 반응이나 정보 처리의 단계를 자세히 분석할 때 많이 이용된다. 또한, 다른 측정 기법보다 측정자를 비롯한 주변 사람의 다양한 움직임에 영향을 덜 받기 때문에 사회적 환경에서의 실험이 필요한 경우 뇌파가 거의 유일한 선택이라고 해도 과언이 아닐 것이다.

둘째, 뇌파 연구에서는 뇌파의 순수한 정보를 추출하기 위해 필터링 데이터를 활용한다. 실제로 전극을 통해 들어온 데이터를 있는 그대로 뇌파 데이터로 이용하는 경우가 많다. 하지만 뇌파 연구에서는 필터링 작업을 추가하여 데이터를 수집할 것이다. 왜냐하면, 뇌파측정기로 들어온 데이터는 뇌파 외에도 다양한 신호가 섞여 있기 때문이다. 실제로 두피와 가까이 있는 눈의 움직임과 근육의 움직임, 혀의 움직임, 그리고 심장의 박동까지 전극에 흘러들어와 뇌파 측정에 영향을 미친다.

특히, 눈꺼풀의 움직임에 의한 신호는 자주 일어나지는 않지만 발생하는 전위의 세기가 커 실제 뇌파와 쉽게 헷갈린다. 이에 눈꺼풀의 움직임은 한때 뇌의 움직임으로 오인되어 카파 리듬(Kappa Rhythm)이라는 이름으로 불리기도 했다. 따라서 뇌파 실험에서는 이러한 불필요한 정보를 제거하기 위해 얼굴에 눈의 움직임을 측정하는 전극을 추가로 부착한다. 또한, 몸에서 전달되는 근육의 움직임은 고주파수 필터와 저주파수 필터를 이용해 제거하기 위해 전극을 추가로 부착한다.

셋째, 뇌파의 유형과 자료의 추이성을 융합한 자료분석을 실시한다. 뇌파의 모양만 보고 알아낼 수 있는 정보는 많지 않다. 뇌파로부터 실제 뇌의 활동을 얻어내기 위해서는 추가적인 처리 과정이 필요하다. 가장 일반적인 방법은 주파수 성분 분석이다. 이러한 뇌파는 1~20Hz 영역에서 주로 나타나게 되는데, 뇌의 활동 상태에 따라 주된 주파수가 나타나는 영역이 변화하게 된다. 본 연구에서는 α파, β파, γ파, δ파, θ파 등의 뇌파를 분류하여 분석에 활용한다. 각각의 뇌파는 뇌의 활동 상태와 연관이 있다.

예를 들어, 뇌파의 가장 대표적인 성분인 α파는 전두엽과 측두엽에서 주로 측정되는 파로 이완된 상태의 뇌에서 주로 발생한다. β파는 불안이나 긴장, 집중할 때 일어나는 파동으로 전두엽에서 가장 강하게 나타난다. 하지만 이러한 주파수의 특성만으로 분석의 결론에 이르는 방식은 아직까지 그 해석의 적확도 측면에서 편향이 많다. 이에 뇌파 연구에서는 시계열적인 함수를 적용하고 생존곡선의 추이를 적용하여 단파의 효율성을 검증할 수 있다. 즉, 베르누이의 법칙에 해당하는 생태계 정상성을 가정하여 결정성 지수를 타당화할 수 있을 것이다. 이른바 인간행동에 대한 단파의 과학적 충족이유율을 함수화하고, 조건화할도 있을 것이다.

넷째, 맥락을 조건화한 뉴로피드백(Neurofeedback)의 실험을 병행하며, 사회적 맥락이라는 융합 자극이 의식의 힘을 극대화하는 행동 인지요법의 실험을 실시할 것이다. 즉, 사람이 원하는 변화에 관한 정보를 얻으면 변화를 일으키는 행동이 강화되어 변화가 일어나기 쉬워진다는 작동이론에 근거한 것이다. 예컨대, 알파리듬을 이용하여 뇌의 휴식상태를 유도함으로써 신경전달물질을 보충하여 재충전 및 뇌신경세포의 피로를 예방하고 감정회로의 정화로 정서적 안정을 도모하는 안정 뉴로피드백(Relaxation protocol), 외부 대상에 대해 집중상태를 유도하는 집중 뉴로피드백(Attention protocol), 비대칭

뉴로피드백(Asymmetry protocol)과 그 임상질환 응용사례를 검증할 것이다.

특히, 현재까지는 단지 단파의 특성에 주목하여 인지정서적 상태를 야기한다는 논리에 머물러 있다. 이에 다양한 연구 설계를 통해 특정한 인지정서적 상태를 유도하는 자극으로써 언어를 비롯한 문화적 맥락과 단파의 융합된 복합자극의 효과성을 검증할 수 있다.

다섯째, 사람들이 함께 일할 때 대화하는 언어적 반응을 활용한 네러티브 도식을 구성하는 유형을 고안하고, 감성과학의 해석학적 관점을 지도화하여 각 자극들의 뇌파발생과 뉴로피드백의 실험을 적용한다. 다시 말해서 사람들이 함께 일을 하면서 나타나는 가장 많은 상호작용은 언어적 활동이라는 점에 주목하여 언어적 소통이 어떻게 기능하는지를 판단하고 그 결과로 나타나는 수행과 뇌파의 로직을 함수화하여 집단행동을 다양한 특정 유형으로 유목화할 수도 있을 것이다. 또한 앞서 언급한 단파의 과학적 충족이 유율을 그대로 적용할 수도 있다.

여섯째, 연구적으로 밝혀진 다양한 집단수행의 연구성과를 취합하여 빅데이터 분석 특이 키워드 분석과 연관어 분석을 거쳐 가장 현상학적인 기술에 적합한 모듈을 개발하고, 이를 인공지능에 접목할 수 있는 분석 로직과 응용 기기 개발에 필요한 고도화 전략에 필요한 정보를 구축할 수도 있으며, 취합한 뇌파의 비율을 분석단위로 활용할 수도 있다.

예컨대, 사회적 활동을 분석하는 연구에서는 이러한 뇌파연구를 어떻게 적용할 수 있을까? 따라서 이러한 연구사례에 적합한 절차를 보면 다음과 같다. 첫째, 개인 차원에서 동기화가 되지 않는 가산과제의 특성을 가진 집단수행 과제를 선정하여 개별/조별로 각각 실시한다. 여기서 모든 과제는 컴퓨터를 활용하여 수행하는 과제로 제한한다.

예를 들어, 1차 수행평가 단계에서는 특정 과제에 해당하는 자료 수집, 제작 및 분석에 관한 활동을 개인별로 실시하도록 하고, 결과 자료를 수집한다. 둘째, 2차 수행평가 단계에서는 동일한 과제를 조별로 수행하도록 지시하도록 하고 동일한 유형의 자료를 수집한다. 셋째, 이렇게 모인 자료의 차이를 분석하고, 사회적 태만과 사회적 분투의 집단을 구분하여 뇌파의 특성을 구분한다.

마지막으로 다양한 문화적 조건과 상황적 조건을 달리하면서 해당 뇌파의 뉴로피드백 실험을 실시한다. 이러한 뇌파 연구를 진행하는 가운데, 일반적으로 뇌파 측정 방법은 크게 침습형과 비침습형으로 나뉜는데, 최근 뇌파 연구에서의 뇌파 측정 방법은 두피에 전극을 부착하는 비침습형 뇌파측정 방법이 많다. 전기가 잘 통하는 젤을 두피 위에 바르고 특정 위치에 전극을 부착해 실험을 진행한다. 전극의 위치에도 10-20시스템이라는 세계적인 표준이 있다. 하지만 자세한 정보를 얻기 위해 추가적인 전극을 부착하기도 한다. 약 20개 정도의 전극이 기본이지만 정밀도를 높이기 위해 256개에 달하는 전극을 두피에 부착하기도 한다.

비침습형 뇌파 측정 방법은 특별한 수술이 필요 없다는 장점이 있지만, 정밀한 뇌파 신호를 측정하려면 전극을 뇌에 직접 부착해야 한다. 이에 사회적 활동 연구에서 활용되는 장비는 14채널로 구성된 비침습형 뇌파 측정 기기를 사용하는 것도 무난할 것이다.

전처리 필터는 0.01~200Hz 대역을 사용하고 FIR(Finite Impulse Response) 필터를 사용할 수 있다. 사건유발전위의 측정 시에는 (0.01~1)Hz~(15~30)Hz, 뇌파 해석 시에는 (0.01~1)Hz~100Hz를 사용하며 사용전원(50 또는 60Hz) 잡음제거를 위해서는 노치필터(Notch Filter)를 사용하며 이는 장비기기에 적합하게 적용할 수도 있으며, 연구대상자의 문화적 특성을 반영하여 연구를 수행해야 할 것이다. 이에, 다양한 국가에서 수행할 필요성이 있으며, 언어적 상호작용은 녹취 후 빈도상으로 두드러지는 특성과 시계열적인 순서에 맞추어 두드러지게 나타나는 특성을 탐색하고, 개인차 변인과 생리적 측정의 융합된 자료를 분석하여 사회적 분투를 가장 잘 설명하는 모형을 제시하고 이에 대한 응용 디바이스 모듈을 검증하는 방법도 고민해야 할 것이다.

또한, 문화적 특성이 반영된 인지도식의 인지행동 모형을 제시하고, 사회적 관계망 속에서는 발생하는 뇌파와의 현상학적 해석에 대한 전반적인 분석의 기틀을 마련하고 인간행동 중심의 생리적 측정과 사회적 맥락이 융합된 과학적 분석의 개선된 방법을 적용하는 것도 가능할 것이다. 아울러, 시선추적 장치를 통해 자기의식과 상황의식을 구분하는 연구를 병행하는 것도 가능할 것이며, 사례별 텍스트를 연관어 분석이나 군집분석을 통한 키워드 추출방식의 연구결과와 연동하는 것도 가능할 것이다.

참고 문헌

강인숙 외(2006). 인간행동과 사회환경. 태영출판사.

강준만(2010). 영혼이라도 팔아 취직하고 싶다. 개마고원.

강진령(2008). 상담심리 용어사전. 양서원.

고영건, 안창일(2007). 심리학적인 연금술. 서울: 시그마프레스.

고영복(1997). 사회심리학 개론. 사회문화 연구소.

곽대경(2001). 경찰수사를 위한 범죄심리연구의 활용방안. 한국경찰학회보, 3, 1-21.

구현서(2001). 인간관계론의 이해. 청목.

권대훈(2010). 교육심리학의 이론과 실제. 서울: 학지사.

권석만(1997). 인간관계의 심리학. 서울: 학지사

권석만(1997). 젊은이를 위한 인간관계의 심리학. 서울: 학지사.

권석만(2008). 긍정 심리학. 서울: 시그마프레스.

권석만(2008). 긍정 심리학: 행복의 과학적 탐구. 서울: 학지사.

길연, 이지연(역)(2008). 사회성격발달(by David R. Shaffer). 서울: 시그마프레스.

김경중, 최인숙(1993). 유아발달심리. 형설출판사.

김경희(2004). 정서심리학. 서울: 박영사

김광수 외(2010). 융합 인지과학의 프런티어. 성균관대학교 출판부.

김근영, 윤진(1995). 수줍음과 대인관계 변인간의 상호관련성. 소아청소년정신의학, 6(1), 90-99.

김동기, 김은미(역)(2005). 행복 심리학(by Michael Argyle). 서울: 학지사.

김명진, EBS 다큐멘터리 동과 서 제작팀(2012). EBS 다큐멘터리 동과 서: 동양인과 서양인은 왜 사고방식이 다를까? 서울: 예담.

김문수 외(역)(2004). 생물심리학(by James W. Kal-at.). 서울: 시그마프레스.

김민식, 감기택(2008). 심리학 실험법. 서울: 시그마프레스.

김병숙 (역)(2005). 직업심리학 핸드북. 서울: 시그마프레스.

김병숙(2006). 직업상담심리학. 시그마 프레스

김선남(2000). 미디어 속의 여성 읽기. 일진사.

김소희(역)(2010). 심리학, 사랑을 말하다(by 로버스 스턴버그 · 카린 웨이스). 21세기 북스.

김시업(2005). 결혼에 관한 태도 조사. 경기대학교 출판부

김시업(2005). 한국 범죄심리학의 학문적 정립을 위한 주요 연구영역의 탐색. 한국심리학회지: 사회문제, 11, 109-142.

김안자 역(2006). 긍정심리학. 서울: 물푸레.

김언주 외(2010). 인간 동기의 이해와 적용. 신정.

김영미 외(2005). 일상생활에서 발견하는 유아 발달 심리. 창지사.

김영봉 외(2007). 교육심리학. 서현사.

김영환(1989). 임상심리학 원론. 서울: 하나의학사.

김용래, 김태은(2005). 교육심리학. 형설출판사.

김용욱(2009). 몰입 이렇게 하라. 서울: 물푸레.

김유진, 민윤기(역)(2007). 심리학의 탐구. 서울: 시그마프레스.

김의철(2000). 토착심리학과 문화심리학의 과학적 토대. 한국심리학회지: 사회문제, 6(3), 1-24.

김인자 역(2009). 긍정심리학. 서울: 물푸레.

김정현(2002). 인지심리학적 요소를 이용한 게임플레이 설계방법 연구. 교문사.

김정희 외(역)(2004). 생활과 심리학(제7판). 서울: 시그마프레스.

김창식(2008). 위기의 교육 위기의 아이들. 인간과 자연사.

김철(2003). 차별과 우리 사회. 푸른사상.

김청자(2009). 교육심리학. 동문사.

김청자, 정진선(2004). 상담의 이론과 실제. 동문사.

김태은(2008). 단기기억 특성을 적용한 디자인 발상방법에 관한연구. 국민대학교 석사학위논문.

김현택 외 (2003). 현대심리학 이해. 서울: 학지사

김현택(1996). 심리학. 서울: 학지사

김혜숙 외(2000). 인간관계론. 양서원.

김환, 이장호(2006). 상담면접의 기초. 서울: 학지사.

노안영, 강영신(2002). 성격심리학. 서울: 학지사.

대한신경정신의학회(2005). 신경정신의학. 서울: 중앙문화사.

박권생(역)(2003). 인지심리학(by Stephen K. Reed). 서울: 시그마프레스.

박아청(2001). 성격심리학의 이해. 서울: 교육과학사.

박영신, 김의철(1997). 문화와 사고(by Shweder, Richard A.). 서울: 교육과학사.

박준성 외(2016). 용어로 읽는 심리학. 교육과학사.

박지영(2009). 유쾌한 기억의 심리학. 너머북스.

박창호(2000). 현대 심리학 입문. 정민사.

방선욱 외(2011). 교육심리학의 이해. 서현사.

서동오, 이연경, 최준식(2006). 공포의 생성과 소멸: 파블로프 공포조건화의 뇌회로를 중심으로. 한국심리학회지: 실험, 18(1), 1-19.

서은국, 성민선, 김진주(역)(2007). 긍정 심리학 입문(by William C. Compton). 박학사.

서진영(1991). 여자는 왜-여성억압의 어제와 오늘. 창작과 비평사.

서창원, 민윤기(2009). 생활 속의 심리학. 서울: 시그마프레스.

설기문(1997). 인간관계와 정신건강. 서울: 학지사.

성현란 외(2001). 인지발달. 서울: 학지사.

송관재(2003). 생활속의 심리학. 학문사.

송명자(2008). 발달심리학. 서울: 학지사.

송인섭, 최명구 외(2006). 교육심리학. 서울: 학지사.

신맹식(2008). 뇌의 항유해 작용 기제에 관한 개관: 편도체-뇌간 회로를 중심으로. 한국심리학회지: 실험, 20(2), 73-94.

신명희 외(2010). 교육심리학. 서울: 학지사.

신성만, 박권생, 박승호(2007). 심리학과의 만남. 서울: 시그마프레스.

신응섭(1997). 심리학 개론. 서울: 박영사.

신현정, 김비아(역)(2011). 마이어스의 심리학 개론. 서울: 시그마프레스

안창일(편)(2002). 임상 심리학. 서울: 시그마프레스.

양병환 외(2001). 기억. 서울: 하나의학사.

양창삼(1997). 인간관계와 갈등관리. 경문사

엄태완 외(2012). 인간행동과 사회환경. 공동체.

염태호(1996). 임상심리학회 30년사. 서울: 하나의학사.

오만록(2004). 교육심리학. 서울: 교육과학사.

오세진 외(2014). 인간행동과 심리학. 서울: 학지사.

오창순 외(2010). 인간행동과 사회환경. 서울: 학지사.

원호택, 염태호(1986). 한국임상심리학의 연역. 행동과학연구(8), 109-117.

유기현(1999). 인간관계론. 무역경영사.

유지나, 변재란(1993). 페미니즘 · 영화 · 여성. 여성사.

윤길근 외(2008). 교육심리학. 서울: 학지사.

이규현(역)(1990). 성의 역사(by 미셸 푸코). 서울: 나남출판사.

이동원, 박옥희(2000). 사회심리학. 서울: 학지사

이수원(2002). 심리학. 정민사.

이신동 외(2011). 최신교육심리학. 서울: 학지사.

이영애(2004). 간단명료 심리학. 서울: 시그마프레스.

이영애, 박희경(역)(2001). 기억연구의 실제와 응용(by Alan Parking). 서울: 시그마프레스.

이영호(역)(2001). 임상 심리학 입문(edit by 린다 A. 헤이든/마이클 허슨). 서울: 학지사.

이용남, 신현숙(2010). 교육심리학. 서울: 학지사.

이재석(역)(2009). 응용 인지심리학(by Douglas J. Herrmnn, Carol Y. Yorder, Michael Gruneberg, David G. Payne). 박학사.

이정모 외(2006). 인지심리학. 서울: 학지사.

이진환, 신현정, 안신호(역)(2009). 긍정 심리학(by Steve R. Baumgardner, Varie K. Crothers). 서울: 학지사.

이태동(역)(1978). 칼 융의 심리학(by J. Jacobi). 서울: 성문각.

이현수(1990). 임상심리학. 서울: 박영사

이현수(2008). 긍정적 심리학. 서울: 시그마프레스.

참고 문헌

이훈구 외(2009). 인간 행동의 이해. 서울: 법문사.

임영식, 양돈규(역)(1998). 청소년 스트레스와 정신건강. 서울: 학지사.

임창재(2009). 심리학개론. 서울: 동문사.

장미경(1999). 페미니즘의 이론과 정치. 문화과학사.

장현갑 외(역)(2004). 힐가드와 애트킨슨의 심리학 원론. 박학사.

장휘숙(2009). 여성심리학. 서울: 박영사.

정명선, 김혜진(2009). 체면 민감성, 과시 소비 성향, 패션 명품 선호도가 패션명품 복제품의 구매 행동에 미치는 영향. 복식문화연구, 17(2), 189-202.

정봉교 외(2003). 동기와 정서의 이해. 박학사.

정양은(1972). 한국의 학보, 인맥으로 살펴본 한국의 학계-심리학계. 대한일보.

정옥분(2004). 발달심리학. 서울: 학지사.

정원식(2003). 인간의 동기. 서울: 교육과학사.

정태연 외(2016). 사회심리학. 학지사

조경덕, 장성화, 이도균(2012). 상담심리학. 정민사.

조긍호(1998). 유학심리학. 서울: 나남출판사.

조긍호(2007). 동아시아 집단주의와 유학사상: 그 관련성의 심리학적 탐색. 한국심리학회지: 사회 및 성격, 21(4), 21-53.

차재호(1994). 문화 설계의 심리학. 서울대학교 출판부.

천성문 외(2006). 상담심리학의 이론과 실제. 서울: 학지사.

최동선 외(2008). 진로교육정책의 성과와 추진방향. 한국직업능력개발원.

최상진(2011). 한국인 심리학. 서울: 학지사.

최상진, 한규석(1998). 심리학에서의 객관성, 보편성 및 사회성의 오류: 문화심리학의 도전. 한국심리학회지: 일반, 17(1), 73-96.

최승희, 김수옥(1997). 심리학개론. 서울: 박영사.

한국건강심리학회 역(2002). 건강심리학. 서울: 시그마프레스.

한국심리학회(2000). 한국심리학회 요람. 한국심리학회.

한국심리학회(편)(1996). 한국심리학회 50년사. 서울: 교육과학사.

한규석(2009). 사회심리학의 이해. 서울: 학지사.

한덕웅 외(2004). 사회심리학. 서울: 학지사.

한덕웅 외(2008). 건강심리학. 서울: 시그마프레스.

한덕웅(2002). 집단행동이론. 서울: 시그마프레스.

한덕웅(2004). 인간의 동기심리. 서울: 박영사.

한수미(2011). 인지심리학. 교문사.

허성호(2012). 심리연구. 서울: 책과 공간.

현성용 외(2008). 현대 심리학 입문. 서울: 학지사.

현성용 외(2009). 현대심리학의 이해. 서울: 학지사.

홍대식(1994). 사회심리학. 청암미디어.

홍대식(2000). 심리학 개론. 청암 미디어.

홍성열(2000). 범죄심리학. 서울: 학지사.

홍순정 외(1998). 여성심리학. 서울: 교육과학사.

홍용기(2010). 산업조직심리학. 형설출판사.

Adams, H. E & Cassidy, J. F. (1993). The classification of abnormal behavior: An overview. In P. B. Sutker & H. E. Adams (Eds.), comprehensive handbooks of psychopathology (2nd ed., pp. 3-25). New York: Plenum Press.

Ainsworth, M. D. S., Bell, S. M., & Stayton, D. J. (1971). Individual differences in strange situation behavior of one-year-olds. In H. R. Schaffer (ed.), The origins of human social relations. London: Academic Press.

Ajzen, I. (2001). Nature and operation of attitudes. Annual Review of Psychology, 52. Palo Alto, CA: Annual Review.

Alicke, M. D. (2000). Culpable control and the psychology of blame. Psychological bulletin, 126(4), 556-574.

Allison, T., McCarthy, G., Wood, C. C., Darcey, T. M., Spencer, D. D., & Williamson, P. D.

(1989). Human cortical potentials evoked by stimulation of the median nerve: Cytoarchitectonic areas generating short-latency activity. Journal of Neurophysiology, 62, 694–710.

Allport, G. (1961). Pattern and growth in personality. New York: Holt, Rinehart and Winston.

Alrwele, N. S. (2015). Efficacy of A training Program in Some Self- Managed Strategies on Developing English Language Reading Comprehension and Reader's Self- Perception of 11th Grade Female Students. Social and Behavioral Sciences, 177, 71–76.

Alsaker, F. D. (1992). Pubertal timing, overweight, and psychological adjustment. Journal of Early Adolescence, 12, 396–419.

Anderson, C. A., Anderson, K. B., & Deuser, W. E. (1996). Examining an affective aggression framework: Weapon and temperature effects on aggressive thoughts, affect, and attitudes. Personality and Social Psychology Bulletin, 22, 366–376.

Archer, J. (1992). Childhood gender roles: Social context and organization. In H. AcGurk (ed.), Childhood social development: Contemporary perspectives. Hove: Lawrence Erlbaum & Associates.

Argyle, M. & Henderson, M. (1985) The Anatomy of Relationships. London: Penguin.

Aries, P. (1960) Centuries of Childhood: A Social History of Famliy Life (R. Baldick, trans.). New York: Grune & Stratton.

Arlow, A. & Brenner, C. (1964). Psychoanalytic Concepts and the Structural Theory. New York: Int. Univ. Press.

Arnett, J. J. (2008). The neglected 95%: why American psychology needs to become less American. American Psychologist, 63(7), 602–614.

Asch, S. E. (1952). Social psychology. New York: Prentice Hall.

Asch, S. E. (1955). Opinions and social pressure. Scientific American, 19, 31–35.

Aspinwall, L. G., & Staudinger, U. M. (Eds.). (2003). A psychology of human strengths: Fundamental questions and future directions for a positive psychology. Washington, DC: APA Books.

Averill, J. R. (1983). Studies on anger and aggression: Implications for theories of emotion. American psychologist, 38(11), 1145–1160.

Baltes, J, E, (1983). Issues in the assessment of difficult temgerament. Merrill-Palmer Quarterly, 29, 89–97.

Baltes, P. B. (1987). Theoretical propositions of life-span development psychology : On the dynamics between groeth and decline Developmental Psychology, 23. 5, 611–626.

Baltes, P. B., & Lindenberger, U. (1997). Emergence of a powerful connection between sensory and cognitive functions across the adult life span: A new window to the study of cognitive aging. Psychology and Aging, 12, 12–21.

Baltes, P. B., & Reese, H. W. (1984). The Life-span perspective in developmental psychology. In M. H. Bornstein, & M. E. Lamb. (Eds.), Developmental Psychology: An advanced textbook. Hillsdale, NJ: Erlbaum.

Bandura, A. (1973). Aggression: A social learning analysis. Englewood Cliffs, NJ: Prentice-Hall.

Bandura, A. (1977). Self-efficacy: toward a unifying theory of behavioral change. Psychological review, 84(2), 191–215.

Bandura, A. (1977). Social learning theory. Englewood Cliffs, NJ: Prentice-Hall.

Bandura, A. (1982). The assessment and predictive generality of self-percepts of efficacy. Journal of behavior therapy and experimental psychiatry, 13(3), 195-199.

Bandura, A. (1986). Social foundations of thought and action: A social cognitive theory. Englewood Cliffs, NJ: Prentice-Hall.

Bandura, A. (1986). The explanatory and predictive scope of self-efficacy theory. Journal of Social and Clinical Psychology, 4(3), 359-373.

Bandura, A. (1989). Social cognitive theory. In R. Vasta (Ed.), Annals of child development: Vol. 6. Theories of child development: Revised formulations and current issues (pp. 1-60). Greenwich, CT: JAI Press.

Bandura, A. (1992). Self-efficacy mechanism in psychobiologic functioning. In R. Schwarzer (Ed.), Self-efficacy: Thought control of action (pp. 355-394). Washington, D.C.: Hemisphere.

Baron, K. A. & Byrne, R. E. (2002). Social psychology. Boston: Allyn & Bacon.

Basbaum, A.I., & Fields, H.L. (1984). Endogenous pain control systems: Brainstem spinal pathways and endorphin circuitry. Annual Review of Neuroscience, 7, 309-338.

Basch, M. F. (1976). The concept of affect. JAPA, 24, 759-777.

Basch, M. F. (1981). Selfobject disorders and psychoanalytic theory. JAPA, 29, 337-357.

Basch, M. F. (1983). Empathic understanding. JAPA, 31, 101-126.

Baumeister, R. F. (1982). A self-presentational view of social phenomena. Psychological bulletin, 91(1), 3-26.

Baumeister, R. F. (1999). The self in social psychology. Psychology Press.

Baumeister, R. F., & Heatherton, T. F. (1996). Self-regulation failure: An overview. Psychological inquiry, 7(1), 1-15.

Baumeister, R. F., & Leary, M. R. (1995). The need to belong: Desire for interpersonal attachments as a fundamental human motivation. psychological Bulletin, 117, 497-529.

Beck, A. T., Rush, A. J., Shaw, B. F., & Emery, G (1979). Cognitive theraphy of depression, New York: Guilford Press.

Bem, D. J. (1972). Self-perception theory. In L. Berkowitz (Ed.), Advances in experimental social psychology (Vol. 6, pp. 1-62). San Diego: Academic Press.

Bem, D. J. (1972). Self-perception theory. In L. Berkowitz (Ed.), Advances in experimental social psychology, vol. 6. San Diego, CA: Academic Press.

Berkowitz, L. (1968). Impulse, aggression, and the gun. Psychology Today, 18-22.

Berscheid, E. (1985). Interpersonal attraction In G. Lindzey & E. Aronson (eds), Handbook of Social Psychology, 3rd edn, Hillsdale, NJ: Erlbaum

Binswanger, H. (1963). Positive aspects of the animus. Zurich: Spring.

Bond, M. H., & Cheung, T. S. (1983). College Students' Spontaneous Self-Concept The Effect of Culture among Respondents in Hong Kong, Japan, and the United States. Journal of Cross-Cultural Psychology, 14(2), 153-171.

Boring, E. G. (1950). A history of experimental psychology. New York: Appleton-Century-Crofts.

Bornstein, H. (1989). Sensitive periods in development: Structural characteristics and casual interpretations. Psychological Bulletin, 105, 179-197

Bouton, M. E., & Swartzentruber, D. (1991). Sources of relapse after extinction in Pavlovian and instrumental learning. Clinical Psychology Review, 11, 123-140.

Bowlby, J. (1973). Attachment and loss: Vol. 2. Separation: Anxiety and anger. London:

Hogarth Press.

Bowlby, J. (1988). A secure base: Parent-child attachment and healthy human development. New York: Basic Books.

Brauer, M., & Judd, C. M., (1996). Group polarization and repeated attitude expression: A new take on an old topic. In W. Stroebe & M. Hewstone (Eds.), European review of social psychology, 7. Chichester: John Wiley & Sons.

Bretherton, I. (1992). The origins of attachment theory: John Bowlby and Mary Ainsworth. Developmental Psychology, 28, 759-775.

Brewer, M. & Chen, Y-R (2007). Who Are Collectives in Collectivism? Toward Conceptual Clarification of Individualism and Collectivism. Psychological Review, 114(1), 133-151.

Brewer, M. B., & Gardner, W. (1996). Who is this" We"? Levels of collective identity and self representations. Journal of personality and social psychology, 71(1), 83-93.

Brown, B. B. (1999). Measuring the peer environment of American adolescents. In S. L. Friedman & T. D. Wachs (eds.), Measuring environment across the life span: Emerging methods and concepts. Washington, DC: American Psychological Association.

Bruner, J. S. (1996). The culture of education. Cambridge, MA: Harvard University.

Buchanan, D., & Badham, R. (1999). Politics and organizational change: The lived experience. Human Relations, 52(5), 609-629.

Bushman, B. J., & Huesmann, L. R. (2001). Effects of televised violence on aggression. In D. Singer & J. Singer (Eds.), Handbook of children and the media. Thousand Oaks, CA: Sage.

Buss, A. H. (1980). Self-consciousness and social anxiety. San Francisco: WH freeman.

Buss, A. H., & Perry, M. (1992). The aggression questionnaire. Journal of personality and social psychology, 63(3), 452-459.

Buunk, A. P., & Dijkstra, P. (2014). Social comparison orientation and perspective taking as related to responses to a victim. Psychology, 5, 441-450.

Buunk, B. P., Ybema, J. F., Gibbons, F. X., & Ipenburg, M. (2001). The affective consequences of social comparison as related to professional burnout and social comparison orientation. European Journal of Social Psychology, 31(4), 337-351.

Carlson, L. E., Speca, M., Patel, K. D., & Goodey, E. (2004). Mindfulness-based stress reduction in relation to quality of life, mood, symptoms of stress and levels of cortisol, dehydroepiandrosterone sulfate (DHEAS) and melatonin in breast and prostate cancer outpatients. Psychoneuroendocrinology, 29(4), 448-474.

Carlson, N.R. (2002). Learning and Memory. Foundations of Physiological Psychology (5th Ed.), pp. 355-395. Allyn and Bacon, MA: A Person Education Company.

Caspi, A., Elder, G. H., Jr., & Bem, D. J. (1988). Moving away from the world: Life-course patterns of shy children. Developmental Psychology, 24, 824-831.

Champoux, J. E. (1981) A Sociological Perspective on Work Involvement, International Review of Applied Psychology , 30.

Chirkov, V., Ryan, R. M., Kim, Y., & Kaplan, U. (2003). Differentiating autonomy from individualism and independence: A self-determination theory perspective on internalisation of cultural orientations and well-being. Journal of Personality and Social Psychology, 84, 97–109.

Choi, S. C., & Kim, K. (1999c). The psychological structure of Chemyon. Paper presented at the 3rd Conference of the Asian Association of Social Psychology, August 4-7, Taipei, Taiwan.

Civitcia, N. & Civitcia, A. (2015). Social Comparison Orientation, ardiness and Life Satisfaction in Undergraduate Students. Social and Behavioral Sciences, 205, 516-523.

Clark, M. S., & Reis, H. (1988). Interpersonal processes in close relationships. Annual Review of Psychology, 39, 609-672.

Clarke, A. M., & Clarke, A. D. B. (1986). Thirty years of child psychology: A selective review. Journal of Child Psychology and Psychiatry, 27, 719-759.

Clausen, J.A. (1993). American Lives. New york: Free press.

Cleland, F. E., & Gallahue, D. L. (1993). Young children's divergent movement ability. Perceptual and Motor Skills, 77, 535-544.

Coie, J., Terry, R., Lenox, K., & Lochman, J. (1995). Childhood peer rejection and aggressions predictors of stale patterns of adolescent disorder. Development and Psychopathology, 7, 697-713.

Cole, M. (1996). Cultural Psychology: A once and future discipline. MA: Harvard University Press.

Coleman, L. M., Jussim, L., & Abraham, J. (1987). Students' R] eactions to Teachers' E] valuations: The Unique Impact of Negative Feedback1. Journal of Applied Social Psychology, 17(12), 1051-1070.

Collins, L. M. (1996). Is reliability obsolete? A commentary on" Are simple gain scores obsolete?". Applied Psychological Measurement, 20(3), 289-292.

Connolly, J. (1989). Social self-efficacy in adolescence: Relation with self concept, social adjustment and mental health. Canadian Journal of Behavioral Science, 21, 258-269.

Cooley, C. H. (1902). Human nature and the social order. New York: Scribners.

Coon, D. (2005). Psychology: A Journey(2th de.). THOMSON.

Coon, O. D. & Kemmelmeier, H. M. (2002). Rethinking individualism and collectivism: Evaluation of theoretical assumptions and meta-analyses. Psychological Bulletin, 128, 3-72.

Correll, J., Spencer, S. J., & Zanna, M. P. (2004). An affirmed self and an open mind: Self-affirmation and sensitivity to argument strength. Journal of Experimental Social Psychology, 40, 350-356.

Cousins, S. (1989). Culture and Self-Perception in Japan and the United States. Journal of Personality and Social Psychology, 56(1), 124-131.

Crain, W. (1992). Theories of Develoment: Concepts and Allpications. New Jersey: Englewood Liffs.

Cramer, Duncan(1995). Job Shock: Four new principles transforming our work and business. New York: St. Martin's Press

Crary, W. G. (1966). Reactions to incongruent self-experiences. Journal of Consulting Psychology, 30, 246-252.

Crocker, J., Thompson, L. L., McGraw, K. M., & Ingerman, C. (1987). Downward comparison, prejudice, and evaluations of others: effects of self-esteem and threat. Journal of personality and social psychology, 52(5), 907-916.

Crockett, L. J., Raffaelli, M., & Moilanen, K. L. (2003). Adolescent sexuality: Behavior and meaning. In G. R. Adams & M. D. Berzonsky (eds.), Blackwell handbook of adolescence. Oxford: Blackwell.

Csikszentmihalyi, M. & Csikszentmihalyi, I. S. (1988). Optimal Experience: Psychological studies of flow in consciousness. Cambridge: Cambridge University Press.

Csikszentmihalyi, M. (1975). Beyond Boredom

and Anxiety: Experiencing Flow in Work and Play. San Francisco: Jossey-Bass.

Csikszentmihalyi, M. (1978) Intrinsic Rewards and Emergent Motivation in The Hidden Costs of Reward : New Perspectives on the Psychology of Human Motivation, eds Lepper, Mark R;Greene, David. Erlbaum, NY: Hillsdale.

Csikszentmihalyi, M. (1990). Flow: The Psychology of Optimal Experience. New York: Harper and Row.

Csikszentmihalyi, M. (1994). The Evolving Self. New York: Harper Perennial.

Csikszentmihalyi, M. (1996). Creativity: Flow and the Psychology of Discovery and Invention. New York: Harper Perennial.

Csikszentmihalyi, M. (1998). Finding Flow: The Psychology of Engagement With Everyday Life. Basic Books.

Damon, W. (1983). Social and personality development: Infancy through adolescence. New York: Norton.

Danziger, K. (1979). The positivist repudiation of Wundt. Journal of the History of the Behavioral Sciences, 15, 205-230.

Datan. N., Rodeheaver, D., & Hughes, F. (1987). Adult development and aging. Annual Review of Psychology, 38, 153-180.

Davis, S. F. & Palladino, J. J. (2007). Psychology(5th ed.). New Jersey: Pearson Education.

Dawkins, R. (1976). The selfish gene. New York: Oxford University Press.

Debiec, J., LeDoux, J. E., & Nader, K. (2002). Cellular and systems reconsolidation in the hippocampus. Neuron, 36, 527-538.

Denney, N. W. & Palmer, A. M. (1981). Adult age differences on traditional and practical problem solving measures. Journal of Gerontology, 36, 323-328.

Denney, N. W. (1984). A model of cognitive development across the life span. Developmental Review, 4, 171-191.

Dickes, R. (1965). The defensive function of an altered state of consciousness. JAPA. 13, 356-403.

Diener, E. (2000). Subjective well-being: The science of happiness, and a proposal for a national index. American Psychologist, 55, 34-43.

Diener, E. (2006). Guidelines for national indicators of subjective well-being and ill-being. Applied Research in Quality of Life, 1, 151-157.

Diener, E., & Seligman, M. E. P. (2004). Beyond money: Toward an economy of well-being. Psychological Science in the Public Interest, 5, 1-31.

Diener, E., & Tov, W. (2007). Subjective well-being and peace. Journal of Social Issues, 63, 421-440.

Diener, E., Diener, M., & Diener, C. (1995). Factors predicting the subjective well-being of nations. Journal of Personality and Social Psychology, 69, 851-864.

Diener, E., Lucas, R., & Scollon, C. N. (2006). Beyond the hedonic treadmill: Revising the adaptation theory of well-being. American Psychologist, 61, 305-314.

Diener, E., Suh, E. M., Lucas, R. E., & Smith, H. L. (1999). Subjective well-being: Three decades of progress. Psychological Bulletin, 125, 276-302.

Dillard, J. P. (1991). The current status of research on sequential request compliance techniques. Personality and Social Psychology Bulletin, 17, 282-288.

Dollard, J., Doob, L., Miller, N. E., Mowre, O. H., & Sears, R. (1939). Frustration and aggression. New Haven, CT: Yale University Press.

Dowdney, L., Skuse, D., Morris, K., & Pickles, A. (1998). Short normal children and environmental disadvantage: A longitudinal study of growth and cognitive development from 4 to 11 years. Journal of Child Psychology and Psychiatry and Allied Disciplines, 39, 1017-1029.

Downer, J. L. deC. (1961). Changes in visual gnostic functions and emotional behaviour following unilateral temporal pole damage in the "split-brain" monkey. Nature, 191, 50-51.

du Bois-Reymond, M., & Ravesloot, J. (1994). The role of parents and peers in the sexual and relational socialization of adolescents. In F. Nestmann & K.Hurrelmann (eds.), Social networks and social support in childhood and adolescence: Prevention and intervention in childhood and adolescence. Berlin: Water De Gruyter.

Duck, S. & Gilmour, R. (eds) (1981-4) Personal Relationship (5 vol). London: Academic Press.

Dunning, D., Perie, M., & Story, A. L. (1991). Self-serving prototypes of social categories. Journal of Personality and Social Psychology, 61, 957-968.

Duval, S., & Wicklund, R. A. (1973). Effects of objective self-awareness on attribution of causality. Journal of Experimental Social Psychology, 9(1), 17-31.

Eagly, A. H., & Chaiken, S. (1993). The Psychology of attitudes. Orlando, FL: Harcourt Brace Jovanovich.

Eirkson, E. K. (1976). Reflections on Dr. Borg's life cycle. Daedalus, 105, 1-28.

Elder, G. H., & Ardelt, M. (1992). Families adapting to economic pressure: Some consequences for parents and adolescents. Paper presented at the Society for Research on Adolescence, Washington, DC.

Ellis, A. (1973). Humanistic psychotherapy: the rational emotive approach. New York: McGraw-Hill.

Engler, B. (1999). Personality theories(5th ed.). New York: Houghton Mifflin Company.

Enriquesz,, V. G. (1993). Developing a Filipino psychology. In U. Kim & Berry, J. (Eds.), Indigenous psychology: Research and experience in cultural context (pp. 152-169). Newbury Park: Sage.

Epley, N., & Whitchurch, E. (2008). Mirror, mirror on the wall: Enhancement in self-recognition. Personality and Social Psychology Bulletin, 34(9), 1159-1170.

Fairbairn, W. R. D. (1952). Psychoanalytic Studies of the Personality. London: Routledge & Kegan Paul.

Farr, R. M., & Moscovici, S. (1984). Social representations. Cambridge: Cambridge University Press.

Feingold, A. (1990). gender differences in effects of physical attractiveness on romantic attraction: A comparison across five research paradigms. Journal of Personality and Social Psychology, 59, 981-993.

Feingold, A. (1992). Cognitive gender differences: A developmental perspective. Sex Roles, 29, 91-112.

Feldman, N. S., & Ruble, D. N. (1981). Social Comparison Strategies Dimensions Offered and Options Taken. Personality and Social Psychology Bulletin, 7(1), 11-16.

Fenigstein, A. (1979). Self-consciousness, self-attention, and social interaction. Journal of Personality and Social Psychology, 37(1), 75-86.

Fenigstein, A., Scheier, M. F., & Buss, A .H. (1975). Public and private self-consciousness: Assessment and theory. Journal of Consulting and Clinical Psychology, 36, 1241-1250.

Festinger, L. & Carlsmith, J. M. (1959). Cognitive consequences of forced compliance. Journal of Abnormal and Social Psychology, 58, 203-210.

Festinger, L. (1954). A theory of social comparison processes. Human Relations, 7, 117-140.

Festinger, L. (1954). A theory of social comparison processes. Human Relations, 7, 117-140.

Fordham, M. (1969). Children as Individuals. London: Hodder & Stoughton.

Fordham, M. (1976). The Self and Autism. London: Academic Press.

Foster, D. W. & Neighbors, C. (2013). Self-consciousness as a moderator of the effect of social drinking motives on alcohol use. Addictive Behaviors, 38, 1996-2002.

Freedman, D. G. (1974). Human infancy: An evolutionary perspective. NY: John Wiley.

Freedman, J. L., & Perlick, D. (1979). Crowding, contagion, and laughter. Journal of Experimental Social Psychology, 15, 295-303.

Freiberg, K., Tually, K., & Crassini, B. (2001). Use of an auditory looming task to test infants' sensitivity to sound pressure level as an auditory distance cue. British Journal of Developmental Psychology, 19, 1-10.

Freud, S. (1900) The interpretation of dreams. SE, 5, 508-621.

Freud, S. (1905). Three essays on the theory of sexuality. SE, 7, 130-243.

Freud, S. (1915). The unconscious. SE, 14, 166-204.

Freud, S. (1933). New introductory lectures on psychoanalysis. New York: Norton.

Freud. S. (1949). An outline of psychoanalysis. (J. Strachey, Trans). New York: Norton, (Originally published, 1914.)

Freud. S. (1957). On the history of the psycho-analytic movement(standard edition). London : Hogarth Press (Originally published, 1914).

Freud. S. (1967). A general introduction to psycho analysis. New York : Washington Square Press. (Originally published, 1920).

Gaertner, G., Sedikides, C., Luke, M., O'Mara, E. M., Iuzzini, J., Jackson, L. E., et al. (2012). A motivational hierarchy within: Primacy of the individual self, relational self, or collective self? Journal of Experimental Social Psychology, 48, 997-1013.

Galenson, E. & Roiphe, H. (1976). Some suggested revisions concerning early female development. JAPA, 24 (suppl.):29-57.

Galenson, E. & Roiphe, H. (1980). The preoedipal development of the boy. JAPA, 28, 805-827.

Gardner, Howard, Csikszentmihalyi, Mihaly, and Damon, William (2002). Good Business: Leadership, Flow, and the Making of Meaning. Basic Books.

Gardner, Howard, Csikszentmihalyi, Mihaly, and Damon, William (2002). Good Work: When Excellence and Ethics Meet. New York, Basic Books.

Gardner, W. L. & Matinko, M. J. (1988). Impression management in organizations. Journal of Management, 14, 321-338.

Garfield, S. L., & Kurtz, R. (1976). Clinical psychologists in the 1970s. American Psychologist, 31, 1-9.

Ge, X., Conger, R., Rand, D., & Elder, G. H. Jr. (2001). The relation between puberty and psychological distress in adolescent boys. Journal of Research on Adolescence, 11, 49-70.

Geertz, C. (1975). Common sense as a cultural system. The Antioch Review, 33(1), 5-26.

Gesell, A., & Ilg, F. L. (1943). Infant and child in the culture of today. New York: Harper.

Goffman, E. (1959). The presentation of everyday life. New York: Anchor Books.

Goldberg, A., de. (1978). The Psychology of the Self. New York: Univ. Press.

Gordon, R. A. (1996). Impact of ingratiation in judgments and evaluations: A meta-analytic investigation. Journal of Personality and Social Psychology, 71, 54-70.

Graziano, W. G., & Bryant, W. H. (1998). Self-monitoring and the self-attribution of positive emotions. Journal of Personality and Social Psychology, 74(1), 250.

Green, M. (1989). Theories of Human development: A comparative approach. Englewood Cliffs, NJ: Prentice-Hall.

Greenacre, P. (1968). Perversions. PSOC, 23, 48-62.

Greenfield, P. (1999). Three approaches to the psychology of culture: Where do they come from? Where can they go?. Paper presented at the 3rd Conference of the Asian Association of Social Psychology, Taipei, Taiwan.

Gross, J.J., & Thompson, R.A. (2007). Emotion regulation: Conceptual foundations. In J. J. Gross (Ed.), Handbook of emotion regulation (pp. 3-24). New York, NY: Guilford Press.

Guilford, J. P. (1959). Personality. New York: McGraw-Hill.

Haidt, J. (2005). The Happiness Hypothesis: Finding Modern Truth in Ancient Wisdom. Basic Books.

Haidt, J. (2012). The Righteous Mind: Why Good People Are Divided by Politics and Religion. Pantheon.

Hall, D. T. & Associates. (1996). The Career is Dead-Long Live the Career: A Relational Approach to Careers. San Fransisco: Jossey-Bass Publishers.

Hariri, A. R., Mattay, V. S., Tessitore, A., Fera, F., & Weiberger, D. R. (2003). Neocortical modulation of the amygdala response to fearful stimuli. Biological Psychiatry, 53, 494-501.

Harlow, H. F. (1959). Love in infant monkeys. Scientific American, 68-74.

Harre, R., & Gillett, G. (1994). The discursive mind. London: Sage.

Harter, S. (1998). The development of self-representations. In W. Damon (Series Ed.) & N. Eisenberg (Vol. Ed.), Handbook of child psychology: Vol. 3. Social, emotional, and personality development (5th ed., pp. 553-617). New York: Wiley.

Hartup, W. W. (1998). The company they keep: Friendships andtheir developmental significance. In A. Campbell & S. Muncer (eds.), The social child. Hove: Psychological Press.

Heider, F. (1958). The psychology of interpersonal relations. New York: John Wiley.

Helegeson, V. S. & Taylor, S. E. (1993). Social comparisons and adjustment among cardiac patients. Journal of Applied Social Psychology, 23, 1171-1195.

Helmstetter, F. J. (1992). The amygdala is essential for the expression of conditional hypoalgesia. Behavioral Neuroscience, 106(3), 518-528.

HeTherington, E. M. (1981). Children of divorce. In R. Henderson (Ed), parent-child interaction. New York: Academic Press.

Hewitt, P. L., & Dyck, D. G. (1986). Perfectionism, stress, and vulnerability to depression. Cognitive Therapy and Research, 10(1), 137-142.

Higgins, E. T. (1987). Self-descrepancy: Atheory relating self and affect. Psychological Review, 94, 319-340.

Higgins, E. T., Shah, J., & Friedman, R. (1997). Emotional responses to goal attainment: strength of regulatory focus as moderator. Journal of personality and social psychology, 72(3), 515-525.

Higgins, E. T., Vookles, J., & Tykocinski, O. (1992). Self and health: How" patterns" of self-beliefs predict types of emotional and physical problems. Social Cognition, 10(1), 125-150.

Higgins, N. C., & Bhatt, G. (2001). Culture moderates the self-serving bias: Etic and emic features causal attributions in India and in Canada. Social Behavior and Personality, 29, 49-61.

Hinde, R. A. (1989). Ethological and relationships approaches. In R. Vasta (Ed.), Annals of child development: Vol. 6. Theories of child development: Revised formulations and current issues. Greenwich, CT: JAI Press.

Hinson, J. M., Jameson, T. L., & Whitney, P. (2003). Impulsive decision making and working memory. Journal of Experimental Psychology: Learning, Memory, and Cognition, 29(2), 298-306.

Hofstede, G. (1992). Cultural Dimensions in People Management: The Socialization Perspective. In V. Pucik, N. M. Tichy, & C. K. Barnett (Eds.), Globalizing Management: Creating and Leading the Competitive Organization (pp 139-158). New York: John Wiley & Sons.

Hogg, M. A. (2001). A social identity theory of leadership. Personality and social psychology review, 5(3), 184-200.

Holland, J. L. (1973). Making Vocational Choices : A Theory of Bocational Personalities and Work Environments. Englewood Cliffs, N. J: Prentice-Hall

Honarm, M. M. & Moghaddam, K. K. (2009). The Effect of Cognitive Therapy on Self-Concept Discrepancy and Depression. Journal of Education & Psychology, 3(2), 13-24.

Hong, Y. Y. (2000). Multicultural minds: A dynamic constructivist approach to culture and cognition. American Psychologist, 55(7), 709-720.

Horn, J. L. (1982). The theory of fluid and crystallized intelligence in relation to concepts of cognitive psychology and aging in adulthood. In F. I. M. Craik & S. Treub (eds.), Aging and cognitive processes. New York: Plenum Press.

Hovland, C. I., Janis, I. L., & Kelley, H. H. (1953). Communication and persuasion: Psychological studies of opinion change. New Haven, CT: Yale University Press.

Hull, J. G., & Levy, A. S. (1979). The organizational functions of the self: An alternative to the Duval and Wicklund Model of self-awareness. Journal of Personality and Social Psychology, 37(5), 756-768.

Hwang, K. K. (1998). Guanxi and Mientze: Conflict resolution in Chinese society. Intercultural Communication Studies, 7(1), 17-42.

Iwai, E., & Mishkin, M. (1969). Further evidence of the locus of the visual area in the temporal lobe of the monkey. Experimental Neurology, 25, 585-594.

Jacobi, J. (1959). Complex/Archetype/Symbol in the Work of C. G. Jung. Princeton, NJ: Princeton Univ. Press.

Jaffe, A. (1971). The Myth of Meaning. New York: Putnam.

Jaffee, S., & Hyde, J. S. (2000). Gender differences in moral orientation: A meta-analysis. Psychological Bulletin, 126, 703-726.

James, W. (1890). Principles of psychology. New York: Holt.

Janis, I. L. (1982). Groupthink: Psychological studies of policy decisions and fiascoes. 2nd ed. Boston: Houghton Mifflin.

Ji, L., Peng, K., & Nisbett, R. E. (2000). Culture, control, and perception of relationships in the environment. Journal of Personality and Social Psychology, 78(5), 943-955.

John, E. R. (1976). A model of consciousness. In Consciousness and Self- Regulation, ed. G. E. Schwartz & D. Shapiro. New York: Plenum Press.

John, L. K., Loewenstein, G., & Rick, S. I. (2014). Cheating more for less: Upward social comparisons motivate the poorly compensated to cheat. Organizational Behavior and Human Decision Processes, 123, 101-109.

Johnson, M. H., & Morton, J. (1991). Biology and cognitive development: The case of face recognition. Oxford: Blackwell.

Johnson, M. K., Raye, C. L., Mitchell, K. J., Touryan, S. R., Greene, E. J., & Nolen-Hoeksema, S. (2006). Dissociating medial frontal and posterior cingulate activity during self-reflection. Social cognitive and affective neuroscience, 1(1), 56-64.

Jones, E. E., & Davis, K. E. (1965). From acts to dispositions: The attribution process in person perception. In L. Berkowitz (Ed.), Advances in experimental social psychology (vol. 2). New York: Academic Press.

Jones, E. E., & Nisbett, R. E. (1972). The actor and the observer: Divergent perception of the causes of behavior. In E. E. Jones, D. E. Kanouse, H. H. Kelley, R. E. Nisbett, S. Valins, & B. Weiner (Eds.), Attribution: Perceiving the causes of behavior (pp. 79-94). Morristown, NY: General Learning Press.

Jones, E. E., & Pittman, T. S. (1982). Toward a general theory of strategic self-presentation. Psychological perspectives on the self, 1, 231-262.

Jones, E. E., & Wortman, C. B. (1973). Ingratiation: An attributional approach. General Learning Press.

Jongmans, M. J., Mercuri, E., Dubowitz, L. M. S., & Henderson, S. E. (1998). Perceptual-motor difficulties and their concomitants in six-ear-old children born prematurely. Human Movement Science, 17, 629-653.

Judy, R. W. & D'Amico, C. (1998). Workforce 2020: Work and Workers in the 21st Century. Indianapolis : Hudson Institute.

Jung, C. G. (1921-57). Collected Works of C. G. Jung. Princeton, N. J.: Princeton Univ. Press.

Jung, C. G. (1938). Psychological aspects of the mother archetype. In Collected Works, 9(1), 75-110.

Jung, C. G. (1957). Animus and Anima. Zurich: Spring.

Jung, C. G. (1963). Memories, Dreams, Reflections. New York: Pantheon.

Jung, C. G. (1970). Symbolism of Transformation, Collected Works. London: Routledge

Jung, C. G. (1976). Psychological Types, C. W. Princeton: Princeton Univ. Press

Jung, C. G. (1986). Modern Man in Search of a Soul. London: Routledge, Kegan Paul.

Kagan, J. (1994). Galen's prophecy: Temperament in human nature. New York: Basic Books.

Kail, R. (1992). Processing speed, speech rate, and memory. Developmental Psychology, 28, 899-904.

Kanagawa, C., Cross, S. E., & Markus, H. R. (2001). :Who am I?": The cultural psychology of the conceptual self. Personality and Social Psychology Bulletin, 27, 90-103.

Kelley, H. H. (1972). Attribution in social interaction. In E. E. Jones et al. (Eds.), Attribution: Perceiving the causes of behavior. Norristown, NJ: General Learning Press.

Kelley, H. H., Berscheid, E., Christensen, A., Harvey, J.H., Huston, T.L., Levinger, G., McLintock, E., Peplau, L.A., & Peterson,

D.R. (1983) Close Relationships. New York: Freeman.

Kenny, D. A. (1994). Interpersonal perception: A social relations analysis. New York: The Guilford Press.

Kernberg, O. F. (1976). Object Relations Theory and Clinical Psychoanalysis. New York: Jason Aronson.

Kim, U. & Berry, J. (1993). Indigenous psychology: Research and experience in cultural context. Newbury Park: Sage

Kimmel, D. C. (1990). Adulthood and aging. New York: John Wiley & Sons.

Kirsch, I., & Winter C. (1983). A history of clinical psychology. In Walker C. E.(Eds.)., The Handbook of Clinical Psychology: Theory, Research, and Practice, 1, 3-30. Dow Jones-Irwin press.

Kitayama S, Snibbe A. C, Markus H. R, & Suzuki T.(2004). Is there any "free" choice? Self and dissonance in two cultures. Psychological Science, 15, 527-533.

Kitson, H. D. (1925). The psychology of vocational adjustment. philadelphia, JB: Lippincott Company.

Klahr, D. (1992). Information-processing approaches to cognitive development. In M. H. Bernstein & M. E. Lamb (Eds.), Developmental psychology: An advanced textbook (3rd ed., pp. 273-335). Hillsdale, NJ: Erlbaum.

Klein, M. (1959). On the development of mental functioning. In Envy and Gratitude. London: Delacorte Press.

Klein, S. B. (2001). A self to remember: A cognitive neuropsychological perspective on how self creates memory and memory creates self. In C. Sedikides & M. B. Brewer (Eds.), Individual self, relational self, collective self (pp. 25-46). Philadelphia: Psychology Press.

Klein, W. M. (1997). Objective standards are not enough: affective, self-evaluative, and behavioral responses to social comparison information. Journal of personality and social psychology, 72(4), 763-774.

Knox, R. E., & Safford, R. K. (1976). Group causation at the racetrack. Journal of Experimental Social Psychology, 12, 317-324.

Kohlberg, L. (1969). Stages and sequence: The cognitive-developmental approach to socialization. In A. A. Goslin (ed.), Handbook of socialization theory and research. Skokie, IL: Rand McNally.

Kohut, H. &Wolf, E. S. (1978). The disorders of the self and their treatment. IJP, 59:413-425.

Kohut, H. (1971). The Analysis of the Self. New York: Int. Univ. Press.

Kohut, H. (1977). The Restoration of the Self. New York: Int. Univ. Press.

Kohut, H. (1978). The Search for the Self, ed. P. Ornstein. New York: Int. Univ. Press.

Kohut, H. (1984). How Does Analysis Cure?, ed. A. Goldberg & P. Stepansky. Chicago: Univ. Chicago Press.

Kopp, C. B. (1982). Anrecedents of self-regulation: A development perspective. Developmental Psychology, 18, 199-214.

Kottak, C., & Colson, E. (1994). Multilevel linkages: Longitudinal and comparative studies. In R. Borofsky (ed.), Assessing Cultural Anthropology (pp. 396-412). New York: McGraw-Hill.

Kramer, D. A. (1989). A developmental framework for understanding conflict resolution preocesses. In J. D. Sinnott (ed.), Everyday problem solving: Theory and applications. New York: Praeger.

Kroger, R. O., & Scheibe, K. E. (1990). A reappraisal of Wundt's influence on social psychology. Canadian Psychology, 31(3), 220-242.

Kugle, C. L., Clements, R. O., & Powell, P. M. (1983). Level and stability of self-esteem in relation to academic behavior of second graders. Journal of Personality and Social Psychology, 44(1), 201-207.

Kulik, J. A., & Mahler, H. I. (1989). Stress and Affiliation in a Hospital Setting Preoperative Roommate Preferences. Personality and Social Psychology Bulletin, 15(2), 183-193.

LaFreniere, P. J. & Sroufe, L. A. (1985). Profiles of peer competence in the preschool: Interrelations between measures, influence of social ecology, and relation to attachment history. Developmental Psychology, 21, 56-69.

Latane, B. & Darley, J. M. (1970). group inhibition of bystander intervention in emergencies. Journal of Personality and Social Psychology, 10, 215-221.

Latane, B., & Rodin, J. (1969). A lady in distress: Inhibiting effects of friends and strangers on bystander intervention. journal of personality and social psychology, 10, 215-221.

Leary, M. R., & Kowalski, R. M. (1990). Impression management: A literature review and two-component model. Psychological bulletin, 107(1), 34-47.

LeDoux, J. E. (1992). Brain mechanisms of emotion and emotional learning. Current Opinion in Neurobiology, 2, 191-197.

Lee, H. J., Choi, J. S., Brown, T. H., & Kim, J. J. (2001). Amygdalar NMDA receptors are critical for the expression of multiple conditioned fear responses. Journal of Neuroscience, 21(11), 4116-4124.

Lefebvre, L., & Giraldeau, L. A. (1994). Cultural transmission in pigeons is affected by the number of tutors and bystanders present. Animal Behaviour, 47(2), 331-337.

Lefton, L. A. & Brannon, L. (2006). Psychology-(9th ed.). Boston: Pearson Education, Inc.

Lehman, D. R., Chiu, C-Y., & Schaller, M. (2004). Psychology and culture. Annual Review of Psychology, 55, 689-714.

Leontiev, A. N. (1981). The problem of activity in psychology. In J. V. Wertch (Ed.), The concept of activity in Soviet psychology (pp. 37-71). NY: Sharpe.

Lerner, R. M., & von Eye, A. (1992). Sociobiology and human development: Arguments and evidence. Human Development, 35, 12-33.

Levinger, G. & Snoch, J. E. (1972). Attraction in Relationships: A New Look at Interpersonal Attraction. Morristown, NJ: General Learning Press.

Levinson, D. C. (1978). Seasons of a man's life. New York: Ballantine.

Lieberman, M. D., Jarcho, J. M., & Satpute, A. B. (2004). Evidence-based and intuition-based self-knowledge: an FMRI study. Journal of personality and social psychology, 87(4), 421-435.

Liebert, R. M. & Liebert, L. L. (1998). Personality Strategies and Issues. New York: Brooks/Cole Publishing Company.

Lievert, R. M. & Spiegler, M. D. (1974). Personality. New York: Dorsey.

Linville, P. W. (1985). Self-complexity and affective extremity: Don't put all of your eggs in one cognitive basket. Social cognition, 3(1), 94-120.

Linville, P. W. (1987). Self-complexity as a cognitive buffer against stress-related illness and depression. Journal of personality and social psychology, 52(4), 663-676.

Lipschitz-Elhawi, R. & Ltzhaky, H. (2005). Social Support, Mastery, Self-esteem and Individual Adjustment among At-Risk Youth. Child & Youth Care Forum, 34(5). 329-346.

Locke, E. A. (1968). Toward a theory of task motivation and incentives. Organizational behavior and human performance, 3(2), 157-189.

Lorenz, K. (1966). On aggression. New York: Harcourt, Brace, & World.

Lorenz, K. Z. (1952). King solomon's ring. New York: Crowell.

Luria, A. R. (1928). The problem of the cultural behavior of the child. The pedagogical seminary and journal of genetic psychology, 35(4), 493-506.

Luria, A. R. (1978). The human brain and conscious activity. In Consciousness and Self-Regulation, ed. G. E. Schwartz & D. Shapiro. New York: Plenum Press.

Lyubomirsky, S., King, L., & Diener, E. (2005). The benefits of frequent positive affect: Does happiness lead to success? Psychological Bulletin, 131, 803-855.

Maass, A., & Clark, R. D. III. (1984). Hidden impact of minorities: Fifteen years of minority influence research. Psychological Bulletin, 95, 428-450.

MacCorquodale, K., & Meehl, P. (1948). On a distinction between hypothetical constructs and intervening variables. psychological review. 55. 95-107.

Maddi, S. R. (1996). Personality theories: A comparative analysis (6th ed.). New York: Brooks/Cole.

Maren, S. (2001). Neurobiology of Pavlovian fear conditioning. Annual Review of Neuroscience, 24, 897-931.

Markus, H. R. & Kitayama, S. (1991). Cultural variation in self-concept. In G. R. Goethals & J. Strauss (Eds.), Multidisciplinary perspectives on the self (pp. 18-48). New York: Springer-Verlag.

Markus, H. R., & Kitayama, S. (1991). Culture and the self: Implications for cognition, emotion, and motivation. Psychological Review, 98, 224-253.

Markus, H., & Nurius, P. (1986). Possible selves. American Psychologist, 41, 954-969.

Maslow, A. H.(1954). Motivation and Personality. New York: Harper & Row

Maviel, T., Durkin, T. P., Menzaghi, F., Bontempi, B. (2004). Sites of neocortical reorganization critical for remote spatial memory. Science, 305, 96-99.

McClelland, D. C. (1951). Personality. New York: Sloane.

McConnell, A. R., Renaud, J. M., Dean, K. K., Green, S. P., Lamoreaux, M. J., Hall, C. E., & Rydell, R. J. (2005). Whose self is it anyway? Self-aspect control moderates the relation between self-complexity and well-being. Journal of Experimental Social Psychology, 41(1), 1-18.

McGuire, W. J. (1985). Attitudes and attitude change. In G. Lindzey & E. Aronson (Eds.), Handbook of social psychology, vol. 2. New York: Random House.

Mead, G. H. (1934). Mind, self and society. Chicago, IL: University of Chicago Press.

Mead, G. H. (1934). Mind, self and society. Chicago: University of Chicago Press.

Meins, E., Fernyhough, C., Russell, J., & Clark-Carter, D. (1998). Security of attachment as a predictor of symbolic and mentalising abilities: A longitudinal study. Social Development, 7, 1-24.

Metcalfe, J., & Mischel, W. (1999). A hot/cool-system analysis of delay of gratification: dynamics of willpower. Psychological review, 106(1), 3-19.

Michinov, N., Jamet, E., Métayer, N., & Le Hénaff, B. (2015). The eyes of creativity: Impact of social comparison and individual creativity on performance and attention to others' ideas during electronic brainstorming. Computers in Human Behavior, 42, 57-67.

Milgram, S. (1963). Behavioral study of obedience. Journal of Abnormal and Social Psychology, 67, 371-378.

Milgram, S. (1974). Obedience to authority. New York: Haper & Row.

Miller, J. (1999). Cultural psychology: Implication for basic psychological theory. Psychological Science, 10(2), 85-91.

Mischel, W. (1976). Introduction to personality (2nd ed.). new York: Holt, Rinehart and Winston.

Moreland, R. L., & Zajonc, R. B. (1982). Exposure effects I n person perception: Familiarity, similarity, and attraction. Journal of Experimental Social Psychology, 18, 395-415.

Morris, R. G. M., Anderson, E., Lynch, G., & Baudry, M. (1986). Selective impairment of learning and blockade of long-term potentiation by an N-methyl-D-aspartate receptor antagonist, AP5. Nature, 319, 774-776.

Moscovici, S. (1984). The phenomenon of social representations. In R. Farr & S. Moscovici (Eds), Social representations. CA: Cambridge University Press.

Moscovici, S. (1985). Social influence and conformity. In G. Lindzey & E. Aronson (Eds.), Handbook of social psychology, vol. 2. New York: Random House.

Muuss, R. E. (1996). Theories of adolescence(6th de.). McGraw-Hill.

Myers, D. G. (1992). The pursuit of happiness. New York: Avon Books.

Myers, D. G., & Diener, E. (1996). The pursuit of happiness. Scientific American, 70-72.

Mynatt, C., & Sherman, S. J. (1975). Responsibility attribution in groups and individuals: A direct test of diffusion of responsibility hypothesis. Journal of personality and Social Psychology, 32, 1111-1118.

Oishi, S., Diener, E., & Lucas, R. (2007). The optimum level of well-being: Can people be too happy? Perspectives on Psychological Science, 2(4), 346-360.

Ozer, E. M. (1992). Managing work and family: The effects of childcare on perceived self-efficacy and the psychological health of new working mothers. Unpublished doctoral dissertation. Stanford, CA: Stanford University.

Panayiotou, G. & Kokkinos, C. M. (2006). Self-consciousness and psychological distress: A study using the Greek SCS. Personality and Individual Differences, 41, 83-93.

Pavot, W., & Diener, E. (2008). The Satisfaction with Life Scale and the emerging construct of life satisfaction. Journal of Positive Psychology, 3, 137-152.

Peluchette, J. V., Karl, K., & Rust, K. (2006). Dressing to impress: Beliefs and attitudes regarding workplace attire. Journal of Business and Psychology, 21(1), 45-63.

Pervin, L. A., & John, O. P. (1997). Personality: Theory and research. New York: Wiley.

Peterson, C. & Seligman, M. (2004). Character Strengths and Virtues. Oxford: Oxford University Press.

Petty, R. E., Wegener, D. T., & Fabrigar, L. R. (1997). Attitudes and attitude change. Annual Review of Psychology, 46, 609-647.

Piaget, J. (1965). The Moral judgment of the child. New York: Free Press.

Pinker, S. (1994). How could a child use verb syntax to learn verb semantics?. Lingua, 92, 377-410.

Porter, R. H., & Laney, M. D, (1980). Attachment theory and concept of inclusive f itness. Merrill-Palmer Quarterly, 26, 35-51.

Povinelli, D. J., & Simon, B. B. (1998). Young

children's understanding of briefly versus extremely delayed images of the self: Emergence of the autobiographical stance. Developmental Psychology, 34(1), 188-194.

Pyszczynski, T., Greenberg, J., & LaPrelle, J. (1985). Social comparison after success and failure: Biased search for information consistent with a self-serving conclusion. Journal of Experimental Social Psychology, 21(2), 195-211.

Rabbitt, P. (1996). Speed of processing and aging. In R. T. Woods (ed.), Handbook of the clinical psychology of aging. Chichester: John Wiley.

Ratner, C. (1997). Cultural psychology and qualitative methodology: Theoretical and empirical considerations. NY: Plenum.

Reisman, J. M. (1976). A history of clinical psychology. New York: Irvington.

Rhee, E., Uleman, J. S., Lee, H. K., & Roman, R. J. (1995). Spontaneous self-descriptions and ethnic identities in individualistic and collectivistic cultures. Journal of personality and social psychology, 69(1), 142-152.

Rhodes, N., & Wood. W. (1992). Self-esteem and intelligence affect influenceability: The mediating role of message reception. Psychological Bulletin, 111, 156-171.

Rhodewalt, F., Morf, C., Hazlett, S., & Fairfield, M. (1991). Self-handicapping: The role of discounting and augmentation in the preservation of self-esteem. Journal of Personality and Social Psychology, 61(1), 122-131.

Richerson, P. J., and Boyd, R. 2004. Not By Genes Alone: How Culture Transformed Human Evolution. Chicago: University of Chicago Press.

Riegel, K. F. (1975). Toward a dialectical theory of development. Human Development, 18, 50-64.

Righard, L., & Alade, M. O. (1990). Effect of delivery room routines on success of first breast-feed. Lancet, 336, 1105-1107.

Roberts, J. E., Shapiro, A. M., & Gambler, S. A. (1999). Level and perceived stability of self-esteem prospectively predict depressive symptoms during psychoeducational group treatment. Brithsh Journal of Clinical Psychology, 38(4), 425-429.

Roberts, M. C., & Fanurik, D. (1986). Rewarding elementary schoolchildren for their use of safety belts. Health Psychology, 5, 185-196.

Robleto, K., Poulos, A. M., & Thompson, R. F. (2004). Brain mechanisms of extinction of the classically conditioned eyeblink response. Learning & Memory, 11, 517-524.

Rogers, C. R. (1959). A theory of therapy, personality, and interpersonal relationships, as developed in the client-centered framework. In S. Koch(Ed.), Psychology, the study of a science. Vol. 3: Formulations of the person and the social context(pp. 184-256). New York : McGraw-Hill.

Rosenberg, M. (1965). Society and the adolescent self-image. Princeton: Princeton University Press.

Rosenberg, M., Schooler, C., & Schoenbach, C. (1989). Self-esteem and adolescent problems: Modeling reciprocal effects. American sociological review, 54(6), 1004-1018.

Rosenthal, R., & Jacobson, L. (1968). Pygmalion in the classroom: Teacher expectation and student intellectual development. New York: Holt, Rinehart & Winston.

Ross, L. (1977). The intuitive psychologist and his shortcomings. In L. Berkowitz (Ed.), Advances in experimental social psychology. New York: Academic Press.

Russell, A. & Finnie, V. (1990). Preschool children's social status and maternal instructions to assist group entry. Developmental Psychology, 26, 603-611.

Ruvolo, A. P., & Markus, H. R. (1992). Possible selves and performance: The power of self-relevant imagery. Social cognition, 10(1), 95-124.

Ryan, R. M., & Deci, E. L. (2000). Intrinsic and extrinsic motivations: Classic definitions and new directions. Contemporary educational psychology, 25(1), 54-67.

Samuels, A. (1985). Jung and the Post-Jungians. London: Routledge & Kegan Paul.

Sandler, J. & Rosenblatt, B. (1962). The concept of the representational world. PSOC, 17, 285-296.

Schaie, K. W. (1996). Intellectual development in adulthood: The Seattle longitudinal study. Cambridge: Cambridge University Press.

Scheibe, K. E. (1988). Metamorphoses in the psychologist's advantage. In J. Morawski (Ed.), The rise of experimentation in American psychology. New Heaven: Yale University Press.

Schmeichel, B. J., & Baumeister, R. F. (2004). Self-regulatory strength. In R. F. Baumeister, & K. D. Vohs (Ed), Handbook of self-regulation: Research, theory, and applications (pp. 84-98). New York: Guilford Press.

Sedikides, C. & Brewer, M. B. (2001). Individual self, relational self, collective self. Philadelphia, Pa: Psychology Press

Seligman, Martin E. P. (1975). Helplessness: On Depression, Development, and Death. San Francisco, WH: Freeman.

Seligman, Martin E. P. (1991). Learned Optimism: How to Change Your Mind and Your Life. New York: Knopf.

Seligman, Martin E. P. (1993). What You Can Change and What You Can't: The Complete Guide to Successful Self-Improvement. New York: Knopf.

Seligman, Martin E. P. (1996). The Optimistic Child: Proven Program to Safeguard Children from Depression & Build Lifelong Resilience. New York: Houghton Mifflin.

Seligman, Martin E. P. (2002). Authentic Happiness: Using the New Positive Psychology to Realize Your Potential for Lasting Fulfillment. New York: Free Press.

Seligman, Martin E. P. (2011). Flourish: A Visionary New Understanding of Happiness and Well-being. New York: Free Press.

Seo, D. O., Pang, M. H., Shin, M. S., Kim, H. T., & Choi, J. S. (2008). Hippocampal NMDA receptors are necessary for auditory trace fear conditioning measured with conditioned hypoalgesia in rats. Behavioral Brain Research, 192(2), 264-268.

Seta, J. J., Seta, C. E., & Donaldson, S. (1991). The impact of comparison processes on coactors' frustration and willingness to expend effort. Personality and Social Psychology Bulletin, 17(5), 560-568.

Shane, M. & Shane, E. (1982). Psychoanalytic theories of aggression. Psychoanal Inquiry, 2, 264-281.

Shane, M. &Shane, E. (1985). Change and integration in psychoanalytic developmental theory. In New Ideas in Psychoanalysis, ed. C. F. Settlage &R. Brockbank. Hillsdale, N. J.: Analytic Press.

Sheldon, K. M. (1999). Learning the lessons of tit-for-tat: Even competitors can get the message. Journal of Personality and Social Psychology, 77, 1245-1253.

Sheldon, K. M., & Elliot, A. J. (1998). Not all personal goals are personal: Comparing autonomous and controlled reasons as predictors of effort and attainment. Personality and Social Psychology Bulletin, 24, 546-557.

Sheldon, K. M., & Elliot, A. J. (1999). Goal striving, need-satisfaction, and longitudinal well-being: The Self-Concordance Model. Journal of Personality and Social Psychology, 76, 482-497.

Sheldon, K. M., & Houser-Marko, L. (2001). Self-concordance, goal-attainment, and the pursuit of happiness: Can there be an upward spiral? Journal of Personality and Social Psychology, 80, 152-165.

Sheldon, K. M., & Kasser, T. (2001). Getting older, getting better? Personal strivings and personality development across the life-course. Developmental Psychology, 37, 491-501.

Sheldon, K. M., & McGregor, H. (2000). Extrinsic Value Orientation and the "tragedy of the commons". Journal of Personality, 68, 383-411.

Sheldon, K. M., Elliot, A. J., Kim, Y., & Kasser, T. (2001). What's satisfying about satisfying events? Comparing ten candidate psychological needs. Journal of Personality and Social Psychology, 80, 325-339.

Sheldon, K. M., Kasser, T., Smith, K., & Share, T. (2002). Personal goals and psychological growth: Testing an intervention to enhance goal-attainment and personality integration. Journal of Personality, 70, 5-31.

Sheldon, K. M., Sheldon, M. S., & Osbaldiston, R. (2000). Prosocial values and group-assortation within an N-person prisoner's dilemma. Human Nature, 11, 387-404.

Sheldon, K.M. & King, L.K. (2001). Why positive psychology is necessary. American Psychologist, 56, 216-217.

Sherif, M. (1937). An experimental approach to the study of attitudes. Sociometry, 1, 90-98.

Shrauger, J. S., & Schoeneman, T. J. (1979). Symbolic interactionist view of self-concept: Through the looking glass darkly. Psychological Bulletin, 86(3), 549-573.

Shweder, R. A. (1991). Thinking through cultures. MA: Harvard University Press.

Shweder, R. A. (1999). The psychology of practice and the practice of psychology. Paper presented at the 3rd Conference of the Asian Association of Social Psychology, August 4-7, Taipei, Taiwan.

Shweder, R. A., Goodnow, J. J., Hatano, G., LeVine, R. A., Markus, H. R., & Miller, P. J. (1998). The cultural psychology of development: One mind, many mentalities. In W. Damon (Ed.), Handbook of child psychology (5th ed., vol. 1, pp. 865-938). New York: Wiley.

Siegler, R. S. (1996). Emerging minds: The process of change in children's thinking. New York: Oxford University Press.

Sinha, D. (1997). Indigenizing psychology. In J. W. Berry, Y. H. Poortinga & J. Pandey (Eds.), Handbook of Cross-cultural psychology (2nd Edition) (pp. 129-170). Needham Heights, MA: Allyn & Bacon.

Skinner, B. F. (1953). Science and human behavior. New York: Macmillan.

Smith, H. M. & Betz. N. E. (2000). Development and validation of a scale of perceived social self-efficacy. Journal of Career Assessment, 8(3), 283-301.

Snyder, M. (1974). Self-monitoring of expressive behavior. Journal of personality and social psychology, 30(4), 526-537.

Soussignan, R. (1997). Olfaction, hedonic reactions and facial expressiveness in infants and young children. Enfance, 1, 65-83.

Steele, C. M. (1988). The psychology of self-affirmation: Sustaining the integrity of the self. Advances in experimental social psychology, 21(2), 261-302.

Steele, C. M., & Liu, T. J. (1983). Dissonance processes as self-affirmation. Journal of Personality and Social Psychology, 45, 5-19.

Steele, C. M., Spencer, S. J., & Lynch, M. (1993). Dissonance and affirmational resources: Resilience against self-image threats. Journal of Personality and Social Psychology, 64(6), 885-896.

Steele, C. M., Spencer, S. J., & Lynch, M. (1993). Self-image resilience and dissonance: The role of affirmational resources. Journal of Personality and Social Psychology, 64, 885-896.

Stenberg, R. B. (1986). A Triangular Theory of Love. Psychological Review, 93, 119-135.

Stevens, A. (1982). Archetype. London: Routledge & Kegan Paul.

Stewart, L., & Pascual-Leone, J. (1992). Mental capacity constraints and the development of moral reasoning. Journal of Experimental child Psychology, 54, 251-287.

Stokols, D. (2003). The ecology of human strengths. In L. G. Aspinwall & U. M. Staudinger (Eds.), A psychology of human strengths: Fundamental questions and future directions for a positive psychology (pp. 331-343). Washington, DC: American Psychological Association.

Stolorow, R. (1984). Self psychology—a structural psychology. In Reflections on Self Psychology, ed. J. Lichtenberg &S. Kaplan. Hillsdale, N. J.: Analytic Press.

Stoner, J. A. F. (1961). A comparison of individual and group decisions involving risk. Unpublished master's thesis.

Strauman, T. J. (1992). Self-guides, Autobiographical memory, and anxiety and dysphoria: Toward a cognitive model of vulnerability to emotional distress. Journal of Abnormal psychology, 101(1), 87-95.

Suh, E. M. (2002). Culture, identity consistency, and subjective well-being. Journal of personality and social psychology, 83(6), 1378-1391.

Super, D. E. (1980). A life span, life space approach t career development. Journal of Vocational Behavior, 16, 282-298.

Super, Donald E. (1942). The dynamics of vocational adjustment. New York: Harper & Brothers Publishers.

Swann, W. B. & Read, S. J. (1981). Acquiring self-knowledge: The search for feedback that fits. Journal of Personality and Social Psychology, 41, 1119-1128.

Swann, W. B. (1983). Self-verification: Bringing social reality into harmony with the self. In J. Suls & A. G. Greenwald (Eds.), Social psychological perspectives on the self (Vol. 2, pp. 33-66). Hillsdale, NJ: Lawrence Erlbaum.

Swann, W. B. (1987). Identity negotiation: Where two roads meet. Journal of Personality and Social Psychology, 53, 1038-1051.

Swann, W. B. (1990). To be adored or to be known: The interplay of self-enhancement and self-verification. In R. M. Sorrentino & E. T. Higgins (Eds.), Handbook of motivation and cognition (Vol. 2, pp. 408-448). New York: Guilford.

Swann, W. B., Hixon, J. G., & De La Ronde, C. (1992). Embracing the bitter "truth": Negative self-concepts and marital commitment. Psychological Science, 3(2), 118-121.

Swann, W. B., Stein-Seroussi, A., & Giesler, R. B. (1992). Why people self-verify. Journal of personality and social psychology, 62(3), 392-401.

Swann, W. B., Wenzlaff, R. M., & Tararodi, R. W. (1992). Depression and the Search for Negative Evaluations: More Evidence of the Role of Self-Verification Strivings. Journal of Abnormal Psychology, 101(2), 314-317.

Swann, W. B., Wenzlaff, R. M., Krull, D. S.. & Pelham, B. W. (1992). Allure of negative feedback: Self-verification strivings among depressed persons. Journal of Abnormal Psychology, 101, 293-306.

Swenson, R. R., & Prelow, H. M. (2005). Ethnic identity, selfesteem, and perceived efficacy as mediators of the relation of supportive parenting to psychosocial outcomes among urban adolescents. Journal of Adolescence, 28, 465-477.

Symons, C. S. & Johnson, B. T. (1997). The self-reference effect in memory: A meta-analysis. Psychological Bulletin, 121, 371-394.

Tanaka, K. (1992). Inferotemporal cortex and higher visual functions. Current Opinion in Neurobiology, 2, 502-505.

Tangney, J. P., Baumeister, R. F., & Boone, A. L. (2004). High self-control predicts good adjustment, less pathology, better grades, and interpersonal success. Journal of personality, 72(2), 271-324.

Taylor, S. E., & Lobel, M. (1989). Social comparison activity under threat: downward evaluation and upward contacts. Psychological review, 96(4), 569-575.

Taylor, S. E., Lerner, J. S., Sherman, D. K., Sage, R. M., & McDowell, N. K. (2003). Are self-enhancing cognitions associated with healthy or unhealthy biological profiles? Journal of personality and social psychology, 85(4), 605-615.

Tesser, A. (1988). Toward a self-evaluation maintenance model of social behavior. Advances in experimental social psychology, 21, 181-228.

Tice, D. M., & Baumeister, R. F. (2001). The primacy of the interpersonal self. In C. Sedikides and M.B. Brewer (Eds.) Individual self, relational self, collective self (pp.71-88). Ann Arbor, MI: Sheridan Books.

Tobin, J. J. (1989). Visual anthropology and multivocal ethnography: A dialectical approach to Japanese preschool class size. Dialectical Anthropology, 13, 173-187.

Tobin, J. J., Wu, D. Y. H., & Davidson, D. H. (1989). Preschool in the three cultures.: Japan, China, and the United States. New Heaven: Yale University Press.

Tolpin, M. & Kohut, H. (1980). The disorders of the self. In The Course of Life, ed. S. Greenspan &G. Pollock. Washington, D. C.: U. S. Dept. Health and Human Services, pp. 425-442.

Tomasello, M. (1999). The human adaptation for culture. Annual review of anthropology, 28, 509-529.

Tomasello, M., Kruger, A. C., & Ratner, H. H. (1993). Cultural learning. Behavioral and brain sciences, 16(03), 495-511.

Trafimow, D., Triandis, H. C., & Goto, S. G. (1991). Some tests of the distinction between the private self and the collective self. Journal of personality and social psychology, 60(5), 649-655.

Triandis, H. C. (1972). The analysis of subjective culture. New York: Wiley-Interscience.

Triandis, H. C. (1989). The self and social behavior in differing cultural contexts. Psychological Review, 96, 506-520.

Triandis, H. C. (1995). Individualism & collectivism. Boulder, CO: Westview Press.

Triplett, N. D. (1898). The dynamogenic factor in pacemaking and competition. American Journal of Psychology, 9, 507-533.

Turner, J. C. (1982). Towards a cognitive redefinition of the social group. In H. Tajfel (Ed.) Social identity and intergroup relations (pp. 15-40). Cambridge: Cambridge University Press.

Tyson, P. (1982). A developmental line of gender identity, gender role, and choice of love object. JAPA, 30, 61-86.

U.S. Department of Commerce et al. (1999). 21st Century Skills for 21st Century Jobs.

Department of Commerce.

U.S. Department of Labor Bureau of Labor Statistics. (2004). The 2004-05 Career Guide to Industries. Washington. Department of Labor Bureau of Labor Statistics.

Uhlmann, E. L., & Cohen, G. L. (2005). Constructed criteria redefining merit to justify discrimination. Psychological Science, 16(6), 474-480.

Van Boven, L., & Loewenstein, G. (2003). Social projection of transient drive states. Personality and Social Psychology Bulletin, 29(9), 1159-1168.

Veblen, T. (1899). The preconceptions of economic science. The Quarterly Journal of Economics, 13(4), 396-426.

Vygotsky, L. S. (1962). Thought and language. Cambridge, MA: MIT Press.

Vygotsky, L. S. (1978). Mind in society: The development of higher psychological processes. Cambridge: Harvard University Press.

Walton, G. E., Bower, N. J., & Bower, T. G. (1992). Recognition of familiar faces by newborns. Infant Behavior and Development, 15, 265-269.

Watson, J. B. (1930). Behaviorism. New York: W. W. Norton.

Watson, R. I. (1960). The history of psychology: A neglected area. American Psychologist, 15, 251-255.

Wechsler, D. (1955). The Measurement of adult intelligence. Baltimore: Williams & Wilkins.

Wertsch, J. V., & Tulviste, P. (1992). Vygotsky and contemporary developmental psychology. Developmental Psychology, 28, 548-557.

Wheeler, L., & Miyake, K. (1992). Social comparison in everyday life. Journal of Personality and Social Psychology, 62(5), 760-773.

Wheeler, M. A., Stuss, D. T., & Tulving, E. (1997). Toward a theory of episodic memory: the frontal lobes and autonoetic consciousness. Psychological bulletin, 121(3), 331-354.

Whitbourne, S. K. (2001). Adult development and aging: Biopsychosocial perspectives. New York: John Wiley & Sons.

Whitney, P. (1999). The Psychology of Language. Houghton Miffin

Wickman S. A. & Campbell, C. (2003). An analysis of how Carl Rogers enacted client-centered conversation with Gloria. Journal of Counseling & Development, 81, 178-184.

Wiley, T. L., Cruickshanks, K. J., Nondahl, D. M., Tweed, T. S., Klein, P., & Klein, B. E. K. (1998). Aging and high-frequency hearing sensitivity. Journal of Speech Language and Hearing Research, 41, 1061-1072.

Winnicott, D. W. (1958). Collected Papers. New York: Basic Books.

Winson, J.(1985). Brain and Psyche. New York: Anchor Press.

Wiseman, R. (2008). Quirkology: How we discover the bigtruths in small things. New York: Perseus Books Group.

Wolf, E. S. (1976). Ambience and abstinence. Annu. Psychoanal. 4, 101-115.

Wolf, E. S. (1980). On the developmental line of selfobject relations. In Advances in Self Psychology, ed. A. Goldberg. New York: Int. Univ. Press.

Wolf, E. S. (1983). Empathy and countertransference. In The Future of Psychoanalysis, ed. A. Goldberg. New York: Int. Univ. Press.

Wolf, E. S. (1984a). Disruptions in the psychoanalytic treatment of disorders of the self. In Kohut's Legacy, ed. P. Stepansky &A. Goldberg. Hillsdale, N.J.: Analytic Press.

Wolf, E. S. (1984b). Selfobject relations disorders. In Character Pathology, ed. M. Zales. New York: Bruner/Mazel.

Wood, J. M., Lilienfeld, S. O., Garb, H. N., & Nezworski, M. T. (2000). The Rorschach test in clinical diagnosis: A critical review, with a backward look at Garfield (1947). Journal of Clinical Psychology, 56, 395-430.

Wurf, E., & Markus, H. (1983). Cognitive consequences of the negative self. American Psychological Association, Anaheim, CA.

Wurf, E., & Markus, H. (1983). Cognitive consequences of the negative self. Paper presented at the American Psychological Association, Anaheim, CA.

Zajonc, R. b. (1965). Social facilitation. Science, 149, 269-274.

Zhu, Y., Zhang, L., Fan, J., & Han, S. (2007). Neural basis of cultural influence on self-representation. Neuroimage, 34(3), 1310-1316.

Zimbardo, P. G. (1970). The human choice: Individuation, reason, and order versus deindividuation, impulse, and chaos. In W. J., Arnold & D. Levine (Eds.), Nebraska symposium on motivation, vol. 17. Lincoln, NE: University of Nebraska Press.

Zimbardo. P. G., Maslach. C., & Hanley. C. (1999). Reflection on the Stanford Prison Experiment: Genesis, Transformations, Consequences. in Obesience to authority: Current perspectives on the Milgram paradigm. (ED). T. Blass. Mahwah, NJ: Erlbaum.

Zuckerman, M., Gioioso, C., & Tellini, S. (1988). Control orientation, self-monitoring, and preference for image versus quality approach to advertising. Journal of Research in Personality, 22(1), 89-100.

세계시민교육과 교양인을 위한

심리학 디자인

초판 인쇄 2018년 3월 14일
초판 발행 2018년 3월 15일

지은이 허성호 · 이려화 · 김양하
펴낸이 김재광
펴낸곳 솔과학
디자인 이수정(sujoung71@hanmail.net)

출판등록 제 10-140호 1997년 2월 22일
주소 서울시 마포구 독막길 295, 302호(염리동 삼부골든타워)
e-mail solkwahak@hanmail.net
대표전화 02)714-8655
팩스 02)711-4656

ISBN 979-11-87124-36-8
값 20,000